高速公路称重技术探索与实践

GAOSU GONGLU CHENGZHONG JISHU TANSUO YU SHIJIAN

盛 刚　何培舟 ◎ 主编

中国市场出版社
China Market Press
·北 京·

图书在版编目（CIP）数据

高速公路称重技术探索与实践 / 盛刚，何培舟主编.
—北京：中国市场出版社有限公司，2021. 12
ISBN 978－7－5092－2155－6

Ⅰ. ①高… Ⅱ. ①盛… ②何… Ⅲ. ①高速公路－称重技术 Ⅳ. ①U492. 3

中国版本图书馆 CIP 数据核字（2021）第 210806 号

高速公路称重技术探索与实践
GAOSU GONGLU CHENGZHONG JISHU TANSUO YU SHIJIAN

主　　编：盛　刚　何培舟
责任编辑：刘佳禾

出版发行：中国市场出版社
社　　址：北京市西城区月坛北小街 2 号院 3 号楼（100837）
电　　话：（010）68034118/68021338
网　　址：http：//www. scpress. cn

印　　刷：河北鑫兆源印刷有限公司
规　　格：185mm×260mm　16 开本
印　　张：26. 5　　字　　数：460 千字
版　　次：2021 年 12 月第 1 版　　印　　次：2021 年 12 月第 1 次印刷
书　　号：ISBN 978－7－5092－2155－6
定　　价：88. 00 元

《高速公路称重技术探索与实践》

编写委员会

主　　编： 盛　刚

副 主 编： 何培舟

编写委员： 周兰孙　王　黎　范韶辰　胡其锋　王建军
张英杰　王森华　肖媛媛　于文杰　王韬杰
陈增典　马友一　李　溯　王　伟　周　生
王　倩　李照彬　蔚静婷　刘见振　余朝晖

编写单位： 北京交科公路勘察设计研究院有限公司
交通运输部公路科学研究院
北京盘天新技术有限公司
江西众加利高科技股份有限公司
梅特勒–托利多（常州）测量技术有限公司
山东金钟科技集团股份有限公司
陕西四维衡器科技有限公司

前言 PREFACE

从1988年，我国境内第一条高速公路通车至今，高速公路通车总里程已突破16万公里，稳居世界第一。随着高速公路通车里程的增加，货车超限超载问题也逐渐突出，车辆超限超载是损坏公路、引发交通事故的头号杀手，致使路面损坏、桥梁断裂，正常使用年限缩短，不得不提前大中修，给国家财产造成较大损失。高速公路称重技术由于其可称量行驶车辆总质量和轴重量，成为超限超载治理的利器。20世纪末高速公路开始在特大桥、绕城高速公路等主线设置称重检测设施；2003年开始实施高速公路出口计重收费；2019年全国取消高速公路省界收费站后，开始统一实施货车入口称重检测、出口称重抽查方案。

高速公路称重技术先后研究出了弯板式称重技术、石英式称重技术、秤台式称重技术、整车式称重技术、轴组式称重技术、平板模块式称重技术和模组式称重技术等，适用于入口称重检测、超限称重检测、非现场执法、计重收费等应用场景。随着高速公路称重技术日益成熟，其稳定性、称重准确度和功能都得到了大幅提升，各种称重技术在不同的应用场景下发挥了重要作用。随着高速公路管理智慧化、高效化、精准化等新需求的出现，高速公路称重技术在称重准确度、货车称重速度、称重结构便捷化、高可靠和环境适应性、管理智能化等方面还在不断创新发展。

本书编写委员会成员及单位汇聚了高速公路行业最核心的称重技术研究和工程实践力量，总结了高速公路称重技术多年探索与实践经验，形成高速公路领域首本称重技术图书，全书共分9篇，内容涉及高速公路称重技术发展、整车式称重技术、轴组式称重技术、弯板式称重技术、石英式称重技术、秤台式称重技术、平板模块式称重技术、模组式称重技术、典型应用场景等。本书的编著得到了各方领导、专家和朋友的大力支持，限于本书编写者的水平，加之称重技术的迅猛发展，书中还有诸多不足之处，恳请各位读者、专家和同行提出宝贵的意见和建议。

编　　者

2021 年 9 月于北京

目录

CONTENTS

第一篇 高速公路称重技术发展

第二篇　整车式称重技术

第三篇 轴组式称重技术

第四篇 弯板式称重技术

第五篇 石英式称重技术

第六篇 秤台式称重技术

第七篇 平板模块式称重技术

第八篇 模组式称重技术

第九篇 典型应用场景

第一篇

高速公路称重技术发展

第一章　概　述

1.1 背景

追求利润是超限超载的重要原因之一，超限超载不仅损坏公路、诱发交通事故，而且让驾驶货车成为高危职业，因为货车导致的交通事故往往是致命性的，可以说超限超载车辆是损坏公路、引发交通事故的头号杀手。据统计，货车道路安全事故有70%以上是由于车辆超限超载引发的，50%以上的群死群伤性重特大道路交通事故与超限超载有直接关系。超限超载车辆严重损坏了公路基础设施，超限超载车辆的荷载远远超过了公路和桥梁的设计承受荷载，致使路面损坏、桥梁断裂，正常使用年限大大缩短，不得不提前大中修。据统计，全国公路每年因车辆超限超载造成的损失超过300 亿元，给国家财产造成了巨额损失。超限超载车辆导致了公路运输市场的恶性竞争，以竞相压价承揽货源，以超限超载来获取利润，超得越多，赚得越多，形成了"压价→超限超载→运力过剩→再超限超载"的恶性循环，正常使用年限在 10 年左右的货运车辆 2 ~3 年后即报废。超限超载造成了汽车工业的畸形发展，车辆"大吨小标"泛滥。为迎合车辆超限超载运输的需求，一些汽车生产厂商竞相生产"大吨小标"车，一些汽车改装厂和修理厂也纷纷非法改装车辆，影响了汽车工业的健康发展。车辆超限超载运输造成道路运输市场扭曲、诚信水准下降，严重损害了统一开放、竞争有序的市场秩序，阻碍了现代化道路运输市场体系的建立和完善，破坏了正常的社会经济秩序，也严重危及国家和人民的生命、财产安全，同时也加重了环境污染。正如时任交通部部长张春贤在 2005 年全国交通工作会议上讲话时指出："超限超载对路面的损坏是显性的，对桥梁的损坏却是隐性的。坦率地讲，我最担心的是桥。如果超限超载再治不住，治理成果再保不住，公路建得不如毁得快，桥梁修得不如垮得快，甚至可能出现一些特大桥梁的垮塌，由此造成的社会影响和政治影响，谁也担不起。"

2004 年，八部委组成全国治超工作领导小组，正式启动全国治理超限超载工作，经过十多年的努力，形成了成套标准、成熟技术和管理、产业。我国公路超限治理工作已取得较大成效，特别是高速公路超限治理成绩显著。高速公路超限治理成绩的取得主要依赖于国家相关部门重视、政策法规完善、行业的共同努力，同时称重技术的快速发展也是一个重要因素。

我国公路称重技术从20世纪80年代开始研究，经历从研究、实验、试点、应用推广、创新提高等过程，已形成了完整的产业链，技术水平整体与国际同行保持一致，部分应用技术处于国际领先水平。

1.2 高速公路称重技术应用

高速公路称重技术主要实现称量行驶车辆（主要指货车）的总质量（总重）、轴载荷、轴组载荷，以及识别轮轴数、车牌等数据。车辆称重技术包括动态称重技术和静态称重技术，高速公路称重技术主要指动态称重技术，其主要应用于解决交通流量调查、超限检测和计重收费、货车安全预警等，其中计重收费也属于超限运输治理的手段之一。国内高速公路称重技术主要应用于超限治理和计重收费。

1.2.1 交通流量调查

高速公路称重系统可以与其他车辆检测传感器构成交通流调查系统，检测通行车辆的数量、速度、重量等参数信息，统计车流量和重量分布，为高速公路规划设计、道路和桥梁隧道的养护及大修等提供依据，但在实际进行交通流量调查工作中，高速公路称重系统使用得很少。

1.2.2 超限运输治理

在高速公路适当位置设置称重检测设施，检测车辆重量，对超限违法车辆采取劝返、卸货等手段，有效保护路面、桥梁安全。超限运输治理的称重设施设置场景一般分为高速公路入出口收费站、高速公路主线、高速公路服务区和治超站等。全国高速公路超限运输治理发展主要经历三个阶段：

①第一阶段：主要是选择性治超阶段，处于2000年前后，各省采用计重收费之前一段时间。主要针对重点特大桥、超载货车严重的特殊路段，比如长江大桥、江阴大桥、各省会绕城高架高速公路等，主线设置高速动态预检，并将超载车辆诱导入服务区或治超站进行低速称重检测；或者在超载货车严重的少数入口收费站广场前设置称重检测设施，对超载车辆进行劝返或处罚。当时由于技术不成熟、投资较

大、管理难度大等原因，全国高速公路设置数量不多，治超效果不突出。

②第二阶段：计重收费阶段，从各省采用计重收费到2019年底，由计重收费调整为车型收费。高速公路采用出口收费车道设置称重检测设施，根据货车重量收取通行费，对于超过标准重量部分加大收费标准，通过经济杠杆达到治超目的，效果显著。其中江苏、河南等27个省份采用计重收费，北京、上海采用车型收费。在此期间，为提高治超效果，部分省份如陕西、山西等，实施了收费站入口治超检测系统。

③第三阶段：2020年至今是入口称重检测、出口复查治超阶段。在取消高速公路省界收费站、货车全国统一采用车型收费之后，交通运输部统一规范了高速公路治超方案，采取入口称重检测、出口复查的方案。入口主要采取收费广场右侧设置称重检测设施，没有条件的收费广场在收费入口车道（一般为货车车道）设置称重检测设施；收费站出口车道（一般为货车车道）设置称重检测设施。

1.2.3 计重收费

对车辆的车货总质量（即轴载总质量）通过设置在收费车道的称重检测设施进行计重，按计重所得的吨位及车辆行驶里程（开放式为控制里程）计价标准收取车辆通行费的一种收费方式。

全国范围内江苏省最早开始研究试点高速公路计重收费，河南省最早开始全省实施计重收费。由于各省情况不一样，全国27个省份执行货车计重收费政策，少数省份对货车执行车型收费政策。北京、上海货车按车型收费，甘肃、青海、新疆采用“车型+计重”的收费方式（不超限按车型收费，超限按计重收费），天津除津滨高速公路采用车型收费外，其他高速公路均为计重收费，参见表1.1.1所示。

表1.1.1　货车收费方式统计表（取消省界收费站之前）

序号	省份	车型收费	计重收费	车型+计重收费
1	北　京	√		
2	上　海	√		
3	天　津		√	√（津滨高速为车型收费，其余为计重收费）
4	重　庆		√	
5	河　北		√	
6	山　西		√	

续 表

序号	省份	车型收费	计重收费	车型+计重收费
7	辽　宁		√	
8	吉　林		√	
9	黑龙江		√	
10	江　苏		√	
11	浙　江		√	
12	安　徽		√	
13	福　建		√	
14	江　西		√	
15	山　东		√	
16	河　南		√	
17	湖　北		√	
18	湖　南		√	
19	广　东		√	
20	四　川		√	
21	贵　州		√	
22	云　南		√	
23	陕　西		√	
24	甘　肃		√	√（不超限按车型收费，超限按计重收费）
25	青　海		√	√（不超限按车型收费，超限按计重收费）
26	内蒙古		√	
27	广　西		√	
28	宁　夏		√	
29	新　疆		√	√（不超限按车型收费，超限按计重收费）

在全国29个联网收费的省份中，大部分省份是在2010年之前实施的计重收费。新疆、浙江、广东等省份实施较晚，在2010年之后实施的计重收费。

1.2.4 货车安全预警

在高速公路匝道、弯道等货车容易造成翻车倾斜的危险路段，设置称重检测设施，根据检测车辆重量、车辆速度和道路弯度，判断车辆安全速度，通过路侧信息显示设施等提醒司机注意车辆速度，提高行车安全，但高速公路基本上没有实际应用。

1.3 高速公路称重设施种类

1.3.1 工作方式

高速公路称重设施按照其工作方式可以分为便携式和固定式，固定式安装的称重设施居多，在早期用作计重收费或收费入口治超时，由于布设未实现全部收费站或车道覆盖，存在配置少量便携式称重设备作为应急用的场景。

1.3.2 称重速度

高速公路称重设施按照称重速度分为低速、中速和高速三种。其中人工计重收费主要采用低速称重设施，ETC 计重收费主要采用中低速称重设施，收费广场入口、服务区、治超站等治超主要采用中低速称重设施，主线治超采用高速称重设施。

1.3.3 秤台形式

高速公路称重设施按照秤台的形式可以分为整车称量方式和部分称量方式，部分称量方式又分轴组式、秤台式（单秤台也称“轴重式”）、石英式、弯板式、平板模块式、模组式等种类。主线治超一般采用秤台式、平板模块式、石英式等种类；计重收费早期主要采用秤台式、弯板式；后期主要采用整车式、轴组式，秤台式、平板模块式和模组式也有应用。服务区、治超站等主要采用整车式、轴组式居多。收费广场入口、入出口收费车道治超主要采用整车式、轴组式，秤台式、平板模块式、模组式也有应用。

第二章　国内外称重技术发展

2.1 国外称重技术发展

2.1.1 国外称重技术发展

天平是国外最早使用的计重器具，距今已有4500多年历史，它经历了一个从简单到复杂、从单一到多样、从低准确度到高准确度的发展演变过程。

国外天平始于古埃及第三王朝，天平的横梁经钻孔穿线作为支点和力点，两端放置物品进行称量。但是由于天平的等臂性难以保证，而且平衡时摩擦阻力较大，使得准确性和精确度都难以保证，如图1.2.1所示。

图1.2.1　古埃及天平（约公元前2500年前）

后来古代天平经过古希腊、古罗马等多个时期的理论研究和科技发展，天平的制作技术有了长足的进步，出现了游码、游砣等多种形式，精确度和准确度有了较大的提升。

由于天平称量精确，且古代制作精良的天平精确度能保证在1%以内，所以天平在当时主要用于称量钱币或其他贵重物品。14—15世纪，欧洲资本主义采矿业萌发，能够分析矿石中金属含量的试金精密天平走上了历史的舞台。15—18世纪，随着近代科学兴起，科学家研究力学、化学、生物学时需要更加准确、灵敏的天平，越来越多的分析天平、实验室电子天平开始出现并被广泛使用。20 世纪中叶，标准偏差达到几微克的原器天平也已应用于科研。经过不断的改进与提高，部分国家级原器天平的相对标准偏差可达到 1×10^{-9} 量级水平。

根据天平的结构原理，可以把天平分为四类：即扭力天平、(弹性式天平)、液体静力天平（浮力天平)、杠杆天平、电子天平。扭力天平和液体静力天平目前用于少数领域，且数量极少。而杠杆天平、电子天平则广泛应用于需要精确称量物体质量的各个领域。从等臂杠杆双盘天平到替代式杠杆单盘天平，再到电子天平，是国外天平发展演变的主线。

2.1.2 国外公路用称重技术的发展

随着第二次世界大战的结束，世界各国进入了新的发展时期，科技和经济都进入了一个崭新的发展阶段，各个国家修建的高速公路越来越多，而车辆运输超载问题也广泛存在且有愈演愈烈的趋势。此时国外计重技术已相对先进和成熟，所以国外很多经济发达的国家不但在交通运输方面制定了健全的法律法规和道路管理的相关规章制度，而且也对公路用称重技术开展了相关的研究。如美国、法国、瑞士、德国、英国等国陆续从 20 世纪 50 年代就开始研究车辆称重技术，称重技术逐步从静态称重发展为动态称重（weigh in motion，WIM)，并在 20 世纪 90 年代有了成熟的产品。

1958 年，美国针对车辆的动态称重开展了为期 16 年的科学研究。

1968 年，南非获得了电容式动态称重传感器的专利。同年，德国公司 PAT 成立了平板式动态称重系统的研究部门。

1974 年，美国首次在公路实际中应用动态称重系统；法国发明了压电电缆动态称重器，并获得了专利。

1976 年，日本的小野敏郎首次提出由纯硬件称重向软件突破的解决方案。

1982 年，美国 Streetre 公司和英国 Golden River 开展合作，针对南非的电容式动态称重传感器进行更深入的研究，并在其基础上使用了当时先进的电子技术，使得测量系统性能有了较大提升。

1983 年，法国首次将压电电缆动态称重器 Vibracoax 进行投产与使用。同年 9 月，美国联邦公路管理总署（FHWA）开始对“低成本动态车辆称重系统”着手研究。

20世纪80年代，美国实现了低成本的压电电缆车辆动态称重系统，并实现了全国推广。

1988年，英国研发出一种比压电电缆动态车辆称重器性能更好的新型传感器Vibetek5，并在3年后进行改进，改型为Bibetek20。

1990年，在美国组织的“国际交通数据采集技术会议”上，德国公司PAT研制的平板式压电称重传感器性能最为突出。同时展出的还有基于压电电缆、压电薄膜、压电电容等多种技术的称重传感器，这些称重系统在道路情况和条件良好的前提下，测量精度都有了较大的提升，然而平均误差仍有15%左右。

1994年，欧盟启动Weighing in motion of Axle and Vehicles for Europe（WAVE）计划，选择在瑞典进行产品运行系统检测，即Cold Environment Test（CET）测试，最后测试结果表明多个公司的动态称重系统性能均表现良好。

2000年，美国MSI公司在ITS年会中展示的共聚化合物（PVDF）压电薄膜传感器不但能够称重，还同时能够检测车速、车轴数、轴距等多个信息，并可对检测车辆实现分类与动态称重。

因车辆动态称重系统的应用场合不同，就目前使用的情况来看，国外的动态称重传感器一般单轴称重的平均误差范围大致在±（5.0~30)%之间，对应的置信度范围大致在90%~95%之间，目前市场上能够达到的最高标准是单轴称重误差低于5%，但是这种高精确度的称重系统造价过于昂贵，只适合使用在低速测量的场合。对于高速车辆称重的场合，一般轴重载荷测量系统的测量误差在15%，置信度为90%。

2.2 国内称重技术发展

2.2.1 国内称重技术发展历史

天平是中国最古老的计重仪器。早在春秋战国时期，中国就已经开始使用天平，如图1.2.2所示。在春秋末期，楚国已经大范围使用小型的权衡器用来称量黄金。三国时期，我国又出现了杆秤，对计重技术的发展做出了重大贡献。到宋代已经出现可以称量百斤以上的大型秤杆及称量一斤到十五斤的小型秤杆，经过元、明、清的广泛使用和技术的不断改进，杆秤的计量性能更加完善。到了清朝末年，除了国库等地方财政部分收支金银财宝会使用精密天平，其他所有需要称重的物品，都可由杆秤来计量。

图 1.2.2　春秋战国时期楚国的天平

新中国成立以后，为改进秤杆做了以下几项工作：一是将杆秤计量单位由以前的市制单位改为国际计量单位；二是将绳纽逐步改为刀纽，刀纽的摩擦力小、定位准确，极大提高了杆秤的灵敏性和准确性；三是杆秤量值得以统一，杆秤定度时使用标准砝码，消除了杆秤量值不统一的问题；四是杆秤秤砣由非定值变为定值，不仅秤杆制造用标准砝码进行校准，生产出来的秤砣也在相关部门进行鉴定，保证了杆秤的准确性；五是在公众贸易中限制使用杆秤。

随着社会进步和科学技术的发展，电子秤、双面弹簧度盘秤，以及机械式台、案秤，凭借它们稳定性好、示数显示清晰和不易作弊等特点，在公众贸易中被大量使用，杆秤渐渐地淡出了历史的舞台。

2.2.2 国内高速公路用称重技术发展

(1) 相关治超政策发展

国内高速公路治超相比发达国家起步较晚，通过二十余年的不断努力和完善，已基本形成完善的政策法规体系，其主要政策法规出台相关过程如下：

2000 年，交通部颁布了《超限运输车辆行驶公路管理规定》。

2004 年 4 月，交通部、公安部、国家发展改革委、国家质检总局、国家安监局、国家工商总局、国务院法制办八部委联合下发了《关于在全国开展车辆超限超载治理工作的实施方案》。

2004 年 5 月 11 日，交通部、公安部、国家发展改革委、国家质检总局、国家安监局、国家工商总局、国务院法制办召开全国治理车辆超限超载工作电视电话会议，正式启动全国超限超载治理工作。时任交通部部长张春贤对全国治理车辆超限超载工作进行了全面部署和动员，并提出了明确的目标、任务和要求。

2004 年，颁布了《收费公路管理条例》，第 34 条规定："在收费公路上行驶的车辆不得超载。"

2005 年 3 月，交通部、公安部、国家发展改革委、中宣部、国家质检总局、国家安监局、国家工商总局、国务院法制办又联合下发了《2005 年全国治超工作要点》，指出"要继续加大执法力度，严厉查处车辆'大吨小标'和非法改装，逐步建立治超长效机制，确保交通畅通和物资的正常运输"，同时要"继续加强治超宣传工作，加强治超信息监测和收集"。时任交通部副部长冯正霖进一步指出，4 月 1 日起全国将全面执行《道路车辆外廓尺寸、轴荷及质量限值》国标。

2011 年，国务院颁布了《公路安全保护条例》，进一步规范了治超的法规和政策依据。

2016 年 7 月 12 日，交通运输部、工业和信息化部、公安部、国家工商总局、国家质检总局等五部门联合印发的《关于进一步做好货车非法改装和超限超载治理工作的意见》（交公路发〔2016〕124 号）中规定：严格按照《汽车、挂车及汽车列车外廓尺寸、轴荷及质量限值》（GB1589）规定的最大允许总质量限值，统一车辆限载标准。严格实施"一超四罚"，建立健全车辆注册登记、市场准入和路面执法等相关信息的共享机制。

2016 年 8 月 18 日，交通运输部、国家发展改革委、工业和信息化部、公安部、国家质监局等五部门联合印发的《车辆运输车治理工作方案》（交办运〔2016〕107 号）要求："2018 年 6 月 30 日前要完成所有不合规运输车辆的更新退出，2018 年 7 月 1 日起全面禁止不合规运输车辆通行。"

2016 年 8 月 18 日，交通运输部办公厅、公安部办公厅关于印发《整治公路货车违法超限超载行为专项行动方案》的通知（交办公路〔2016〕109 号）规定："自 2016 年 9 月 21 日起，对于公路货运车辆，各地交通运输、公安部门要严格按照强制性国家标准《汽车、挂车及汽车列车外廓尺寸、轴荷及质量限值》（GB1589）规定的最大允许总质量限值，认定车辆车货总重是否超限超载，并据此进行检查和执法（《公路货运车辆超限超载认定标准》）"，"实行高速公路入口检测管理，禁止超限超载车辆进入高速公路行驶"。

2016 年 8 月 19 日，交通运输部公布《超限运输车辆行驶公路管理规定》（交通运输部令 2016 年第 62 号文件）。其第三条对超限的标准进行了明确的规定，其第三十九条对违法超限运输管理中涉及收费高速公路建设要求如下："第三十九条 收费高速公路入口应当按照规定设置检测设备，对货运车辆进行检测，不得放行违法超限运输车辆驶入高速公路。其他收费公路实行计重收费的，利用检测设备发现违法超限运输车辆时，有权拒绝其通行。收费公路经营管理者应当将违法超限运输车辆及时报告公路管理机构或者公安机关交通管理部门依法处理。”

2017 年颁布的《中华人民共和国公路法》第 50 条规定：“超过公路、公路桥梁、公路隧道或者汽车渡船的限载、限高、限宽、限长标准的车辆，不得在有限定标准的公路、公路桥梁上或者公路隧道内行驶，不得使用汽车渡船。超过公路或者公路桥梁限载标准确需行驶的，必须经县级以上地方人民政府交通主管部门批准，并按要求采取有效的防护措施；运载不可解体的超限物品的，应当按照指定的时间、路线、时速行驶，并悬挂明显标志。”

2017 年 9 月，交通运输部、国家发展改革委、教育部、工业和信息化部、公安部、财政部、人力资源和社会保障部、税务总局、国家质检总局、中国保监会、国家信访局、中央维稳办、中央网信办、全国总工会等 14 个部门联合发布的《促进道路货运行业健康稳定发展行动计划（2017—2020 年）》中规定，“严格落实治超全国统一标准。加强重点货运源头监管，落实‘一超四罚’措施，推广高速公路入口称重劝返模式。”

2017 年 11 月 24 日，交通运输部、公安部联合印发《关于治理车辆超限超载联合执法常态化制度化工作的实施意见（试行）》（交公路发〔2017〕173 号），为治超路警联合执法奠定了基础。

2018 年 6 月 14 日，交通运输部、公安部、应急管理部联合印发的《道路运输安全生产工作计划（2018—2020 年）》（交办运〔2018〕74 号）中规定：“深入推进治超联合执法常态化、制度化，严格落实‘一超四罚’措施。”

2019 年 8 月，交通运输部发布《高速公路称重检测业务规范和技术要求》（交办公路函〔2019〕1182 号）。

2019 年底，全国取消高速公路省界收费站工程基本完成，高速公路货车收费模式由计重收费调整为入口治超的车型收费模式；部分收费员转为治超人员，高速公路治超效果显著。

（2）相关称重技术发展

我国在货车称重技术研究方面开始于 20 世纪 80 年代初期，交通部公路科学研究所、西安公路科学研究所和重庆公路科学研究所等多家研究机构都开展了相关研究。国家“七五”期间开始引进和消化国外动态称重系统，同时也开展相关研究；“八五”期间，交通部重庆公路科学研究所研发的一种固定式动态车辆称重系统由一套称重传感器和一台电子测量仪器组成，每车道布设 2 只传感器，每台仪器可测量 1 ~4 个车道；1994 年，太原钢铁公司通过鉴定了一种动、静态两用电子轨道衡，较好地解决了检测精度与车辆通过速度之间的矛盾。

高速公路称重应用始于 2000 年左右，初期采用弯板、石英等称重产品实现主线超载车辆高速预检，引导入治超站、服务区等采用大秤台方式称重。计重收费后，初期采用弯板、单秤台等方式实现出口计重收费，随着技术发展，双秤台、整车、轴组等称重方式成熟应用，近年平板模块式称重设备也开始应用。取消高速公路省界收费站之后，主要采用收费广场入口治超称重、出口查验方式，称重时主要采用整车、轴组等称重方式，平板模块式、双秤台也有应用。

其中计重收费技术发展历程如下：

2001 年 11 月 7 日，天津市于开发区彩虹大桥开始启用计重收费系统，在全国收费公路中开创了实行计重收费方式的先河。

2003 年 3 月，江苏省正式在 104 国道宜兴大港收费站和川分公路张渚收费站开始货车计重收费试点，2003 年 6 月试点工作结束，取得圆满成功。2003 年 12 月，经江苏省人民政府批准，在江苏省所有高速公路和江阴长江大桥及主要国省干线公路上共计 154 个收费站实施计重收费。

2003 年 6 月，青海省开始在全长 118 公里的马平西等高速公路改革货运车辆的收费方式，将当时实行的按照车型收费改为计重收费，这是国内比较早的大规模实施计重收费的高速公路，为高速公路计重收费标准的制定、报批和运营积累了经验。

2003 年 9 月，河南省开始在全省所有高速公路车流量比较大的收费站针对货车实施计重收费。

2004 年 10 月，山东省高速公路开始实施计重收费，其一期工程包括京沪、日东等 7 条高速公路，共计安装了 167 套计重收费设备。同月，安徽省也改变了以往的货车公路通行费征收方式，由按车型收费全部改为计重收费。

2005 年 10 月 26 日，交通部发布《印发关于收费公路试行计重收费指导意见的通知》(交公路发〔2005〕492 号)。

2005 年 12 月，宁夏开始实施计重收费。

2006 年，江西、湖北、陕西等省开始实施计重收费。

2007 年，湖南、贵州、四川、福建等省实施计重收费。

2008 年，黑龙江开始实施计重收费。

2009 年，广西、甘肃、吉林等省实施计重收费。

至2012年，全国27个省份实施了计重收费。

2019年底，取消高速公路省界收费站后，货车全国统一按照车型收费，货车采取入口称重、出口查验方式。

2.3 称重相关标准规范

2.3.1 国外标准

①欧盟标准：COST 323（WIM-LOAD，1993-98）*Weigh-in-Motion of Road Vehicles*，《车辆动态称重》。

②为了规范动态称重系统的类型和参数，美国得克萨斯大学于1994年起草了ASTM E1318—1994标准并通过了美国试验及材料协会（ASTM）的认定，正式出台了相关称重系统的标准——《动态称重系统用户需求与测试方法》，该标准出台后，在世界上很多国家得到广泛应用。ASTM E1318-94根据车速、应用和其他特征将动态称重系统分为四类，如表1.2.1所示。

③国际法制计量组织《称重传感器计量规程》（OIML R60—2000）。主要规定了称重传感器计量规程的推荐原则、术语和定义、产品型式、基本参数和分类、技术要求、计量管理、试验方法、检验规则、认证要求、标志及安装维护要求。

④国际法制计量组织《非自动衡器》（OIML R76-1—2006）。主要规定了非自动衡器标准的推荐原则、术语和定义、产品结构、基本参数和分类、技术要求、计量管理、试验方法、检验规则、认证要求、标志及安装维护要求。

表1.2.1　ASTM WIM系统分类（E1318—1994标准）

项目		系统分类			
		I类	II类	III类	IV类
车速范围		16~113km/h	16~113km/h	24~80km/h	0~16km/h
应用场合		交通数据采集	交通数据采集	车重检测站	车重检测站
车道数量		四车道以上	四车道以上	二车道以上	二车道以上
精度要求（%）	轮载荷	±25	—	±20	±4.5
	轴载荷	±20	±30	±15	±3.7
	轴群载荷	±15	±20	±10	±4.4
	总重	±10	±15	±6	±4.0

⑤国际法制计量组织《动态公路车辆称重及轴载测量自动衡器》（OIML R134—2006）。主要规定了动态公路车辆称重及轴载测量自动衡器标准的推荐原则、术语和定义、产品结构、基本参数和分类、技术要求、计量管理、试验方法、检验规则、认证要求、标志及安装维护要求。

2.3.2 国内标准

①中华人民共和国国家标准《称重传感器》（GB/T 7551—2008）。主要规定了测量质量用称重传感器的术语和定义、产品型式、基本参数和分类、技术要求、试验方法、检验规则，以及标志、包装、运输、储存。

②中华人民共和国国家标准《电子称重仪表》（GB/T 7724—2008）。主要规定了衡器模块的电子称重仪表，包括称重指示器、用作指示器的个人计算机、模拟数据处理装置、数字数据处理装置、终端、数字显示器等装置的一般要求、计量要求、技术要求、测试方法、检验规则，以及标志、包装、运输、储存等要求。

③中华人民共和国国家标准《动态公路车辆自动衡器 第 1 部分：通用技术规范》（GB/T 21296.1—2020）。主要规定了动态公路车辆自动衡器的术语和定义、分类与命名、计量要求、通用技术要求、生产和安装要求、安装条件及维护通用要求、WIM 系统功能及数据要求、测试方法、检验规则，以及标志、包装、运输和储存等要求。

④中华人民共和国国家标准《动态公路车辆自动衡器 第 2 部分：整车式》（GB/T 21296.2—2020）。主要规定了整车式动态公路车辆自动衡器的术语和定义、型号及规格、计量要求、技术要求、生产和安装要求、安装条件及维护要求、系统功能及数据要求、测试方法、检验规则，以及标志、包装、运输和储存。

⑤中华人民共和国国家标准《动态公路车辆自动衡器 第 3 部分：轴重式》（GB/T 21296.3—2020）。主要规定了轴重式动态公路车辆自动衡器的术语和定义、产品型号、计量要求、产品结构要求、产品技术要求、安装和维护要求、测试方法、检验规则，以及标志、包装、运输和储存。

⑥中华人民共和国国家标准《动态公路车辆自动衡器 第 4 部分：弯板式》（GB/T 21296.4—2020）。主要规定了弯板式动态公路车辆自动衡器的术语和定义、构成、分类与命名、计量要求、技术要求、布局要求、安装条件及维护要求、WIM 系统功能及数据要求、测试方法、检验规则，以及标志、包装、运输和储存等。

⑦中华人民共和国国家标准《动态公路车辆自动衡器 第 5 部分：石英晶体式》（GB/T 21296.5—2020）。主要规定了石英晶体动态公路车辆自动衡器的术语和定

义、型号和构成、计量要求、技术要求、安装和维护要求、系统功能及数据要求、测试方法、检验规则，以及标志、包装、运输和储存。

⑧中华人民共和国国家标准《动态公路车辆自动衡器 第6部分：平板模块式》（GB/T 21296.6）。还在制定中。

⑨中华人民共和国国家标准《汽车、挂车及汽车列车外廓尺寸、轴荷及质量限值》（GB 1589—2016）。主要规定了汽车、挂车及汽车列车的外廓尺寸、轴荷及质量的限值。适用于在道路上使用的汽车、挂车及汽车列车。

⑩中华人民共和国国家计量检定规程《动态公路车辆自动衡器》（JJG 907—2006）。主要规定了动态公路车辆自动衡器的计量性能要求、通用技术要求、计量器具控制及检定方法和试验程序。适用于动态汽车衡的型式评价、首次检定、后续检定和使用中检验及产品质量监督抽查。

⑪中华人民共和国交通运输行业标准《汽车外廓尺寸检测仪》（JT/T 1012—2015）。主要规定了汽车外廓尺寸检测仪的型号、要求、实验方法、检验规则及标志、包装、运输和储存等要求，适用于汽车外廓尺寸检测仪的设计、生产与检验。

⑫中国工程建设标准化协会标准《公路用整车式称重系统技术规程》（T/CECS G：D85-06—2019）。主要规范了公路用整车式称重系统的建设和管理，确保车辆称重的准确度，提高通行能力和服务水平。

⑬中国工程建设标准化协会标准《公路用轴组式称重系统技术规程》（T/CECS G：D85-05—2019）。主要规范了公路用轴组式称重系统的建设和管理，确保车辆称重的准确度，提高通行能力和服务水平。

⑭中国工程建设标准化协会标准《公路货车不停车计重系统技术规程》（T/CECS G：D85-04—2021）。主要规范公路货车不停车计重系统的建设和管理，确保车辆称重的准确度，提高通行能力和服务水平。

2.4 国内高速公路称重技术发展

国内高速公路称重技术经过30年的发展，其稳定性、精度和功能都得到巨大提升，但随着高速公路管理智慧化、高效化、精准化等新需要，高速公路称重技术发展仍然任重道远，需要在称重准确度、货车称重速度、称重结构便捷化、高可靠和环境适应性、管理智能化等方面继续提高。

2.4.1 称重准确度

称重准确度、轮轴识别准确度、车型识别准确以及有效解决车辆的不规范行驶等是确保高速公路称重管理方便高效，避免称重纠纷的重要保障之一。目前称重设备的称重精度整体还有大幅提升空间，特别是在车速、轮胎摩擦、温湿度等各种外界干扰中，如何确保速度不断提高的前提下，称重精度更高、更稳定，是今后技术发展主要方向之一。

2.4.2 货车称重速度

高速公路目前已基本实现40 公里/小时以下的不停车收费功能，但入口治超和出口复检的称重速度还难以满足精度的同时又能满足称重速度要求。随着收费公路收费技术发展，下一步必将进入自由流收费阶段，治超的称重速度也将要大幅提升，在保障精度前提下，大幅提高不停车称重速度是今后技术发展的主要方向之一。

2.4.3 称重结构便捷化

目前，在满足基本精度和基本称重速度前提下，主要采用整车式和轴组式称重设施，但称重设施的结构比较复杂，体积比较大、施工要求很高，不仅施工周期长、造价高，维护也很不方便。结构更加便捷、体量更加轻小、便于安装施工维护的称重设施将是今后技术发展的主要方向之一。

2.4.4 高可靠和环境适应性

我国幅员辽阔，气候差异较大，且高速公路应用场景使用频次高、现场环境恶劣，在实际使用过程中设备经常容易出故障，需要维修；雨水多、气温低、沙尘大、雷暴天等恶劣环境下也经常出现故障。可靠性更高且能适应各种环境的称重设备将是今后技术发展的方向之一。

2.4.5 管理智能化

随着高速公路非现场执法系统的实施，称重系统智能化管理水平有明显提高，但高速公路入口称重、出口复查的称重系统管理难度仍然较大，各省现在主要通过增加人力资源来解决实际问题，随着技术发展和管理新理念的变化，智能化管理是今后发展的重点方向，也必将要求称重系统的管理更加智能化。

第三章　称重设备构成

3.1 设备构成

称重设备一般由称重平台（又称“承载器”）、称重传感器、称重控制器（又称“电子称重仪表”）、轮轴识别器（又称“轮胎识别器”）、车辆分离器、感应线圈（可选设备）、称重显示屏（可选设备）、车牌抓拍摄像机、自动栏杆（可选设备）、通行信号灯（可选设备）、车型识别设备（可选设备）、车辆外廓尺寸自动检测设备（可选设备）、应用软件，以及机箱、基础、门架（可选）等构成。

称重设备由于应用场合不同，其设备构成存在一定差异，具体如下：

3.1.1 高速公路入出口收费站

一般设置在高速公路入出口的称重设备，主要由称重平台、称重传感器、称重控制器、轮轴识别器、车辆分离器、感应线圈、称重显示屏、车牌抓拍摄像机、自动栏杆、通行信号灯、车型识别设备、车辆外廓尺寸自动检测设备、应用软件，以及机箱、基础等构成，如图 1.3.1、图 1.3.2 所示。

一般采用整车式和轴组式为主，其中整车式应用较多，模组式也在逐步应用，条件受限时秤台式、平板模块式称重设备也有少量应用。

图 1.3.1　高速公路入口收费站应用场景

图 1.3.2　高速公路出口收费站应用场景

3.1.2 高速公路主线

一般设置在高速公路主线的称重设备，主要由称重传感器、车辆分离器、称重控制器、车牌抓拍摄像机、车型识别设备、视频监控设备、车辆外廓尺寸自动检测设备、信息发布设备、交通标志、供电与防雷设施、应用软件，以及机箱、基础等构成，如图 1.3.3 所示。

主线治超一般采用秤台式、平板模块式、石英式等，包括非现场执法和超限超载预检两种应用。

图 1.3.3　主线应用场景

3.1.3 服务区/治超站

一般设置在服务区或治超站的称重设备，主要由称重平台、称重传感器、轮轴识别器、车辆分离器、称重控制器、车牌抓拍摄像机、车型识别设备、通行信号、交通标志、供电与防雷设施、应用软件，以及机箱、基础等构成，如图 1.3.4 所示。

服务区、治超站等主要采用整车式、轴组式，模组式也逐步应用。

图 1.3.4　治超站应用场景

3.2 称重平台

也称为“秤台”，是称重系统承载车辆全部（整体）压力的部分。一般包括模块化秤台及预埋件、限位装置（可选）、防尘装置（可选）、防滑装置（可选）、防擦边装置（可选）、接线盒、信号线缆等。一般整车式（图 1.3.5）、轴组式（图 1.3.6）在收费车道采用防尘装置、防滑装置和防擦边装置；秤台式（图 1.3.7）、弯板式（图 1.3.8）的称重平台在收费车道一般采用限位装置。高速公路主线一般不采用限位装置、防擦边装置。

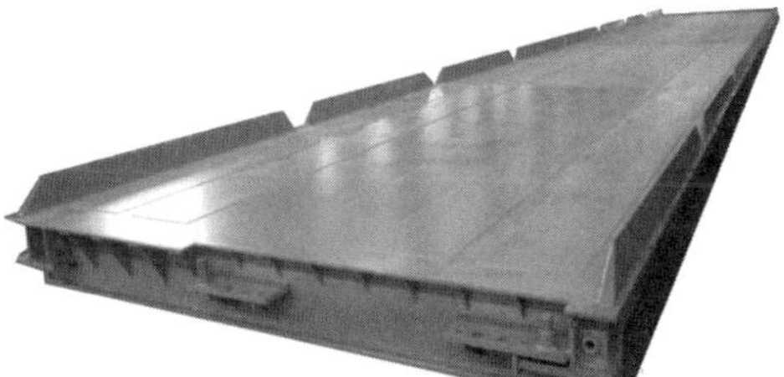

图 1.3.5　整车式称重平台

图 1.3.6　轴组式称重平台

图 1.3.7　秤台式称重平台

图 1.3.8　弯板式称重平台

3.3 称重传感器

称重传感器是称重系统的关键设备，是根据负载变化产生相应输出的测量转换器，其输出可以被另一装置转换为以质量为单位的称量结果，是电子衡器的关键部件。称重传感器一般由敏感元件、变换元件、测量元件、辅助电源等组成。根据工作原理的不同，称重传感器一般分为电阻应变式、压电式、电容式、电磁平衡式、磁极变形式、光电式、振动式、液压式、陀螺式、光栅式等几种类型，其中高速公路称重系统一般采用电阻应变式（图 1.3.9）和压电式（图 1.3.10）两种类型的传感器。

图 1.3.9　电阻应变式传感器

图 1.3.10　压电式传感器

3.4 称重控制器

称重控制器是用于接收称重传感器的测量信号、计算车辆重量，对称重设备及周边辅助设备、设施状态进行实时监测，以及进行故障自动巡检、手动测试的总控装置。称重控制器应由电子称重仪表、电源开关、空气开关、控制柜等组成，如图 1.3.11 所示。

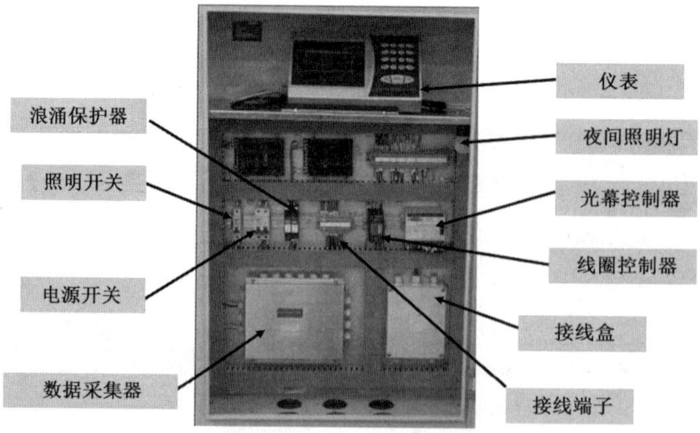

图 1.3.11　称重控制器

3.5 轮胎（轴）识别器

轮胎（轴）识别器设置在称重平台前方或称重平台内，由一组识别传感器组成。通过检测传感器的输出信号，判断驶过车辆的轴型、轴数和胎型。轮胎（轴）识别器包含轮胎识别传感器、轮轴识别秤台、安装壳体及接线盒等。轮轴识别器分为嵌入式轮轴识别器（图 1.3.12）和非嵌入式轮轴识别器（图 1.3.13）。轮轴识别器可安装在秤台外，用激光等形式进行轮胎（轴）识别，并接入称重系统。

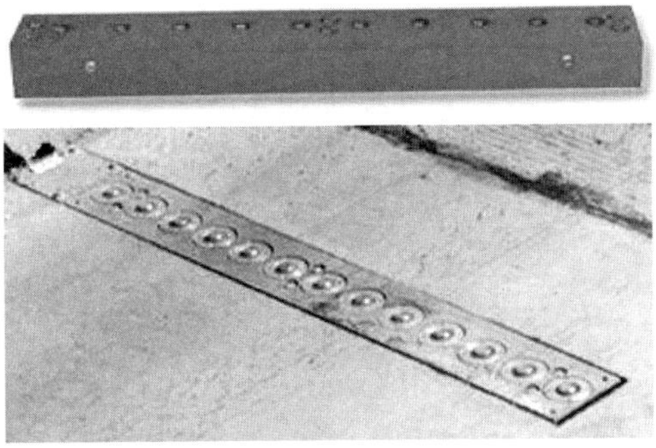

图 1.3.12　非嵌入式轮轴识别器

图 1.3.13　嵌入式轮轴识别器示意图

3.6 车辆分离器

车辆分离器是用来检测车辆进入称量区或离开称量区的测量装置，车辆分离器的发射器发出控制光线，接收器接受控制光线，相向分置称量区前端横向两侧，判断车辆是否完整进入称量区。

车辆分离器一般由发射模块、控制模块、分车模块等组成。按照工作原理可主要分为红外车辆分离器、激光车辆分离器、环形线圈车辆分离器、微波车辆分离器等类型。红外车辆分离器一般由成对配置的车辆红外发射器、控制器、加热器、罩壳等组成；激光车辆分离器通过发射安全激光光幕对经过的车辆进行逐辆分离，一般由发射模块、分车模块、分车计算模块、传输模块等构成；环形线圈车辆分离器一般有线圈、车检测器组成；微波车辆分离器由发射天线、发射器、接收器等组成。红外光栅车辆分离器（图 1.3.14）和环形线圈车辆分离器（图 1.3.15）应用最多。

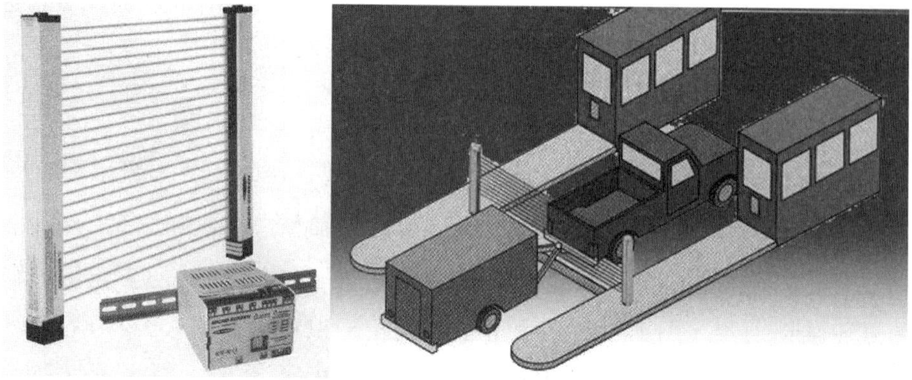

图 1. 3. 14　红外光栅车辆分离器

图 1. 3. 15　环形线圈车辆分离器

3. 7 应用软件

应用软件采用冗余技术设计开发，确保数据安全，同时支持各种丰富的查询、统计功能，支持数据打包、本地和远程备份等功能。应用软件的计重收费软件一般是收费系统软件的一个模块，可以根据交通运输部、地方省市规定的超限运输或计重收费标准进行灵活的系统参数（计重收费费率表、超限加重费率表等）设置，称重控制器依据称重传感器输出的信号进行处理、计算，给出总质量、各轴轴重、轴数、轴型、各轴轮胎数等数据，并最终根据计重收费标准给出应交通行费金额。

第四章　称重传感器

4.1 称重传感器的分类

称重传感器可按照材料、准确度、工作原理等方式分类。其中称重传感器按照材料可分为合金钢、不锈钢、铝合金、钢合金；按照准确度等级可以分为 A、B、C 和 D 级；按照称重传感器的工作原理进行分类，大致可以分为电阻应变式、压电式、电容式、电磁平衡式、磁极变形式、光电式、振动式、液压式、陀螺式、光栅式等类型。其中电阻应变式称重传感器具有结构简单、准确度高、适应面广等优点，并且能在相对比较差的环境下使用，是目前使用最广泛的称重传感器。据国际计量联合会（IMEKO）力值和质量计量委员会（TC-3）发表的会议文章介绍，在电子衡器和自动称量系统中，应用电阻应变式称重传感器占 90% 以上。

衡器从大类上来分，大致可以分为皮带秤、轨道衡、吊秤、汽车衡、料斗秤、叉车秤及电子天平几大类，各类传感器根据各自的特点应用于不同的衡器类别，详见表 1.4.1。

表 1.4.1　称重传感器主要分类一览表

序号	称重传感器类型	应用的衡器
1	电阻应变式	皮带秤、轨道衡、吊秤、汽车衡、料斗秤
2	压电式	汽车衡
3	电容式	吊秤、汽车衡
4	电磁平衡式	电子天平
5	磁极变形式	皮带秤、吊秤、料斗秤
6	光电式	—
7	振动式	皮带秤、吊秤、料斗秤
8	液压式	叉车秤
9	陀螺式	—
10	光栅式	—

目前用于公路车辆称重的汽车衡主要有整车式、轴组式、秤台式、石英式、弯板式、平板模块式等几种类型，除石英式称重系统采用压电式称重传感器以外，其他几类称重系统均采用电阻应变式称重传感器。

4.2 准确度分类

称重传感器按照综合性能分成以下四个标准等级：A 级、B 级、C 级、D 级。具体见表 1.4.2，确定准确度等级的传感器最大分度数以 1000 为单位表示。

表 1.4.2　各准确度等级称重传感器最大检定分度数

准确度等级	A 级	B 级	C 级	D 级
下限值	50000	5000	500	100
上限值	无限制	100000	10000	1000

一般计量中使用的传感器需要达到中等准确度级的 C3 等级，即 3000 分度。

示例：1 只 30t 的称重传感器，假定它的检定分度数是 3000，那么它的检定分度值就是 10kg；假定它的检定分度数是 2500，那么他的检定分度值就是 12kg。假定在 3000 的检定分度下，这个传感器达到了国标的各项要求，那么这个传感器的级别就是 C3 级；如果只能在 2500 分度下检定达标，那么这个传感器就是 C2.5 级；更低的如果只能在 1000 分度下达标，那么这个传感器就是 C1 级，这时的检定分度值就是 30kg。

4.3 原理分类

4.3.1 电阻应变式

（1）电阻应变式称重传感器原理及特点

电阻应变式称重传感器主要由承受外载荷的弹性元件、粘贴在弹性元件应变区上的电阻应变计及防护密封外壳、电缆线，以及压头压垫等构成。它的工作原理可以分为三个工作阶段：首先，被测负荷作用在弹性体上，使得弹性体产生形变；然后，粘贴在弹性体上的电阻应变计随着弹性体产生形变，从而改变它的电阻；最后，通过相应的测量电路将电阻变化转换为与外加载荷成一定比例关系的电信号（电压或者电流）输出，从而完成测量。

电阻应变式称重传感器主要优点是结构简单、紧凑、便于维护、对环境要求低，线性好、准确度高，温度变化影响小且容易进行补偿，测量范围大、耐振动冲击性能好、加速度影响小；而其主要缺点是输出信号小、制造工艺难度大。

（2）电阻应变式称重传感器分类

电阻应变式称重传感器根据其使用要求的不同可以设计成多种多样的结构形式。弹性体是称重传感器的基础部件，是被测负荷的直接受力者，因而称重传感器的结构形式也是由弹性体的结构形式所决定的。根据弹性体结构形式的不同，传统的电阻应变式称重传感器一般可以分为：柱式、桥式、悬臂梁式、轮辐式、双平行梁式及 S 型结构形式等，而在动态汽车衡发展的过程中，为了解决速度与精度之间的矛盾、不规范驾驶行为对精度的影响等问题，出现了弯板式和跟随式新型结构称重传感器。

整车式、轴组式、秤台式、弯板式、平板模块式称重系统均采用电阻应变式称重传感器。其中整车式、轴组式、秤台式主要采用柱式和桥式传感器，也有应用悬臂梁式等电阻应变式传感器；弯板式采用弯板式传感器；平板模块式采用跟随式称重传感器。

①柱式传感器

《中国衡器实用技术手册》中对柱式传感器的描述如下：结构紧凑，几何形状简单，设计计算、机械加工、热处理、电阻应变计粘贴等均比较容易；刚性大，固有频率高，动态响应快；通过外壳和膜片易于实现焊接密封和抽真空充氮新工艺。其主要缺点则是固有线性差，只有进行非线性误差补偿，才能使称重传感器达到较高的准确度等级。

图 1.4.1　柱式传感器

柱式传感器抗水平侧向载荷的能力对传感器的应用性能至关重要，整体三柱式和四柱式分别可达额定荷载的30%和50%，而单柱式则不足10%。但整体三柱式和四柱式传感器由于加工工艺复杂、制造成本太高，目前还是单柱式传感器使用得比较多。

目前，公路用整车式、轴组式、秤台式动态称重系统采用柱式称重传感器的比较多。

②桥式传感器

20世纪70年代中期，美国学者霍格斯特姆为克服测量正应力传感器固有线性差的缺点，开创了应用剪切应力设计桥式传感器的先例，也为剪切应力传感器的发展奠定了理论基础。

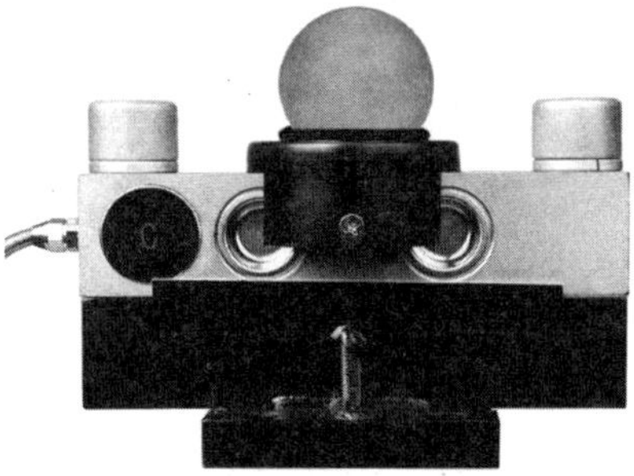

图1.4.2　桥式传感器

柱式、桥式传感器是目前公路用称重系统用得最多的两种传感器。桥式传感器相对柱式传感器来说，动态响应速度较慢、体积更为庞大，但被测剪切力沿应变梁长度方向为一常量，输出对加载点变化不敏感，应变梁与支座受自身夹紧螺栓的固定，不受外界影响，安装要求低，调整比较简单，受外力冲击、秤台变形的影响小。另外，桥式传感器对温度的变化更不敏感，在温差变化比较大的地区，选用桥式传感器更为合适。

③悬臂梁式传感器

悬臂梁式传感器通过测量剪切力引起的切应力来完成测量，并且只测量与切应力对应的主应力，不受弯曲应力的影响，相当于将桥式传感器从受力点切开形成两个悬臂梁式传感器，其线性好、精度高。悬臂梁式用于小量程（500g～2000kg）。

图1.4.3　悬臂梁式传感器

④弯板式传感器

整车式、轴组式、秤台式等称重系统均为平台式机械结构，内部用多个小型称重传感器支撑称重平台。弯板式称重系统则用弯板结构代替了传感器四角测量机械结构，从而突破了传统衡器不能测量高速行驶车辆重量的限制。

图 1.4.4　弯板式传感器

整个弯板台面就是一个弹性体平板，电阻应变计（又称电阻应变片）粘贴在平板背面机械切割出的平行槽里，便于密封防水。当汽车轮胎经过平板时，平板由于受到轮胎的压力而变形，从而造成电阻应变计变形，使它的电阻发生变化。如图 1.4.5 所示。

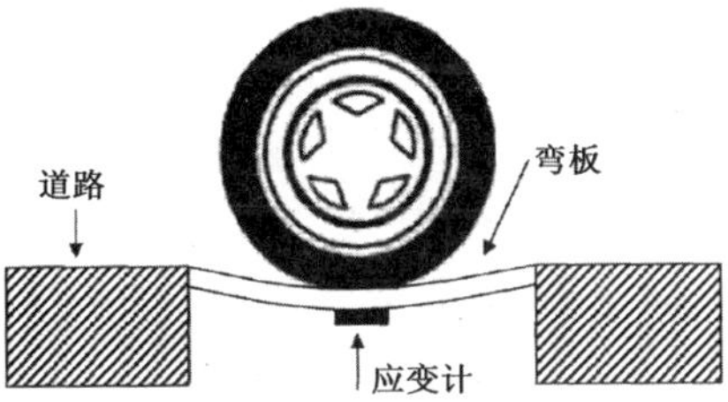

图 1.4.5　弯板称重传感器工作原理

弯板传感器用特殊金属板材做成，在板材的背面切割有数条 U 型槽，在 U 型槽里粘贴电阻应变计并组桥，U 型槽之间的受力点是传感器信号输出的峰值。由于弯板的中间和两端受力平衡不一样，所以，需要补偿弯板传感器的灵敏度横向一致性，通过调整弯板传感器的布局，可以防止 S 形、跳秤、擦边等不规范驾驶对称重的影响。但电阻应变计是箔式材料，它与钢板的粘贴工艺复杂，易脱落，需要定期检查。

⑤跟随式传感器

平板模块式称重系统基于工型主梁工艺和无缝拼接技术，是一种弹性体与受力钢梁一体化的称重系统新结构。即以称重平板为弹性体，在平板主梁的相对位置上打孔，安装（嵌入）数个外辅式电阻应变计式跟随传感器，当平板秤台受到汽车载荷时，跟随式传感器提取结构的受力变形信息，通过应力应变测量，转化为与外加载荷呈一定比例关系的电压信号输出，从而完成称量过程。跟随传感器与独特的工型受力梁通过螺栓进行机械式连接固定，防止旋转。

图 1.4.6　跟随式传感器

货运车辆碾压称重平台时，会使称重平台产生弯曲变形，跟随式传感器无缝隙、无偏移接受这种变形，秤台与传感器之间无受迫震动和晃动，从结构设计上避免了公路货运车辆高速通过时易产生的纵向、横向力的干扰，提高了运行速度和检测精度。

⑥轮辐式传感器

轮辐式传感器主要由轮箍、轮毂和轮辐组成，其中轮毂受载并传递载荷，轮箍环向承载，轮辐连接轮箍和轮毂，每个轮辐两侧中心的位置粘有电阻应变计，且轮辐通常以成对方式出现。

图 1.4.7　轮辐式传感器

轮辐式具有抗侧向力和偏载能力强、重心低、便于安装、结构简单、坚固、线性和重复性好、过载能力强等特点，被广泛应用于各种工业过程控制领域。

⑦板环式传感器

板环式传感器结构简单，受力状态稳定，易于加工。但其方位误差较大，从而影响了其在高精度领域的应用。

图 1.4.8　板环式传感器

⑧平行梁式传感器

平行梁式称重传感器以其准确度高、刚度和灵敏度较大、便于调整四角误差等特点，广泛应用于商业和家用电子秤、料斗秤、皮带秤。

图 1.4.9　平行梁式传感器

⑨S 型传感器

S 型传感器主要用于测量固体间拉力和压力，通常也称为拉力传感器。此传感器一般采用合金钢材质，胶密封防护处理，安装容易、使用方便，适用于吊秤等。

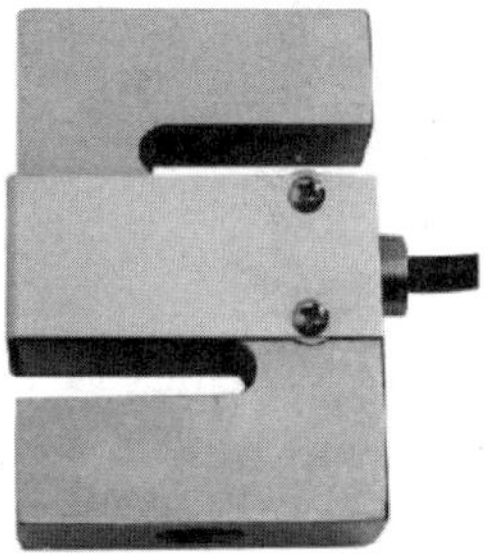

图 1.4.10　S 型传感器

4.3.2 压电式

压电式称重传感器的工作原理是压电材料在受到外力作用时，以产生电荷的压电效应为基础，通过晶体转换器，纵向验电效应将重量信号转换成电信号。具有结构简单、体积小、重量轻、使用寿命长等优点。用于公路称重设备的压电传感器主要包括压电薄膜轴传感器、压电石英传感器两种。

(1) 压电薄膜轴传感器

压电薄膜轴传感器是采用 PVDF（聚偏氟乙烯）薄膜制成，具有频响宽、动态范围好、输出电压高、稳定性好、耐冲击、不易老化等特点，被广泛应用于振动冲击、闯红灯拍照、交通人流车流信息采集、车速监速、交通动态称重，以及安全报警、拾音传声、计数开关等。

图 1.4.11　压电薄膜轴传感器

压电薄膜轴传感器用于公路称重时，施工时对路面破坏小、施工快，并可与路面轮廓一致。通过压电薄膜传感器与电感线圈配合获取如轴数、重量、车速、轴距，轮胎数多种动态称重数据。

（2）压电石英式传感器

压电石英式传感器在动态公路车辆称重中的应用主要有两种方式：一种是利用多个垫圈式压电石英称重传感器组成薄型电力轮重、轴重称或条形称重板；另一种是利用多个石英晶体片和电极板直接安装在特制的梁式承重器内，形成专用的压电石英称重传感器，将其埋在公路表面长槽内，形成动态公路车辆轴组秤。

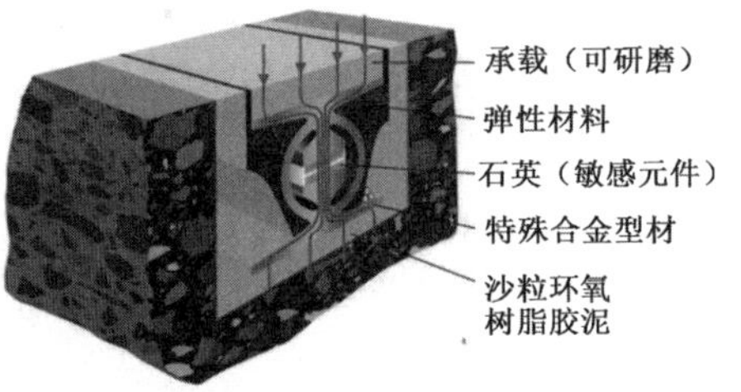

图 1.4.12　压电石英式传感器

将石英晶体敏感元件与电阻应变计进行比较，电阻应变计实际上是测量称重传感器弹性体上的应变，而石英晶体敏感元件测量的是应力，是它产生的电荷对于应力的平均值，也就是说石英晶体具有把敏感元件（石英原片）整个表面上的载荷进行积分的能力。

压电石英式称重传感器具有体积小、重量轻、安装方便、动态范围广、灵敏度高等方面的优点，其输出特性更加适合于高速、无振动、稳定的载荷，自 20 世纪 90 年代在瑞士奇石乐公司发明以来，在美国、英国、德国、澳大利亚、韩国、日本等许多国家被广泛应用于公路、桥梁超载预判报警，取得了良好的效果。其主要的缺点是无静态输出，要求很高的输出阻抗，从而需要低电容低噪声电缆。

4.3.3 电容式

电容式称重传感器是一种把被测的机械量（如位移、压力等）转换为电容量变换的传感器。它的敏感部分就是具有可变参数的电容器，其最常用的形式是由两个平行电极组成，极间以空气为介质。

电容式传感器结构简单、造价低、对高温、辐射、强振等恶劣条件的适应性强，其缺点是输出有非线性，寄生电容和分布电容对灵敏度和测量精度的影响较大。此前有将此传感器应用在动态汽车衡的产品推向市场，主要是轮载荷测量和轴载荷测量，加入金属丝的电容橡胶极板秤台可以卷曲，与电子称重仪表一起放入箱体中，便于携带。受测量精度影响，未得以大范围的应用。目前电容式传感器的应用已经较为稀少，但其在超高温过载保护场合具有使用优势，比如炼钢厂使用的高温吊钩秤。

4.3.4 其他

除了以上几种称重传感器，其他类型的称重传感器在汽车衡上鲜有应用。

(1) 电磁力平衡式传感器

电磁力平衡式传感器的称重过程基于安培力实现。如图 1.4.13 所示，当秤盘加载重物以后，秤盘会向下移动，需要加大导线的电流使由电流产生的电磁力与载重的受力平衡以后，秤盘才能回到平衡的位置。所以传感器是通过载流线圈在恒定直流磁场中产生的电磁力与被测质量的重力平衡实现电信号的转换。

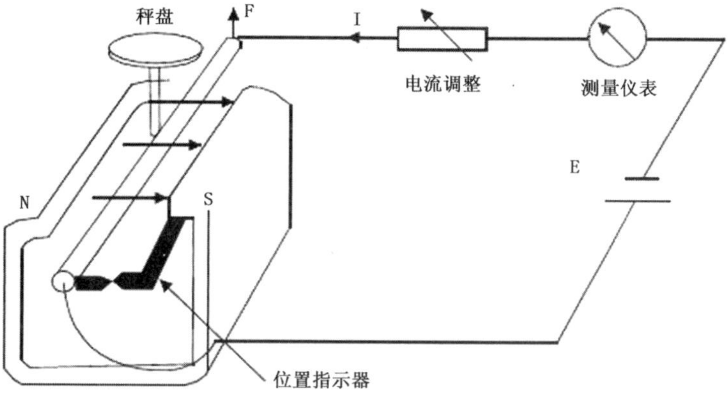

图 1.4.13　电磁力平衡式传感器结构

电磁力平衡式传感器广泛应用于电子分析天平，是精密质量称量的常用传感器。其优点是测量分辨率高、灵敏可靠，但对生产条件要求较高，目前世界上只有为数不多的几家大厂掌握这种技术。其广泛应用于精密质量测量、加速度测量、化学反应监测和水分监测等领域。

(2) 磁极变形式传感器

磁极变形式传感器的铁磁元件在被测物重力作用下发生机械形变时，内部产生应力并引起磁导率的变化，使绕在铁磁元件两侧的次级线圈的感应电压也随之变化。测量出电压的变化量即可以求出加在磁极上的力，进而确定被测物的质量。磁极变形式传感器的精度不高，一般为1/100，使用大吨位称量工作，在称重传感器市场上几乎没有应用。

（3）光电式传感器

光电式传感器包括光栅式和码盘式：光栅式传感器的工作原理是将光栅形成的莫尔条纹转换成光电信号，通过计算光栅转动角的大小，从而测量出物体的质量。码盘式传感器的光电池通过码盘接收光信号并转化成电信号，由电路进行处理并得到测量结果。此类传感器虽然工作稳定，而且抗干扰能力强，但运行速度低，不能满足高速称重的要求，作为曾经的一个过渡产品已完成使命，几乎退出市场。

（4）振动式传感器

振动式传感器的弹性元件受力后，其固有振动频率与作用力的平方根成正比，因此通过测量振弦振动频率的变化量，就可以测量出质量。在电子天平的小秤量衡器中，经常使用这类产品。

（5）液压式传感器

液压式称重传感器是指承受被测物重力作用时，液压油压力增大，增大的程度与物体重力成正比，测出压力的增大值，就可以得到被测物的质量。液压式传感器结构简单而牢固、测量范围大，但准确度一般不到1/1000，有时甚至不到1/100。其目前主要应用于在对称量精度要求不高或安全过载保护方面的称重测力场合，譬如装载机秤。

（6）陀螺式传感器

陀螺式传感器由陀螺转子、内/外环、附件等组成，详见图1.4.14。转子轴的一端受到外力时，会因产生倾斜而绕垂直轴转动，通过测量转动的加速度进而测量出质量。陀螺式传感器的精度较高，而且响应速度快、无滞后现象、温度特性好、振动影响性小。

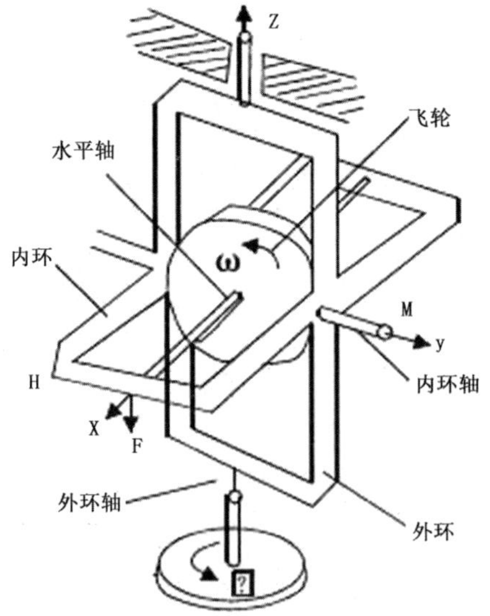

图1.4.14　陀螺式传感器结构

（7）光纤光栅式传感器

光纤光栅式传感器属于光纤传感器的一种，基于光纤光栅的传感过程是通过外界物理参量对光纤布拉格波长的调制来获取传感信息，是一种波长调制型光纤传感器。就目前而言，光纤光栅式称重传感器大多数还处于研究和实验阶段，国内外在这方面都有报道，如 DB Minden 公司成功使用了德国 BBM 光学应变片进行最新的铁路车辆测试。

4.4 传感器的选择

称重传感器是衡器的核心和最重要的检测元件，它的性能和工作状态决定了衡器的准确度和稳定性。在设计、安装和改造衡器时，如果称重传感器选择和荷载分配调整不当，将直接造成衡器称量超差，重复性超差等一系列故障，严重时甚至使衡器不能工作。

传感器在材质、工作原理与结构上千差万别、种类繁多，选择合适的传感器要根据衡器的使用环境、称量目的、准确度要求等，在保证衡器使用的安全性、可靠性、准确性前提下，兼顾经济性。

4.4.1 环境因素对传感器选择的影响

选择称重传感器首先要考虑衡器所处的实际工作环境。选择的称重传感器是否适应工作环境，关系到称重传感器能否正常工作，并与称重传感器的安全和使用寿命相关，甚至会影响整个衡器的可靠性和安全性。

①高温环境对称重传感器造成涂覆材料熔化、焊点开化、弹性体内应力发生机构变化等问题。用于高温环境的称重传感器常采用耐高温传感器，苛刻的场合还须加有隔热、水冷或风冷等装置。

②粉尘、潮湿、腐蚀环境会使传感器存在短路风险，因此在此环境应选择密封性很高的传感器。不同的称重传感器密封的方式不同，密闭性也存在很大的差异。称重传感器的密封防护常见有密封胶充填或涂覆、橡胶垫机械紧固密封、膜片焊接（激光焊、氩弧焊、等离子束焊）和真空充氮密封。在粉尘、潮湿、腐蚀环境下工作的传感器，应选择膜片热套密封或膜片焊接密封、抽真空充氮传感器。在腐蚀性较高的环境下，如潮湿、酸性对传感器弹性体受损或产生短路等影响，应选择外表

面进行过喷塑或具有不锈钢外罩、抗腐蚀性能好且密闭性好的称重传感器。

③电磁场会造成称重传感器输出信号紊乱。在此情况下，应对称重传感器的屏蔽性能进行严格检查，看其是否具有良好的抗电磁能力。

④易燃、易爆不仅对称重传感器会造成彻底性的损害，而且还给其他设备和人身安全造成很大的威胁。因此，在易燃、易爆环境下工作的称重传感器必须选择防爆型的称重传感器，其密封外罩不仅要考虑其密闭性，还要考虑防爆强度，以及电缆线引出头的防水、防潮、防爆性等。

4.4.2 传感器量程的选择

确定传感器的量程首先要确定衡器需要的传感器的数量。传感器数量的选择是根据电子衡器的用途、秤体需要支撑的点数而定的。一般来说，秤体有几个支撑点就选择几只传感器，但是对于一些特殊的秤体如电子钩秤就只能用一个传感器，一些机电结合秤就应该根据实际情况来确定选用传感器的数量。

传感器数量确定以后，就可以依据秤的最大秤量值、选用传感器的个数、秤体的自重，以及可能产生的最大偏载及动载、超载等因素综合评价来确定。一般来说，传感器的量程越接近分配到每个传感器的荷载，其称量的准确度就越高。但在实际使用时，由于加在传感器上的荷载除被称物体外，还存在秤体自重、皮重、偏载及振动冲击等荷载，因此选用传感器量程时，要考虑诸多方面的因素，保证传感器的安全和寿命。

传感器量程的计算公式是在充分考虑到影响秤体的各个因素后，经过大量的试验而确定的。公式如下：

$C=K_0K_1K_2K_3\ (W_{max}+W)\ /N$

C——单个传感器的额定量程；

K_0——保险系数，一般取值为 1.2～1.3；

K_1——冲击系数，一般取值为 1.0～1.5；

K_2——秤体的中心偏移系数，一般不超过 1.05；

K_3——风压系数，般取值为 1.0～1.05；

W_{max}——被称物体净重的最大值；

W——秤体自重；

N——秤体所采用称重传感器的数量。

例如：一台 30t 电子汽车衡，最大秤量是 30t，秤体自重 1.9t，采用四只传感器，根据当时的实际情况，选取保险系数 $K_0=1.25$，冲击系数 $K_1=1.18$，重心偏移系数 $K_2=1.03$，风压系数 $K_3=1.02$。

则 $C=1.25\times1.18\times1.03\times1.02\times(30+1.9)/4=12.36(t)$；

而传感器的吨位一般只有10t、15t、20t、25t、30t、40t、50t等，因此可以选用15t的传感器。

根据经验，一般应使称重传感器工作在其30%～70%量程内，但对于一些在使用过程中存在较大冲击力的衡器，如动态轨道衡、动态汽车衡等，在选用传感器时，一般要扩大量程，使传感器工作在其量程的20%～30%之内，使传感器的称量储备量增大，以保证称重传感器的使用安全和寿命。前文例子中，单个传感器最大承受的重量为（30+1.9）/4=7.975（t），而7.975/15=53.17%，可以看出，满足工作在其30%～70%量程内的要求，如果是冲击力比较大的衡器，则传感器需要选择更大吨位的。

4.4.3 传感器准确度等级的选择

传感器准确度等级包括传感器的非线性、滞后、蠕变、重复性、温度零点和温度灵敏度等技术指标，其误差带的要求与衡器的误差带相匹配，一般是衡器误差带的0.7倍。在选用传感器时，不要单纯追求高等级的传感器，既要考虑满足电子秤的准确度要求，又要考虑成本。

对传感器等级的选择需要满足仪表输入和衡器准确度要求。

（1）满足仪表输入的要求

称重显示仪表是对称重传感器的输出信号经过放大、A/D转换等处理之后再显示称量结果的。因此，称重传感器的输出信号必须大于或等于仪表要求的输入信号，即将称重传感器的输出灵敏度代入传感器和仪表的匹配公式，计算结果须大于或者等于仪表要求的输入灵敏度。

称重传感器和仪表的匹配公式如下：

$$\frac{\text{传感器输出灵敏度}\times\text{激励电源电压}\times\text{秤的最大秤量}}{\text{秤的分度数}\times\text{传感器数量}\times\text{传感器量程}}$$

例如：1台15t的秤，最大秤量15t，分度数为3000；秤采用4只量程为10t的传感器，输出灵敏度为2±0.1%mV/V，拱桥电压为8VDC；判断选用PA8110A（输入灵敏度为0.4μV/d）的称重仪表是否匹配。

根据上述公式计算的结果为：

$$\frac{2\times8\times15}{3000\times4\times10}=0.002\ (\mathrm{mV/d})=2\ (\mu\mathrm{V/d})>0.4\ (\mu\mathrm{V/d})$$

因此，采用的传感器满足仪表输入灵敏度的要求。

（2）满足整台电子秤准确度的要求

在实际使用中，衡器的秤体、传感器、仪表三个部分的性能和工作状态都会影响到整个电子衡器的准确度。考虑到 n 只传感器并联会将整体组合后的传感器精度提高$\sqrt{n}$倍，因此，必须选择准确度等级高于或等于衡器准确度等级要求的传感器，以保证衡器的使用准确度。

4.4.4 传感器类型的选择

传感器型式的选择主要取决于称量的类型和安装空间，既要保证安装合适，也要确保称量安全可靠。可根据传感器的受力情况、性能指标、安装型式、结构型式、弹性体的材质等特点规定传感器的适用范围。动态称量的情况下，还要考虑选择动态响应频率高的称重传感器。

4.5 传感器的主要指标

称重传感器的主要技术指标有：

①额定荷载：称重传感器的额定荷载即为称重传感器的最大秤量。

②安全极限过载：可以施加于传感器，而不会使其性能产生超过规定值的永久性改变的最大荷载。

③额定输出（灵敏度）：加额定荷载时和无荷载时，传感器输出信号的差值。由于称重传感器的输出信号与所加的激励电压有关，所以额定输出的单位用 mV/V 表示，并称之为灵敏度。

④灵敏度允差：传感器的实际稳定输出与对应的标称额定输出之差对标称额定输出的百分比。例如，某称重传感器的实际额定输出为 2.002mV/V，与之相适应的标准额定输出则为 2mV/V，则其灵敏度允差为（2.002−2）/2×100%＝0.1%。

⑤非线性：由空载荷的输出值和额定荷载时输出值所决定的直线和增加负荷之实测曲线之间最大差值对于额定输出值的百分比。

⑥重复性误差：在相同的环境条件下，对传感器反复加荷到额定荷载并卸载，加荷过程中同一负荷点上输出值的最大差值与额定输出的百分比。

⑦滞后误差：施加同一级负荷时称重传感器的进程测试曲线与回程测试曲线之间输出读数的最大差值。

⑧蠕变：在负荷不变（一般取额定荷载）、其他测试条件也保持不变的情形下，称重传感器输出随时间的变化量对额定输出的百分比。

⑨零点输出：在推荐电压激励下，未加荷载时传感器的输出值对额定输出的百分比。

⑩绝缘阻抗：传感器的电路和弹性体之间的直流阻抗值。

⑪输入阻抗：信号输出端开路，传感器未加负荷时，从信号输入端测得的阻抗。

⑫工作温度：传感器在此温度范围内使用，应保证达到其规定的性能参数。

第五章　称重设备分类

秤亦作“称”，衡器，是测定物体重量的器具。人们在不同的场合可以见到各种形式的重量计量装置，就是人们通常讲的秤。随着秤在各领域应用的逐步发展，诞生了多种不同原理、结构的称重产品，根据称重设备的结构、原理、用途的不同，主要可以分为汽车衡、皮带秤、轨道衡、吊秤、料斗秤等。目前用于公路车辆称重的汽车衡主要分为整车式、轴组式、秤台式、石英式、弯板式、平板模块式、模组式等。

5.1 汽车衡

5.1.1 整车式称重设备

整车式称重系统是以整车称量方式确定车辆总重量及单轴或轴组重量的称重系统。整车式称重设备（图 1.5.1）已广泛应用于公路治超、计重收费及称重检测等领域。它属于秤台式汽车衡，宽度通常为 3.2 米至 4 米，称量长度为 18 米至 24 米。

图 1.5.1　整车式称重设备

整车式称重设备既具备传统静态秤高精度的优势，同时可实现连续过车的动态称重。整车式称重设备有防作弊能力强、称重精度高的特点，可以有效地减少不规则驾驶行为，如跳秤、走S形等对车辆称重结果的影响。但同时整车式称重设备体积庞大、建设成本高、施工周期长、后期维护不便的缺点在一定程度上限制了它的应用。

5.1.2 轴组式称重设备

轴组式称重系统是对行驶车辆以轴组称量方式确定车辆总重量及单轴或轴组重的公路车辆称重系统。轴组式称重设备（图1.5.2）主要用于公路计重收费及称重检测。轴组式称重设备是继双秤台式称重设备后产生的新型产品。轴组式称重设备的有效称量长度一般不小于6米，它具备防逃费能力强、称重精度高的特点，轴组式称重设备与整车式称重设备检测精度基本相当，但设备体积相对较小、建设成本低、施工周期相对较短，对安装环境的适应性更强。但相对于石英式、弯板式等称重设备，它的建设费用和施工周期仍旧较长，对安装条件的要求高于石英式和弯板式称重设备。

图1.5.2　轴组式称重设备

5.1.3 弯板式称重设备

弯板式称重设备（图1.5.3）是以嵌入路面并与路面平齐的方式安装于称量控制区的多个弯板传感器组合，测量车辆轮载荷、轴载荷、轴组载荷，并获得车辆总重量的自动衡器和系统。弯板式称重设备在公路实施计重收费初期曾广泛应用于收费车道车辆称重、公路主线治超预检和非现场执法。弯板式称重设备具有安装简便、施工周期短的特点。车辆在高速通过弯板式称重设备时称重精度较高，但低速时则称重误差较大，且由于设备有效称量长度短，对车辆不规则驾驶行为如跳秤、走S形等没有有效的制约能力。

图1.5.3　弯板式称重设备

5.1.4 平板模块式称重设备

平板模块式称重设备（图1.5.4）是通过固定安装在承载器上的跟随式电阻应变传感器组成的平板模块式称重模块及其组合来测量通过车辆的轮轴力，

图1.5.4　平板模块式称重设备

进而获得车辆的轴载荷、轴组载荷和车辆总重的动态公路车辆自动衡器。平板模块式称重设备是近年来逐步在公路计重收费、治超非现场执法领域应用的一种新型的称重设备。平板模块式称重设备具有防作弊能力强、称重精度高的特点，可以有效地减少不规则驾驶行为，如跳秤、走S形等对车辆称重结果的影响。与整车式称重设备相比，它无须进行大规模的基础开挖和浇筑，有效地缩短了施工周期，且便于设备后期运营维护。相对于石英式、弯板式称重设备，平板模块式称重设备整体设备及施工费用仍旧偏高。

5.1.5 秤台式称重设备

(1) 单秤台式称重设备

单秤台式称重设备（图1.5.5）是最早应用于公路计重收费的称重设备，又称轴重秤。在实施公路计重收费初期曾广泛应用于收费站出口车辆称重。单秤台式称重设备顾名思义采用了单台面秤台式结构，秤台的有效称重长度为70厘米至90厘米。单秤台式称重设备可以在车辆低速通过的同时对车辆轴重进行称量，通过对轴重的累计，得出车辆总重量，为早期公路计重收费的发展做出了突出的贡献。与整车式、轴组式、双秤台式称重设备相比单秤台称重设备具有设备体积小、建设成本低、工期短等优点。但受设备结构形式和技术条件制约，它的称重精度较低，路面状况、车辆行驶速度对称重精度影响较大，而且它对于车辆的不规则驾驶行为如跳秤、擦边等没有有效的制约能力。

图1.5.5　单秤台式称重设备

(2) 双秤台式称重设备

双秤台式称重设备（图 1.5.6）是在单秤台称重设备上发展而来的，目的是通过增加有效称量长度，提高有效样本采集时间来提高计重精度，同时称量长度的增加可以有效地遏制跳秤等不规则驾驶行为对称重精度的影响。双秤台计重设备包含两个独立的计重台面，秤台的有效称量长度为 1.6 米左右。相较于整车式和轴组式称重设备，双秤台式称重设备具有建设成本低、施工难度小、施工周期短的优点，与早期的单秤台式称重设备相比，它的称重精度有了一定幅度的提升而且具备一定的防作弊功能。称量长度的增加在一定程度上增加了设备造价和设备调试难度。

图 1.5.6　双秤台式称重设备

5.1.6 石英式称重设备

石英式称重设备（图 1.5.7）是通过嵌装于路面、上表面与路面保持在同一平

图 1.5.7　石英式称重设备

面的石英晶体传感器及其组合来测量通过车辆动态车轮力，进而获得车辆总重、轴载荷、轴组载荷的动态公路车辆自动衡器。石英式称重设备早期主要应用于车道计重收费。它无须进行基础开挖，施工简便、工期短，但称量精度受车辆行驶速度影响较大，在车辆低速通过时称重误差较大。

5.1.7 动态模组式称重设备

动态模组式称重设备是一种既能保证计量精度又能提高通行效率的整车计重设备，是动态称重领域发展的最新成果。

5.2 皮带秤

一般人们在不同的场合均可以见到各种形式的计量装置，就是人们通常讲的秤。而皮带秤（图 1.5.8）就是专门针对散装物料的连续计量而设计的，是指无须对质量细分或者中断输送带的运动，即可对输送带上的散装物料进行连续称量的自动衡器。皮带秤用于物料计量和流量控制使用。

图 1.5.8　皮带秤

5.3 轨道衡

轨道衡（图 1.5.9）是设置在铁道线路上用以称量铁路车辆装载的散装货物的

大型衡器。轨道衡自诞生至今已有近百年的历史，我国轨道衡技术出现在20世纪50年代。按轨道衡的计量方法，轨道衡分为静态称量轨道衡和动态称量轨道衡两种。其中静态称量轨道衡是车辆在轨道衡秤台上处于静止状态下进行称量，而动态称量轨道衡是车辆在运动中进行称量。目前轨道衡广泛用于工厂、矿山、冶金、外贸和铁路部门对货车散装货物的称量。

图1.5.9 轨道衡

5.4 吊秤

吊秤（图1.5.10）也称吊钩秤、吊磅、挂秤、钩秤等，是使物体处于悬挂状态

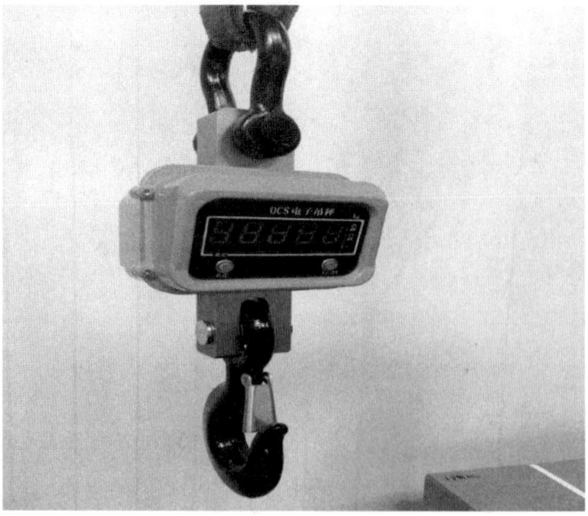

图1.5.10 吊秤

进行其质量计量的衡器。它改变了传统的车辆装载地磅称量的作业方式，将货物装卸与称量一次完成。电子吊秤因其具有缩减称重环节、提高称重效率及方便移动等便利性，广泛地应用于冶金、钢厂、铁路及物流等场合的大吨位货物称重。

5.5 料斗秤

电子料斗秤（图 1.5.11）是自动检测料斗中物料质量的装置。它是一种非连续累计自动秤，其在整个称量过程中不需要操作人员的任何干涉，能按照预先设定好的程序自动地加卸料物，且其称重准确度高，适用于非黏性散状料的称量，广泛应用于矿山企业。

图 1.5.11　料斗秤

5.6 公路用称重设备比较

不同类型的公路用称重设备在性能、施工、维护，以及价格、应用场景等各个方面都存在差异，具体对比分析详见表 1.5.1。

表 1.5.1　公路用称重设备比较一览表

技术路线	整车式	轴组式	单秤台式	双秤台式	石英式	弯板式	平板模块式
允许车辆运行速度	0~20 公里/小时	0~30 公里/小时	0~30 公里/小时	0~30 公里/小时	0.3 ~ 100 公里/小时	0~100 公里/小时	0~100 公里/小时
传感器类型	电阻应变式	电阻应变式	电阻应变式	电阻应变式	压电式	电阻应变式	电阻应变式
称量范围	最大秤量：100t 或 150t 额定载荷≥30t 最大过载能力：150%	额定轴载荷≥30t 轴组≥60t 最大过载能力：150%	额定载荷≥30t 最大过载能力：150%	额定载荷≥30t 最大过载能力：150%	额定载荷≥30t 最大过载能力：150%	额定载荷≥30t 最大过载能力：150%	最大秤量：100t 或 150t 额定轴载荷≥30t 最大过载能力：150%
精度影响因素	车道纵向坡度在 2% 以下时，静态精度 OIML III，动态精度±0.5%	车道纵向坡度在 2% 以下时，静态称量准确度 OILM III 级；车道纵向坡度在 5% 以下时，静态称量准确度不低于 1%，动态精度达到国家 2 级标准	车道纵向坡度在 1% 以下时，车速 30 公里/小时内，动态精度达到国家 5 级标准	车道纵向坡度在 1% 以下时，静态称量准确度 OILM III 级；车道纵向坡度在 5% 以下时，静态称量准确度不低于 1%，动态精度达到国家 5 级标准	加减速、坡度、弯度对精度影响小。动态精度达到国家 5 级标准	加减速、坡度、弯度影响大 40 公里/小时内，动态精度达到国家 5 级标准	车道纵向坡度在 3% 以下时，车辆总重量的准确度等级：1 级（±0.5%），2 级（±1%）（最大秤量为 150t 时）
寿命	由循环（变形）次数决定，厂商指标不小于 500 万轴次	由循环（变形）次数决定，厂家技术指标不小于 500 万轴次	由循环（变形）次数决定，厂家技术指标不小于 500 万轴次	由循环（变形）次数决定，厂商指标：不小于 200 万车次	受路面寿命影响，厂商技术指标不小于 500 万轴次	由循环（变形）次数决定，厂商技术指标不小于 500 万轴次	由循环（变形）次数决定，厂商指标不小于 1000 万轴次

续 表

技术路线	整车式	轴组式	单秤台式	双秤台式	石英式	弯板式	平板模块式
影响可靠性和寿命的因素	机械传动的磨损、泥沙、雨水浸泡等	机械传动的磨损、泥沙、雨水浸泡等	机械传动的磨损、泥沙、雨水浸泡等	机械传动的磨损、泥沙、雨水浸泡等	受路面破损程度影响	金属疲劳和老化、密封材料老化、接缝处损坏	机械传动的磨损、泥沙、雨水浸泡等
不适应情况	桥面、弯道（对路面坡度要求较高）	桥面、弯道（对路面坡度要求较高）	桥面、弯道	桥面、弯道	无	桥面、弯道	桥面、弯道
施工方式及周期	开挖深的基坑（深160～200cm，基础大小约为3.2米×21米×1.5米）并加固基础，施工周期长，对路面破坏大。一套称重系统的施工周期为20～30天	开挖深的基坑（深120～180cm，长宽基本为秤台面积）并加固基础，施工周期长，对路面破坏大。一套称重系统的施工周期为20～30天	开挖较浅的基坑（深70～80cm）并加固基础，施工周期长，对路面破坏大。一套称重系统的施工周期为10～15天	开挖较浅的基坑（深70～80cm，开挖面积为单秤台2倍）并加固基础，施工周期长，对路面破坏大。一套称重系统的施工周期为15～20天	切割宽72mm、深55mm左右的槽，施工周期短，开挖量小。一套称重系统安装期约为1天	切割宽60cm、深6cm左右的基坑，长度与设备相同，施工周期短，开挖量较小。一套称重系统安装期约为5～7天	开挖浅基坑（深43cm，宽2.1米，长度与设备相同，基坑无须整体浇筑），施工周期短，对路面破坏大。一套称重系统的施工周期为2～3天
设备及建设成本	高（国产为33万～34万，进口为45万～50万，含基础）	较高（15万～18万，含基础）	低（6万～8万）	较低（12万～15万）	较高（25万～30万）	较低（10万～12万）	高（35万～40万元，含基础）
维护和运营成本	需要定期排水，清除泥沙，传感器须定期校正和更换，维护成本高	需要定期排水，清除泥沙，传感器须定期校正和更换，维护成本高	需要定期排水，清除泥沙，传感器须定期校正和更换，维护成本高	需要定期排水，清除泥沙，传感器须定期校正和更换，维护成本高	免维护，损坏须整体更换	主要是弯板的金属疲劳和接缝处密封材料，须定期维护，维护成本较低	传感器须定期校正和更换，维护成本较低

续 表

技术路线	整车式	轴组式	单秤台式	双秤台式	石英式	弯板式	平板模块式
应用场景	公路计重收费、入出口称重检测、治超站货车精检	公路计重收费、入出口称重检测	公路计重收费、入出口称重检测（目前已较少应用）	公路计重收费、入出口称重检测	公路计重收费、入出口称重检测、公路主线超载预检，非现场执法	公路计重收费、入出口称重检测、公路主线治超非现场执法（目前已较少应用）	公路计重收费、入出口称重检测、公路主线治超非现场执法

第六章　称重计量准确度

准确度等级是指符合一定的计量要求，使误差保持在规定极限以内的测量仪器的等别、级别。高速公路称重系统的计量准确度包括车辆总重量准确度和单轴载荷、轴组载荷准确度。

6.1 准确度等级

6.1.1 车辆总重量准确度等级

国际法制计量组织《动态公路车辆称重及轴载测量自动衡器》（OIML R134：2006）（*Automatic Instruments for Weighing Road Vehicle in Motion and Measuring Axle Loads* 又称 WIM）规定了 WIM 衡器的计量要求。根据其规定把 WIM 衡器车辆总重量准确度等级进行了 6 类划分：用 0.2、0.5、1、2、5、10 符号表示。该六类等级的划分与 WIM 衡器车辆总重量的使用中检验最大允许误差相关，具体如下。

①0.2 级要求 WIM 衡器车辆总重量中使用中检验最大允许误差为±0.2%；

②0.5 级要求 WIM 衡器车辆总重量中使用中检验最大允许误差为±0.5%；

③1 级要求 WIM 衡器车辆总重量中使用中检验最大允许误差为±1.0%；

④2 级要求 WIM 衡器车辆总重量中使用中检验最大允许误差为±2.0%；

⑤5 级要求 WIM 衡器车辆总重量中使用中检验最大允许误差为±5.0%；

⑥10 级要求 WIM 衡器车辆总重量中使用中检验最大允许误差为±10.0%。

国家标准《动态公路车辆自动衡器》（GB/T 21296）编制中，参考了《动态公路车辆称重及轴载测量自动衡器》（OIML R134：2006）内容，编制组根据中国国内情况及原 5 级与 10 级之间跨度过大等问题，在原 6 类准确度等级基础上增加 7 与 15 两类附加准确度等级，如下：

①7 级要求 WIM 衡器车辆总重量中使用中检验最大允许误差应为±7.0%；

②15 级要求 WIM 衡器车辆总重量中使用中检验最大允许误差应为±15.0%。

至此，将 WIM 衡器的车辆总重量的准确度划分为 8 个等级，其中基本准确度分为 6 个等级，用 0.2、0.5、1、2、5、10 符号表示；附加准确度等级分为 2 个等级，用 7、15 符号表示。

6.1.2 单轴载荷和轴组荷载的准确度等级

国际法制计量组织《动态公路车辆称重及轴载测量自动衡器》（OIML R134：2006）规定了 WIM 衡器对于单轴重及轴组重的准确度等级，将其进行了 6 类划分：用 A、B、C、D、E、F 符号表示。

国家标准《动态公路车辆自动衡器》（GB/T 21296）编制中，参考了《动态公路车辆称重及轴载测量自动衡器》（OIML R134：2006）内容，编制组根据中国国内情况及轴称量方式衡器精度要求较低的情况，在原 6 级基础上增加 G、H 两级附加等级。各等级间对于以不同车辆作为参考车辆时的最大允许误差要求各有不同。

6.2 准确度等级之间关系

①对于中速、高速 WIM 衡器，其车辆总重量准确度等级不得高于 1 级，只能选择 1、2、5、7、10、15；单轴及轴组载荷准确度等级不得高于 B 级，只能选择 B 级及以下等级。

②对于单轴载荷和轴组载荷，同一 WIM 衡器可具有不同的准确度等级。

③对同时具备轮载荷测量功能的衡器，其轮载荷准确度等级可参照单轴载荷准确度等级，但不得高于其单轴载荷准确度等级。比如：轮载荷精准度等级为 B 级，则该轮所在的轴载荷准确度不能低于 B 级。

④WIM 衡器轴组轴载荷准确度等级可参照轴组载荷准确度等级，但不得高于其轴组载荷准确度等级。比如：WIM 衡器的轴组载荷准确度为 B 级，则轴组轴载荷准确度等级只能为 B 级或以下等级。

⑤车辆轴载荷（单轴或轴组载荷）和车辆总重量准确度等级的对应关系见表 1.6.1。

表 1.6.1　车辆轴载荷和车辆总重量的准确度等级关系

单轴载荷和轴组载荷准确度等级	车辆总重量的准确度等级							
	0.2	0.5	1	2	5	7	10	15
A	√	√	—	—	—	—	—	—
B	√	√	√	—	—	—	—	—
C	—	√	√	√	—	—	—	—
D	—	—	√	√	√	√	—	—
E	—	—	—	√	√	√	√	—
F	—	—	—	—	—	√	√	—
G	—	—	—	—	—	—	—	√
H	—	—	—	—	—	—	—	√

6.3 单轴载荷或轴组载荷的最大允许误差

6.3.1 用两轴刚性参考车辆试验时的最大允许误差

以两轴刚性车辆为参考，动态试验的单轴载荷示值与静态单轴载荷的约定真值之间的最大差值应不超过下述数值，取①或②中的较大值：

①将表 1.6.2 计算结果以分度值为最小单位化整至最接近的值；

②检定时为 1 个分度值（d），使用中检查为 2 个分度值（$2d$）。

表 1.6.2　用两轴刚性参考车辆试验时的最大允许误差

单轴载荷准确度等级	最大允许误差（%）（以静态参考单轴载荷约定真值的百分比表示）
A	±0.50
B	±1.00
C	±1.50
D	±2.00
E	±4.00
F	±8.00
G	±10.00
H	±15.00

型式试验及检定时的最大允许误差应按表 1.6.2 对应数值的 0.5 倍控制。对于

普通应用，调校时的最大允许误差按表 1. 6. 2 对应数值的 0. 8 倍控制。

举例说明：

以两轴刚性车辆为参考时，当 WIM 衡器的单轴荷载准确度等级达到 A 级时：

①WIM 衡器的试验中单轴载荷示值与静态单轴载荷的约定标准值之间最大允许误差应为约定标准值的±0. 50%；

②型式试验及检定时的最大允许误差为（±0. 50×0. 5）%，即±0. 25%；

③调校时的最大允许误差为（±0. 50×0. 8）%，即±0. 40%。

6. 3. 2 用其他参考车辆（除两轴刚性车外）试验时的最大允许误差

对于除两轴刚性参考车辆之外的其他所有的参考车辆，动态试验记录的单轴载荷与单轴荷载荷修正平均值之间的差值，以及动态试验记录的轴组载荷与轴组载荷修正平均值之间的差值应不超过下述的数值，取①或②中的较大值：

①将表 1. 6. 3 中的计算结果以分度值为最小单位化整至最接近的值；

②首次检定和后续检定为：WIM 衡器的 1 个分度值×n，使用中检查为 WIM 衡器的 2 个分度值×n。其中：n 为轴组中轴的数量，当单轴时 $n=1$。

表 1. 6. 3　用其他参考车辆（除两轴刚性车外）试验时的最大允许误差

单轴载荷和轴组载荷准确度等级	最大允许误差（%）（以单轴或轴组载荷修正平均值的百分比表示）
A	±1. 00
B	±2. 00
C	±3. 00
D	±4. 00
E	±8. 00
F	±16. 00
G	±20. 00
H	±30. 00

型式试验及检定时的最大允许误差应按表 1. 6. 3 对应数值的 0. 5 倍控制。对于普通应用，调校时的最大允许误差按表 1. 6. 3 对应数值的 0. 8 倍控制。

举例说明：

以其他参考车辆（除两轴刚性车外）为参考时，当 WIM 衡器的单轴荷载和轴组载荷准确度等级达到 A 级时：

①WIM 衡器的试验中单轴或轴组载荷示值与静态单轴载荷的约定标准值之间最

大误差应为约定标准值的±1.00%；

②型式试验及检定时的最大允许误差为（±1.00×0.5）%，即±0.50%；

③调校时的最大允许误差为（±1.00×0.8）%，即±0.80%。

6.4 车辆总重量最大允许误差

6.4.1 动态试验的最大允许误差

动态称量车辆总重量的最大允许误差应取下述①或②中较大的数值：

①将表1.6.4中的计算结果以分度值为最小单位化整至最接近的值；

②在使用中检查为2个分度值（2*d*）乘以车辆总重量中轴称量的次数。

表1.6.4　车辆总重量的最大允许误差

准确度等级	车辆总重量约定真值的百分比（%）		
	型式试验、检定	调校	使用中
0.2	±0.10	±0.16	±0.2
0.5	±0.25	±0.40	±0.5
1	±0.50	±0.80	±1.0
2	±1.00	±1.60	±2.0
5	±2.50	±4.00	±5.0
7	±3.50	±5.60	±7.0
10	±5.00	±8.00	±10.0
15	±7.50	±12.00	±15.0

根据表1.6.4所示，准确度等级不同，其对车辆总重量在使用中、调校、型式试验与检定时的最大允许误差要求也不相同。同一等级内，WIM衡器的型式试验、检定最大允许误差为使用中最大允许误差的0.5倍，WIM衡器调校最大允许误差为使用中最大允许误差的0.8倍。

举例说明：

准确度等级0.2级时：

①WIM衡器使用中检查值与约定的标准值之间最大误差为约定的标准值的±0.2%；

②WIM衡器的型式试验、检定最大允许误差为使用中最大允许误差的0.5倍；

③WIM衡器调校最大允许误差为使用中最大允许误差的0.8倍。

6.4.2 静态试验的最大允许误差

用于控制衡器目的且具有静态称量功能的 WIM 衡器，在进行静态称量加载和卸载时的最大允许误差应符合表 1.6.5 的规定值。

表 1.6.5　静态称量的最大允许误差

准确度等级	载荷 m（用分度值 d 表示）	最大允许误差	
		检定	使用中检查
0.2、0.5、1	$0 \leqslant m \leqslant 500$	$\pm 0.5d$	$\pm 1.0d$
	$500 < m \leqslant 2000$	$\pm 1.0d$	$\pm 2.0d$
	$2000 < m \leqslant 10000$	$\pm 1.5d$	$\pm 3.0d$
2、5、7、10、15	$0 \leqslant m \leqslant 50$	$\pm 0.5d$	$\pm 1.0d$
	$50 < m \leqslant 200$	$\pm 1.0d$	$\pm 2.0d$
	$200 < m \leqslant 1000$	$\pm 1.5d$	$\pm 3.0d$

表 1.6.5 对 WIM 衡器的静态称量准确度等级进行了 2 类划分，不同等级要求的 WIM 衡器载荷范围也不同，相对应的检定最大允许误差及使用中检查最大允许误差也不相同。

举例说明：

当 WIM 衡器的静态称量准确度等级达到 0.2、0.5、1 级时：

①WIM 衡器的最大秤量被划分为以 d 为单位的三个秤量段，即：0≤荷载≤500d/500<荷载≤2000d/2000<荷载≤10000d，通常所说的 3000 分度，即是 0～3000d 的秤量段。见图 1.6.1。

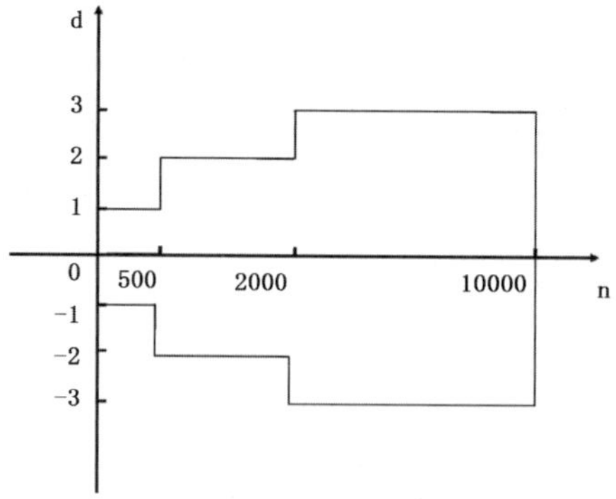

图 1.6.1　最大允许误差和称量段的相互关系

②WIM 衡器的使用中检查值与约定的标准值之间最大允许误差为相应秤量段规定的最大误差，如图 1.6.1 所示。

③WIM 衡器的检定准确度最大允许误差为使用中检查准确度的 0.5 倍。

6.5 分度值

对于每种动态称量的方法及多承载器，WIM 衡器所有的称量指示装置和打印装置应具有相同的分度值。指示装置和打印装置的分度值应以 1×10^k、2×10^k 或 5×10^k 为形式表示，其中 k 为正、负整数或零。中、高速应用中，WIM 衡器分度值不得小于 50kg。

6.5.1 整车称量分度值

整车称量式 WIM 衡器的准确度等级、分度值与最大分度值、最小分度数的对应关系应符合表 1.6.6 的规定。

表 1.6.6　整车称量式 WIM 衡器准确度等级与分度值、最大分度数、最小分度数

准确度等级	分度值 d（kg）	最小分度数	最大分度数
0.2	≤50	500	5000
0.5			
1			
2	≤200	500	2000
5			
10			

根据表 1.6.6 所示，当整车称量式 WIM 衡器准确度等级达到 0.2、0.5、1 级时，衡器称量最小分度值为 50kg，最小分度数为 500，最大分度数为 5000；当整车称量式 WIM 衡器准确度等级达到 2、5、10 级时，衡器称量最小分度值为 200kg，最小分度数为 500，最大分度数为 2000（200kg×2000＝400t 量程的汽车衡）。

举例说明：

①当某一整车称量式 WIM 衡器的称量最小分度值为 10kg 时，其最小分度数为 500，最大分度数为 5000，即其可以设计、制造的最小秤量的衡器为（10×500）kg＝5t 的衡器；5t 以下的衡器就不能是 10kg 的分度值；其最大秤量值为（10×5000）kg＝50t，即不能设计制造 50t 以上的衡器。若要制造 60t 的衡器，则需要选择 20kg 的分度值和 3000 的分度数，这样其最大秤量就是（20×3000）kg＝60t。其满足 0.2、0.5、1 级准确度等级要求。

②反之当某一整车称量式 WIM 衡器的准确度等级达到 0.2、0.5、1 级时，WIM 衡器的称量最小分度值应为 50kg，最小分度数应为 500，最大分度数应为 5000。

6.5.2 部分称量分度值

部分称量型式 WIM 衡器的准确度等级与分度值、最大分度值、最小分度数的对应关系应符合表 1.6.7 的规定。

表 1.6.7　准确度等级与分度值、最大分度数、最小分度数的对应关系

准确度等级	分度值 d（kg）	最小分度数	最大分度数
0.2	≤5	500	5000
0.5	≤10		
1	≤20		
2	≤50	50	1000
5	≤100		
7	≤100		
10	≤200		
15	≤500		

根据表 1.6.7 所示，当部分称量型式 WIM 衡器准确度等级达到 0.2 级时，衡器称量最小分度值为 5kg，最小分度数为 500，最大分度数为 5000；即 0.2 级的动态汽车衡，只能制造小于等于 25t 以下的衡器。

当部分称量式 WIM 衡器准确度等级达到 2 级时，衡器称量最小分度值为 50kg，最小分度数为 50，最大分度数为 1000。

举例说明：

当某一部分称量型式 WIM 衡器要达到 0.2 级准确度等级要求时，其最小分度值应为 5kg，其最大秤量应为：（5×5000）kg=25t，最小分度数应为 500，最大分度数应为 5000。

6.6 误差取值

6.6.1 超限超载误差取值

（1）入口称重检测

入口称重检测关于误差取值全国有统一的要求，交通运输部印发的《高速公路

称重检测业务规范和技术要求》（交办公路函〔2019〕1182 号）中关于车货总质量的规定如下：

①检测误差要求。首次检定时，车货总质量最大允许误差为±2.5%，在后续检定过程中，都要满足误差值要求，否则无法通过检定。

②使用中误差要求。称重设备在使用过程中，车货总质量最大允许误差为±5%，对于不满足误差要求的称重设备要进行调校或进行更换。

（2）超限检测站

在《公路超限超载检测站设计指南（试点工程版）》中对误差进行了规定，超限超载检测站的检测系统分为预检系统和精检系统，对误差要求不同。

① 预检系统。预检系统对主线车辆进行初检，预检系统的误差不大于10%，对于可疑车辆引导到超限检测站进行精检。

② 精检系统。精检系统对初检认定的超限车辆进行低速精确检测，车货总质量误差不大于5%，要求车辆以低于10km/h 的速度匀速通过检测车道。

（3）非现场执法系统

非现场执法全国并没有一个统一的规定，行业标准《公路治超信息系统技术规范》《公路治超信息系统技术规范》等还在制定中。目前，浙江、湖南、湖北、广东等省市发布了省内的要求，具体情况如下：

①浙江：《浙江省普通公路治超设施建设技术要点》关于误差的规定参见表1.6.8。首次检定和后续检定中最大允许误差为±5%，在使用中为±10%，整体要达到10 级准确度等级。

表1.6.8　整车总重量最大允许误差

整车总重量			运行速度
准确度等级	车辆整车总重量约定真值的百分比（%）		1～80km/h
	首次检验和后续检验	使用中检验	
10	±5.00	±10.00	

②湖南：《公路货运车辆不停车超限超载检测系统建设与使用技术规范》（DB43/ T1817—2020）中规定，“货运车辆总质量的动态称重准确度等级应满足JJG 907《动态公路车辆自动衡器》检定规程的要求。”文件并未对具体等级进行明确，要求在使用中满足相应的要求。

③湖北：《湖北省普通公路不停车超限检测系统建设技术指南（试行）》中有相

关要求，在允许的速度范围内，达到 5 级准确度等级，车货总重量在首次检验和后续检验最大允许误差为±2.5%，使用中检查为±5%，参见表 1.6.9。

表 1.6.9　车货总质量动态称量最大允许误差

整车总重量			运行速度
准确度等级	车辆整车总重量约定真值的百分比（%）		1～100km/h
	首次检验和后续检验	使用中检验	
10	±2.50	±5.00	

④广东：《广东省公路超限不停车检测系统建设技术指南（试行）》中规定，"车货总质量的称重最大允许误差在首次检定和后续检定及在使用中检查的要求应不小于《动态公路车辆自动衡器检定规程》（JJG 907）中准确度等级 5 的规定和要求。"参见表 1.6.10，首次检定和后续检定时最大允许误差为±2.5%，使用中检查为±5%。

表 1.6.10　车货总质量动态称量最大允许误差

准确度等级	货运车辆车货总质量约定真值的百分比（%）	
	首次检定和后续检定	使用中检查
5	±2.50	±5.0

6.6.2 计重收费误差取值

由于涉及通行费收入，计重收费对误差的要求逐渐提高，随之带来的是通行费收入的增加。计重收费误差值经历了以下四个阶段：

第一阶段：2001—2006 年。这一阶段是计重收费刚刚起步，对车货总质量误差容忍度较高，称重准确度等级采用 10 级，即首次检定和后续检定最大允许误差为±5%，使用中检查最大允许误差为±10%。个别省份准确度等级采用 15 级，即首次检定和后续检定最大允许误差为±7.5%，使用中检查最大允许误差为±15%。

第二阶段：2007—2009 年。随着计重设备性能的提升，这一阶段对误差的容忍度降低，称重准确度等级采用 5 级，即首次检定和后续检定最大允许误差为±2.5%，使用中检查最大允许误差为±5.0%。

第三阶段：2010—2015 年。这一阶段称重准确度等级采用 2 级，即首次检定和后续检定最大允许误差为±1%，使用中检查最大允许误差为±2.0%。

第四阶段：2016—2019年。2级准确度等级成为主流，一些省份追求1级，即首次检定和后续检定最大允许误差为±0.5%，使用中检查最大允许误差为±1%；还有追求0.5级的省份，即首次检定和后续检定最大允许误差为±0.25%，使用中检查最大允许误差为±0.5%。

6.7 相关名词解释

WIM衡器：指带有承载器并包括引道在内的，当车辆通过时，测定其车辆总重量、轴载荷、轴组载荷的一种自动衡器。

动态称量：指通过测量和分析动态车轮力，来确定一辆行驶中车辆质量、轴载荷、轴组载荷的过程。

约定真值：指提前约定的标准值。

轴载荷：指车辆一个轴上所有轮载荷的总和。

轴组载荷：指已定义的轴组中所有轴载荷的总和。

单轴载荷：指轴组载荷外的其他轴载荷。

刚性车辆：指没有联结和拖挂的单一车架公路车辆。

最大允许误差：指任何整车载荷、单轴载荷或轴组载荷（如适用）与其相应修正平均值间的最大差值。

分度值（d）：以质量单位表示的，两个动态称量相邻示值或打印值之间的差值。对于WIM衡器来说亦可理解为是WIM衡器的最小分度值。

整车称量：指确定一辆完全由承载器支撑的车辆质量的过程。

部分称量型式WIM衡器：指除整车称量式WIM衡器外的其他类型WIM衡器。

多承载器：在车辆行进方向按一定距离安装多个同类型承载器，以满足某种应用需求或获得期望准确度等级的称量和测量结果。

指示装置：衡器中以质量单位显示称量结果或显示其他相关量的装置。

打印装置：能够输出称量结果硬拷贝的任何装置或方法。

第七章　高速公路称重设备计量检定

7.1 计量检定规定

高速公路称重设备计量检定主要依据《中华人民共和国计量法》《中华人民共和国计量法实施细则》《中华人民共和国强制检定的工作计量器具检定管理办法》等规定执行。计量检定是指为评定计量器具的计量性能，确定其是否合格所进行的全部工作。强制检定是指由县级以上人民政府计量行政部门所属或者授权的计量检定机构，对用于贸易结算、安全防护、医疗卫生、环境监测方面，并列入中华人民共和国《实施强制管理的计量器具目录》的计量器具实行定点定期检定。

根据《中华人民共和国计量法》规定，计量检定必须按照国家计量检定系统表进行。国家计量检定系统表由国务院计量行政部门制定。计量检定必须执行计量检定规程。国家计量检定规程由国务院计量行政部门制定。没有国家计量检定规程的，由国务院有关主管部门和省（区、市）人民政府计量行政部门分别制定部门计量检定规程和地方计量检定规程。

修理计量器具的企业、事业单位必须对修理的计量器具进行检定，保证产品计量性能合格，并对合格产品出具产品合格证。处理因计量器具准确度所引起的纠纷，以国家计量基准器具或者社会公用计量标准器具检定的数据为准。

根据《中华人民共和国计量法实施细则》规定，县级以上人民政府计量行政部门可以根据需要，授权其他单位的计量检定机构和技术机构，在规定的范围内执行强制检定和其他检定、测试任务。使用实行强制检定的工作计量器具的单位和个人，应当向当地县（市）级人民政府计量行政部门指定的计量检定机构申请周期检定。当地不能检定的，向上一级人民政府计量行政部门指定的计量检定机构申请周期检定。

根据《中华人民共和国强制检定的工作计量器具检定管理办法》规定，使用强制检定的工作计量器具的单位，必须按照规定将其使用的强制检定的工作计量器具登记造册，报当地县（市）级人民政府计量行政部门备案，并向其指定的计量检定机构申请周期检定。当地不能检定的，向上一级人民政府计量行政部门指定的计量检定机构申请周期检定。强制检定的周期由执行强制检定的计量检定机构确定。执行强制检定的机构对检定合格的计量器具发放国家统一规定的检定证书、检定合格证或者在计量器具上加盖检定合格印。

国务院计量行政部门和省级人民政府计量行政部门应当对各种强制检定的工作计量器具做出检定期限的规定。执行强制检定工作的机构应当在规定期限内按时完成检定。

县级以上人民政府计量行政部门可以授权有关单位的计量检定机构在规定的范围内执行强制检定工作。被授权执行强制检定任务的机构，其相应的计量标准应当接受计量基准或者社会公用计量标准的检定；执行强制检定的人员，必须经授权单位考核合格；授权单位应当对其检定工作进行监督。

县级以上人民政府计量行政部门负责计量纠纷的调解和仲裁检定，并可根据司法机关、合同管理机关、涉外仲裁机关或者其他单位的委托，指定有关计量检定机构进行仲裁检定。在调解、仲裁及案件审理过程中，任何一方当事人均不得改变与计量纠纷有关的计量器具的技术状态。计量纠纷当事人对仲裁检定不服的，可以在接到仲裁检定通知书之日起 15 日内向上一级人民政府计量行政部门申诉。上一级人民政府计量行政部门进行的仲裁检定为终局仲裁检定。

高速公路使用的称重设备属于需要实施强制管理的计量器具，一般由省级人民政府计量行政部门（一般是省市场监督管理局）负责。按照国家市场监督管理局 2020 年第 42 号文，目录具体见表 1.7.1。

表 1.7.1　实施强制管理的计量器具目录

一级目录	二级目录	监管方式	强检方式	强检范围及说明
体温计	体温计	型式批准 强制检定	玻璃体温计只做型式批准和首次强制检定，失准报废；其他体温计周期检定	用于医疗卫生：医疗机构对人体温度的测量
非自动衡器	非自动衡器	型式批准 强制检定	周期检定	用于贸易结算：商品、包裹、行李、粮食等称重

续 表

一级目录	二级目录	监管方式	强检方式	强检范围及说明
自动衡器	动态汽车衡（车辆总重计量）	型式批准 强制检定	周期检定	用于安全防护：车辆超限超载的称重 用于贸易结算：商品的称重
轨道衡	轨道衡	型式批准 强制检定	周期检定	用于贸易结算：商品的称重
计量罐	铁路计量罐（车）	强制检定	周期检定	用于贸易结算：液体溶积的测量
	船舶液货计量舱（供油船舶计量舱、船舶污油舱、运输船舶计量舱5000载重吨以下）	强制检定	周期检定	用于贸易结算：原油、成品油及其他液体或固体容积的测量
	立式金属罐	强制检定	周期检定	用于贸易结算：液体溶剂的测量
称重传感器	称重传感器	型式批准	—	—
称重显示器	称重显示器	型式批准	—	—
加油机	燃油加油机	型式批准 强制检定	周期检定	用于贸易结算：成品油流量测量

7.2 违反计量检定的法律责任

根据《中华人民共和国计量法实施细则》，对违反计量检定的法律责任进行了详细规定。以下行政处罚由县级以上地方人民政府计量行政部门决定，罚款1万元以上的，应当报省级人民政府计量行政部门决定。没收违法所得及罚款一律上缴国库。

①使用非法定计量单位的，责令其改正；属出版物的，责令其停止销售，可并处1000元以下的罚款。

②制造、销售和进口非法定计量单位的计量器具的，责令其停止制造、销售和进口，没收计量器具和全部违法所得，可并处相当其违法所得10%至50%的罚款。

③部门和企业、事业单位的各项最高计量标准，未经有关人民政府计量行政部门考核合格而开展计量检定的，责令其停止使用，可并处1000元以下的罚款。

④属于强制检定范围的计量器具，未按照规定申请检定和属于非强制检定范围的计量器具未自行定期检定或者送其他计量检定机构定期检定的，以及经检定不合格继续使用的，责令其停止使用，可并处1000元以下的罚款。

⑤制造、销售未经型式批准或样机试验合格的计量器具新产品的，责令其停止制造、销售，封存该种新产品，没收全部违法所得，可并处3000元以下的罚款。

⑥制造、修理的计量器具未经出厂检定或者经检定不合格而出厂的，责令其停止出厂，没收全部违法所得；情节严重的，可并处3000元以下的罚款。

⑦使用不合格计量器具或者破坏计量器具准确度和伪造数据，给国家和消费者造成损失的，责令其赔偿损失，没收计量器具和全部违法所得，可并处2000元以下的罚款。也可以由工商行政管理部门决定。

⑧经营销售残次计量器具零配件的，责令其停止经营销售，没收残次计量器具零配件和全部违法所得，可并处2000元以下的罚款；情节严重的，由工商行政管理部门吊销其营业执照。

⑨制造、销售、使用以欺骗消费者为目的的计量器具的单位和个人，没收其计量器具和全部违法所得，可并处2000元以下的罚款；构成犯罪的，对个人或者单位直接责任人员依法追究刑事责任。

⑩个体工商户制造、修理国家规定范围以外的计量器具或者不按照规定场所从事经营活动的，责令其停止制造、修理，没收全部违法所得，可并处以500元以下的罚款。

⑪未取得计量认证合格证书的产品质量检验机构，为社会提供公证数据的，责令其停止检验，可并处1000元以下的罚款。

⑫伪造、盗用、倒卖强制检定印、证的，没收其非法检定印、证和全部违法所得，可并处2000元以下的罚款；构成犯罪的，依法追究刑事责任。

⑬计量监督管理人员违法失职、徇私舞弊、情节轻微的，给予行政处分；构成犯罪的，依法追究刑事责任。

⑭负责计量器具新产品定型鉴定、样机试验的单位，违反本细则第十七条第二款规定的，应当按照国家有关规定，赔偿申请单位的损失，并给予直接责任人员行政处分；构成犯罪的，依法追究刑事责任。

⑮计量检定人员有下列行为之一的，给予行政处分；构成犯罪的，依法追究刑

事责任：

a. 伪造检定数据的。

b. 出具错误数据，给送检一方造成损失的。

c. 违反计量检定规程进行计量检定的。

d. 使用未经考核合格的计量标准开展检定的。

e. 未经考核合格执行计量检定的。

7.3 高速公路称重设备计量检定

7.3.1 称重设备检定周期

计量检定一般包括首次检定和后续检定，其中后续检定又包括强制性周期检定、修理后检定和周期检定有效期内的检定，其中周期检定有效期内的检定包括由用户提出请求和由于某种原因使有效期内的封印失效而进行的检定。高速公路称重设备的计量检定一般包括首次检定、周期检定和修理后检定。各计重设备必须具有有效期内的检定合格证书，才允许实施称重业务。凡使用未经检定、检定不合格或超周期计量器具的，由当地质量技术监督部门依法进行查处。

（1）首次检定

首次检定指对未曾检定过的新计量器具进行的一种检定。高速公路称重设备施工安装、调试后，交工验收之前，一般由建设单位（业主）向政府计量行政部门所属或者授权的计量检定机构提出检定申请，计量检定机构按照国家相关计量要求进行检定，检定合格后，颁发检定证书；不合格的允许调修一次，再行检定后仍不合格的，通知供应商更换为合格的设备，并重新申请检定。高速公路称重设备的首次检定结果一般作为验收依据，只有经计量检定合格并取得检定证书之后，方能投入使用。

（2）周期检定

周期检定是指按时间间隔和规定程序，对计量器具定期进行的一种后续检定。检定周期是指按规定程序，对计量器具进行定期检定的时间间隔。检定周期应按照如下原则确定：

①根据所适用计量器具的本身特征，如计量器具的工作原理、结构型式与所用材质；计量器具的性能要求，如最大允许误差、测量重复性与测量稳定性；计量器

具的使用情况，如环境条件、使用频度与维护状况。

②应明确所适用的计量器具的测量可靠性目标，一般大于等于90%。

③应恰当地选用反应法或最大似然估计法中某一种或几种合理的方法进行测算。反应法包括固定阶梯调整法、增量反应调整法和间隔测试法。最大似然估计法包括经典法、二项式法与更新世间法。

根据国家计量检定相关规定，高速公路称重设备的强制性周期检定为一年。

（3）修理后检定

修理后检定是指因为称重设备出现故障或损坏，经修理后为证明其功能指标和计量性能已恢复所进行的计量检定。当高速公路称重设备出现故障、损坏或检测数据异常时，应停止使用该称重设备，并报修或更换。称重设备的维修应由具有资质单位和专业人员进行维修，维修后应进行修理后的检定，确保其功能指标和计量性能恢复至符合规定状态。只有经计量检定合格后，该称重设备才可继续使用。

7.3.2 称重设备检定费用

2017年开始，《财政部、国家发展改革委关于清理规范一批行政事业性收费有关政策的通知》（财税〔2017〕20号）规定中取消或停征的行政事业性收费项目第15项为计量收费（即行政审批和强制检定收费。非强制检定收费不得列入行政事业性收费，不得强制企业接受服务并收费）。

《国家质检总局关于贯彻落实取消或停征4项行政事业性收费决定的通知》（国质检财函〔2017〕140号）规定：自2017年4月1日起，停征计量收费，即行政审批和强制检定收费，非强制检定收费不得列入行政事业性收费，不得强制企业接受服务并收费。取消或停征上述行政事业性收费后，有关单位依法履行职责所需相关经费，应向同级财政申请预算予以保障，不得影响依法履行职责。

《中华人民共和国计量法实施细则》中规定，建立计量标准申请考核、使用计量器具申请检定、制造计量器具新产品申请定型和样机试验，以及申请计量认证和仲裁检定应当缴纳费用。县级以上人民政府计量行政部门实施监督检查所进行的检定和试验不收费。被检查的单位有提供样机和检定试验条件的义务。县级以上人民政府计量行政部门所属的计量检定机构，为贯彻计量法律、法规，实施计量监督提供技术保证所需要的经费，按照国家财政管理体制的规定，分别列入各级财政预算。

2017年4月1日开始，高速公路的称重设备相关的行政审批和强制检定收费取消，采用免费形式。各高速公路业主根据业务需要的非强制检定服务内容，一般需要支付费用。

7.3.3 各省称重设备检定情况

（1）各省计量检定机构

高速公路称重设备计量检定一般由省级计量科学研究院负责。各省在实际实施时，又根据各自模式，分为如下几种情况：

①省级计量科学研究院等计量机构直接负责模式，完成全部检定任务。如云南、河南等。

②省级计量机构与地市级计量机构合作模式。如浙江、四川、江苏、山东等有多家具备资质的计量机构，计量检定工作根据项目所在区域分别负责完成。

③省级计量机构与高速公路集团等公司合作模式。如福建、宁夏等，在省级计量机构进行申报，具体检定工作由高速公路集团等公司具体承担。

（2）计量检定周期

用于称重收费的高速公路称重设备计量检定周期一般采用1次/半年，少部分省份（如浙江、云南）采用1次/季度，个别省份（如河北）采用1次/年。

用于称重治超的高速公路称重设备计量检定周期一般采用1次/年，少部分省份采用1次/半年。

（3）计量检定费用

2017年4月1日之前，计量机构开展检定工作收取费用，检定费用金额各省根据实际情况，每车道2000元～10000元不等，费用的高低取决于高速公路业主与计量机构的协商情况，具体如表1.7.2所示。

2017年4月1日之后，按照国家相关要求强制检定费用取消，且每年1次。非强制检定费用根据实际确定。比如有的省份已运营路段调校费为1000元/台，新通车路段另收检测车辆费用10元/公里。高速公路业主单位与计量机构签订《技术服务协议》，并确保称重检测设备在检校有效期内。有的省份采取技术服务费或交通费方式，费用由高速公路业主单位直接支付或签订委托合同，由第三方代为支付。

表 1.7.2　各省 2017 年 4 月 1 日之前计量检定统计情况

编号	省份	计量检定要求	计量检定机构	备注
1	北京	—	北京计量检测院	无称重设施
2	上海	—	上海市计量测试技术研究院	无称重设施
3	天津	1 次/半年，3000 元/台	天津市质量技术监督局	
4	重庆	1 次/半年	重庆市计量质量检测研究院	
5	河北	1 次/年，3000 元/台	河北省计量检测院	
6	山西	—	山西省计量检测院	
7	辽宁	1 次/年，3500 元/台	辽宁省计量科学研究院	
8	吉林	—	吉林省计量科学研究院	
9	黑龙江	—	黑龙江省计量检定测试院	
10	江苏	1 次/半年，7500 元/（台·年）	苏交科计量检测中心、江苏省计量科学研究院、江苏省质量技术监督公路动态汽车衡计量检定站、苏州市计量测试院、淮安市计量测试中心	
11	浙江	整车 1 次/季度，其他 1 次/半年，2500 元/台	浙江省计量科学研究院、杭州市质量技术监督检测院、宁波市计量测试研究院（宁波新材料检验检测中心）	
12	安徽	—	安徽省计量科学研究院	
13	福建	动态秤 2 次/年，3750 元/次；静态秤 1 次/年，7000 元/年	福建省计量科学研究院、福建省高速公路信息科技有限公司	
14	江西	1 次/半年	江西省计量测试研究院	
15	山东	1 次/半年，2600 元/台	山东省计量科学研究院、青岛市计量技术研究院、德州市产品质量标准计量研究院、滨州市计量测试检定所	
16	河南	整车 1 次/年，其他 1 次/半年	河南省计量科学研究院	
17	湖北	1 次/半年；整车 10000 元/台，轴组 4000 元/台	湖北省计量测试技术研究院	
18	湖南	1 次/年，5000 元/台	湖南计量测试研究院	
19	广东	1 次/半年；整车 3500 元/台，轴组 1500 元/台；差旅费+住宿费；	广东省计量科学研究院	

续 表

编号	省份	计量检定要求	计量检定机构	备注
20	四川	1 次/半年，不收费	雅安市、眉山市、乐山市、自贡市、绵阳市计量测试所、中国测试技术研究院	
21	贵州	1 次/半年，2500 元/台	贵州省计量检测院	
22	云南	1 次/季度，3200 元/台	云南省计量测试研究院	
23	陕西	1 次/半年，5000 元/台	陕西省计量科学研究院	
24	甘肃	4500 元/台，1 次/半年	甘肃省计量研究院	
25	青海	1 次/年	青海省计量检定测试所	
26	内蒙古	1 次/半年，3500 元/台	内蒙古自治区计量测试研究院	
27	广西	1 次/半年，3000 元/台	各地市计量检测机构、自治区计量检测机构均有参与	
28	宁夏	1 次/半年，4000 ~ 5000 元/台	宁夏汽车检测线检定中心	
29	新疆	1 次/年	新疆维吾尔自治区计量测试研究院	

第二篇

整车式称重技术

第一章 概 述

在过去常用的称重设备中，动态称重设备的动态特性[1]，出现了一些问题：一是称重结果与车辆行驶速度、称量区状态有很大关系，造成称重误差相对较大，容易引起争议；二是车辆不规范过秤，如跳秤（跳车头）、冲秤（滑磅）、走S形（扭磅）、装气囊、垫钢板等，一些车辆反复进退称重车道，造成车道通行能力降低，称重结果差异较大；三是为了减少称重争议，大部分称重系统调为负误差，一定程度上减轻了称重重量；四是复秤需要车辆倒车，在复秤时影响车辆正常通行。同时，在计重收费应用中，收费计算方法中加大了对超限车辆加收倍数，车辆重量超过超限认定标准后，会发生费额跳变，在跳变点上，极易引发称重争议，造成收费时间较长和车道拥堵。

为解决上述问题，整车式称重系统应运而生，整车式增加了称重平台的长度，设计的辅助设施防止了货车不规范称量的可能，具备防作弊功能，降低了货车司机不规范行为的发生。整车式动态称重系统由最初的整车式静态称重系统、轴重式动态称重系统逐步发展而来。2007 年陕西省就已经开始整车称重测试，2009 年陕西省交通运输厅决定启用整车式称重系统，是全国最早采用整车式称重系统进行计重收费的省份。几年之后，整车式动态称重系统获得了快速的发展。

2009 年，陕西省率先启动整车式称重系统，即第一代整车称重系统。整车式静态称重系统利用台面长度超出被称量汽车总长的称重平台，系统称重时车辆可以完全停在台面上，车辆处于静止状态，属于静态称量。由于称重台面具有足够的长度，可以对整个车辆一次称量，因此完全排除了轴计量误差的影响，同时由于台面长，数据采样多，所以称量精度很高，如图 2.1.1 所示。

2011 年，经过试点，陕西省政府决定在全省高速公路中稳步推广应用整车式称重系统。山东金钟科技集团股份有限公司、梅特勒-托利多（常州）测量技术有限公司、陕西四维衡器科技有限公司等成为第一批支撑厂商。

图 2. 1. 1　陕西省整车称重实施效果

2012 年，云南省开始对省内称重设备进行升级改造，云南省公路开发投资有限责任公司一期工程共完成 113 个收费站 197 条收费车道的整车计重改造，覆盖云南省 3000 多公里高速公路。

随后，四川、甘肃、安徽、江西、内蒙古、河北等省份全面启动整车式称重系统改造。

2015 年，随着浙江省交通投资集团有限公司 543 条整车式称重收费车道开工建设，整车式称重技术发展到了高峰，全国整车式称重车道规模达到约 5000 条。以浙江为代表的第二代整车式称重系统形成，即在确保整车称量基础上，提高了过车速度，使用自动栏杆和通行信号灯进行控制，如图 2. 1. 2 所示。此时，对车辆称量的要求，已经从静态称量慢慢地向动态称重方向发展。

图 2. 1. 2　浙江省整车称重车道

2017 年之后，江苏、湖南、福建、广东等省份，除了对精度有要求，对速度也越来越重视，一般要求实现连续过车功能，并已实现完全的动态称重系统，如图 2.1.3 所示。

图 2.1.3　广东省整车称重车道

整车式动态称重设备厂商由最开始的几家，最终发展到二十余家，主要厂商有山东金钟科技集团股份有限公司、梅特勒-托利多（常州）测量技术有限公司、北京盘天新技术有限公司、陕西四维衡器科技有限公司、江西众加利高科技股份有限公司等。

第二章　整车式称重系统构成

2.1 系统构成

2.1.1 系统构成及示意图

整车式称重系统由称重平台、称重控制器、红外车辆分离器、轮轴识别器、检测线圈、称重显示屏、线缆等组成。系统构成如图 2.2.1 所示。

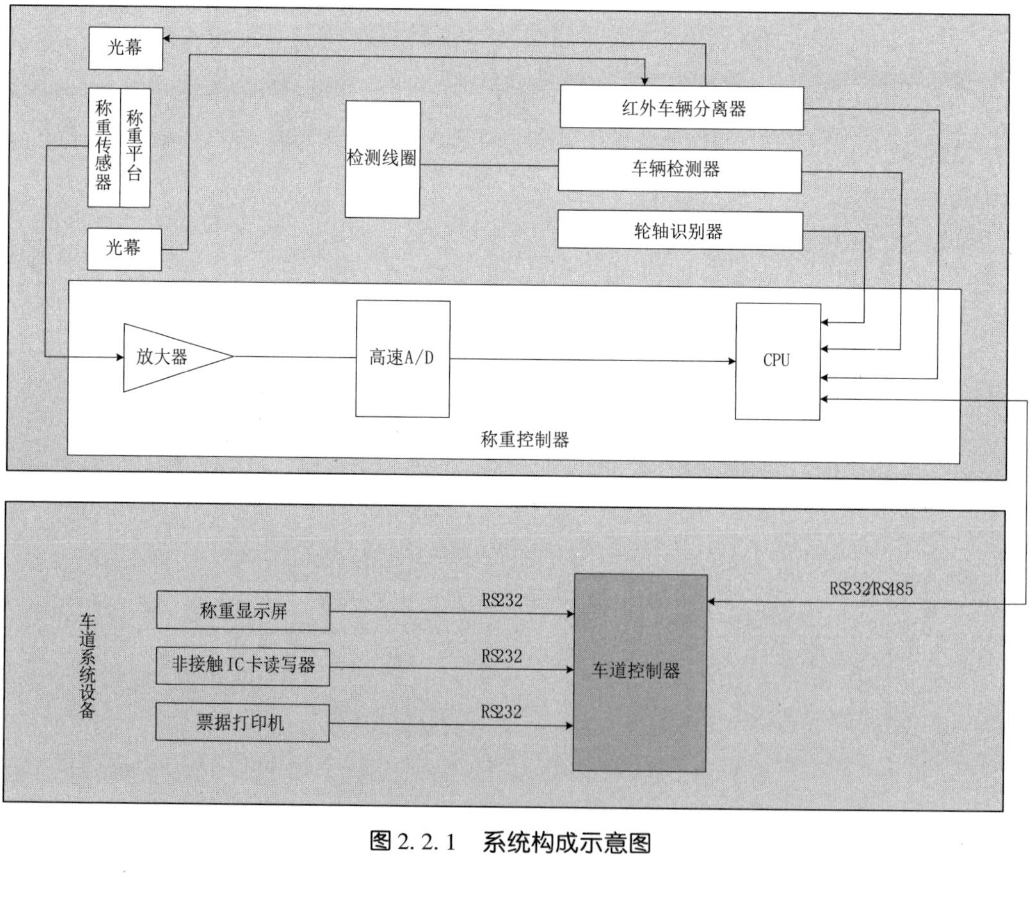

图 2.2.1　系统构成示意图

具体部件如下所示：

①称重平台

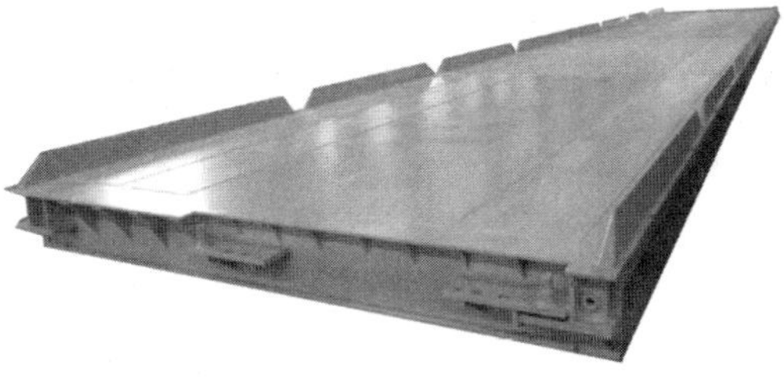

图 2.2.2　称重平台

②称重控制器

图 2.2.3　称重控制器

③红外车辆分离器

图 2.2.4　红外车辆分离器

④轮轴识别器

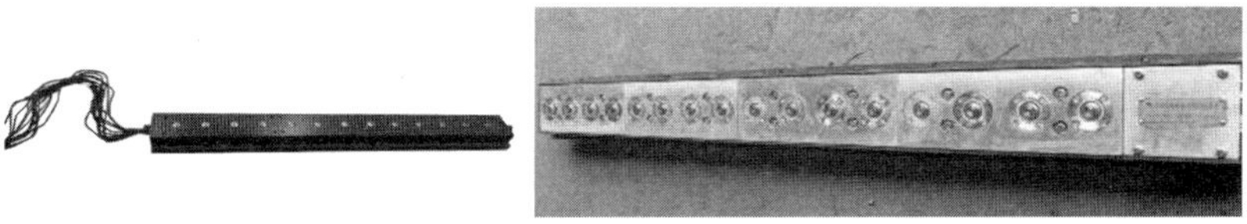

图 2.2.5　轮轴识别器

⑤称重传感器

图 2.2.6　称重传感器

⑥称重显示屏

图 2.2.7　称重显示屏

⑦检测线圈

图 2.2.8　检测线圈

2.1.2 系统布局示意图

整车式称重系统布设在称重车道，根据称重平台布设的位置细分两种布局方式：前置式与跨亭式，系统布局如图 2.2.9、图 2.2.10 所示。

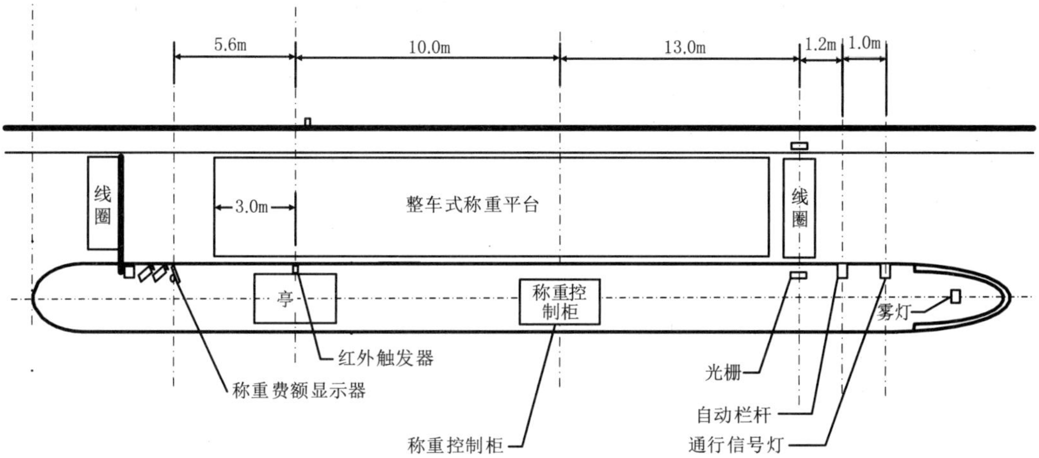

图 2.2.9 跨亭式整车式称重系统设备布设图

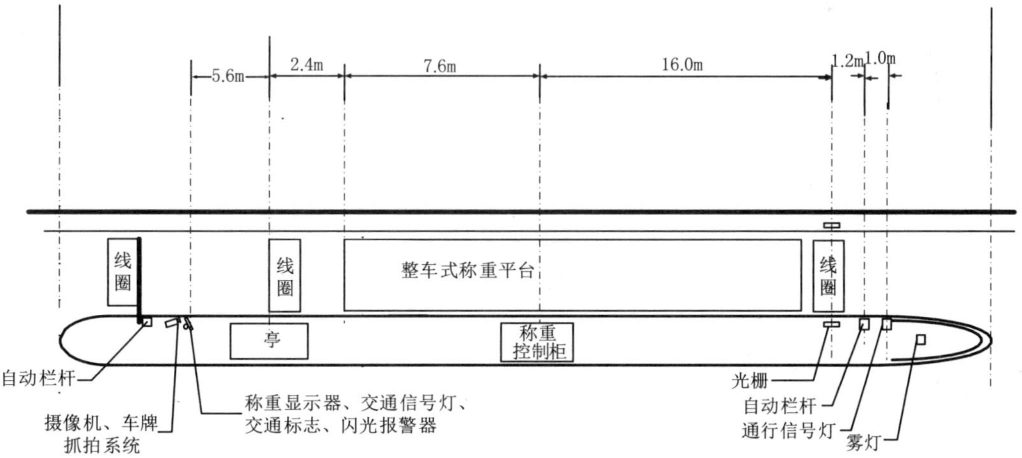

图 2.2.10 前置式整车式称重系统设备布设图

2.1.3 系统布置效果图

整车式称重系统的称重平台、称重传感器、轮轴识别器、检测线圈等布设在称重车道，称重控制器、红外光栅分离器、称重显示屏等布设在称重岛上，业务计算机或工作终端布设在称重亭内，具体实施效果参见图 2.2.11、图 2.2.12。

图 2.2.11　整车式称重实施效果（前置安装）

图 2.2.12　整车式称重实施效果（跨亭安装）

2.2 称重平台构成

称重平台又称为秤台，是称重系统承载车辆全部（整体）重量的部分，主要完成多个车轴同时计量的称重等工作。秤台应包含模块化秤台及预埋件、限位装置、防尘装置、防滑装置、防擦边装置（可选）、接线盒（可选）、信号电缆等。

2.2.1 秤台规格

（1）秤台

整车式称重系统研制原因之一是防止轴计量方式的“跳秤”“走 S 形”等不规范称重，同时对载货整车实现完整称量、提高称量精度，并且有静态方式称量整车重量的结构设计基础，所以，秤台和静态称重的秤台长度基本一致，重点在于保持秤台在称量时处于静止状态，不发生晃动，数据采样时保证称重曲线平滑无跳变。为了同时实现轴（轴组）称量的功能，整车式称重设计了四节秤台，使第一节秤台和后面其他三节秤台相独立，制作成“二个秤台”，从而实现轴（轴组）计量的功能。

（2）常用秤台规格

①秤台长度

秤台长度包括 12m、18m、21m、24m、30m 等规格。其中 21m 秤台应用最为广泛，一般分为四节，第一节 6m，后三节为 5m；18m 秤台一般为 3 节，每节长度为 6m；24m 秤台一般为 4 节，每节长度为 6m；30m 秤台一般为 5 节，每节长度为 6m。

a. 21m 秤台：21m 秤台广泛应用原因主要有两个方面。一是《超限运输车辆行驶公路管理规定》（交通运输部令2016年第62号）中规定，车货总长度超过18.1米为超限车辆。要实现超限车辆的静态称量，秤台尺寸要大于18.1米，21m秤台刚好合适；二是出口收费车道的计重收费是整车式称重应用最广的场景，出口收费岛亭中心至岛头一般为27m左右，刨去4m岛头，大概在23m，采用21m秤台可以在不改造的前提下最大化利用车道资源。

b. 18m秤台：在部分称重车道，虽然亭中心线至岛头长度在28m左右，但是受广告立柱、天棚立柱、地下通道、涵洞等障碍物的影响，有效长度大大减少，不满足21m秤台的安装要求，因此18m秤台有了其适用空间。

c. 12m秤台：根据《收费公路联网收费技术要求》（交通部2007年第35号公告）的要求，匝道收费站的岛头长度为24～28m，亭前车道长度受限，无法安装其他规格秤台，12m秤台比较适合。

d. 24m秤台和30m秤台：为了更好地满足超限车辆的称重要求，24m和30m秤台应运而生，主要满足超限车辆称重要求。

②最大秤量

最大秤量有80t、100t、120t、150t，标准值一般选100t。根据新的国标GB/T 21296—2020，1级秤最大可以做到250t。

秤台规格具体参见表2.2.1。

表2.2.1　秤台规格表

车道宽度（m）	秤台宽度（m）	秤台长度（m）		最大秤量（t）
		标准值		
		长度	分节	标准值
3.2	3.0	21	6+5×3	100
3.5	3.4	21		100
4.0/4.5	3.4	21		100

标准值选择100t的原因：

《动态公路车辆自动衡器 第1部分 通用技术规范》（GB/T 21296.1—2020）中对准确度等级与分度值、最大分度数、最小分度数等进行了规定，参考第一篇6.5节内容。

对于准确度等级为1级的秤，分度值为$d \leq 50kg$，最小分度数为500，最大分度数为5000，因此1级秤的最大秤量可达250t；目前100t以上的1级秤各级计量机构无法检定。考虑到经过多年的超限治理，公路超载现象已得到有效遏制，100t 称量范围可以满足使用。因此，若选用了 1 级秤，其最大秤量为 100t。

对于整车式称量准确度等级为 2、5、10 级的秤，分度值为 $d \leqslant 200$kg，最大分度数 2000，最大秤量可达 400t；但对于精度为 10 级的秤，精度又太低，200kg 的分度值用户又无法接受。所以，整车式称重系统主要适用于低速、高精度的秤量范围。

③车道规格

称重车道分为两种类型：普通车道和超宽车道。普通车道分有两种规格，3.2m 和 3.5m；超宽车道主要有两种规格，4m 和 4.5m，个别省份也存在 5m、5.5m 和 6m 等规格车道的实际应用。

（3）秤台规格选择

秤台规格选择一般依据以下原则：

①秤台台面与车道宽度相匹配。超宽车道一般选择 3.4m，秤台台面宽度最大为 3.8m。

②根据精度选择最大秤量值。国标 GB/T 21296.1—2020 的规定，最大秤量为 100t 时对应的分度值为 20kg 或 50kg，则分度数为 5000 或 2000 分度，以目前衡器行业的制造技术来讲，2000 分度数的衡器尚容易制造，5000 分度数的衡器就不容易制造了。所以，一般选 50kg 的分度值还是比较合理的，此时对应的精度等级优于 1 级，1 级是一个主流要求。

③根据载重货车的车型选择最大秤量。国家标准《汽车、挂车及汽车列车外廓尺寸、轴荷及质量限值》（GB 1589—2016）对载重汽车的最大允许轴荷及最大允许总质量限值做了规定，其最大的汽车类型是汽车列车，对于六轴的汽车列车最大允许总质量限值是 49t，三轴组的汽车最大允许轴荷限值是 24t。考虑到汽车的超载、刹车等安全因素，秤台的最大秤量选取 100t 还是合理的。

④根据现场条件选择秤台长度。称重亭中心线距离称重岛岛头大于 27m 时，秤台长度选择 21m；距离为 23m ~ 27m 时，秤台长度可选择 18m；距离小于 23m 时，秤台长度可选择 12m。若为满足超大型车的称重需要，秤台长度最大可选择 30m。

⑤秤台规格一般全省应统一。为了便于统一管理，秤台规格应满足全省要求，与全省的秤台规格统一。

2.2.2 限位装置

限位装置是秤台设计中非常重要的方面，其工作性能的好坏直接影响到称重台工作稳定性和称量准确度，其重要的功能就是保持秤台在称量过程中不晃动。

在称重技术发展过程中，限位装置的结构类型可以分为三类：

①被动式限位结构

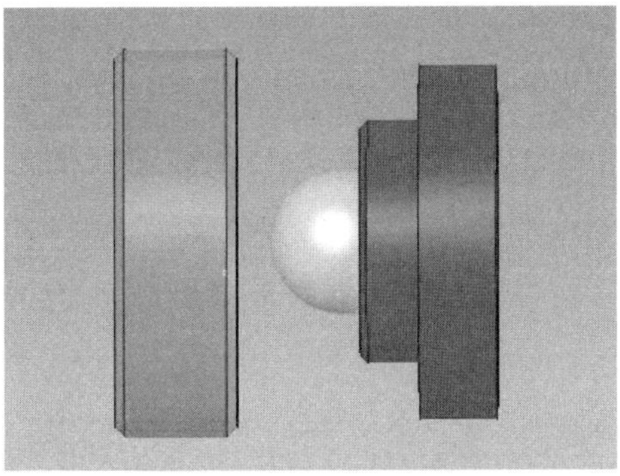

图 2. 2. 13　被动式限位结构示意图

②半主动拉杆式限位结构

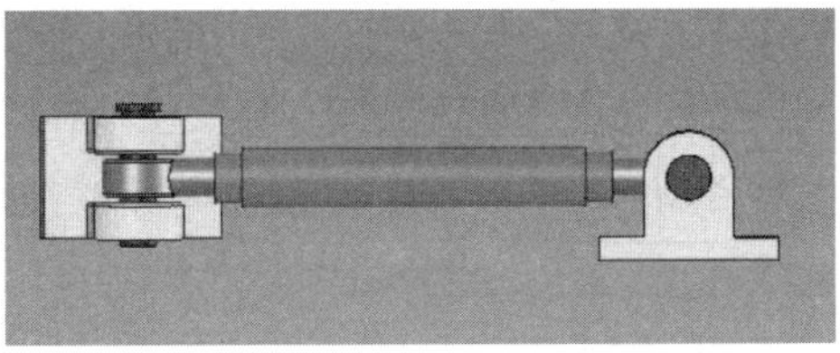

图 2. 2. 14　半主动拉杆式限位结构示意图

③主动式（自适应）限位结构

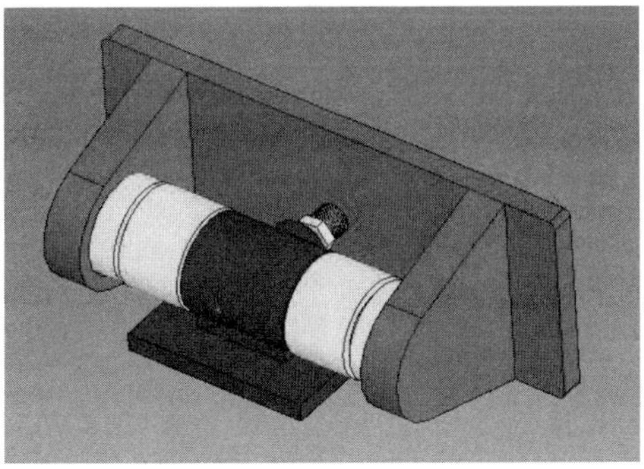

图 2. 2. 15　主动式（自适应）限位结构示意图

第一类、第二类限位装置具有结构简单、安装调试方便的特点，但在使用过程中须定期进行调整，秤台的日常维护量较大，若是安装调试不当，会直接影响计重设备的称量结果，从而会影响称重台的准确性和可靠性。而第三类主动式（自适应）限位一般是钢球主动顶撞，它只限制称重台水平方向的受力，而不影响垂直方向上对重力的检测，其结构精巧、限位性能可靠，具有防松、减震、免维护的特点，可有效抵抗车辆长期对称重台的冲击，可延长称重传感器的使用寿命，确保称重台称量的稳定性和可靠性。

无论选用何种限位方式，都要满足其使用的长期可靠性要求，确保其使用的稳定性，从而确保其可靠性达到与称重台相同的寿命要求。

整车式秤台由于体积大，不仅要限制秤台的纵向位移，还需要限制秤台的横向位移。秤台限位装置主要采用中间、横向、纵向限位保护（如图 2. 2. 16 所示），保证秤体足够的摆动余量，而且能防止因强烈水平冲击导致的秤台的横向与纵向位移，保证秤台的正常使用。

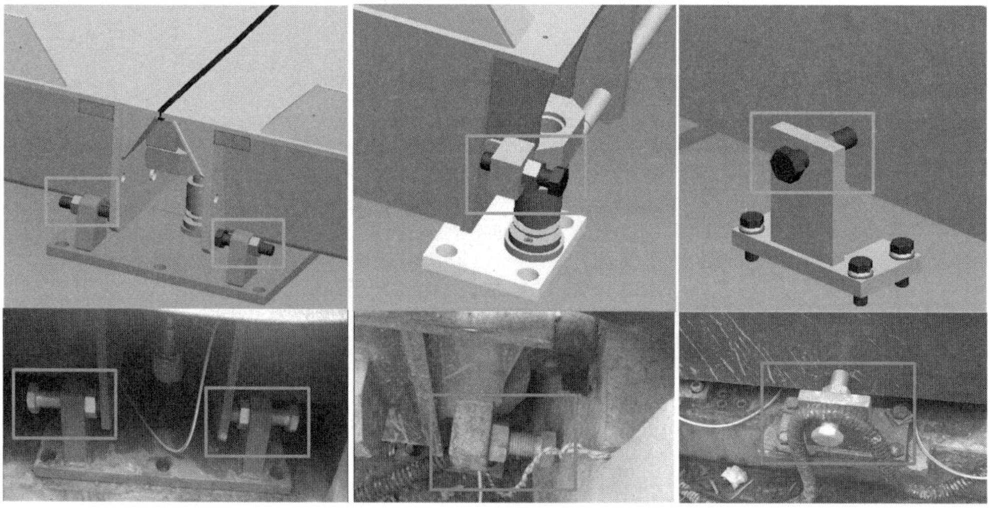

中间限位　　纵向两端限位　　横向两端限位

图 2. 2. 16　限位装置

2. 2. 3 防滑装置

防滑是整车式称重系统需要重点解决的关键问题之一，特别是雨天等恶劣天气时，如果处理不好，容易造成车辆打滑失控或追尾发生，产生事故。为防止车辆打滑或因秤台表面结冰失去控制，保护人员、车辆和设备安全，需要在秤台表面设置防护装置，提高秤台表面粗糙程度，以达到防护目的。

目前，整车式称重系统常用的防滑装置主要有以下几种：

（1） 花纹钢板

花纹钢板在实际工程中有着大量的应用，是最常见的防滑装置。

① 定义

花纹钢板也称网纹钢板，是其表面具有菱形或突棱的钢板，表面带有凸起（或凹陷）花纹的钢板，如图 2. 2. 17 所示。花纹主要起防滑和装饰作用。

图 2. 2. 17　花纹钢板

花纹一般可以是单一的菱形、扁豆形或圆豆形，也可以由两种或两种以上花纹适当地组合成为组合型花纹板。组合型花纹板的防滑能力、抗弯能力、节约金属量及外观等方面的综合效果，均明显优于单一型花纹板。

② 分类

a. 根据工艺原理，花纹钢大约分以下常见的几大类：

结晶花纹钢：天然花纹钢、乌兹钢、陨铁（黑金）、极品糙面花纹钢、极品镔铁。

灌炼花纹钢：由生铁和熟铁合炼而成，百炼钢和坩埚钢（cast steel）、镔铁。

旋焊花纹钢：旋焊而成旋焊嵌钢、旋焊马齿夹钢。

多道夹钢、嵌钢锻打所产生的花纹：狼咬刃。

地肌：包钢敷土烧刃技术所产生的花纹。

折花钢：由两种或多种含碳量相差较大的钢、铁材料反复折叠锻合而成。

锉花钢：是在已经夹钢的刀剑刃部相间地把表层材料锉掉、锻平而得到的。如果控制得当，这类刀、剑就有较好的花纹，较为锋利，并具有一定的弹性。

机械加工仿大马士革钢纹（花纹钢）：机械加工仿大马士革钢通过机械改变焊接钢层，或通过各种程序合成，主要是通过扭转后锉磨（切削）而成的花纹钢，以国外粉末大马士革钢为最佳。

熔合花纹钢：材料为多种含碳量不同的钢铁，采用工业熔合、焊接等工艺，可以产生花纹。

酸洗花纹钢：由不均匀的表面渗碳而成。

b. 根据表面上光滑度，可分为平面纹和糙面纹。

c. 根据材料，可分为铸造结晶花纹钢（乌兹钢、镔铁）和人工锻造（焊接）花纹钢。

③ 材质和铺设要求

花纹钢板材质一般采用 Q235－B。花纹钢板厚度有 3mm、4mm、5mm、6mm、8mm 等规格。采用花纹钢板防滑，其铺设数量沿秤台纵向不少于 4 道，花纹板厚度一般选择不小于 6mm 的，四周全焊接，中间钻孔塞焊，焊缝平整，焊接牢靠。

花纹钢板有两种：一种是条形，如图 2. 2. 18 所示；二是满铺。

图 2. 2. 18　花纹钢板防滑（条形）

④ 注意事项

冬天结冰时，如果花纹板的纹路过浅，容易造成花纹板面光滑，防滑作用减小；可以采用条形花纹板，加大秤台的摩擦力，效果比满铺花纹板更好。花纹钢板在使用过程中会被磨损，需要经常查看磨损情况，当凸起的花纹钢板磨损后，应及时更换，避免车辆打滑发生事故。

（2） 防滑涂料

与花纹钢板相比，防滑涂料摩擦力大、耐久性强、更换方便。

① 定义

用于各种公共场所、船的甲板、工厂地面、家庭、花园等防止行走时滑倒的一种防滑建材。防滑涂料主要由成膜树脂、防滑粒料与助剂等组成。防滑粒料是为了提高漆膜防滑性能，赋予漆膜防滑能力。防滑性是防滑涂料的基本特征，是涂膜所具有的一种特殊性能，如图 2. 2. 19、图 2. 2. 20 所示。

最常用的防滑粒料是天然橡胶、废旧轮胎和聚氨酯弹性体颗粒等弹性粒料，这些不仅提高了漆膜防滑性能，还能提高踏踩和触摸的舒适感。

② 分类

按成膜物质的种类，防滑涂料可以分为酚醛防滑涂料、环氧防滑涂料、氯化橡胶防滑涂料、醇酸防滑涂料和聚氨酯防滑涂料等。环氧防滑涂料和聚氨酯防滑涂料的应用最为广泛。

按施工方式，防滑涂料还可分为单组分防滑涂料、双组分防滑涂料和多组分防滑涂料。单组分防滑涂料施工方便，主要品种有醇酸防滑涂料、氯化橡胶防滑涂料、湿固化聚氨酯防滑涂料、环氧酯防滑涂料等。双组分防滑涂料是最常用的，防滑粒料可放在其中一个组分中，施工时两组分进行混合，主要品种有环氧聚酰胺防滑涂料、聚氨酯防滑涂料等。目前应用较多的是双组分环氧体系，固化剂多为胺类，这种热固型体系反应后很硬且耐磨，可用于钢铁和混凝土。多组分防滑涂料是把成膜树脂、固化剂、防滑粒料等分开包装，使用时经机械混合，或涂完漆后立即喷撒防滑粒料，让防滑粒料牢固地嵌在漆膜中。

③ 材质和铺设要求

防滑涂料一般采用环氧聚酰胺防滑涂料，这种防滑涂料具有摩擦力大、耐久性长等特点。采用防滑涂料时，应按照工艺要求的材料配比、搅拌时间等进行施工，施工前秤台表面应进行抛丸处理，涂料层应连续铺满整个秤台表面，厚度一般大于3mm，涂层应均匀。

图 2.2.19　防滑涂料示意图

图 2.2.20　防滑涂料防滑

④ 注意事项

防滑涂料有一套完整的加工工艺，为确保防滑涂料的性能和使用寿命，需要严格按照施工工艺执行：

a. 秤体抛丸处理：通过抛丸机提高秤体粗糙度，达到良好的除锈效果，提高底漆对钢板的附着力；经除锈处理后，表面需保持清洁。

b. 底漆施工：秤体在除锈后6小时内涂上改性环氧底漆，底漆实干后进行膜厚检测，总干膜厚度达到120～160μm，底漆采用专用设备进行膜厚的控制。

c. 防护涂料层施工：底漆实干后，可进行防滑涂层施工，并对不需要进行涂装防滑层的部位使用胶带进行保护；防滑涂层的外观纹理方向应与车辆通行方向保持一致。

d. 罩面漆施工：罩面面漆在防滑涂层实干后可进行涂装，罩面面漆采用刷涂等方式施工。

如果采用公路路面及船甲板等常用的改性环氧树脂加金刚砂固化或专用防滑涂料拉毛工艺的防滑方式，初期防滑效果比较好，但拉毛后棱角尖锐，对轮胎损伤较大，且对工艺要求高，与金属台面的黏合力较弱，容易脱落，二期脱落后现场恢复受环境温湿度影响大，施工周期长，不易恢复。因此，防滑涂料到寿命后须及时进行更换。

（3）混凝土

秤台表面为混凝土（图2.2.21），防滑系数高于钢板，与普通路面相同，车辆行驶进入秤台，摩擦系数基本无变化，变速或刹车不会打滑。为增加美观度、增强耐磨性能，秤台表层可以撒布金刚砂。

图2.2.21　混凝土

① 定义

混凝土，简称为“砼”：是指由胶凝材料将集料胶结成整体的工程复合材料的统称。混凝土是当代最主要的土木工程材料之一，由胶凝材料、颗粒状集料（也称为骨料）、水，以及必要时加入的外加剂和掺合料按一定比例配制，经均匀搅拌，密实成型，养护硬化而成的一种人工石材。

② 分类

按胶凝材料可分为两类：一是无机胶凝材料混凝土，如水泥混凝土、石膏混凝土、硅酸盐混凝土、水玻璃混凝土等；二是有机胶结料混凝土，如沥青混凝土、聚合物混凝土等。

按表观密度的大小可分为三类：一是重混凝土，二是普通混凝土，三是轻质混凝土。这三种混凝土所用骨料不同。重混凝土表观密度大于2500kg/m^3，用特别密实和特别重的集料制成，如重晶石混凝土、钢屑混凝土等，它们具有不透X射线和γ射线的性能；普通混凝土即是我们在建筑中常用的混凝土，表观密度为1950～2500kg/m^3，集料为砂、石；轻质混凝土是表观密度小于1950kg/m^{3}的混凝土。

按使用功能分为：结构混凝土、保温混凝土、装饰混凝土、防水混凝土、耐火混凝土、水工混凝土、海工混凝土、道路混凝土、防辐射混凝土等。

按施工工艺分为：离心混凝土、真空混凝土、灌浆混凝土、喷射混凝土、碾压混凝土、挤压混凝土、泵送混凝土等。

按配筋方式分为：素（即无筋）混凝土、钢筋混凝土、钢丝网水泥、纤维混凝土、预应力混凝土等。

按拌合物的和易性分为：干硬性混凝土、半干硬性混凝土、塑性混凝土、流动性混凝土、高流动性混凝土、流态混凝土等。

在整车式称重系统应用最多的是素（即无筋）混凝土，钢筋会对系统正常工作造成干扰。

③ 材质和铺设要求

《混凝土结构设计规范》（GB 50010—2010）将普通混凝土划分为十四个等级，分别是：C15、C20、C25、C30、C35、C40、C45、C50、C55、C60、C65、C70、C75、C80。例如，强度等级为C30的混凝土应满足30MPa≤fcu<35MPa。高速公路领域的混凝土采用C30、C35、C40这三个等级较多。

称重车道范围进行铺设，在岛长范围内应采用素水泥混凝土路面结构，以利于安装环行线圈车辆检测器等设备。

④ 注意事项

秤台路面防滑三个必要条件是：足够的路表微观构造、宏观构造和防止滑溜性污染。混凝土特性使其保持较大的微观构造，其关键在于形成和保持良好的宏观构造。混凝土路面上形成宏观构造的方法很多，常用主要包括：

a. 拉毛：有方向之分，横向拉毛路面的摩擦力要比纵向拉毛大，拉毛后的路面与轮胎的摩擦噪音小，适应于低速行车。

b. 塑性刻槽：是指在混凝土处于塑性状态时用梳状物、压痕滚等工具在路面上拉动或压痕形成沟槽状构造的施工方式。

c. 裸露集料：以适当的方式清除表面砂浆，裸露出优质粗集料形成优良的宏观或微观构造的方法。

d. 嵌压石屑：在已经密实、平整的新浇筑混凝土表面上，均匀地撒布一层一定尺寸的抗磨光耐磨粒料并将其压入混凝土中。

混凝土防滑在实际工程中采用较少，且不是所有整车式称重系统都支持混凝土防滑方式，在应用混凝土防滑时，要与称重系统的厂商充分沟通，避免在实施时出现偏差。

（4）焊道防滑

焊道防滑（图 2. 2. 22）是一种新型的防滑形式，其防滑效果好、结构简单、成本低，为近年来各设备厂家所采用。

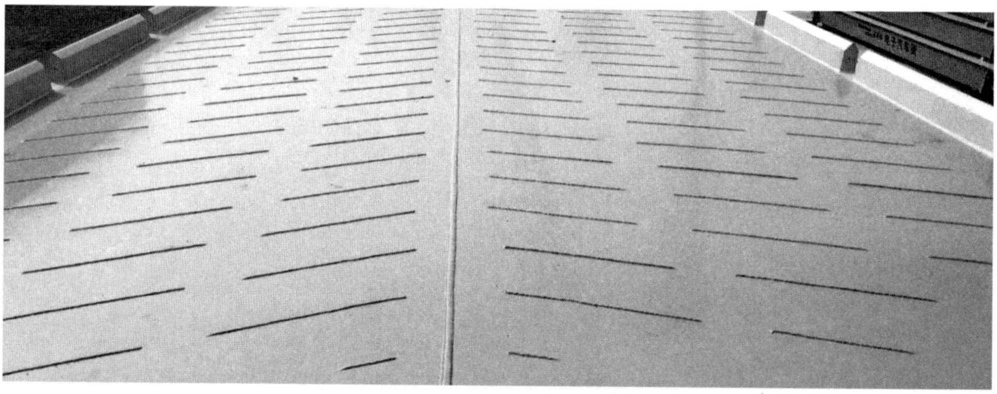

图 2. 2. 22　焊道防滑

①定义

焊道式防滑是在整车式光滑的秤台面上焊接条型焊缝，利用凸起的焊缝对行驶的车辆轮胎进行阻截，增加车辆轮胎与台面的防滑磨损系数，达到防滑的目的。

②分类

根据焊道的纹路不同，焊道防滑分：人字型焊道防滑、波浪式焊道防滑、焊饼式防滑。

③优点

焊缝凸起高度高，且高度宽度可控，比传统的焊接花纹板上的花纹颗粒凸起高出3～4倍，传统的花纹板颗粒高度在1mm左右，焊道的焊缝高度根据需要可焊接到3～4mm高，高的凸起能更好地起到防滑效果。

防滑焊道更耐磨：焊缝采用电流加热方式焊接在钢台面上，焊缝凸台的硬度和耐磨性都比钢板材质更强。加上焊道高度高，秤台的防滑使用寿命更长，是普通花纹板使用寿命的3～4倍。

维护方便：经过长时间的磨损后，焊道即使存在磨损，修复也更方便，修复的成本也更低。

④材质和铺设要求

a. 实心焊丝

为了防止气孔，减少飞溅和保证焊缝具有一定的力学性能，要求焊丝中含有足够的合金元素，一般采用限制含碳量（0.1%以下），硅锰联合脱氧。焊丝直径常用的有：φ0.8mm、φ0.9mm、φ1.0mm、φ1.2mm、φ1.6mm，焊丝直径允许误差为+0.01、-0.04。以下介绍几种常用的焊丝。

用于焊接低碳钢低合金钢的焊丝有：H08MnSiA、H08MnSi、H10MnSi。

用于焊接低合金钢强度钢的焊丝有：H08Mn2SiA、H10MnSiMo、H10Mn2SiMoA。

用于焊接贝氏体钢的焊丝有：H08Cr3Mn2MoA。

用于焊接抗微气孔焊缝低飞溅的焊丝有：H0Cr18Ni9、H1Cr18Ni9、H1Cr18Ni9Ti。

用于焊接不锈钢薄板的焊丝有：H0Cr18Ni9、H1Cr18Ni9、H1Cr18Ni9Ti、H1Cr18Ni9Nb。

b. 药芯焊丝

药芯焊丝是用薄钢带卷成圆形管，并填入一种成分的药粉，以拉制而成的焊丝。采用药芯焊丝焊接，形成气渣联合保护，焊缝成形好，焊接飞溅小。常用的药芯焊丝有：YJ502、YJ507、YJ507CuCr、YJ607、YJ707。

整车式秤台的焊丝一般采用实心焊丝，材质通常选用H08MnSiA、H08MnSi、H10MnSi。

焊道一般的焊高为3～5mm，焊道的宽度为5～10mm，焊道间距为100～200mm，焊接纹路可根据各设备厂家的设计纹路进行焊接，焊接纹路的选择主要考虑防滑性能和秤台美观度。

⑤注意事项

焊道焊接过程中主要采用二氧化碳保护焊，二氧化碳保护焊全称二氧化碳气体保护电弧焊。保护气体是二氧化碳（有时采用 CO_2+Ar 的混合气体）。由于二氧化碳气体的热物理性能的特殊影响，其电弧的穿透力强、熔深大、且焊丝的熔化率高，所以熔敷速度快，焊接时要确保焊接牢固美观稳定。

焊道高度需要根据实际情况选择，焊道高度高，防滑效果好，但车辆过秤时易产生振动，影响采样精度。

2.2.4 防尘装置

不管是车道两侧还是秤台之间都会存在缝隙，秤台与称重岛之间的缝隙为 4～10cm，为防止车道上的杂物掉入秤台基坑，需要进行防尘处理，在秤台与车道的缝隙之间设置防尘装置，为不影响称量准确度，一般为柔性防尘装置。防尘装置不仅起到隔绝灰尘的效果，还可以隔绝积雪，最终确保称重平台的稳定运行。

防尘装置的材料一般采用橡胶、帆布带、尼龙带或其他材料等。

防尘装置位置如图 2.2.23 所示。

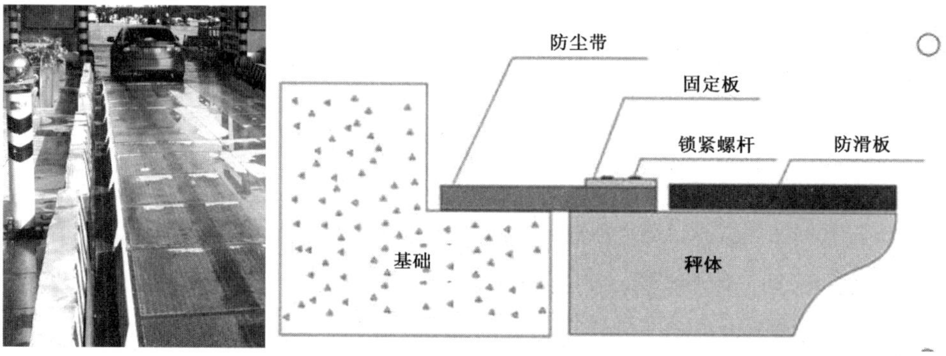

图 2.2.23　防尘装置

2.2.5 防擦边装置

防擦边装置（图 2.2.24）又称为车辆轮胎阻隔器，经历了从无到有的过程，整车式称重系统应用之初，并没有防擦边装置。鉴于称重车道的特殊性，即称重平台与称重岛边缘会产生缝隙，此时一些货车车辆通过擦边行驶的方式减少车货重量。为杜绝这一现象，防擦边装置应运而生，即在秤台两侧的面板进行焊接施工，从而形成防擦边装置，用于规范货车的行驶行为。

图 2.2.24　防擦边装置

防擦边装置的宽度一般为 5 ~ 10cm，由于是焊接在秤台上，秤台的有效宽度就会变小，一定程度上限制了车辆在秤台上行驶的自由度，对规范货车行驶行为起到了积极作用。

常见的防擦边结构有三种：

①反 C 型：反 C 型出现最早，优点是结构简单、成本低，缺点是强度差。重车挤压容易变形，目前已基本被淘汰。

②倒 V 型：倒 V 型采用两条钢板放成倒 V 型并焊接而成，优点是加工简单、成本低，缺点是焊口锋利，容易割破轮胎造成争议。

③倒 U 型：倒 U 型采用热轧板材，经过一体化折弯后，呈倒 U 型截面，再使用周边连续焊接技术与秤台连为一体。一体化折弯工艺通过冷作硬化原理提高了防擦边装置整体刚度，与采用钢板搭焊接成型的防擦边装置相比，具有焊接残余应力少、强度高、可靠性好、外形美观等特点，并且底宽顶圆特点有效避免了可能存在的轮胎划伤等现象，保证了行车安全，同时防擦边装置在秤台面上断续布局，便于表面积水排除。

2.3 称重传感器构成

称重传感器是整车称重系统的核心部件，是一种力传感器，将秤台称量结果传输给称重控制器。行业内柱式、桥式、悬臂梁式传感器应用较多。

2.4 称重控制器构成

称重控制器是整个系统的控制部分，负责处理称重传感器、车辆分车器送来的信息，经专门的分析和处理计算出车辆总重及轴数、车型。同时根据业务计算机的要求传送车辆超载信息，并控制相应的报警装置报警。

称重控制器应由电子称重仪表、开关电源、空气开关、控制柜等组成，如图 2. 2. 25 所示。

图 2. 2. 25　称重控制器

2. 5 轮轴识别器构成

轮轴识别器是用来判断车辆有/无轴、单/双轮状态的检测装置。当车轮压在检测装置上时，传感器受力输出相应的电压信号，处理单元根据传感器受力信号的个数判断有/无轴及该轮轴数量，然后将有/无轴、单/双轮信号传递给称重控制器，作为车辆轴型与车型的判断依据。轮轴检测器的结构示意如图 2. 2. 26 所示。单/双轮判断依据：相邻的两个或三个传感器受力，则认为是单轮；三个不相邻的传感器或大于三个以上的传感器受力则认为是双轮。

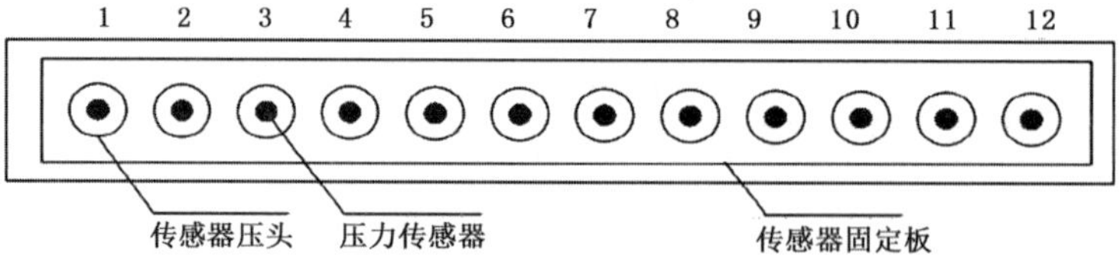

图 2. 2. 26　轮轴识别器示意图

轮轴识别器按安装方式可分为嵌入式轮轴识别器和非嵌入式轮轴识别器。

2. 5. 1 嵌入式

嵌入式轮轴识别器应由框架、识别传感器及相关附件组成。嵌入式轮轴识别如图 2. 2. 27 所示。

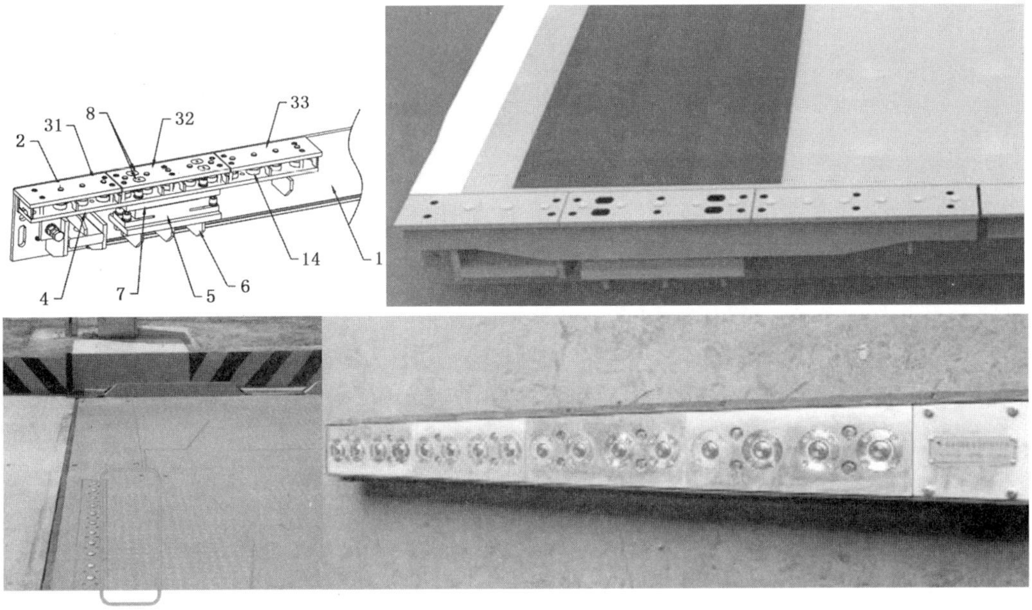

图 2. 2. 27　嵌入式轮轴识别器示意图

2. 5. 2 非嵌入式

非嵌入式轮轴识别器有激光轮轴识别器或其他形式。

激光式轮轴识别器由激光发射器、接收器、外壳等组成，如图 2. 2. 28 所示。

图 2. 2. 28　激光式轮轴识别器示意图

2.6 车辆分离器构成

车辆分离器应由发射模块、控制模块、分车模块等组成。当有车辆进入时，装置分离触发，分车模块进行分车操作。行业常用的车辆分离器包括红外车辆分离器、激光车辆分离器、环形线圈车辆分离器、微波车辆分离器等类型。红外光栅车辆分离器和环形线圈车辆分离器应用最多，随着时间的推移，激光车辆分离器、微波车辆分离器等逐步得到应用。

2.6.1 红外光栅车辆分离器

红外光栅车辆分离器通常由成对配置的车辆分离器、控制器、加热器（可选）、罩壳等组成。

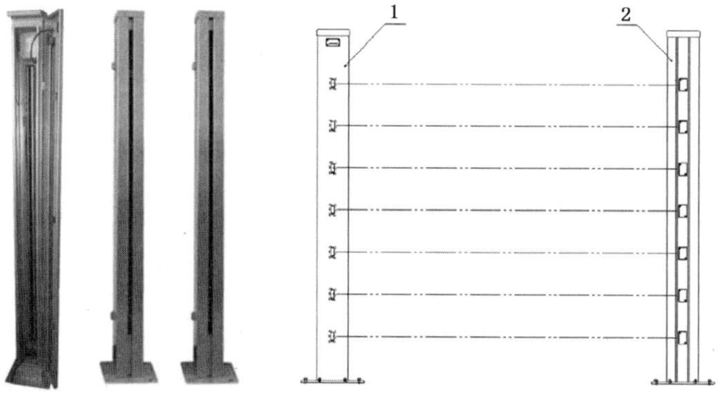

图 2.2.29 红外光栅车辆分离器

车辆分离器由发射器和接收器组合而成，如图 2.2.29 所示，1 为发射器，2 为接收器，发射器与接收器共处同一平面，两者通过线性排列的红外组合为一个整体。当没有车辆通过时，发射器发射的所有红外信号全部被接收器所接收，信号未被遮挡，状态为高电平输出；当有车辆进入扫描区域并完全通过时，部分或全部光路由遮挡到释放，同时控制器存在高电平–低电平–高电平的变化，根据状态变化，可以识别出车辆。

2.6.2 环形线圈车辆分离器

环形线圈车辆分离器由线圈、车检器组成，如图 2.2.30 所示。线圈的主要功能是数据采集，车检器是对线圈采集的数据进行处理、完成线圈感应的逻辑判断和通信功能。

线圈一般埋设于路基下，通过检测器给线圈提供额定工作电流，作为车辆传感单元。当线圈上方有金属物体通过或停留时，线圈内部磁盘发生变化，电感量会随之变化，车检器根据电感量的变化判断此时线圈的状态，并将检测到的信息发给工作终端。

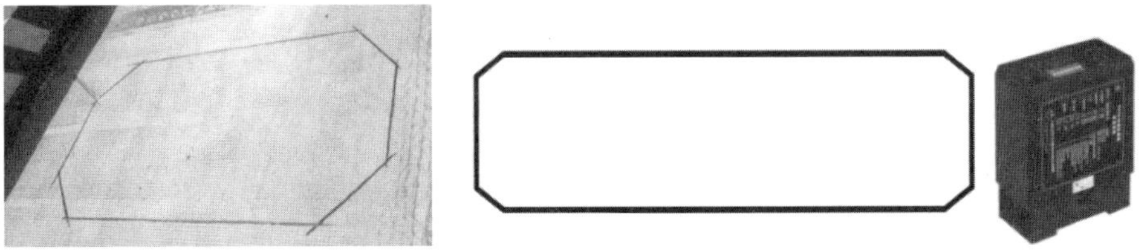

图 2. 2. 30　线圈及车检器

2. 6. 3 激光车辆分离器

激光车辆分离器通过发射安全激光光幕对经过的车辆进行逐辆分离，一般由发射模块、分车模块、计算模块、传输模块等构成，如图 2. 2. 31 所示。

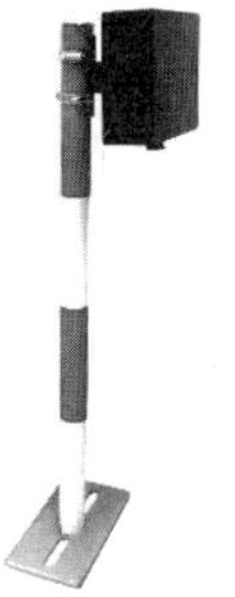

图 2. 2. 31　激光车辆分离器

2. 6. 4 微波车辆分离器

微波车辆分离器安装在专门的立柱上，对通行车辆进行分车操作，如图 2. 2. 32 所示。

图 2. 2. 32　微波车辆分离器

第三章　整车式称重系统功能

3.1 总体功能

整车式称重系统的主要目标是为公路整车称重应用场景提供可靠的称重数据与运行环境，总体功能主要包括以下几个方面：

①整车式称重系统具备连续过车功能。在不需要人工干预情况下，车辆连续通过称重平台，系统能够自动判定驶入、驶出称重平台车辆数及识别行进方向，并且能准确称量连续通过的每辆车的数据。

②整车式称重系统具备一车一称功能。即每次只能有一辆称重货车驶入称重平台区域，前车完成场景操作驶离车道后，后车方可进入称重平台区域。

③整车式称重系统在动态称量（连续过车）和静态称量之间可相互转换，即可以满足车辆快速通过时的称量，也可以满足拥堵等原因的静态称量。

④当整车式称重系统采用静态称重方式称量时，应能对称重显示结果进行明确的标识。

⑤在人工辅助或自动称重模式下，整车式称重系统能够对超长车辆进行准确称重。

⑥当车辆通过称重平台时，整车式称重系统可以自动区分被称车辆。

⑦当系统出现宕机状况时，整车式称重系统能够自动重新启动，所有的数据能够恢复。

⑧整车式称重系统具有故障自诊断、数据恢复、故障信息报警等功能。

⑨整车式称重系统可以准确测量车辆的行驶时间、行驶速度等。

3.2 称重功能

称重功能是整车式称重系统的基础功能，主要包括以下几个方面：

①整车式称重系统能够在被称车辆的全部轮轴都行驶在秤台上的状态下，对通

行车辆进行高精度称重。

②检测和自动识别车辆轴（组）重、总重，显示/打印检测时间和轴数、轴型、车速等车辆数据。

③称重显示屏根据管理需要实时显示总重、超重信息。

④整车式称重系统能够自动判断各种不完全称量状态，并能够正确处理车辆的称重数据，不完全称量状态包括：

a. 车辆不完全退出（未收头）再次进入。

b. 车辆不完全进入（未收尾）并退出。

c. 车辆在称重平台上不完全倒车（未收尾、也未收头）并进入。

d. 完全倒车。

3.3 传输功能

传输功能是整车式称重系统的基础功能，主要包括以下几个方面：

①车辆全部进入秤台后，称重传感器自动将重量信号转换为电压信号输出至称重控制器，称重控制器通过数据接口将称重信息传输至业务计算机或工作终端。

②当无车辆通过时，系统能定期将秤台状态信息及时传输至业务计算机或工作终端。

③整车式称重系统能够接收业务计算机或工作终端传输的控制指令，实现对整车式称重系统的控制，如系统的开启、关闭等。

3.4 系统自检功能

系统自检功能是整车式称重系统的核心功能，主要实现系统的自我检查，及时发现问题、排除故障，确保系统正常工作，主要包括以下几个方面：

①开机自检。在开机时，整车式称重系统能够对设备和线路进行检查，并取得相应的故障信息，对故障信息进行自动恢复或自动复位，当软件发生不可恢复故障时，系统可进行自动重启。

②空闲时定时自检。在空闲时，整车式称重系统能够定时进行自检，及时发现系统故障，确保整车式称重系统正常工作。

③零点校正。由于整车式称重系统依靠称重传感器进行重量测量，时间长了会存在误差，零点会发生漂移。系统开机时自动进行零点校正，确保称重准确，可以

减少人工维护成本。

④自动温度补偿。系统可以自动感应当前工作环境的温度，并能根据温度自动修正误差，自适应高温或高寒环境。

3.5 防作弊功能

早期的称重系统一般要求匀速行驶，而不规范行驶行为或不规范操作会带来称重误差，受经济利益驱使，很多司机铤而走险摸索出一些规则减轻称重重量，进行作弊。

防作弊功能是整车式称重系统的核心功能之一，也是整车式称重系统应运而生的原因之一，整车式称重系统具有防作弊功能，能够有效地防范和减轻不规范行驶行为或不规范操作行为。常见的不规范行驶行为或不规范操作行为及解决方式如下。

3.5.1 S 形行驶

S 形行驶又称为“扭磅”，即车辆通过秤台时，猛打方向盘走出 S 形轨迹，造成同一轴的左右轮不同时上下秤台，其结果有四种：

①由于左右轮在秤台时间减少，部分软件算法（如取平均等算法）会造成称重数据明显偏轻，在软件算法上进行优化可解决。一是仅保留同时在秤台上的数据，可消除影响；二是惩罚性处理（取峰值），加大重量数据。

②在超宽车道会出现一边轮子快下秤台时另一边才上，实际重量减轻。

③还会出现的情况，前轴一边轮子已下秤另一边轮子才上秤，这时可能前轴每边轮子都判为一个轴，造成多轴，增加了限重。

④双联轴以上的车辆，可能出现联轴的第一轴有一侧轮未下秤台，而下一轴对侧车轮已上秤台情况，出现少轴。这种情况主要发生在超宽车道且车身较短的情形，如 115 车型。

解决措施：整车式称重系统有倒 V 型护边装置，空间受限，车辆无法行驶 S 形，规范了车辆行驶行为。

3.5.2 跳秤

跳秤，又称“秤台跳车头”，是指先将前轴停在秤台边缘，突然加速通过的方式，由于加速度造成车辆重心后移，前轴腾空跳过秤台，前轴重量没有全部在秤台上，相当于人在秤上突然抬起了一只脚，导致车辆前轴重量偏轻。

解决措施：整车式秤台长度较长，秤台一般为 21m，超出了汽车跳秤的距离，车辆跳秤不但不会减轻重量，反而会增加车辆的重量。

3.5.3 冲秤

冲秤是指车辆高速（如≥30km/h）通过秤台时，由于秤台惯性、称重传感器响应时间等因素，或秤台与车道的水泥路面有一定落差，车辆快速通过秤台时，可能造成后轴跳起，因此造成计量结果偏轻。

解决措施：秤台一般为 21m，车辆冲秤的难度很大。

3.5.4 拖秤

拖秤，又称为“点刹车”，是指车辆高速通过秤台，当车辆轮胎压到秤台时便快速踩下刹车，车轮与秤台发生摩擦，后轴会在秤台上滑过，从而使车辆的重心发生偏移，轴重没有全部作用于秤台上，导致后轴称重后的重量偏轻。与冲秤类似，都是高速通过秤台，区别在于进行刹车使重心发生偏移。

解决措施：秤台一般为 21m，整个车辆在秤台上，拖秤不会减轻重量，反而会增加重量。

3.5.5 擦边

擦边是指车辆在通过秤台时，车辆没有完全行驶在秤台上，而是行驶在旁边的路面或基础上，从而减少车辆对秤台的压力，达到降低称重重量的目的，如图 2.3.1 所示。

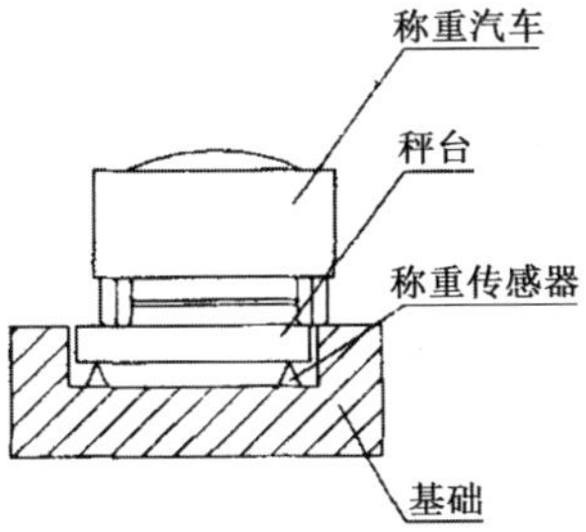

图 2.3.1　擦边

解决措施：整车式称重系统有倒 V 型护边，规范了车辆行驶行为，无法擦边行驶。

3.5.6 千斤顶

千斤顶是指车辆通过称重车道时，利用液压千斤顶将车轮抬高，借此减轻重量，如图 2.3.2 所示。千斤顶安装在车轮旁或车尾，在驾驶室或远程操控，千斤顶迅速顶起，车厢尾部抬高，重心往前移，已经通过地磅的前车轴轴重变重，未通过秤台的后车轴轴重变轻，通过重量转移方式，过秤重量远远低于真实重量。

解决措施：秤台一般为 21m，液压千斤顶没有实施的空间。

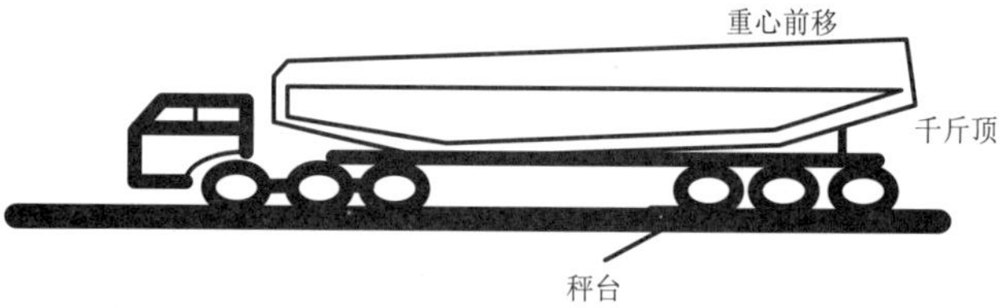

图 2.3.2　千斤顶

3.5.7 垫钢板

垫钢板是指车辆通过称重车道时，紧跟前面车辆，利用排队等候间隙，将一截拱形的车辆弹簧钢板搭在秤台上形成拱桥，车辆通过拱桥跨过秤台，分担车轮对秤台的压力，从而减轻了车货总重量。

解决措施：秤台一般为 21m，车辆全部轮轴都行驶在秤台上时才完成整车计重，垫钢板长度有限，从根本上消灭了垫钢板的可能性。

3.5.8 假轴

假轴是指车辆事先安装好带有液压装置的假轴，当行驶至称重车道时释放假轴，有些假轴承载压力，有些假轴只是样子，落地后空转不承载任何压力。假轴同时增加了车辆轴数和限载标准，核载标准高了，从而降低了超限率，如图 2.3.3 所示。

解决措施：21m 长的秤台提高了假轴实施的难度。

图 2.3.3　假轴

3.6 防护功能

防护功能是整车式称重系统基础功能之一，主要目标是实现对整车式称重系统的保护，确保系统正常功能，主要包括以下几个方面：

（1）防腐蚀

①秤台整体要进行抛丸处理，抛丸后在规定时间内喷漆，增强油漆的附着力及防腐蚀效果，秤台表面涂漆层平整、色泽一致、光洁牢固。

②涂漆后表面应完整无漏漆，漆层不存在刷纹、流挂、起皱、气泡、起皮脱落等缺陷。

（2）秤台防滑

①秤台表面采取有效的防滑措施，包括采用花纹板、防滑涂料、焊道防滑等，防止车辆打滑失去控制，防滑失效时要及时进行维护，确保防滑的有效性。

②秤台表面采用花纹板防滑时，其铺设数量沿秤台纵向一般不少于 4 道，花纹

板厚度大于6mm，四周全焊接，中间钻孔塞焊，焊缝平整，焊接牢靠。

③秤台表面采用防滑涂料时，应按工艺要求的材料配比、搅拌时间等进行施工，施工前秤台表面应进行抛丸处理，涂料层应连续铺满整个秤台表面，厚度一般大于3mm，涂层应均匀。

④秤台表面采用焊道防滑时，应按设计和工艺要求的焊接纹路进行焊接，通常焊道高度在3～5mm间，焊道宽度在5～10mm，焊接纹路为车辆行驶方向的垂直方向。增加车辆滑动的阻力。

（3）防尘

秤台和基坑之间应设置防尘装置，有效地防止灰尘、垃圾进入秤体底部，保证在不拆除防尘装置的情况下方便地清理秤台底部的垃圾。防尘装置的材料一般采用橡胶、帆布带、尼龙带或其他材料等，在实际工程中，橡胶采用得最多。

（4）防鼠

线缆、设备的信号线等部位采取防鼠措施，减少老鼠对线缆的破坏。

（5）排水

整车式称重系统秤台面积大、基础深，具有良好的排水功能，能及时将称重车道的水排出。

3.7 在线监测功能

在线监测功能是整车式称重系统的核心功能之一，主要实现对整车式称重系统运行状态的监测，确保系统运行在正常的状态，主要包括以下几个方面：

①能够对称重控制器的工作状态进行实时监测。

②常用的在线监测功能包括：

a. 整车式称重系统具有监测汇总、分析、报警等功能。

b. 整车式称重系统能够对称重传感器供电、零点输出信号等功能进行实时运行监测。

c. 整车式称重系统能够对轮轴识别器的工作状况进行监测。

d. 整车式称重系统能够对车辆分离器的工作状况进行监测。

③整车式称重系统能够在称重软件或后台相关的软件中实现实时监测功能。

3.8 其他功能

整车式称重系统除了满足上述功能，还要具有良好的稳定性，称重设备的计量检定应符合现行国家和行业有关标准的规定。

第四章　整车式称重技术工作原理

4.1 概述

整车式称重设备属于秤台式汽车衡，一台完整的汽车衡秤台由几节单一的秤台组成，根据秤台的节数设计由数个称重传感器在秤台的每个角及秤台连接处支承秤台，工作原理是秤台接受载货汽车的所有轮/轴（轴组）压力并传递到称重传感器上，称重传感器将所受的整车重力转换为电压信号输出到电子称重仪表上，由电子称重仪表显示称重的整车重量值。

整车式称重系统支持一车一杆模式，即单车称重，每次只允许秤台上有一辆车，通过自动栏杆对车辆进行控制，一辆车称完并驶离后再称下一辆；也支持连续过车模式，即多车称重，自动栏杆一直抬起或不设置自动栏杆，系统处于连续过车状态，利用多节秤台、称重传感器分组技术，系统可实现完全动态过车，后车无须等待前车下秤即可上秤，且各车辆的重量精度均有一定的保证，提高了过车速度。

当被称重车辆单轴载荷经两侧轮胎作用于秤体上时，使秤体受到一个垂直向下的力，此力通过秤体使称重传感器弹性体产生微小变形，称重传感器内部电阻桥路阻抗失去平衡，输出与重量成比例的电信号，经线性放大器、A/D 转换器转换成数字信号，由微处理器处理后，在称重仪表上显示出单轴重量，当被称重汽车各个轴完全驶上秤台后，称重仪表可自动完成累加功能，通过称重仪表显示出汽车的总重量，这样完成一次整车称重过程。

4.2 单车称重原理

秤台规格一般为四节，也有五节或其他规格，本节以四节秤为基础进行介绍。单车称重，即指秤台同一时间只允许一辆车，如图 2.4.1 所示。

当车辆通过称重车道时，车辆将经过红外车辆分离器，当红外车辆分离器被触发时，此时将形成一个车辆缓存，用于存储正在上秤车辆的车辆信息，并结合上秤端触发器识别的车辆轴行驶方向，系统判断有车辆上秤。

车辆开始上秤，进入第一台面，车轴首先经过第一台面的上秤端触发器，形成上秤触发信号。与此同时，前端的轮轴识别器受到车轮的压力开始记录轴数，整车称重平台下面的称重传感器由于受到车辆重力的作用，将使得称重设备传感器内的电阻应变计构成的电桥失去平衡，产生电信号。汽车的各个轮轴依次驶上秤台，最后的轮轴施上秤台后，称重传感器的电桥平衡信号达到最大值，但处于动态波动之中。当汽车衡在秤台上行驶一段距离后，电子称重仪表快速采取持续一段时间的最大值信号，接线盒将汇集到的称重信号实时地发送到电子称重仪表，并通过电子称重仪表内部的 A/D 转换器转换成数字信号，最终通过软件把 A/D 值转换成重量数据，得出车辆在秤台上的重量值。然后经过第四台面的下秤端触发器，形成下秤触发信号，下秤端轮轴识别器开始记录下秤的汽车轴数，并于前端的轮轴识别器记录的轴数相比较，判断汽车是否完全下秤。按照车辆的正常行驶方向，当车辆经过时，系统实时采集此两组触发器信号和两组轮轴识别信号，并通过高端的软件处理算法计算出车辆的轴数、轴组型、轴组重及车辆的行驶速度。

当车辆驶离光栅时，即光栅刚未被遮挡时，系统将根据上秤端触发器识别的车辆轴向准确地判断正车、不完全倒车、完全倒车等过车方式。检测线圈在称重过程中起到触发作用，配合光栅分车。

若为正向过车，软件通过识别过车状况来采取不同的称重模式进行车辆总重计算，系统将车型、车速、轴重、车辆总重等信息上传到车道计算机。

车道业务计算机内置称重软件，工作人员可根据称重数据对车辆进行收费；若采用其他方式过车，系统将根据过车方式向车道计算机发送不同的数据处理命令。

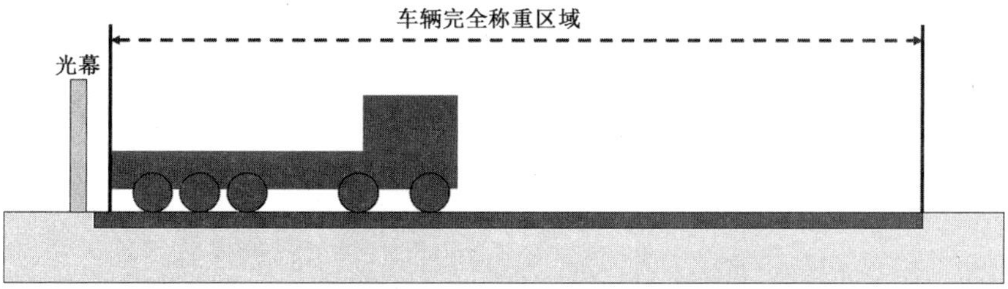

图 2.4.1　单车称重原理

4.3 多车称重原理

多车称重原理与单车称重原理类似，整车称重系统需要完整地计算每辆车的重量，在单车称重基础上，充分利用秤台的空间布局、后台系统计算时间序列，结合分车技术和后台处理流程，实现对多辆车的称量，根据队列依次形成车辆的称重数据，直观上形成了秤台上可以有多辆车的局面，如图2.4.2所示。

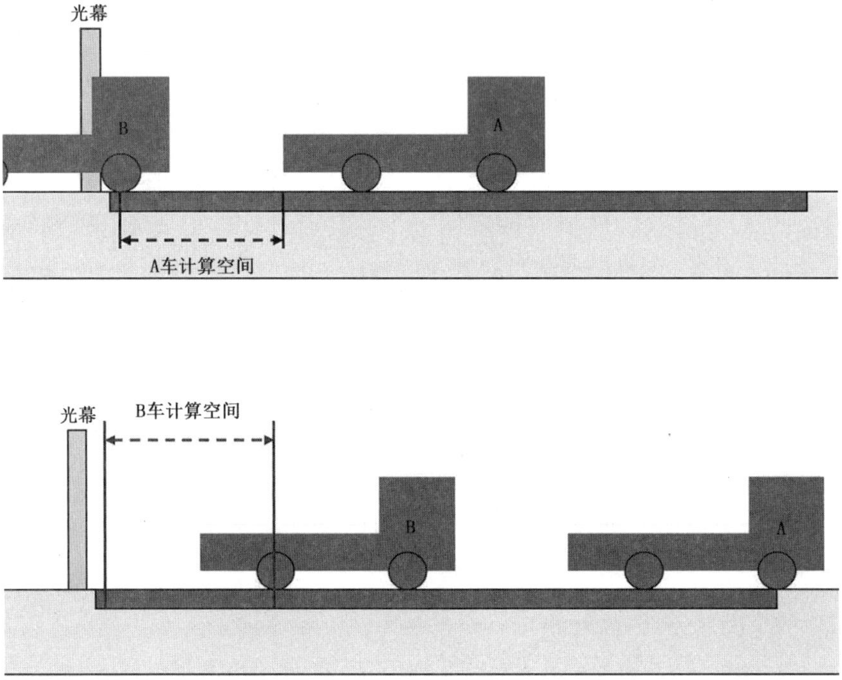

图2.4.2　多车称重原理

4.4 基本工作流程

①车辆匀速驶入称重车道，通过检测线圈，车辆驶入车辆分离器，系统进入称重模式。车辆各轴依次通过轮轴识别器，轮轴识别器自动判别车辆轴数及轴型。

②称重传感器获取车辆行驶状态下的总重量、轴重量或轴组重量，称重仪表自动显示重量值，并将称重信息传输至业务工作终端。

③计算机收到轴数、单轴重（轴组重）、车辆总重等称重信息后，进入收费或超重检测等流程。

④流程完毕后，待车辆驶离秤台后，称重流程结束，称重系统自动返回初始状态。

⑤基本流程如图 2.4.3 所示。

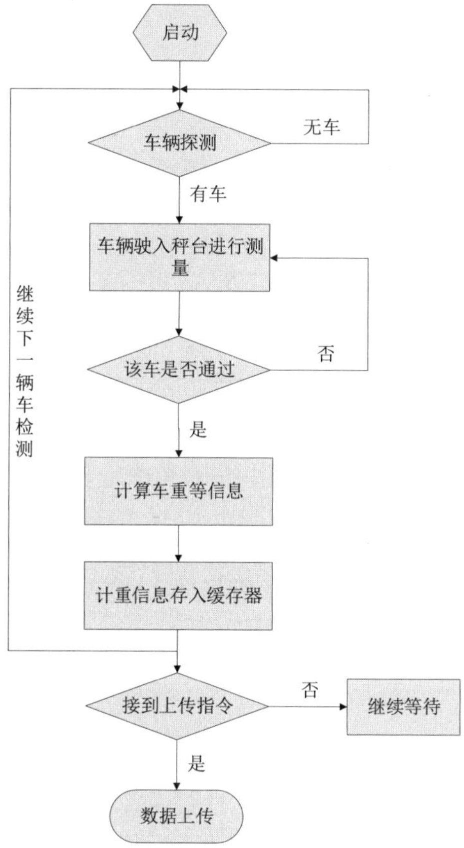

图 2.4.3　整车式称重系统基本流程

4.5 一车一秤称重流程

一车一秤称重流程如下：

①初始状态：称重平台上无车辆，称重仪表显示“0”，通行信号灯显示绿灯。

②车辆匀速驶入称重车道，通过检测线圈，自动栏杆抬起，通过车辆分离器，系统进入称重模式。车辆各轴依次通过轮轴识别器，轮轴识别器自动判别车辆轴数及轴型。

③车辆完全驶上秤台，车辆分离器判断车辆通过，完成车辆收尾。自动栏杆落下，禁止后续车辆驶入秤台，通行信号灯显示红灯。

④车辆匀速通行，称重传感器获取车辆总重量、单轴重量或轴组重量，称重仪表自动显示重量值，并将称重信息传输至计算机/工作终端。

⑤计算机/工作终端收到轴数、单轴重（轴组重）、车辆总重等称重信息后，进入收费或超重检测等流程。

⑥流程完毕，待车辆驶离秤台后，称重流程结束。

⑦岛尾栏杆抬起，车辆分离器判断车辆完全驶离后，岛尾栏杆落下，称重系统自动返回初始状态。

⑧一车一杆流程如图 2.4.4 所示。

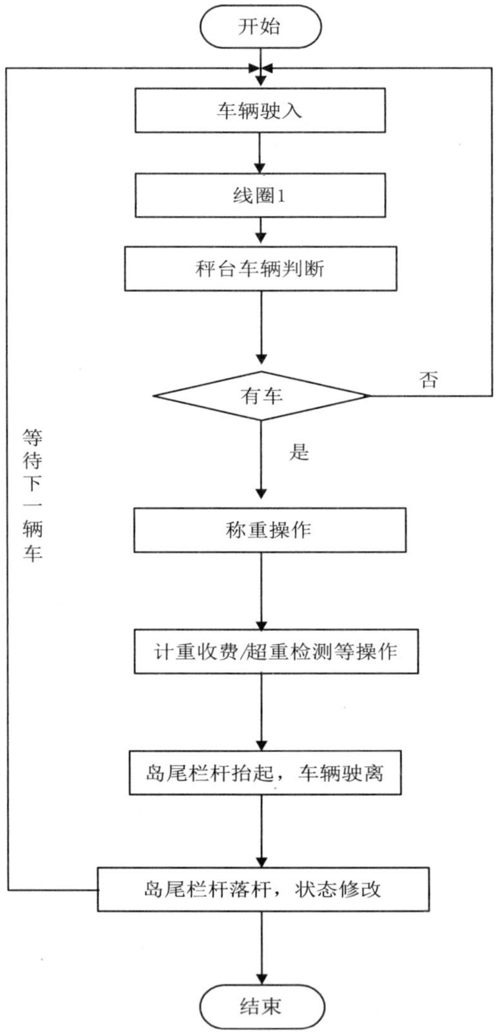

图 2.4.4　一车一杆称重流程

4.6 连续过车称重流程

连续过车称重流程如下：

①初始状态：秤台上无车辆或前车已完成称重。

②车辆匀速驶入称重车道，通过检测线圈，车辆驶入车辆分离器，系统进入称重模式。车辆各轴依次通过轮轴识别器，轮轴识别器自动判别车辆轴数及轴型。

③车辆完全驶上秤台，车辆分离器判断车辆通过，完成车辆收尾。

④车辆在秤台上匀速行驶一段距离，称重传感器获取车辆总重量、轴重量或轴组重量，称重仪表自动显示重量值，并将称重信息传输至计算机/工作终端。

⑤计算机/工作终端收到轴数、轴重（轴组重）、车货总重等称重信息后，进入收费或超重检测等流程。

⑥流程完毕后，称重系统自动返回初始状态，等待下一辆车。

⑦连续过车称重流程见图 2.4.5。

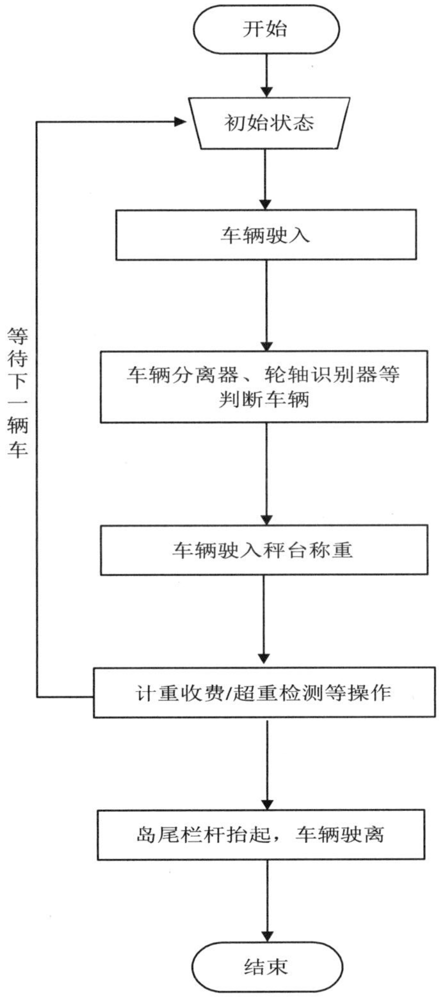

图 2.4.5　连续过车称重流程

4.7 超长车称重流程

超长车是指车辆第一根轴和最后一根轴的轴距超过秤台长度的车辆，其称重流程如下：

①车道初始状态：岛头栏杆机落杆，通行信号灯为绿色。

②超长车需要人工介入，车辆驶入，到达线圈1时，岛头自动栏杆机抬杆，通行信号灯设置为红色。

③到达线圈2时，对栏杆下的车辆进行判断，避免砸车。

④对车辆前几轴上秤状态进行判断，当车辆上秤时，人工采集数据，车辆继续行驶，前面的车头通过端部光栅，第一车轴通过端部的轮轴识别器，驶离秤台。

⑤ 前部的光栅分离器进行分车，分车结束时，岛头自动栏杆机落下（光栅与栏杆距离在1m以内，光栅信号控制栏杆机落杆，当距离较远时，用线圈信号控制落杆）。

⑥对秤台上剩余的车轴进行称重，结合已经下秤的车轴重量，采集完成称重数据并上传。

⑦进行计重收费或超重检测操作，操作完成，岛尾自动栏杆机抬杆。

⑧车辆到达线圈3时，对车辆存在状态进行判断，避免砸车，当车辆全部通过线圈时，通行信号灯设置为绿色。

⑨岛尾自动栏杆落杆，流程结束，等待下一辆车。

⑩超长车称重流程见图2.4.6。

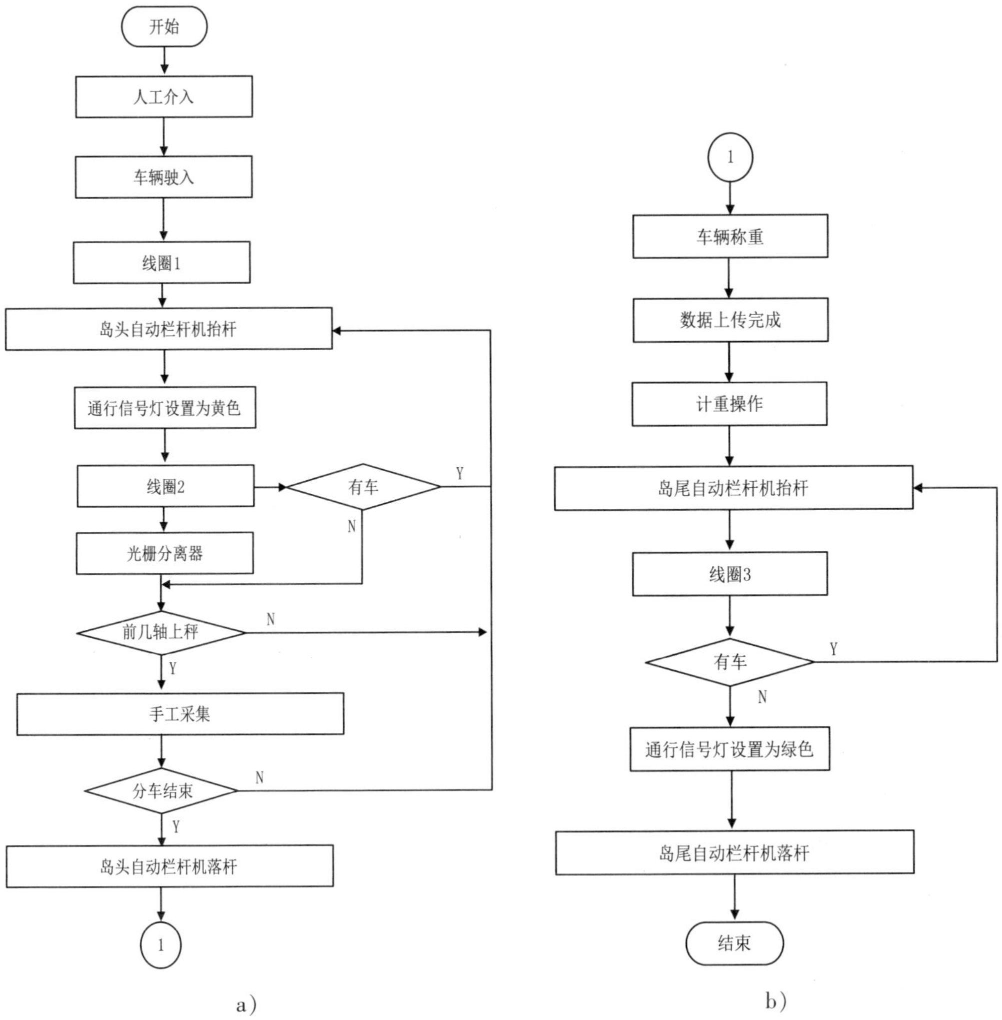

图 2.4.6　超长车称重流程

第五章　整车式称重系统关键设施技术要求

5.1 计量精度要求

5.1.1 准确度等级

①整车总重量的动态准确度等级采用3个等级，用符号表示为：0.5、1、2。准确度等级是根据整车式动态称重计量的特点，将《动态公路车辆自动衡器 第1部分 通用技术规范》（GB/T 21296.1）的计量要求进行分解，选择了较高的准确度等级，如果有条件也可以采用0.2等级。整车计量和轴计量相互之间的关系，也是选自GB/T 21296.1—2020，静态计量选自《固定式电子衡器》（GB/T 7723—2017）。

②单轴（轴组）载荷的动态准确度等级划分为3个等级，用符号表示为：B、C、D。

③整车总重量的静态准确度等级应为Ⅲ级。

④车辆整车总重量和单轴（轴组）载荷准确度等级的对应关系见表2.5.1。

表2.5.1　车辆整车总重量和单轴（轴组）载荷的准确度等级关系

单轴（轴组）载荷的准确度等级	车辆整车总重量的准确度等级		
	0.5	1	2
B	✓		
C	✓		
D		✓	

5.1.2 整车总重量的最大允许误差

整车总重量的最大允许误差见表2.5.2。

表 2.5.2　整车总重量的最大允许误差

准确度等级	以整车总重量约定真值的百分比表示（%）
	首次检定
0.5	±0.25
1	±0.50
2	±1.00

5.1.3 单轴（轴组）载荷最大允许误差

参考车辆（不含两轴刚性车辆）单轴（轴组）载荷最大允许误差见表 2.5.3：

表 2.5.3　单轴（轴组）载荷的最大允许误差

准确度等级	以单轴或轴组载荷修正平均值的百分比表示（%）
	首次检定
B	±1.00
C	±1.50
D	±2.00

5.1.4 静态检定的最大允许误差

静态检定的最大允许误差见表 2.5.4：

表 2.5.4　静态检定的最大允许误差

最大允许误差	检定分度值的范围 m（以检定分度值 e 表示）
	Ⅲ
±0.5e	$0 \leq m \leq 500$
±1.0e	$500 < m \leq 2000$
±1.5e	$2000 < m \leq 10000$

5.1.5 分度值（d）

整车式称重系统所有的称量指示装置和打印装置具有相同的分度值（$e=d$）。

5.1.6 其他要求

①最大秤量时间为3s。

②MTBF（平均故障间隔时间）不小于10000h。

5.2 关键设施技术指标

5.2.1 称重平台

称重平台主要技术指标如下：

①秤台结构：U型梁全钢结构，刚性不低于1/1000。

②台面厚度：普通车道≥12mm，超宽车道≥14mm。采用优质Q235-B以上板材，一般采用二氧化碳气体保护焊接技术。

③额定轴载≥30t。

④最大安全过载：150% F.S.。

⑤疲劳强度≥300万轴次（额定轴载下）。

5.2.2 称重传感器

称重传感器主要技术指标如下：

①结构形式：柱式/桥式/悬臂梁式。

②额定容量≥30t。

③最大安全过载：125% F.S.。

④准确度等级：C3（《称重传感器》GB/T 7551）。

⑤疲劳强度≥500万次（额定轴载下）。

⑥如采用柱式称重传感器，应具有防旋转措施。

⑦防护等级：IP68。

5.2.3 称重控制器

称重控制器主要技术指标如下：

①具有显示工作状态、称重数据、通行速度、检测数据（不少于10辆）的功能，可显示轴型、轴（轴组）载荷、车速及总重量等信息。应采用独立配置，符合

现行《电子称重仪表》(GB/T 7724) 的要求。

②可定时对外部连接设备进行巡检，将设备故障发送到计算机/工作终端。

③具有外设故障检测界面，方便现场及时排除故障。

④电源应采取防浪涌保护，通信接口应采用光电隔离保护。

⑤采用密封结构设计，机柜底部电缆出线，确保雨淋条件下可正常工作。

⑥采用安全门锁，工作状态时防止非授权人员操作称重控制器。

⑦全中文操作界面，方便设备检修。

⑧提供标准 PS/2 键盘接口、以太网接口、RS-232C 串口、车辆分离器接口、轮轴识别器接口、自动栏杆机接口等，便于后期功能升级。

⑨室外控制柜防护等级：IP65。

⑩存储不少于 10 条记录。

5.2.4 车辆分离器

(1) 红外车辆分离器

红外车辆分离器主要技术指标如下：

①在良好天气时，要求分离识别正确率在 99.5% 以上。

②在恶劣天气时，要求分离识别正确率在 98% 以上。

③检测高度范围：400mm ~ 1600mm。

④在检测范围内的最小分辨物尺寸为 25.4mm。

⑤两车可分离的最小间距应为 200mm。

⑥当车辆分离器故障时，可通过硬件或软件发出故障信息。

⑦外壳材质一般采用不锈钢材料，厚度≥1.2mm。

⑧外壳玻璃可采用自动电加热技术，在天气恶劣的环境下可有效地防雾除霜，确保红外线车辆分离器能可靠分离车辆。

⑨防护等级：IP65。

⑩使用寿命≥5 年。

(2) 激光车辆分离器

激光车辆分离器主要技术指标如下：

①收发一体。

②激光安全等级 CLASS 1，人眼可直视。

③检测距离≥5m。

④系统响应时间<0.1s。

⑤防护等级：IP65。

⑥使用寿命≥10 年。

⑦车辆分离距离≤50mm。

⑧最小分辨物尺寸为 8mm。

5.2.5 轮轴识别器

（1）嵌入式轮轴识别器

嵌入式轮轴识别器主要技术指标如下：

①可正确识别轮轴，对总重 5t 以上的车辆要求判断准确度达到 98% 以上。

②检测宽度：普通车道≥1200mm，超宽车道≥1600mm。

③传感器防护等级：IP68。

④寿命≥500 万轴次（额定轴载下）。

（2）激光轮轴识别器

激光轮轴识别器主要技术指标如下：

①收发一体。

②激光安全等级 CLASS 1，人眼可直视。

③检测距离≥5m。

④系统响应时间<0.1s。

⑤防护等级：IP67。

⑥使用寿命≥10 年。

5.2.6 称重显示屏

称重显示屏主要技术指标如下：

①由费额显示、通行灯信号灯、报警器、语音单元组成。

②显示亮度≥1500cd/m^2。

③显示颜色：红色和绿色。

④内置 24×24 点阵《信息交换用汉字编码字符集 基本集》（GB 2312）一级汉字字库。

⑤可视距离>20m。

⑥防护等级：IP65。

⑦ MTBF（平均故障间隔时间）：大于15000h。

⑧ MTTR（平均修复时间）：小于0.5h。

⑨ PCB板经防酸、防潮、防盐雾处理，能适应户外环境，能全天候运行。

⑩立柱使用不锈钢材料，应在强风下不晃动。

5.2.7 检测线圈

检测线圈主要应用于配合红外线光栅分离器检测车辆的出现、控制称重过程的开始和结束、检测是否有车辆倒出车道、统计、车辆分类等方面，为称重系统提供车辆的信息。

检测线圈主要技术指标如下：

①在车辆分离器发生故障时，自动切换为使用线圈，对车辆进行分离和辅助收尾。

②车辆检测线圈在车距不少于2m时，判断来车精度≥99%。

③尺寸要求：1m×2m。

④当车辆检测线圈发生故障时，可以通过硬件和软件发出故障消息。

⑤工作环境：温度-20℃～+70℃，相对湿度0%～95%RH。

5.2.8 通行信号灯

通行信号灯含立柱、LED交通信号灯和配套线缆等。通行信号灯主要技术指标如下：

①信号灯由红色和绿色的一组信号灯组成，其显示体形状推荐为红色圆发光体、绿色圆发光体，发光体单元采用超高亮度LED管。

②红色LED管每颗亮度不低于0.8cd，绿色LED管每颗亮度不低于1.2cd。

③信号灯尺寸≥300mm。

④MTBF大于15000h。

5.2.9 自动栏杆

自动栏杆含栏杆机、栏杆臂、手动控制盒、车辆检测器、地感线圈等。自动栏杆主要技术指标如下：

①满足现行《收费用电动栏杆》（GB/T 24973）的要求。

②快速启动和停止，栏杆臂由水平到竖直和竖直到水平的运动时间≤1.4s。

③栏杆宽度≥3000mm。

④碳素栏杆杆臂，不锈钢回转头。

⑤环境温度：-20℃ ~70℃。

⑥MTBF≥100 万次起落。

⑦MTTR<0.5h。

⑧在电源故障时为抬杆状态。

5.3 对称重软件的要求

整车式称重系统具有非常强的识别处理功能，不论车辆在称重过程中出现什么情况，都能给出准确判断和处理，并能把处理信息和车辆关联起来，并根据通信协议进行数据的交换。即使出现错误，工作人员也可以通过业务工作终端向称重控制器发出指令，从缓存系统中提取车辆的信息。

5.3.1 基本要求

称重设施的接口应使用相同的型号，方便称重设备更换及安装，可以减少软件的更新和维护费用，也方便称重设备的使用。

①称重系统承包商负责在车道控制机安装动态链接库，便于称重系统调用称重数据。

②应提供称重设备的通信协议和源代码说明。

③称重设备能准确地传送称重的信息，并能实时把自己的设备情况准确传送给业务工作终端，方便称重控制器的管理，并正确执行命令。

④称重设备上应有各种情况的模拟，这些模拟用于称重软件的开发和功能测试。

⑤正常运行及时传输数据，并能提供测试的源代码和详细说明。

⑥向车道控制机准确、及时、平滑传输完整的称重数据。

⑦能按照车道控制机发出的指令完成相应的操作动作。

⑧称重系统具备自动缓存功能，在向车道收费计算机发送数据失败时，自动存入缓存消息队列并尝试重发，在此次数据未正常送达前，该数据将一直保存在系统缓存中，直到复位或被操作员删除。

⑨原始数据必须加密，防止随意修改数据。

⑩当需要对车辆的重量进行准确标定或需要对秤台进行标定时，供货商可以在

静态模式下对速度为零的轮轴进行准确称重。

⑪模块化设计，全中文显示，安装及操作简单，支持远程升级。

⑫具有数据导出功能，可把数据导出为 Excel 等数据格式。

⑬多级权限管理，各自的口令独立，分级操作，保密性强。

⑭只有有权限用户才能修改或删除数据，并且具有修改和删除的记录。

⑮查询和统计功能，满足日常业务管理需要，可打印各种统计报表，如日报、月报、季报、年报等。

⑯非车辆（行人等）上秤自动判别，不进行称重。

5.3.2 接口要求

①称重设备向称重软件准确传输称重数据，数据应加密、校验传输。

②称重设备具备可靠完善的数据保存处理功能，在称重设备或业务工作终端异常情况下能够确保数据正常完整，直到被称重软件删除。至少包括以下几种情况：

a. 在向称重软件发送数据失败时，称重设备具备的自动缓存功能能够自动将数据存入缓存消息队列并尝试重发，在此次数据未正常送达前数据将一直保存在系统缓存中，直到被称重软件删除。

b. 称重业务工作终端或称重设备复位时，设备接口程序保存的数据应该不受影响，并且可以由称重软件通过有关接口继续使用。

c. 车辆数据采用先进先出方式存放，要求设备缓存应足够大，避免出现新来车辆计重信息冲掉缓存中第一辆车信息（该信息未经称重软件删除）的情况。

③称重设备厂商提供动态链接库作为设备与收费软件接口（函数定义：厂商应至少提供本文规定的函数并确保仅使用这些函数能够满足使用需要，但是可以根据自己的经验提供更多的函数以提供更强的功能和灵活性），称重软件可以直接通过动态链接库中的函数自由访问车辆称重数据作为计算通行费的依据。为保证车道业务处理效率，称重设备厂商应确保通信正常情况下称重软件从调用函数到得到完整响应信息的时间小于 0.1 秒。

④设备厂商应提供设备的通信协议及动态链接库的源代码和相关说明。

⑤设备与应用软件的界面：由设备厂商负责设备，并对设备底层调用及封装形成动态链接库，向称重软件正确、完整传递设备状态及称重数据。称重软件负责对接收到的数据按收费管理要求进行处理，完成称重软件要求的功能。

⑥设备提供商应提供模拟计重设备，用于称重软件开发和测试。该模拟设备应

能够方便地模拟各种情况，向称重软件提供各种返回值。

⑦设备提供商应提供示范测试程序，该程序应可以安装在车道工控机上，通过调用动态链接库中的函数检测设备是否正常：异常时可显示故障点，正常时可显示通过车的数量、总质量等所有检测到和传输的数据。示范测试程序需提供源代码和详细明确的说明。

⑧设备提供商应负责接线调试，并派技术人员到称重软件开发地配合软件开发，以及到现场配合称重软件调试，与称重软件开发商共同解决各类问题。

⑨当称重设备出现故障时，称重设备应能对故障进行简单的判断。

5.3.3 软件功能要求

（1）基本设置功能

称重日志：记录车辆称重的简要信息。

时间同步：对接入的设备进行时间校准。

参数管理：对接入的设备参数进行配置管理。

消息管理：各模块间消息的收发及处理功能。

（2）数据采集和输出功能

称重管理：获取称重数据和称重设备运行状态。

轮轴识别：获取轮轴识别数据和轮轴识别运行设备状态。

车牌识别与抓拍：获取车辆号牌抓拍图像、识别出的车牌信息。

引导和显示：发送称重检测结果信息和引导信息到称重显示屏，并获取称重显示屏运行状态。

提示音控制：播放语音提示音，并可控制音量大小。

（3）业务功能

称重数据匹配：将各个设备模块检测到的车辆数据进行匹配，形成完整单车数据。

数据异常检测：对采集的车货总质量、轮轴信息等数据进行监测，发现异常数据发送警告信息。

及时上报：将称重信息及时上报应用系统。

数据加密：原始数据必须加密，防止随意修改数据，当设备出现故障或异常时，里面保存的数据应完整无损。

第六章　整车式称重设施施工要求

整车式称重设备安装的好坏直接决定了称重设施准确性和可靠性，因此整车式称重设备的基础施工对于整车式称重设备的准确性和可靠性至关重要。整车式称重设施土建部分的技术要求主要包括对整车式称重平台基础、称重平台引道部分及其他相关设备基础的技术要求。其中，称重平台基础和引道对整车式称重设备的称量精确度会产生极大的影响。

6.1 基础施工流程图

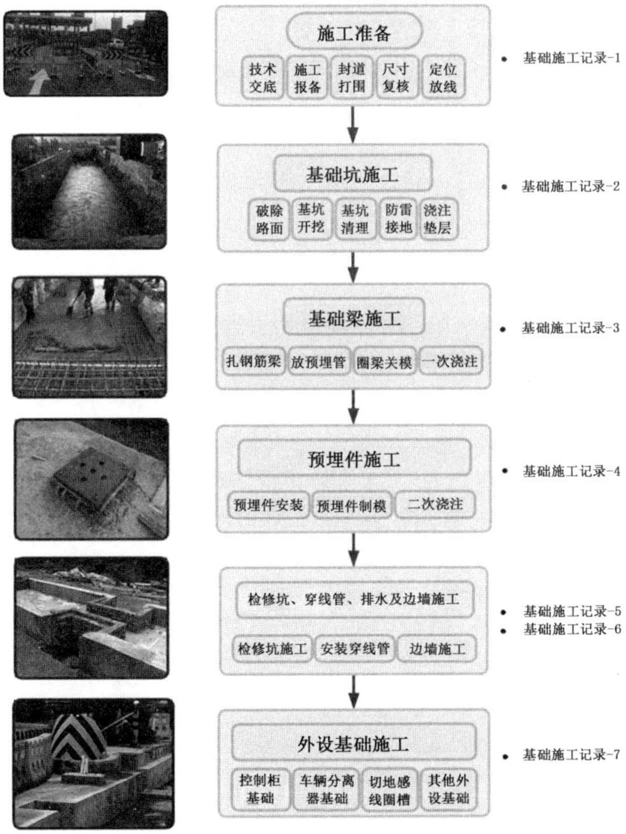

施工步骤完全是人为划分，不做规范要求，实际施工过程中根据实际情况进行

图 2.6.1　基础施工流程图

6.2 称重平台基础

称重平台基础（也称秤台基础）是用来承载设备全部或部分重量的构筑物。由于整车式称重平台面积体积非常大，为了便于平台基础的顺利实施，过程中会涉及基坑的开挖，需要满足称重平台对于长度、宽度和深度的要求。

按照开挖深度不同，整车式称重平台基坑形式可分为两种：一是深基坑，二是浅基坑。

6.2.1 浅基坑

浅基坑（图2.6.2）即秤台基坑平面距路面0.7m，开挖深度一般在1.6m左右，设备检修通过检修井进行，设备维护需要把秤台吊起来进行作业。

（1）浅基坑的优点

①排水条件要求低，排水难度小。

②工程开挖工程量相对较少，工程造价较低。

③建设周期短。

（2）浅基坑的缺点

①称重传感器维护有一定难度。

②清淤需要吊装秤台。

③对现有称重岛破坏大。

6.2.2 深基坑

深基坑（图2.6.3）即秤台基坑底部距路面约1.7m，开挖深度一般在2m左右，秤台无须吊起，专业人员可进入内部进行维护。

（1）深基坑的优点

①专业人员可进入秤台内进行清理维护。

②改造时对现有岛破坏小。

（2）深基坑的缺点

①造价较高。

②排水条件要求高，需要进行针对性设计，部分站只能靠水泵。

③建设周期长。

图 2.6.2　浅基坑

图 2.6.3　深基坑

6.2.3 基坑形式选择

在整车式称重设施建设之初，曾面临基坑形式的选择问题，一面是深基坑，一面是浅基坑，经过多年的工程应用后，浅基坑逐渐成为主流，基坑选择不再是困扰人们的问题，主要原因在于：

①深基坑由于开挖工程量大，造成施工难度较大，特别是涉及原有管线的车道，需要对原有管线进行迁移，对于改造工程来说，原有地下情况复杂，需要考虑的因素增加，遇到软土路基或沉降路段，还需要进行浇桩等针对性的处理，大大限制了深基坑的应用场景。

②深基坑尽管维护方便，但由于维护的频次不高，并且从事维护的一般是专业人员（厂商技术支持人员），对用户的影响极小，实际应用中，设备故障多是称重传感器，通过检修井即可实现更新，一方面用户感受不到基坑需要经常性的维护，另一方面也迫使设备厂商提高技术水平和称重设备的稳定性、可靠性，减少后期的运营维护成本。

③随着工程应用的增多，称重技术日益成熟，称重设备也趋于稳定，故障率大幅下降，对于可能出现的问题，在设计之初就已经有了针对性的解决方案，出现问题后也可以得到及时有效地解决，原有深基坑的优势变小。

④进行了针对性的防尘设计，在工程实施过程中又重视施工工艺，防尘效果良好。由于防尘措施得当，基坑受到了保护，落入基坑底部的尘土、杂物等减少，需要维护的频次减少。

⑤工程项目受工程、造价等因素的影响，在使用效果相差不大的情况下，浅基坑所具有的工程造价低、施工周期较短、排水难度小、适用场景多等优点得到进一步放大，成为影响用户技术选择的关键因素。

6.2.4 秤台基础要求

整车式称重平台基础的技术要求主要包括长度、宽度、坡度及结构方面的要求。称重平台的结构强度需要满足称重的相应的要求，并采取必要的护边防护及防尘装置，以免因为杂物进入秤台而影响称量精度。另外，基础基坑应保证良好的排水功能，并做好防雷接地措施。

整车式称重平台基础在实施过程中应满足以下要求：

①秤台基础的长度、宽度应该与秤台的长度、宽度相适应，一般为单边超出20mm。

②称重平台纵向和横向一般采用水平安装，有纵向坡度时不超过1%，特殊情况下不应大于1.5%。

③秤台基础应采用钢筋混凝土或具有同等强度的耐用材料，结构应稳固并可承受相应的载荷。

④进出秤台的两端边沿，应采用角钢、槽钢等金属材料制作的护边防护，保证在称量有效期内基础的边沿不会发生开裂和塌陷。

⑤基础与秤台的水平间隙应均匀一致，应具有防尘装置。

⑥支撑称重传感器的基础墩高度应一致，符合厂商提供的图纸安装要求；掉落、流入基础下的杂物要便于清理。

⑦秤台基坑内必须保证排水良好，施工时基坑底部向排水口处应有坡度不小于2%的散水坡，且排水口处需要不小于1m^2的泛水处理，下水管道排水管应低于基坑排水底面50cm以上，排水管排水纵坡坡度不得小于2%。

⑧基础的排水口位置与称重传感器基础墩的位置应错开一定距离，保证排水通畅，不得导致杂物淤积。

⑨基础钢筋用作称重系统接地极时，接地电阻一般小于4Ω。

6.3 引道

6.3.1 引道作用

引道是引导车辆顺利进行称重的区域，秤台前后两端引道应是一个平直的、表面基本水平的光滑平面，与秤台处于同一平面。当车辆通过秤台时，引道可以同时支撑车辆的所有轮胎。引道应采用混凝土或具有同等承压能力的耐用材料作为基础，结构应稳固并可承受相应的载荷。

6.3.2 结构要求

引道的几何结构应满足下列要求：

①前后各段引道具有足够的长度，一般大于8m，可以同时支撑称重系统能够称量的最长车辆类型的所有车轮。前后引道和秤台应在一个平面上。在引道前面应提供坡度小于1%的路面，以便被称车辆驶到引道前就可以接近称量速度。

②为便于排水，允许引道具有横向斜坡，坡度一般不大于1%。为了最大限度减少行进车辆各轴之间的载荷传递，引道一般不采用纵向斜坡。秤台安装在引道的同一平面上。

③引道每侧宽度比秤台宽度至少超出300mm，应能支撑称重系统能够称量的最宽车辆。

6.4 其他称重设备基础

6.4.1 基础要求

除称重平台外，整车式称重系统一般还包括称重控制器、车辆分离器、称重显示屏、自动栏杆、车牌识别摄像机等设备。这些设备应设置安装基础板，将设备安装于基础板上，保证安装牢固和垂直、对齐等。设备基础一般设置在称重岛上，与称重岛上设备协调一致。

设备基础均采用混凝土现浇，混凝土等级一般采用C25或C30，设备基础尺寸一般采用500mm×500mm×500mm。

设备基础应满足以下要求：

①基础基底应先整平、夯实，控制好标高。基础浇捣后，表面以水泥砂浆抹平、修整。施工完毕后，基础应分层回填夯实，夯实度与路基相同。

②基础采用混凝土现场浇注，基础顶面应预埋地脚螺栓，地脚下面为标准弯钩。基础法兰地脚螺栓的外露端应涂以黄油，再以黑胶布包裹保护。

③在浇注混凝土时，应注意使底座法兰盘与基础对中，并将其嵌进基础，其上表面与基础顶面齐平，同时保持其顶面水平，顶面预埋的地脚螺栓与其保持垂直。

④路侧基础中预埋镀锌钢管，一端上伸出基础法兰 5cm，另一端伸入手孔井 5cm，其弯曲半径应大于 250mm，管口内部应处理成倒角，并以圆木堵塞。

⑤设备基础与通信手孔和电力电缆之间采用镀锌钢管进行连接，钢管摆放位置可根据现场情况进行调整。基础在与人、手孔连接时，应注意接口处的密封，避免有水渗入人、手孔。

⑥除钢筋外的所有钢构件都应采用热浸镀锌处理，地脚螺栓镀锌量为 350g/m^2，其余钢构件（包括法兰盘、连接钢管、接地角钢、接地扁钢）镀锌量为 600g/m^2。

6.4.2 钢管敷设要求

整车式称重系统设备之间采用预埋的热浸镀锌焊接钢管连接，用于相关电力、信号线缆的敷设。

钢管敷设应满足下列要求：

①钢管的连接采用套管焊接，套管长度为钢管外径的 2～3 倍。

②钢管接续前，应将管口磨圆或锉成坡边，保证光滑无棱。钢管接续严禁采用对口焊接。

③严禁不等径的钢管接续使用，埋设时钢管焊缝应朝上。

④钢管铺设完毕后要进行试通，并穿 φ3mm 钢丝，要采取妥当措施防止钢丝缩入管中，钢管管口应堵住，防止异物进入管中，对预埋在构造物内的钢管应先试通，然后再浇筑混凝土，混凝土浇筑完成后，也须试通，以确保管道不被堵塞。

⑤钢管斜插入手孔时应将钢管切成斜面，保证管口与手孔孔壁平行并应缩入孔壁一定的距离（2～3cm），并用水泥砂浆将管口抹成圆棱。钢管进入手孔的端部应做扩口处理。

6.5 排水

整车式称重系统由于秤台基坑体积较大，导致汇水面积增加排水难度变大，排水管的直径一般在 φ200～φ300 以上，可根据雨量大小增加排水管的数量。排水方案可分为三类：自然排水、排水沟排水和蓄水井排水。

6.5.1 自然排水

对于自然排水，根据是否需要进行改造，可以分为无须改造的自然排水和需要改造的自然排水。

方案一：无须改造的自然排水

由于收费广场比两边的边坡高很多，属于中间高、两边低的状态，雨水可以顺着广场顺利排出去。对于这样的收费站排水系统不需要改造，只需要将超宽车道的排水管埋设过去即可，如图 2.6.4 所示。

图 2.6.4　自然排水

方案二：需要改造的自然排水

在大城市周边，早期设计时收费广场处于高位，水可以顺利排到两边，后来随着两边城镇化发展，收费广场已没有高度优势，反而变成了低位。或者被障碍物遮挡，排水无法顺利完成。如图 2.6.5 所示，由于在收费广场旁边建设了自救匝道，虽然边

图 2.6.5　障碍物遮挡

沟很深，但是由于遮挡，称重系统的排水无法顺利排到边沟当中，这种类型的收费站需要考虑排水问题。排水方案可结合现场情况及收费站改扩建计划进行，避免前面刚完成排水沟建设，后面由于其他工程把排水沟给废弃掉。

6.5.2 排水沟排水

对于改造工程，很多收费站采用排水沟排水，如图 2.6.6 所示，收费广场的水通过管道或明沟直接排到排水沟内。此种类型的收费站需要考虑排水沟的深度，整车式称重收费系统对排水沟的深度要求是大于 70cm，对于不满足此尺寸的站点，需要对排水沟进行加深处理。排水主要包括两个部分，基坑内排水及与基坑连通的收费广场外排水。

图 2.6.6　排水沟排水

根据秤体安装坡度（对应基坑底部坡度），基坑内排水的安装位置分为三类：

①秤体水平安装基础，基坑内排水设置于上下秤两端，示意见图 2.6.7。

②秤体上坡安装基础，基坑内排水设置于上秤端，示意见图 2.6.8。

③秤体下坡安装基础，基坑内排水设置于下秤端，示意见图 2.6.9。

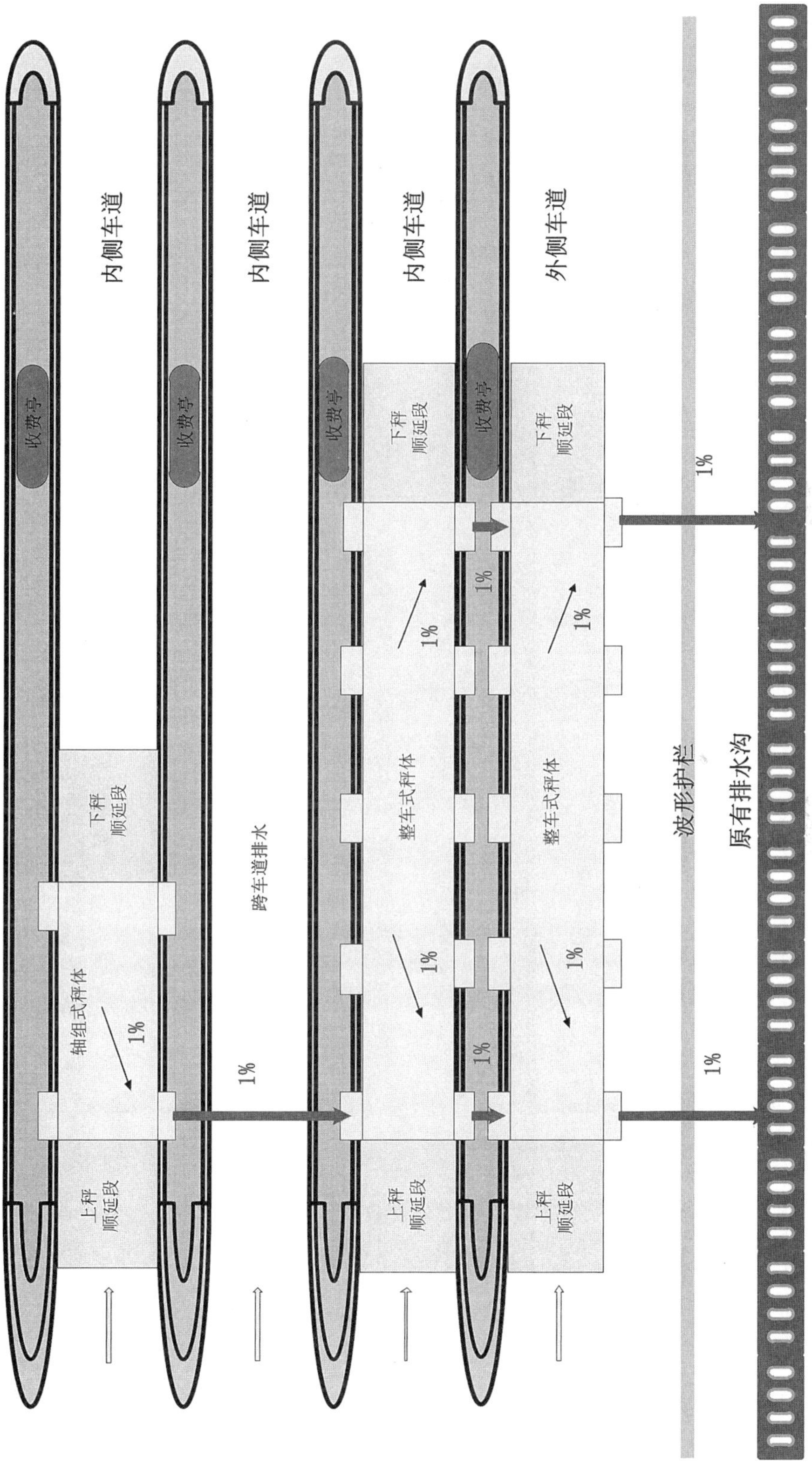

图2.6.7 秤体水平安装排水示意图

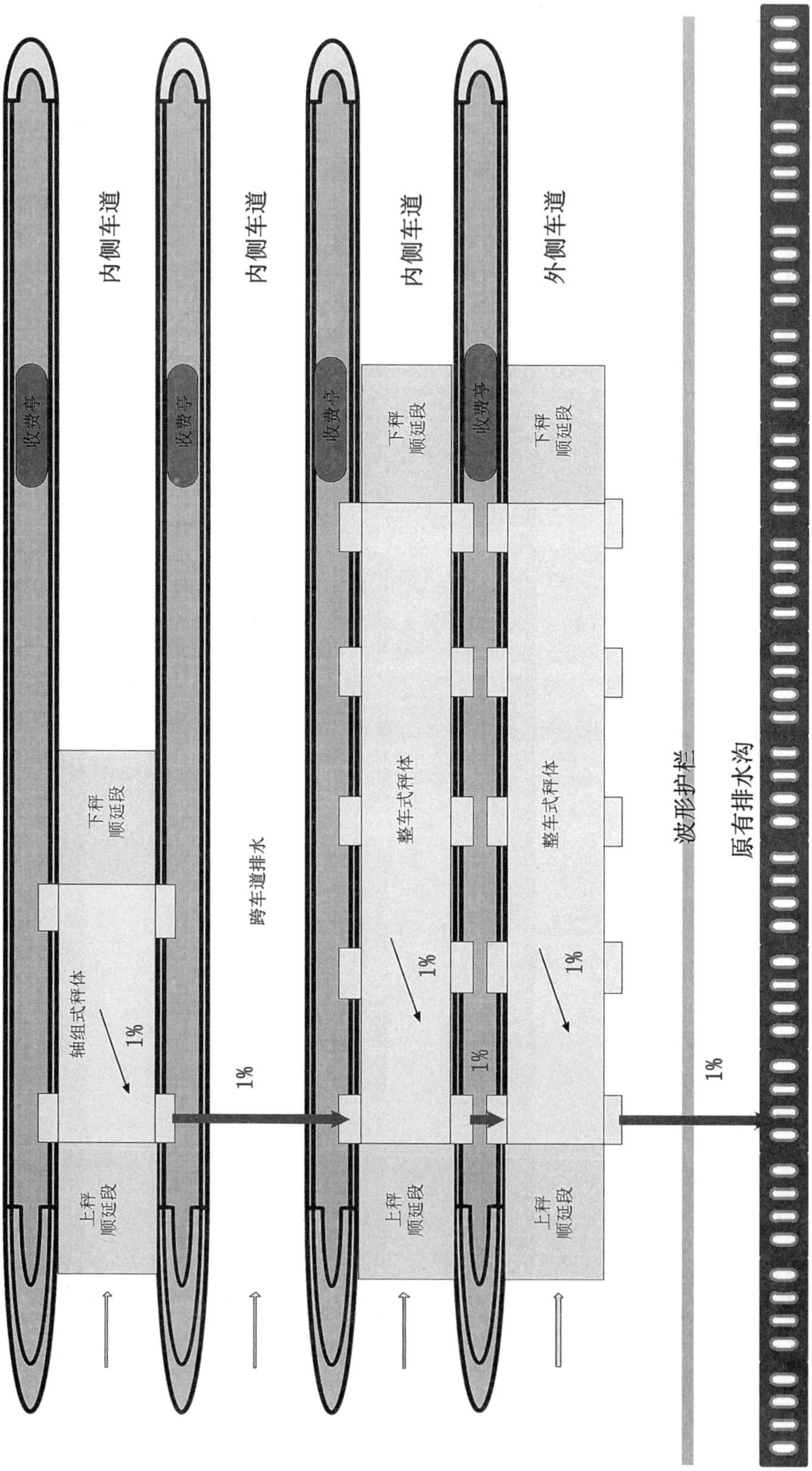

图2.6.8 秤体上坡安装排水示意图

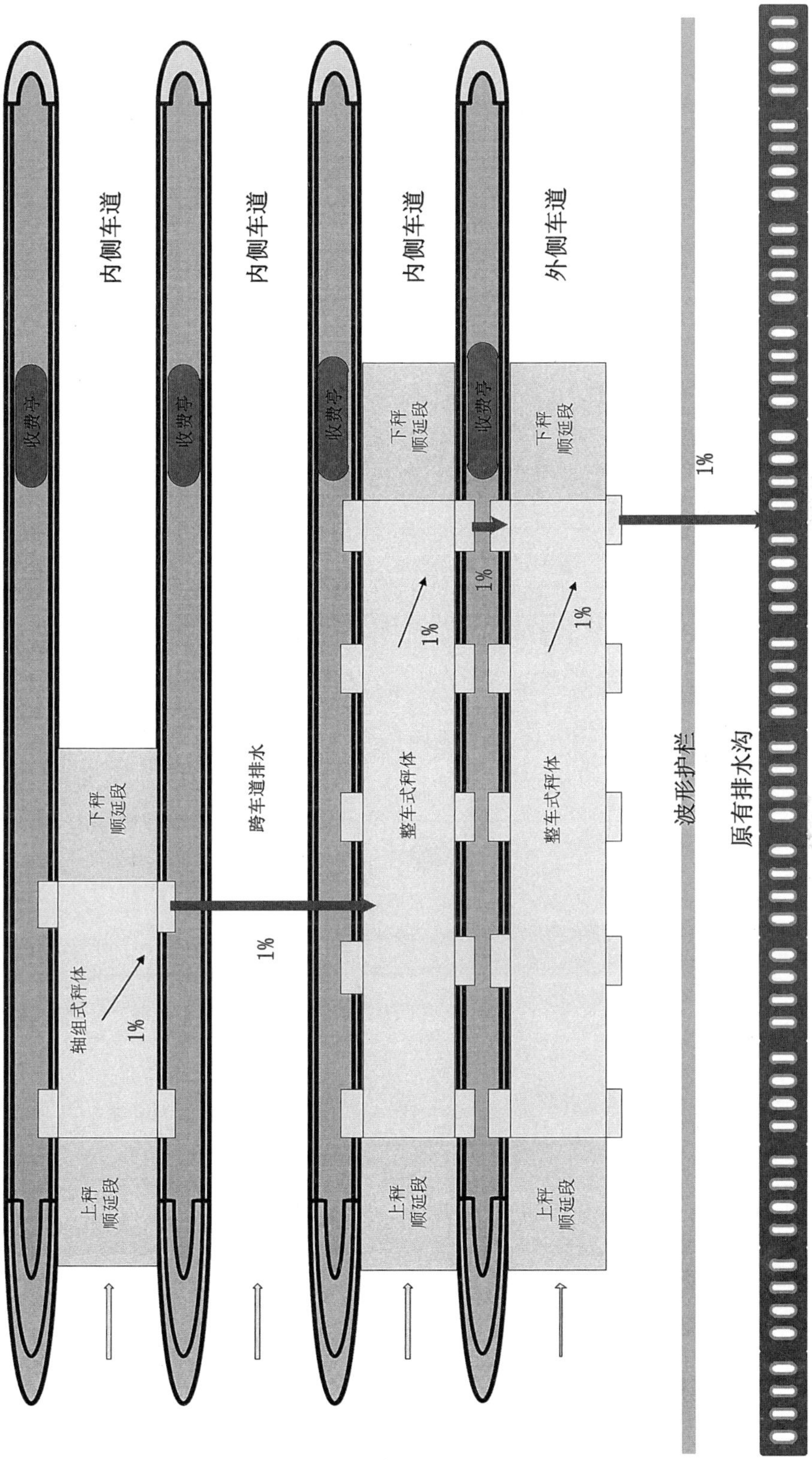

图2.6.9 秤体下坡安装排水示意图

同一收费站多车道施工在选择水平基础点时，注意中间车道的基准点标高依次高于旁边外侧车道，形成自然排水坡度；跨车道施工时，在条件允许的情况下，尽量做跨车道自然排水。

所有排水管向连通收费广场排水沟方向形成至少1%坡度的下坡自然排水。基坑内排水应该在靠近收费广场外排水最近的位置与外排水沟连通；基坑内排水连通外排水沟的位置，至少高于外排水排水面200mm；与外排水连通的排水管口处安装金属防鼠网；收费广场外排水如果是边坡自然排水，出水口到坡地位置的宽度至少3米，需要用混凝土硬化，如图2.6.10所示。

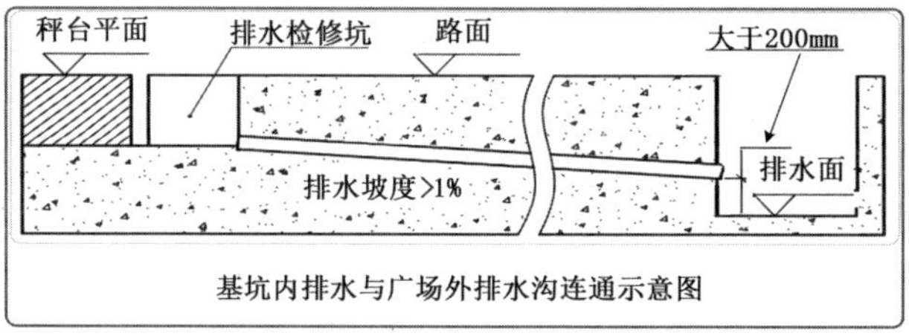

图2.6.10 基坑内排水与广场外排水沟连通示意图

排水深度不够的情况下，沟深小于90cm。从秤体排水管处的排水沟位置，排水沟向下挖至90cm深，排水沟加深长度根据现场情况而定，直至排水沟能够顺利排水为止，如图2.6.11所示。

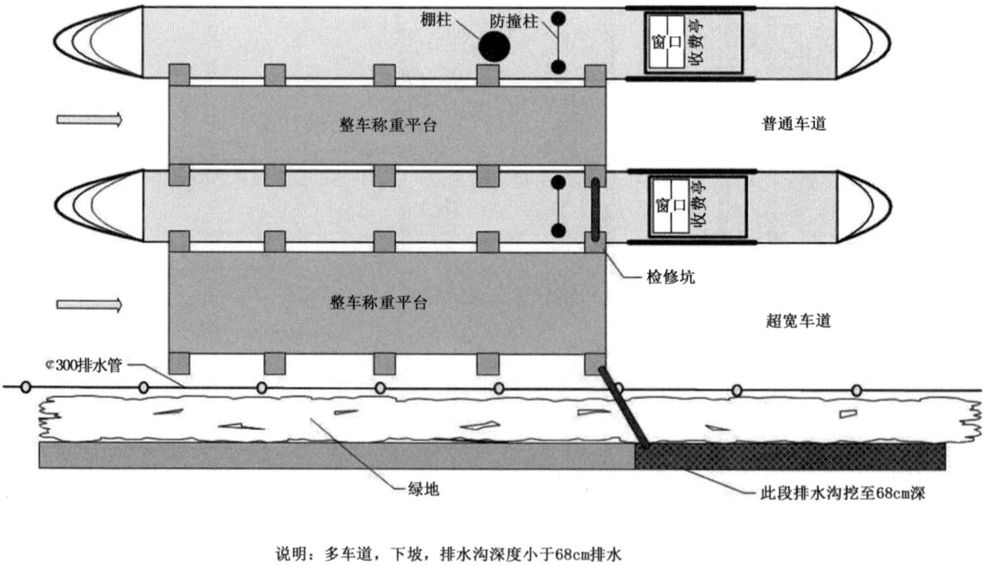

图2.6.11 排水方案示意图（排水深度不够）

6.5.3 蓄水井排水

蓄水井排水（图 2.6.12）分为自然排水和机械排水，机械排水需要配备抽水泵等设施。

图 2.6.12　蓄水井排水

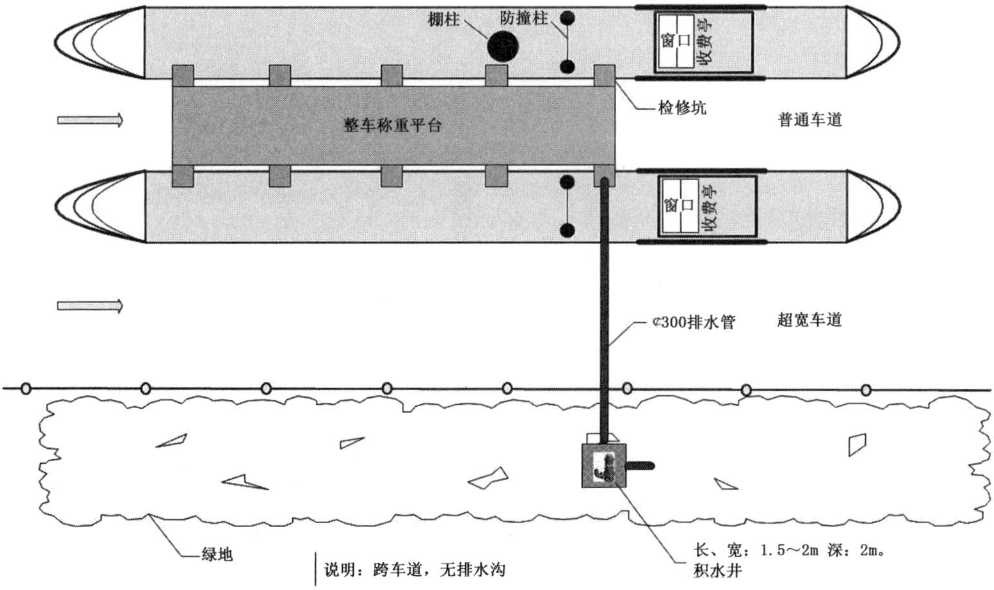

图 2.6.13　排水方案示意图（跨车道、无排水沟）

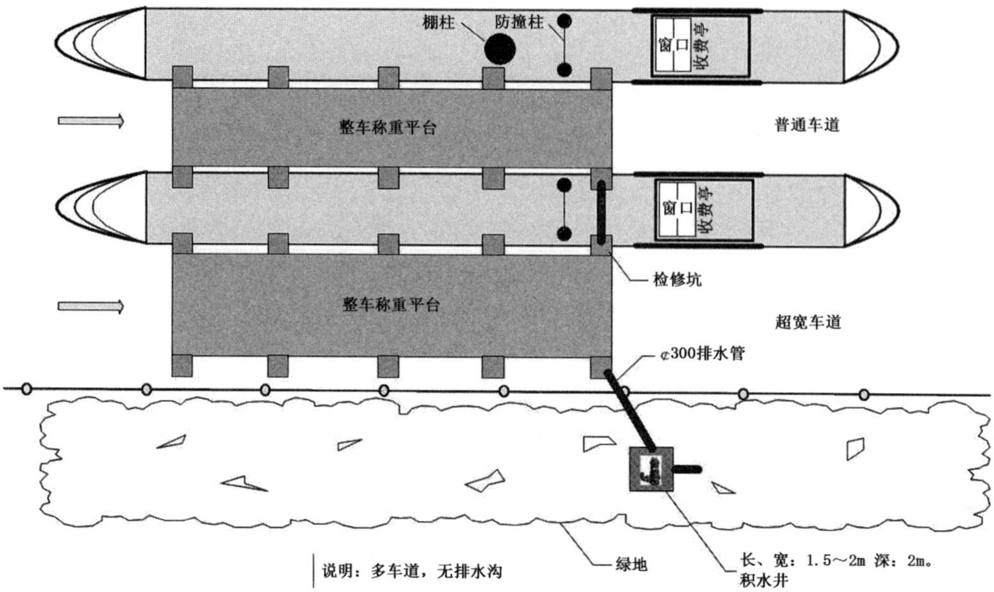

图 2.6.14　排水方案示意图（多车道、无排水沟）

图 2.6.13 及图 2.6.14 中的情况下从超宽车道边处寻找适合做积水井的位置，在此处挖长宽为 1.5～2m、深度 2m 的积水井，秤体的排水排至此井，然后再通过潜水泵把此井的水排到低洼处或者有排水沟（不适合秤体直接排水）的位置，如图 2.6.15 所示。

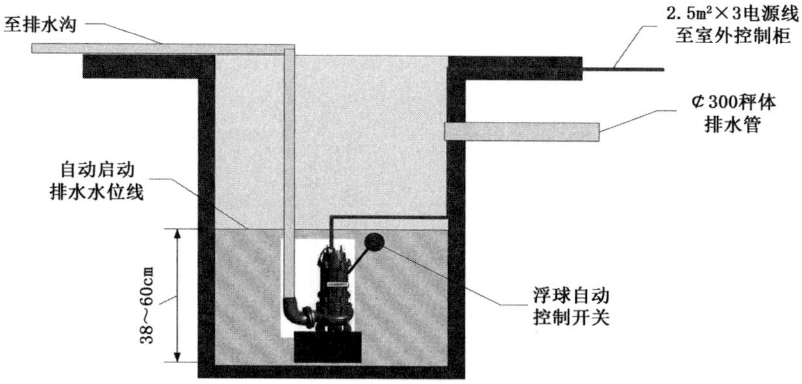

图 2.6.15　潜水泵安装路由示意图

6.6 调坡

称重精度是称重设备安装时需要重点予以保证的，也是大家非常关心的问题。称重平台有两种安装方式：随坡安装和调坡安装，根据坡度大小进行选择。多数采用组合方法，目的是尽可能使“称重平台保持水平”。

原则：如需要牺牲秤体水平摆放，秤体的倾斜度必须控制在1%内。

引坡坡度控制指标：

①上秤引坡段坡度应控制在2%～4%之间；

②下秤引坡段坡度应控制在3%～5%之间。

否则，须重新选择安装位置或改用其他类型产品。

车道纵坡在1%以内，秤体水平安装，1%的坡度由秤体前后引坡段消化；车道纵坡坡度在1%～3%之间，秤体倾斜1%安装，其他剩余坡度由延长前、后引坡段方式消化（遵守引坡控制指标），否则重新选择安装位置。

6.6.1 随坡安装

又叫顺坡安装，或就坡安装，根据路面坡度，在坡度满足要求情况下，随着坡度就势安装，参见图2.6.16、图2.6.17。尽管秤台和路面均存在坡度，但它们都处于同一平面内，因此，车辆上秤、下秤时车辆重心至前后车轮的水平距离不会发生变化，车辆也不会产生颠簸，更容易称准。

在坡度较大时，随坡安装的缺点就显现出来了，对秤台的限位装置要求较高，当限位装置有缺陷时，运行中限位装置容易失效，造成秤台发生位移，秤体与称重传感器相对位置发生变化，秤台与基础发生相互干扰，等等，从而造成称量误差，一旦出现这种问题，整改起来非常困难，往往要对基础进行返工。有效、可靠的限位装置是制约随坡安装成功的关键，需要结合工程实际进行针对性设计，目前，一些经常参与施工的称重设备厂商已经较好地解决了这一问题。

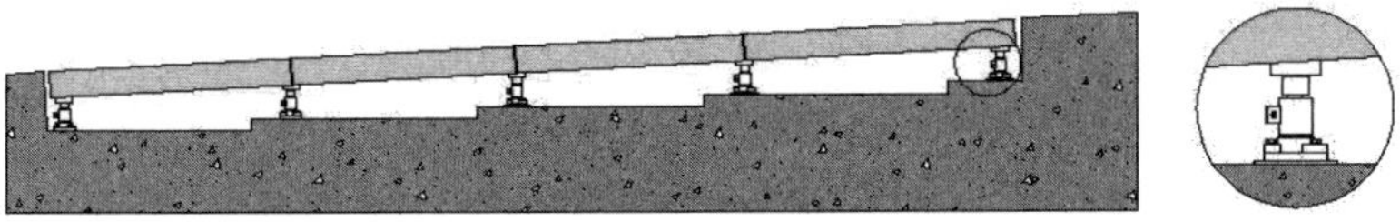

图2.6.16　随坡安装

图2.6.17　随坡安装示意图

6.6.2 调坡安装

为达到理想的精度效果，根据秤台要求调整坡度，对路面进行调整。如图2.6.18、图2.6.19所示，不难看出，图中车辆上秤时，由于前后轮不在同一平面内，所以车辆的重心至车轮的水平距离会发生偏移，车辆轴重会发生变化。此外，车轮在经过调坡路段的拐点时车辆会产生颠簸，也会影响称重效果，为了减少影响，需要加大调坡距离，尽量避免车辆的颠簸。

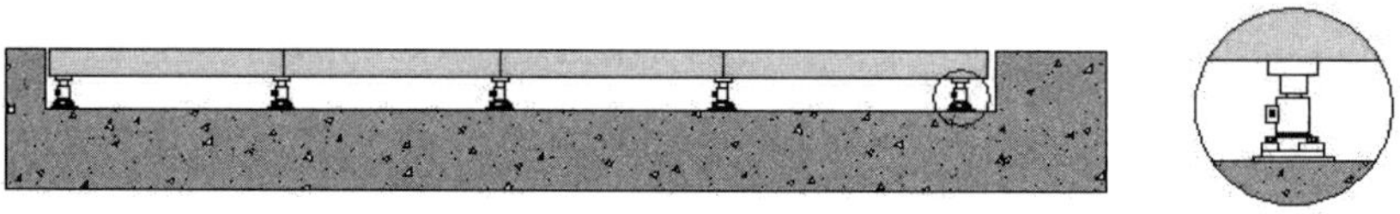

图2.6.18　调坡

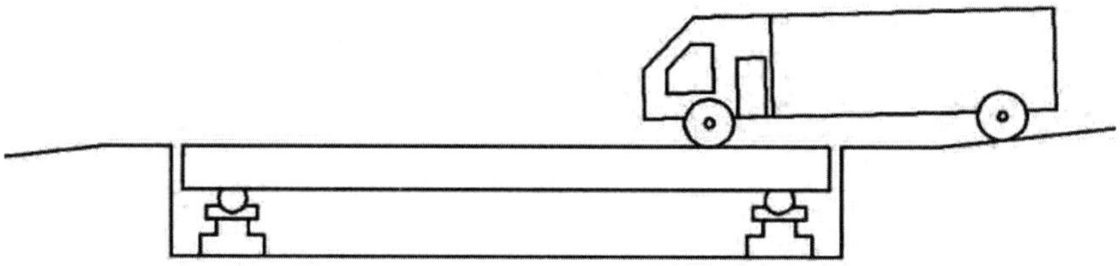

图2.6.19　调坡示意图

6.7 其他施工要求

6.7.1 施工队伍的选择

大多数称重设备厂商都不具备土建施工资质，因此在施工前应选择具有公路施工资质和施工经验的专业施工队伍来完成称重设备的土建施工工作。施工前，派专业技术人员到施工现场进行详细的考察，根据现场的实际情况设计详细的施工图纸。并应与业主、监理和施工方确定具体的安装方案。

6.7.2 施工过程质量控制

选择专业的施工队伍、制定合理的施工方案是保证施工质量的前提，而施工过程中的质量控制才是保证施工质量的关键，也是直接影响计重设备的准确性和可靠性的关键因素。在实施前应成立项目经理部，全面负责工程项目的质量控制和进度控制，并组织专业技术人员对施工队伍进行技术指导工作。

（1）一般要求

①除非监理工程师另有指示，基础挖方的进度安排应使坑壁的暴露时间不超过 15 天。

② 基础开挖与其回填作业，除应满足交通运输部规范的各项要求外，还应与静态秤的安装要求配合。

（2）开挖

①承包人在基础开挖开始之前通知监理工程师，以便检查、测量基础平面位置和现有车道标高。在未完成检查测量及监理工程师批准之前不得开挖。

②开挖应进行到图纸所示或监理工程师所指定的标高。最终的开挖深度应以设备厂家图纸要求的深度为准，并结合基底实际情况来确定。在开挖的基坑未经监理工程师批准之前，不得浇筑混凝土。

③在现有称重车道开挖基坑时，应按《公路工程施工安全技术规程》（JTG F90—2015）的规定，采取有效防护措施，使开挖工作不致危及附近称重岛、称重亭、路基、称重岛设备的安全，所采用的防护措施须经监理工程师同意。基坑周围不得堆放建筑材料、设备和危及基坑安全的杂物。

④所有从挖方中挖出的材料应按监理工程师批示的方法处理。

⑤为保证称重岛、称重亭、路基、称重岛设备的安全，挖方的各侧面应始终予以可靠的支撑，并使监理工程师认可。

⑥所有基础挖方都应始终保持良好的排水，在挖方的整个施工期间都不致遭受水的危害。凡在低于已知地下水位的地方进行开挖并构成基础时，承包人必须提交一份建议用于每个基础的排水方法及为此而采取的各项措施的报告，并取得监理工程师的批准。

⑦基坑开挖至图纸规定基底标高后，如发现基底承载力达不到称重传感器基础墩的承载力要求时，承包人应根据实际情况提出基底处理的方案，报告监理工程师审查，并按监理工程师的批示处理。

（3）基础浇注

整车式称重平台基础待设备厂家确定后，根据厂家图纸要求进行浇注，确保施工质量。

6.8 接地要求

6.8.1 接地作用

将电力系统或电气装置的某一部分经接地线连接到接地极称为接地。连接到接地极的导线称为接地线。

接地是为保证电工设备正常工作和人身安全而采取的一种用电安全措施，通过金属导线与接地装置连接来实现，常用的有保护接地、工作接地、防雷接地、屏蔽接地、防静电接地等。接地装置将电工设备和其他生产设备上可能产生的漏电流、静电荷及雷电电流等引入地下，从而避免人体触电和可能发生的火灾、爆炸等事故，具体作用如下：

（1）防止人体遭受电击

将电气设备在正常情况下不带电的金属部分与接地极之间做良好的金属连接来保护人体的安全。

当有接地装置的电气设备绝缘损坏、外壳带电时，接地电流将同时沿着接地极和触碰电气设备的人体两条通路流过。流过每条通路的电流值将与其电阻的大小成反比，接地极电阻越小，流经接地极的电流就越大，流经人体的电流也就越小。当接地电阻极小时，流经人体的电流趋近于零，人体因此避免触电的危险。因此，无论任何情况，都应保证接地电阻不大于设计或规程中规定的接地电阻值。

（2）保障电气系统正常运行

电力系统接地一般为中性点接地，因此中性点与地间的电位接近于零。当相线碰壳或接地时，其他两相对地电压，在中性点绝缘系统中将升高为相电压的$\sqrt{3}$倍；在中性点接地的系统中则接近于相电压。由于有了中性点的接地线，可保证继电保护的可靠性。通信系统中的直流供电一般采用正极接地，可防止杂音窜入和保证通信设备正常运行。

6.8.2 实施要求

接地装置应严格按照厂家图纸要求，配合基础施工同时进行，隐蔽部分应在覆盖前及时做好中间测试、检查和验收。

①秤台单独做保护接地，保护接地电阻值不大于4Ω，保护接地做完后，应与收

费广场联合接地连接。

②接地引线和接地极均应进行镀锌处理，接地装置不应任意连接或断开，接地引线数量不得任意改变及减少。

③所有导体之间应焊接牢固、无虚焊，防止接地引线发生机械损伤和化学腐蚀。

④接地装置的导体截面符合热稳定和机械强度的要求。接地体埋设深度和间距应符合设计规定，角钢接地体应垂直设置。除接地体外，接地体引出线的垂直部分和接地装置焊接部位应做防腐处理。在做防腐处理前，表面必须除锈并去掉焊接处残留的焊药。

⑤应防止接地线发生机械损伤和化学腐蚀。在与公路或管道等交叉处及其他可能使接地线遭受损伤处，均应用管道或角钢等加以保护。

⑥接地体（线）的连接采用焊接，焊接必须牢固无虚焊。接至电气设备上的接地线应用镀锌螺栓连接；有色金属接地线不能采用焊接时，可用螺栓连接。螺栓连接处的接触面应按现行国家标准《电气装置安装工程母线装置施工及验收规范》的规定处理。扁钢与钢管、扁钢与角钢焊接时，为了连接可靠，除应在其接触部位两侧进行焊接外，并应焊以由钢带弯成的弧形（或直角形）卡子或直接由钢带本身弯成弧形（或直角形）与钢管（或角钢）焊接。

第七章　整车式称重设施维护要求

整车式称重设施维护技术主要包括日常维护和定期维护两个方面。

7.1 日常维护

日常维护主要是对设备的外观进行观察，以保证整车式称重设施外观完好，基本性能不受影响。主要维护事项如下：

①经常检查秤台与基础之间的间隙，发现有不均等现象或与初始安装位置偏差过大时应进行调整。检查密封装置是否有断裂、挣开凸起、掉落等现象，根据情况及时进行维护。为避免因融雪剂除雪对秤台产生腐蚀，一般采取传统除雪法除雪，并检查秤台是否有积水、积淤的现象，及时处理干净。

②经常检查秤台连接处的稳定性，秤台连接间隙稳定性，发现问题及时纠正。

③检查秤台的防撞装置间隙是否合理，一般为 3 ~ 5mm。防撞装置可调部分应做涂油保护。检查频次一般不低于 1 次/季度，维护水平较高或秤台性能较好时，可适当降低检查频次。

④经常检查秤台的基础情况，是否有开裂、表面脱落、倾斜等现象，发生问题应及时处理。

⑤经常检查秤台表面油漆是否有脱落现象，防滑装置是否开裂、变形，秤台表面是否因变形造成积水，平台的面板是否开裂，发现问题应及时处理。

⑥经常检查红外光幕或激光车辆分离器的防护罩是否有损坏，发射接收是否正常。

⑦经常检查埋设检测线圈的路面是否出现凹陷、破损等现象，以免影响线圈正常工作。

⑧经常检查栏杆机的箱体、机芯、控制系统、栏杆臂的连接是否紧固，栏杆臂的摆动是否正常。

7.2 定期维护

定期维护是指按照一定的时间间隔，检查性能指标，使得整车式称重设施满足称量要求。整车式称重设施的定期维护周期一般不超过 6 个月。定期维护包括传感器基础墩维护、基础内部淤积维护、电器连接状况维护、接地电阻维护、软件维护等，主要应满足下列规定：

①定期检查秤台的基础是否发生下沉、排水堵塞、开裂渗漏现象，发现问题应及时处理和维修。

②定期检查清理传感器周围泥沙堵塞、冬天传感器周围冰冻封堵现象。

③定期维护检查传感器、传感器支撑板、压头是否有间隙、松动、移位、缺损等现象，及时调整复位，修复或更新。

④定期检查各功能部件的电器连接端子是否牢固、螺丝有无松动，当发现有数据不稳、执行动作不畅、信号传输不稳等现象时，应及时处理，或报生产厂家维护。

⑤定期检查接地电阻的连接是否牢固，接地电阻是否满足要求。定期进行维护（如泼洒盐水，减小接地电阻等）。

⑥定期对车辆分离器（或激光扫描仪）、车牌抓拍摄像机、车道控制器、轮轴识别器等进行功能维护，使系统达到初始安装状态。

⑦软件维护，为了扩充系统功能、编程改进、提高处理效率等进行的维护。

第三篇

轴组式称重技术

第一章 概 述

2014 年起，行业开始探索在满足称重精度要求前提下，缩短秤台长度，降低造价和施工周期，并降低对称重车道条件的要求。轴组式称重系统就是在这种背景下产生的。

轴组式称重系统的单个秤台行车方向长度能够满足同时容纳三联轴在秤台上，能够有效遏制称量车辆 S 形、点制动、跳秤等不规范驾驶行为，秤台较小，能随坡安装，可以减少施工难度、降低成本。

轴组式称重系统一般要求称量速度控制在 20km/h 以下，可适用于入口称重检测、出口计重收费和超限检测站等场景，一般需要在称重平台边上设置隔离岛用于布设称重系统其他设备，如车牌识别摄像机、信息显示屏、自动栏杆等，如图 3.1.1 所示。

2015 年山西省对部分计重收费设备进行了更新，普通车道大部分采用轴组式称重系统。后续更多省份高速公路通过新建或者改造，建设了轴组式称重系统计重收费车道，如湖南、江西、山东、江苏等。

图 3.1.1　轴组称重实施效果

2019 年，在取消高速公路省界收费站工程中，很多省份在入口称重检测都采用了轴组式称重系统，使得轴组式称重系统得到大范围的应用，全国轴组式称重车道规模达到约 5000 条。轴组式称重系统由于其特点，将更广泛地应用于治超，包括入口称重检测（图 3.1.2）和超限检测站等。

图 3.1.2　入口治超轴组称重实施效果

轴组式称重设备厂商由最开始的几家，逐渐发展到十多家，主要厂商有江西众加利高科技股份有限公司、山东金钟科技集团股份有限公司、梅特勒-托利多（常州）测量技术有限公司、北京盘天新技术有限公司、陕西四维衡器科技有限公司等。

第二章　轴组式称重系统构成

2.1 系统构成

2.1.1 系统构成及示意图

轴组式称重系统由轴组式称重平台（轴组秤台）、称重控制器、红外车辆分离器、轮轴识别器、检测线圈、称重显示屏、线缆等组成。系统构成如图 3.2.1 所示。

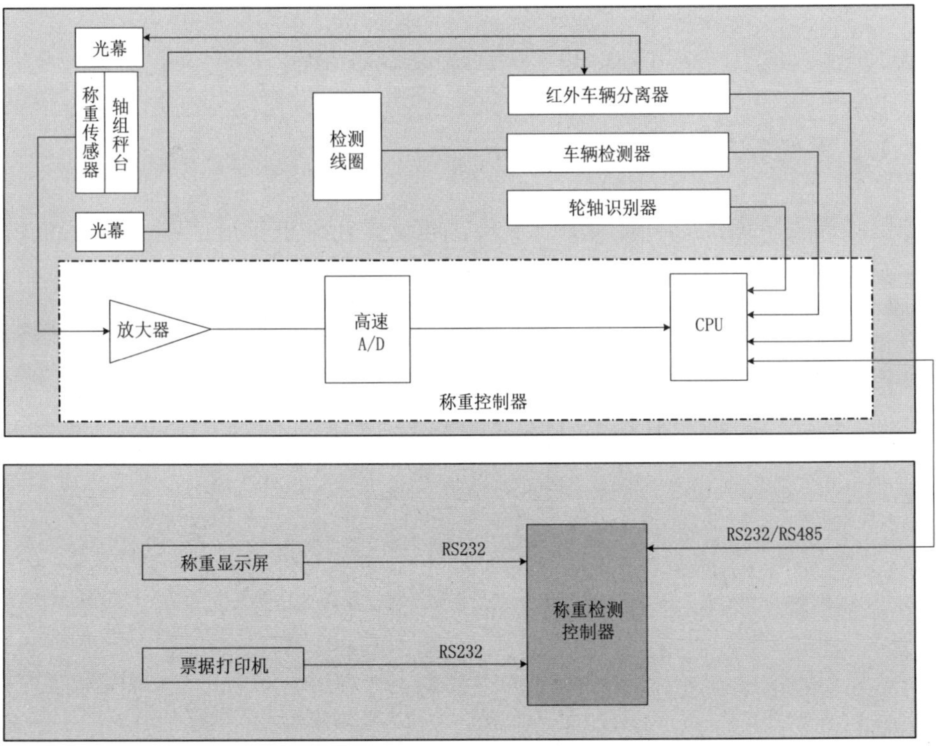

图 3.2.1　系统构成示意图

轴组式称重平台如图 3.2.2、图 3.2.3 所示，称重控制器、红外车辆分离器、轮轴识别器、称重传感器、称重显示屏、检测线圈等与整车式称重系统相同，具体内容参见第二篇第二章。

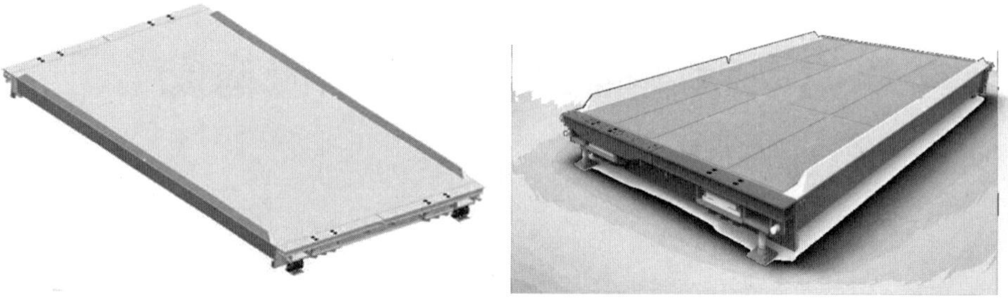

图 3.2.2　单台面轴组式称重平台

图 3.2.3　双台面轴组式称重平台

2.1.2 系统布局

轴组式称重系统布局一般采用前置式，即设置在称重车道前侧，靠近岛头的部位。轴组式称重系统的称重平台、称重传感器、轮轴识别器、检测线圈等布设在称重车道，称重控制器、红外车辆分离器、称重显示屏等布设在称重岛上，业务计算机或工作终端布设在称重亭内，具体见图 3.2.4、图 3.2.5、图 3.2.6。

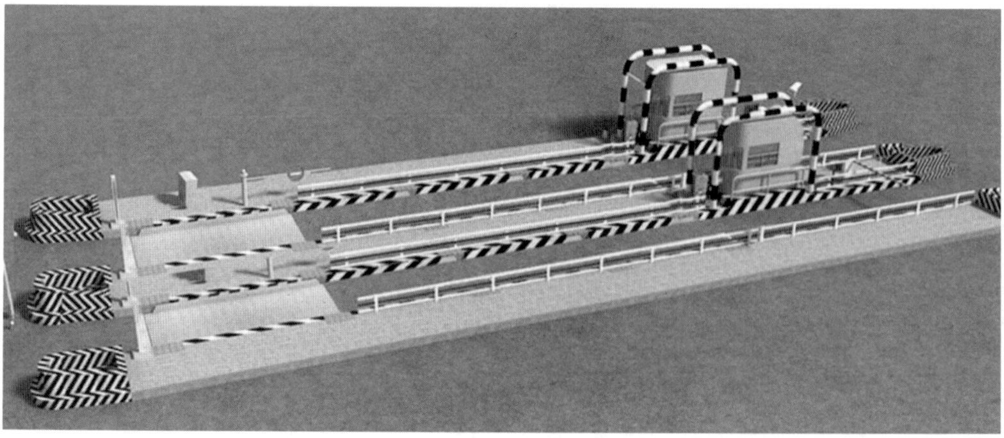

图 3.2.4　系统布置示意图

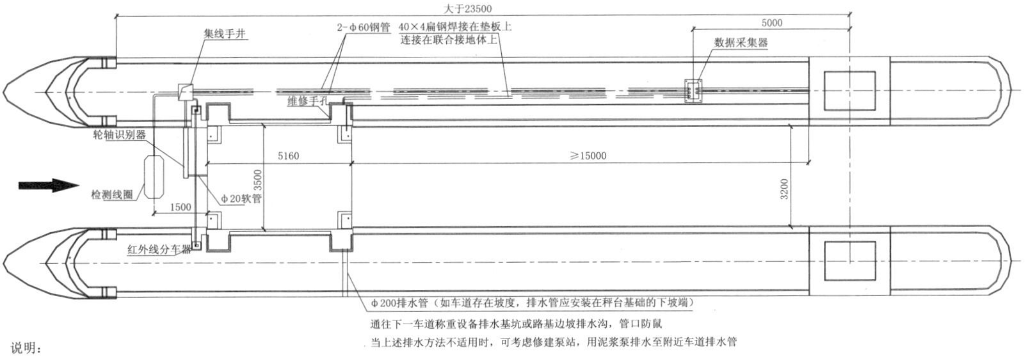

说明：

1. 本图尺寸以mm计。
2. 本图为轴组式动态称重系统的总装图，图中称重平台规格为3.5×5.1m。
3. 路面要求：上秤端和下秤端距离秤台端部10米需要与秤台坡度一致，平整度最大误差为±5mm。
4. 路面坡度要求：纵坡、横坡不大于1%。

图 3.2.5　轴组式称重系统设备布设图

图 3.2.6　轴组式称重实施效果

2.2 秤台构成

秤台又称为称重平台，是计重系统承载车辆全部（局部）压力的部分，主要完成车轴的称重等工作。秤台应包含模块化秤台及预埋件、限位装置、防尘装置、防滑装置、防擦边装置（可选）、接线盒（可选）、信号电缆等。

2.2.1 秤台规格

（1）秤台长度

轴组式秤台的长度应至少满足三联轴的大货车同时实现三联轴称重的要求，称重时间应满足采集称量数据的要求，并满足动态称量精度要求。

大货车的三联轴的单轴轴距一般为1.4m，三联轴的轴距一般是2.8m，同时考虑三联轴共秤区域长度满足产生称量数据的时间，秤台长度一般应大于3m，具体见图3.2.7。另外，共秤区域过长会造成跟车干扰，造价也会大幅增加，运输也变得不方便，所以共秤区域也不宜过长，秤台长度不宜大于6m。

各厂家具体尺寸由于生产条件、功能要求等差异，秤台长度尺寸存在一定差异。高速公路常用秤台长度一般为3.0～6.0m，考虑秤台的规模化生产，标准值一般为6m，也有采用5m的情况。

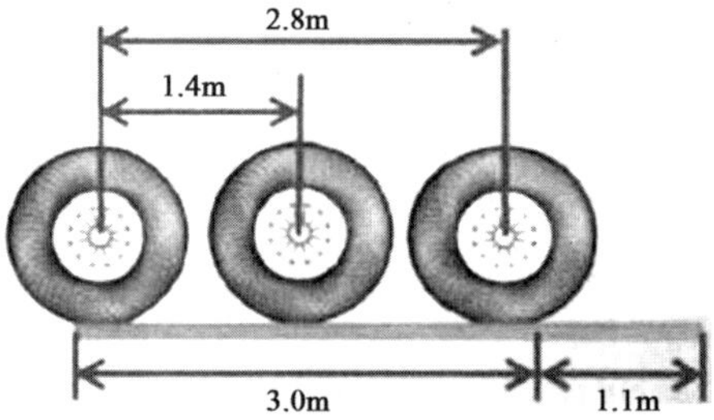

图3.2.7　轴组式称重原理模型

（2）秤台宽度

秤台的宽度主要根据行车道的宽度确定，如表3.2.1所示。比如应用在收费车道时，收费车道分为两种类型：普通车道和超宽车道。一般轴组式称重系统秤台宽度不超过3.4m，但超宽车道可根据需要定制。应用在超限检测站时同样根据检测车道的宽度确定。秤台宽度一般不应超过4.5m，一方面是因为4.5m已能满足车辆称重的宽度要求，另一方面是因为超过4.5m宽度不仅会增加秤台的制造成本还会使称重精度下降。

表3.2.1　秤台规格表

车道宽度（m）	秤台宽度（m）	称重平台长度（m）	最大秤量（t）	
		一般值	标准值	一般值
3.2	3.0～3.1	3.0～6.0	60	80
3.5	3.4	3.0～6.0	60	80
4.0/4.5	3.4	3.0～6.0	60	80

（3）秤台最大秤量

轴组式秤台最大秤量一般为60t，不超过80t。

（4）秤台规格

秤台规格选择一般依据以下原则：

①秤台台面与行车道宽度相匹配。一般车道可选择3.0m，超宽车道一般选择

3.4m，秤台台面宽度不超过4m；

②秤台长度一般3.0~6.0m。秤台长度太长会增加秤台制造成本，太短影响称重防作弊效果；

③秤台规格宜全省统一或规格不宜太多。为便于统一管理，方便维护，节省运营费用，提高管理效果，秤台规格一般满足全省统一要求。

2.2.2 限位装置

轴组秤的秤台限位装置主要采用中间、横向、纵向限位保护，保证秤体足够的震动余量，防止因强烈水平冲击导致的秤台的横向与纵向位移，确保秤台的正常使用，如图3.2.8、图3.2.9所示。

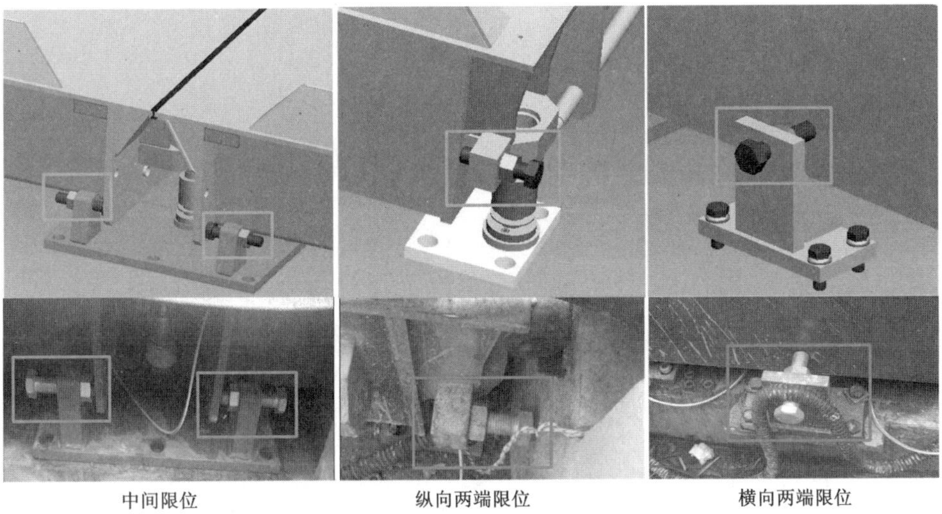

图3.2.8　限位装置效果图

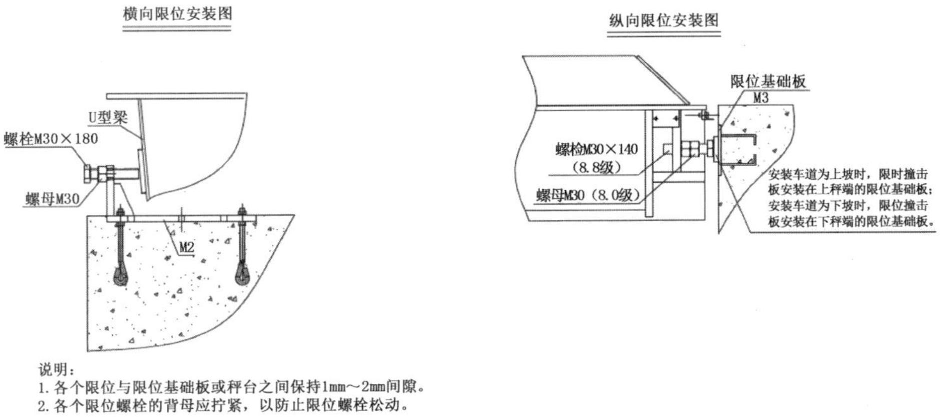

图3.2.9　限位装置施工图

2.2.3 防滑装置

为防止车辆在秤台表面因结冰、雨水等原因打滑，应在秤台表面设置防护装置，提高秤台表面粗糙程度，防止打滑，保护人员、车辆和设备安全。

常用的防护装置主要有四种：花纹钢板、防滑涂料、混凝土和焊道（焊饼），其中，花纹钢板在工程实际中应用最多。

2.2.4 防尘装置

称重平台安装之后与称重平台的土建基坑之间、秤台之间存在一定的缝隙，积雪、灰尘、树叶等容易落入基坑影响轴组式称重设备的使用。为确保轴组式称重设备的正常使用，一般采取防尘装置来解决。一般采用带麻胶皮、发泡橡胶等特殊材料等进行防尘处理，如图 3.2.10、图 3.2.11、图 3.2.12 所示。

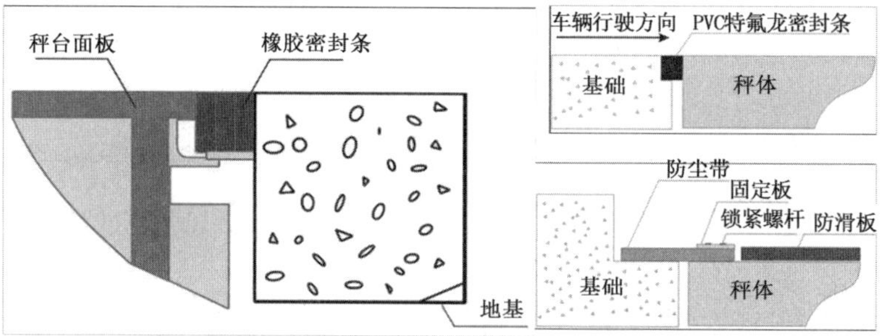

图 3.2.10　防尘装置

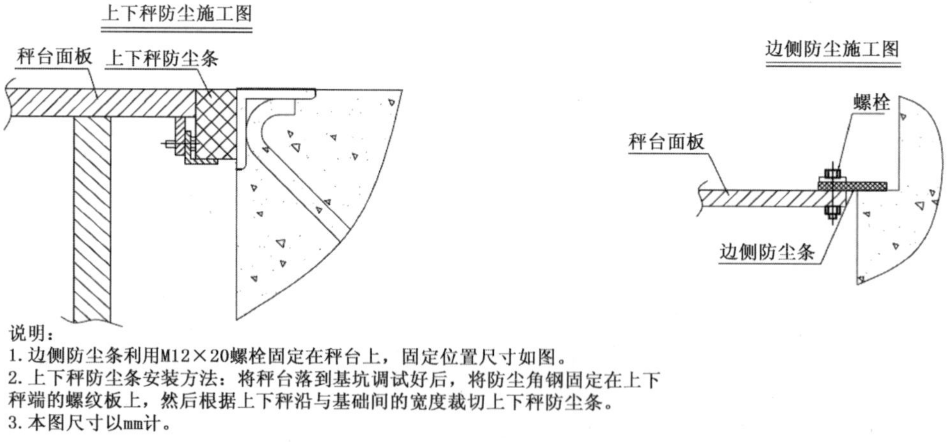

图 3.2.11　防尘装置施工图

秤体侧边防尘处理　　秤体两端防尘处理　　秤体之间防尘处理

图 3.2.12　防尘装置效果图

①秤台侧边的防尘：一般采用带麻胶皮作为防尘处置材料，耐磨、柔软、密封性好、不影响称重；也可采用盖板进行遮挡。

②秤台两端的防尘：一般采用发泡橡胶材料作为防尘处置材料，密封好、伸缩性好，有效解决密封和热胀冷缩的问题。

③秤台之间的防尘：一般采用特制的工字型带麻胶皮作为处置材料，密封好、耐用。

2.2.5 防擦边装置

为防止车辆擦边行驶，有两种处理方案：一是防擦边装置，二是防撞柱。

①防擦边装置：在秤台两边面板上连续焊接倒 V 型防擦边装置，装置两端斜切成缓坡，此装置可规范车辆行驶路径，防止车辆擦边行驶，在保证车辆安全行驶的同时使称重检测过程稳定有序地进行，有效防止车辆违规行驶等作弊行为，如图 3.2.13 所示。

图 3.2.13　防擦边装置

②防撞柱：普通车道不设置，利用称重岛进行控制；超宽车道设置防撞柱，消除车辆有意擦边对车辆安全、称重岛上设备、路面及工作人员带来的安全隐患。

2.3 称重传感器构成

轴组式称重系统的称重平台一般采用电阻应变原理的柱式、桥式、悬臂梁式等类型的称重传感器作为力-电转换元件。目前，高速公路轴组式称重系统的称重平台一般采用柱式、桥式传感器。秤台一般采用1节结构，也会采用2节、4节和8节结构。

采用1节结构时，一般在上秤端和下秤端分别各设置2个称重传感器，称重传感器总的数量不小于4个，成对出现。具体见图3.2.14、图3.2.15所示，图中①~④所示位置为称重传感器的安装位置。

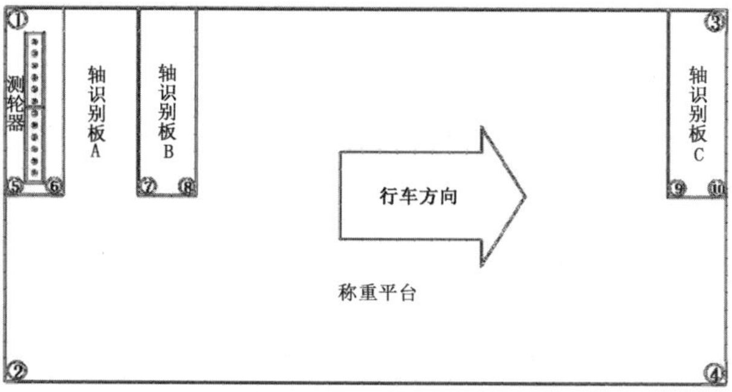

图3.2.14　称重传感器位置示意图一

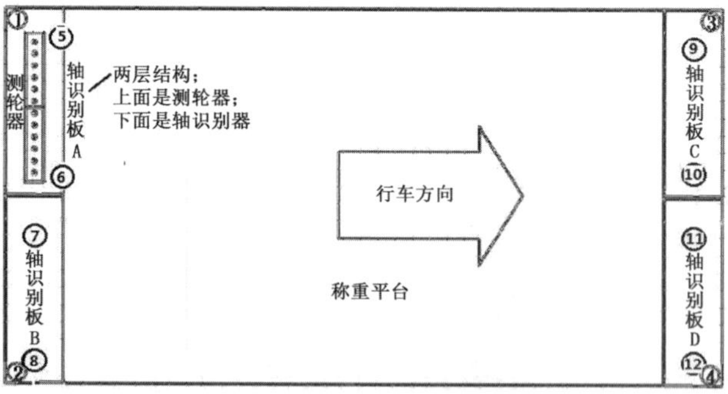

图3.2.15　称重传感器位置示意图二

采用2节结构时，存在如下两种情况：

①2个独立秤台模块应视为两个称量平台模块，每节秤台分别设置4个称重传感器，两节秤台之间采用的是“可活动”连接件或框架式结构，称重传感器总数量

不少于 8 个。每节具有独立称重功能，组合形式有双台面（每个台面尺寸一样）、主辅式（尺寸一大一小）。

②2 节结构且节节之间采用国际上常见的汽车衡标准搭接结构时，应视为一个称量平台模块，多数应用为方便运输而采取的拼装设计，即两节秤台搭接部分共用 2 个称重传感器，称重传感器总数量不少于 6 个。

2.4 其他

轴组式称重系统的称重控制器、轮轴识别器、车辆分离器与整车式称重系统的相似。

第三章　轴组式称重系统功能

3.1 总体功能

轴组式称重系统的主要目标是为公路计重应用场景提供可靠的称重数据与运行环境，总体功能主要包括以下几个方面：

①系统可实现对低速通过称重秤台的车辆进行计重，系统能够自动判断驶入、驶出称重平台车辆数及识别行进方向，准确计量连续通过的每辆车的数据。

②系统可实现被称重车辆的自动分离。

③系统出现故障无法正常工作时可自动重新启动，所有的数据能够恢复。

④系统应具有故障自诊断功能、数据恢复功能、故障信息报警功能。

3.2 称重功能

称重功能是轴组式称重系统的核心功能，主要包括以下几个方面：

①可检测和自动识别车辆轴（组）重、总重，显示/打印轴数、轴型、检测时间等车辆数据。

②称重显示屏可实时显示总重、超重信息。

③系统可自动判断各种不完全称量状态，当被称重车辆不完全退出称重秤台并再进入时，或被称重车辆不完全进入称重秤台并退出时，以及被称重车辆在称重秤台上不完全倒车并进入时，计重设备应能够正确判断、处理该辆车的称重数据。

3.3 传输功能

传输功能是轴组式称重系统的基础功能，主要包括以下几个方面：

①车辆全部进入秤台后，称重传感器自动将重量信号转换为电压信号输出至称

重控制器，称重控制器通过数据接口将称重信息传输至管理计算机或工作终端。

②当无车辆通过时，系统能定期将秤台状态信息及时传输至业务计算机或工作终端。

③系统能够接收业务计算机或工作终端传输的控制指令，实现对轴组式称重系统的控制，如系统的开启、关闭等。

3.4 自检功能

系统自检功能是轴组式称重系统的基础功能，主要实现系统的自我检查，及时发现问题、排除故障，确保系统正常工作，主要包括以下几个方面：

①开机自检。在开机时，轴组式称重系统能够对设备和线路进行检查，并取得相应的故障信息，并对故障信息进行自动恢复或自动复位，当软件发生不可恢复故障时，系统可进行自动重启。

②空闲时定时自检。在空闲时，轴组式称重系统能够定时进行自检，及时发现系统故障，确保轴组式称重系统正常工作。

③零点校正。称重系统依靠称重传感器进行重量测量，长时间工作会产生误差，零点会发生漂移。系统自动进行零点校正，能确保称重准确，减少人工维护成本。

④称重传感器自动温度补偿。系统可以自动感应当前工作环境的温度，并能根据温度自动修正重量误差，自适应高温或高寒环境。

3.5 防作弊功能

轴组式称重系统在防止车辆称重作弊方面有很好的效果，具有的防作弊功能如下：

①具有防止 S 形、擦边、倒车等不规范行驶行为影响称重精度。

②减少跳秤、点刹车等不规范行驶行为影响称重精度。

③减少使用液压泵、千斤顶等不规范操作行为影响称重精度。

3.6 防护功能

防护功能是轴组式称重系统基础功能之一，主要实现对轴组式称重系统的保护，确保系统正常工作，主要包括以下几个方面：

①防腐蚀功能。

②秤台防滑功能。

③秤台和基坑之间应具备防尘功能。

④线缆、设备的信号线等部位应采取防鼠措施。

⑤系统应具有良好的排水功能。

3.7 在线监测功能

在线监测功能是轴组式称重系统的基础功能之一，主要实现对轴组式称重系统运行状态的监测，确保系统正常运行，主要包括以下几个方面：

①称重控制器应实现实时状态监测。

②在线监测应满足下列规定：

a. 具有监测汇总、分析、报警等功能。

b. 可对传感器供电、传感器的零点输出信号进行监测。

c. 可对轮轴识别器的工作状况进行监测。

d. 可对车辆分离器的工作状况进行监测。

③轴组式称重系统应能在称重软件或后台相关的软件中实现实时监测功能。

第四章 轴组式称重技术工作原理

4.1 概述

轴组式称重技术主要通过车辆轴组共秤检测来完成轴组称重，并对各轴组的重量进行累加进而计算出车辆整车重量。主要包括单车称重原理和多车称重原理。

4.2 单车称重原理

主平台使用梁式结构秤体，由四只传感器支撑四个角，形成称重平台。轮轴识别器集成在主秤台的上下秤两端，四只传感器被分为两组，加上上秤端轮轴识别器、下秤端轮轴识别器，形成四路称重信号，接入称重控制器的四路AD进行独立采集。如图3.4.1所示。

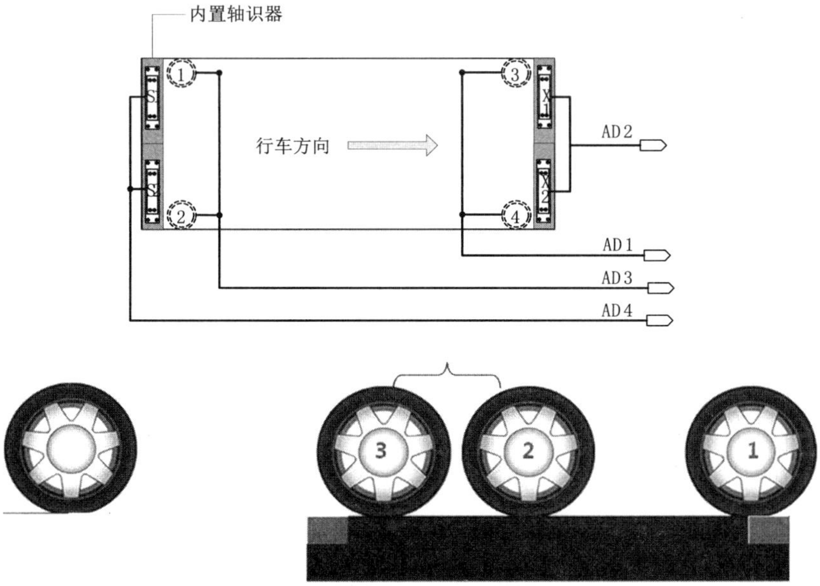

图3.4.1 单车称重原理

当车辆通过主秤台区域时，首先触发光幕产生车辆进入信号，然后上秤轮轴识别器对进入秤台的轴数进行计数，下秤轮轴识别器对驶出秤台的轴数进行计数，称重控制器实时计算跟踪通过主秤台的车轴数量，使用先进的信号处理方法得到位于主秤台之上所有车轴的准确重量和，并对每一组重量和进行滚动缓存，当车辆收尾后，控制器自动统计该车所有缓存的分组重量，并进行综合最优处理，得出该车的总重。

单节称重平台与多节称重平台原理相同，区别在于车辆称重分离算法和轮轴识别方法，即通过上、下轴触发信号划定称量控制区并进行标识轴序，将秤台上连续递增或递减的载荷变化与当前轴序进行匹配，再通过计算机处理后获得分组重量，而总重本质都是轴组称重累加。

4.3 多车称重原理

轴组式计重方式因其台面长度较少会面对两车以上的连续跟车情况。连续跟车一般是指简单的前、后双车分离，即前车车尾未下秤，后车车头已经上秤情况，如图 3.4.2 所示。技术方案是：前车在车辆分离器释放后已经得知前车轴数情况下，上秤轮轴识别器“标识后车进轴”，下秤轮轴识别器“识别前车减轴”，结合跟车处理称重算法进行分离分组，能有效地自动分离车辆，精确称重。

要求设备既能判别车辆行驶方向、不完全上秤、异常倒车；又能根据车辆分离器、地感线圈和上/下秤轮轴识别器获得车辆位置状态形成组合，判断车辆正在上秤、在秤上、正在下秤、离秤、驶离等状态。光幕收尾后，通过对车辆轴重或轴组重数据进行累加，获得整车重量。

连续跟车处理办法一般有两种：如果前车轴组的重量已知，后车的前轴（组）上秤台，则秤台上总重量减去前车轴（组）重量就等于后车前轴（组）重量；如果前车轴（组）已经处于下车状态，则先不处理后车前轴（组）重量，等前车完成下秤台后再处理后车前轴（组）的重量。因为实际车辆的前悬和后悬都有一定的长度，再结合以上两种方案综合使用，能够完成对所有车辆的精确称重和智能分离识别。

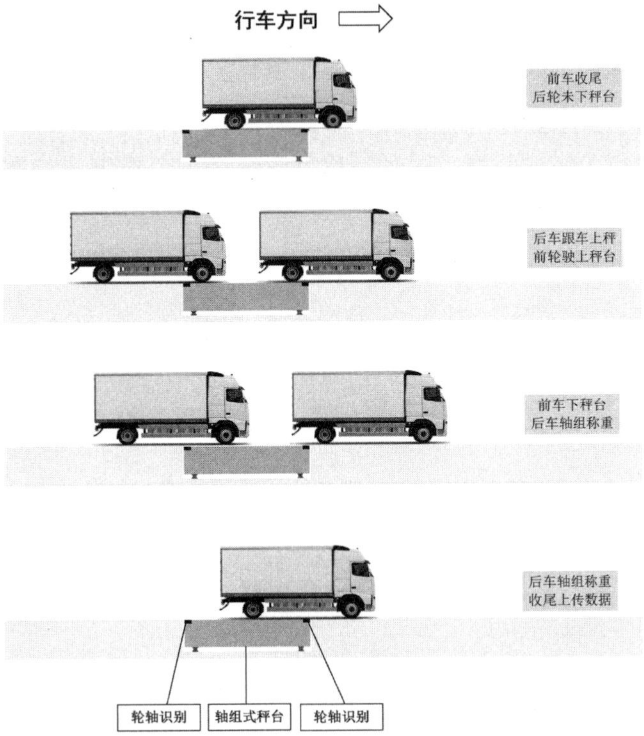

图 3.4.2　连续跟车检测过程示意图

4.4 工作流程

轴组式称重系统工作流程可以简单地分为四个步骤。

第一步：系统准备。打开称重检测设备，轴组式称重系统进入工作状态。

第二步：车辆匀速驶过。载货车辆依次保持安全间距匀速通过检测车道。车辆通过触发秤台前的线圈或者车辆分离器，判断有车辆进入称重检测车道。当车辆第一个轮子经过秤台之后，系统可判断有车辆驶上了秤台，称重控制器开始计算轴重信息或者是轴组重信息。当车辆尾部通过秤台后面的车辆分离器时，系统检测到一辆车称重结束信号，并将称重结果汇总，车牌识别摄像机可以完成抓拍，获取车牌信息。

第三步：信息计算、存储并上传。完成车辆称重后，称重控制器完成了对信息的采集和处理，载货汽车的轴重、联轴信息、轴型、车速、每轴的胎数、联轴重量、总重量、车牌信息等数据被计算处理系统综合分析、处理、计算形成一条完整的计重信息。称重处理器应该设有足够的空间满足多辆称重数据的存储需求。同时，系统应通过信息接口主动将相关数据上传给工作终端。

第四步：完成称重。数据上传给工作终端后，可以进行下一步的工作。在超限检测车道判断车辆是否为超限车辆，并进行告知，对超限车辆进行拦截；在计重收费车道根据超限情况完成收费。同时，称重系统进入工作等待状态，等待下一车辆的称重，具体如图 3. 4. 3 所示。

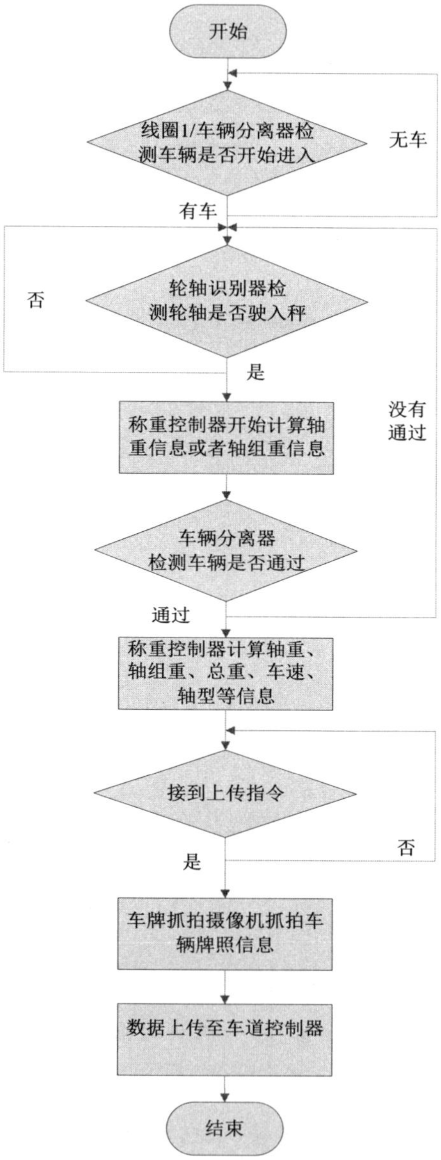

图 3. 4. 3 **轴组式称重系统基本流程**

第五章　轴组式称重系统关键设施技术要求

5.1 计量精度要求

5.1.1 准确度等级

①轴组总重量的动态准确度等级采用 2 个等级，用符号表示为：1、2。轴组计量和轴计量相互之间的关系，也是选自 GB/T21296.1-2020，静态计量选自《固定式电子衡器》（GB/T 7723—2017）。

②单轴（轴组）载荷的动态准确度等级选用 2 个等级，用符号表示为：C、D。

③轴组总重量的静态准确度等级应为Ⅲ级。

④动态准确度等级之间的关系：车辆轴组总重量和单轴（轴组）载荷准确度等级的对应关系见表 3.5.1。

表 3.5.1 车辆轴组总重量和单轴（轴组）载荷的准确度等级关系

单轴（或轴组）载荷的准确度等级	车辆整车总重量的准确度等级	
	1	2
C	✓	
D	✓	

《高速公路称重检测业务规范和技术要求》（交办公路函〔2019〕1182 号）关于车货总重的规定为：首次检定时，车货总质量最大误差为±2.5%；称重设备在使用过程中，车货总质量最大误差为±5%。《公路超限超载检测站设计指南》（试点工程版）中对误差的规定则为：车货总质量预检系统的误差不大于 10%，精检系统误差不大于 5%。由此可见，C、D 等级的轴组式称重系统，均可以满足上述要求。

5.1.2 轴组总重量的最大允许误差

轴组总重量的最大允许误差见表3.5.2。

表3.5.2　整车总重量的最大允许误差

准确度等级	以整车总重量约定真值的百分比表示（%）
	首次检定
1	±0.50
2	±1.00

5.1.3 参考车辆（不含两轴刚性车辆）单轴（轴组）载荷最大允许误差

参考车辆（不含两轴刚性车辆）单轴（轴组）载荷最大允许误差见表3.5.3。

表3.5.3　单轴（轴组）载荷的最大允许误差

准确度等级	以单轴或轴组载荷修正平均值的百分比表示（%）
	首次检定
C	±3
D	±4

5.2 关键设施技术指标

5.2.1 称重平台

称重平台主要技术指标如下：

①秤台结构：U型梁全钢结构，刚性不低于1/1000。

②台面厚度：普通车道≥12mm，超宽车道≥14mm。采用优质Q235-B以上板材，一般采用二氧化碳气体保护焊接技术。

③额定轴载≥60t。

④最大安全过载：150% F.S.。

⑤可检测车轴数≥6轴。

⑥测量范围（每轴）：0.5~30t。

⑦疲劳强度≥500 万轴次（额定轴载下）。

5. 2. 2 称重传感器

称重传感器主要技术指标如下：

①结构形式：柱式/桥式。

②额定容量≥30t。

③最大安全过载：125% F. S. 。

④准确度等级：C3［《称重传感器》（GB/T 7551）］。

⑤疲劳强度≥500 万次（额定轴载下）。

⑥如采用柱式称重传感器，应具有防旋转措施。

⑦防护等级：IP68。

5. 2. 3 其他

称重控制器、车辆分离器、轮轴识别器、称重显示屏、检测线圈等设备的技术指标可参考整车式称重系统。

第六章　轴组式称重系统土建施工

轴组式称重设施土建部分施工对象主要包括对轴组式称重平台基础、称重平台引道部分及其他相关设备基础等。其中，称重平台基础和引道的基础对轴组式称重设备的称量精确度会产生极大的影响。

6.1 称重平台基础

轴组式称重系统有两种基坑形式：一是深基坑，二是浅基坑。鉴于深基坑施工难度较大，改造项目还涉及原有管线迁移，在高速公路实际应用中一般采用浅基坑基础。

轴组式称重平台基础的技术要求主要包括长度、宽度、坡度及结构方面的要求。称重平台的结构强度需要满足称重的相应的要求，并采取必要的护边防护及防尘装置，以免因为杂物进入秤台从而影响称量精度。另外，基础基坑应保证良好的排水功能，并做好防雷接地措施。

轴组式称重平台基础的主要要求如下，具体见图 3. 6. 1 ~ 图 3. 6. 4。

①秤台基础的长度、宽度应该与秤台的长度、宽度相适应，一般为单边超出 20mm。

②称重平台基础应满足横向倾斜度≤2%，纵向倾斜度≤3%。

③秤台基础应采用钢筋混凝土或具有同等承压能力的耐用材料，结构应稳固并可承受相应的载荷。

④进出秤台的两端边沿，应采用角钢、槽钢等金属材料制作的护边防护，保证在称量有效期内基础的边沿不会发生开裂和塌陷。

⑤基础与秤台的水平间隙应均匀一致，应具有防尘装置。支撑称重传感器的基础墩高度应一致，掉落、流入基础下的杂物要便于清理。

⑥秤台基坑内必须保证排水良好，施工时基坑底部向排水口处应有不小于 2% 的散水坡，且排水口处需要不小于 1m^{2}的泛水处理，下水管道排水管应低于基坑排水底面 50cm 以上，排水管排水纵坡不得小于 2%。

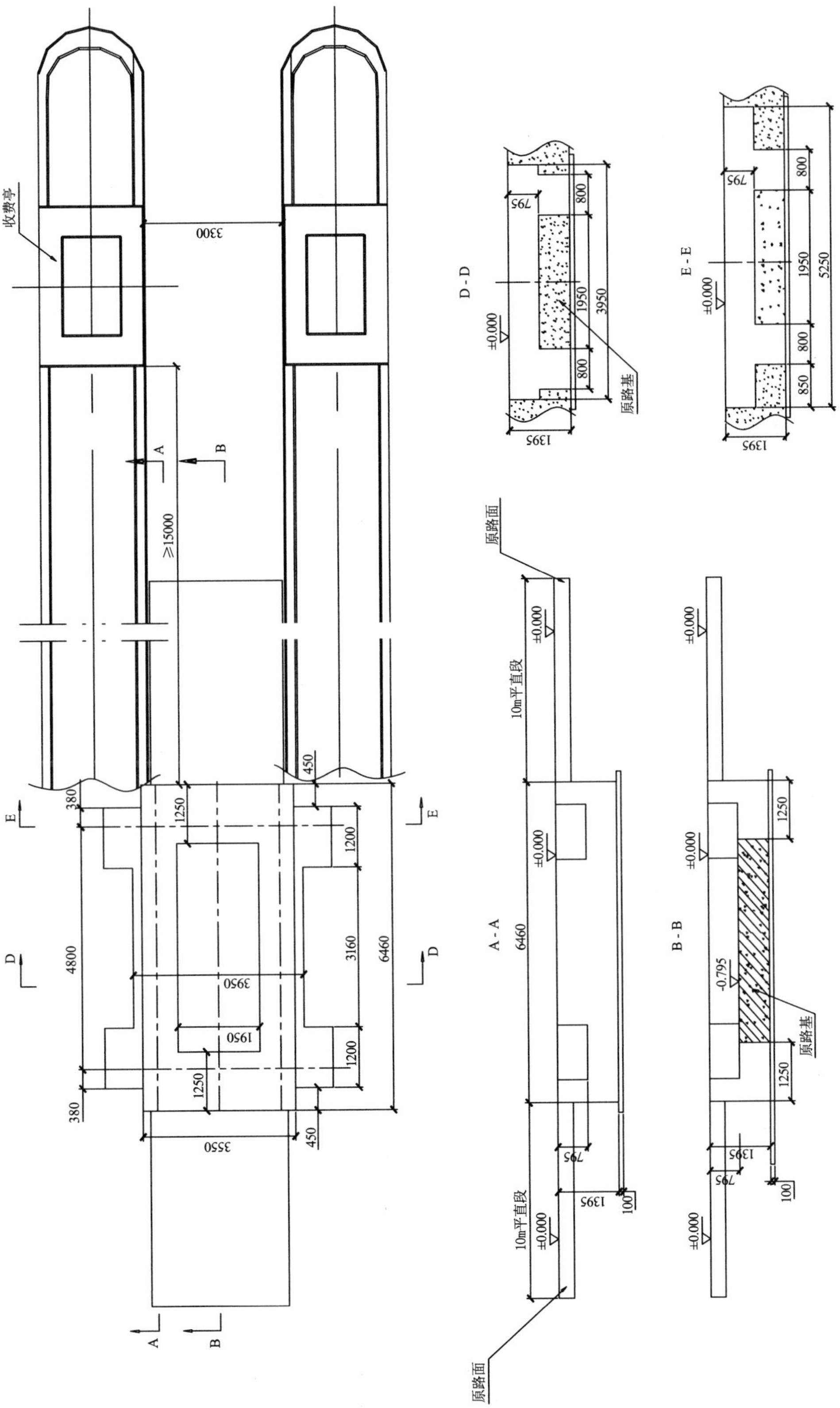

图3.6.1 普通车道轴组秤平台基础开挖图

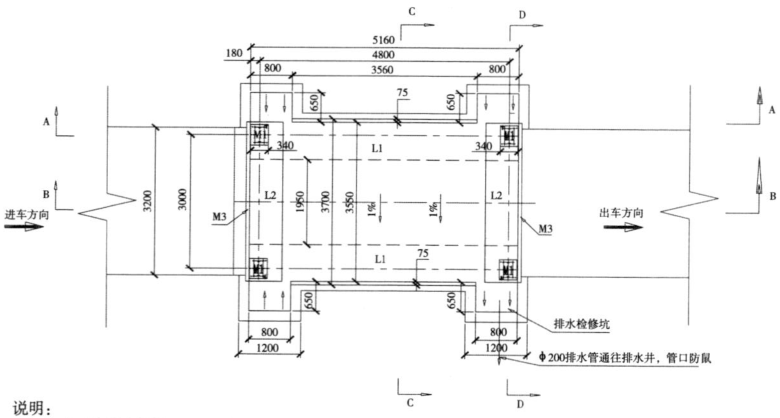

说明：

1.本基础适应秤台规格3.5×5.1米。

2.图中标高以米计，其他尺寸均以毫米计。

3.地基允许承载力fk≥120KPa，基地基土为湿陷性黄土、膨胀土，存在冻土层时，则地基另加措施处理。保证每块基础板的垂直承载能力不小于60t。

4.除注明外，均为C40商品混凝土；严寒地区采取相应抗冻配方，腐蚀环境采取相应防腐配方。

5.基础面层须铺设筋网并于各个基础墩的箍筋牢固焊接，筋网采用⌀8钢筋，网格为150mm×150mm。

6.持力层以上表层杂土必须挖除并回填基础垫层，必须夯实夯平；整个基础垫层根据当地环境进行选择性回填，可采用碎石或砼之类材料。

7.各基础层预埋板中心的相对最大误差（前后、左右、对角线）均为±6mm。

8.各承载基础预埋板应在同一水平面内，高度误差不大于2mm；护边角钢与限位板焊接后平面度误差不大于2mm。

9.基础排水管道根据当地具体情况大小可适度调整，如果选用检修坑做积水井，则必须做好防渗处理。

10.排水可在边道外侧预埋200排水管道到排水沟（排水沟必须能够顺利排水），管径及排水管数量可根据当地气候情况增加。

11.施工时保证地脚螺栓高出承载预埋板25mm，基础板、护边角钢与基础内钢筋牢固焊接。

12.基础接地要求。

a.从基础内接地网引出一根扁钢到收费亭的接地极，使整体基础框架及各个基础板板处于等电位状态。

b.所有地脚螺栓、预埋件须与基础内钢筋牢固焊接。

c.基础内纵横钢筋必须有50%以上的交叉点，钢筋捆扎牢固，成为接地网，其接地电阻应该<4Ω。

13.以上秤端基础开挖中点为±0.000点，如坡度安装，秤台基础标高按车道坡度大小进行调整。

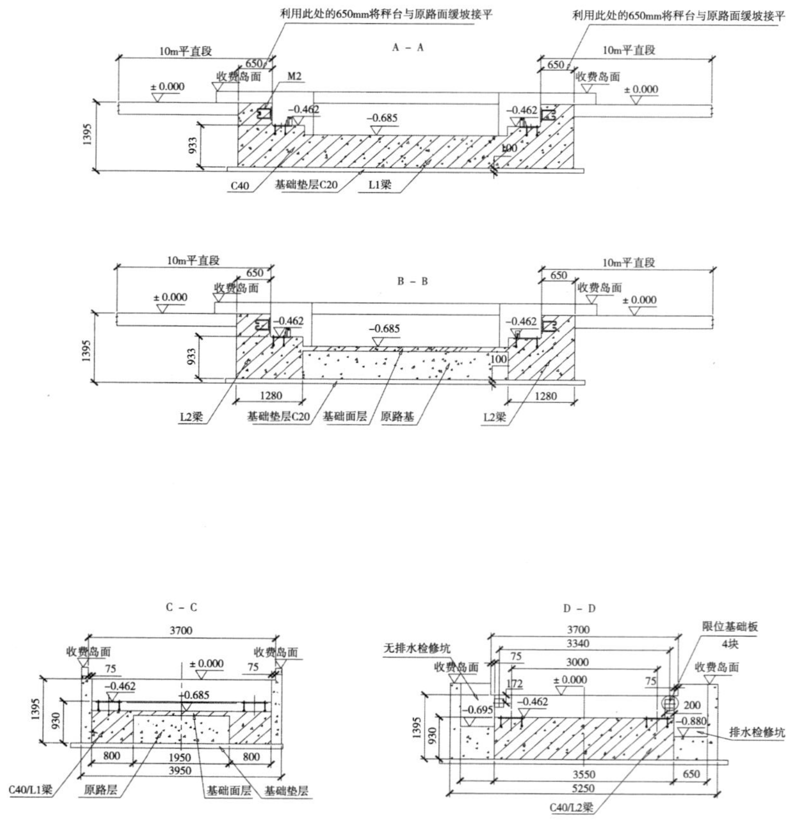

图3.6.2 普通车道轴组秤平台基础结构图

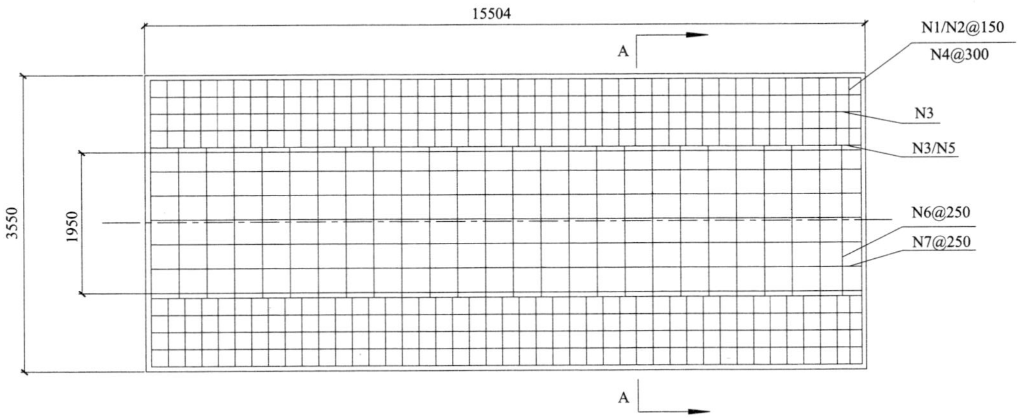

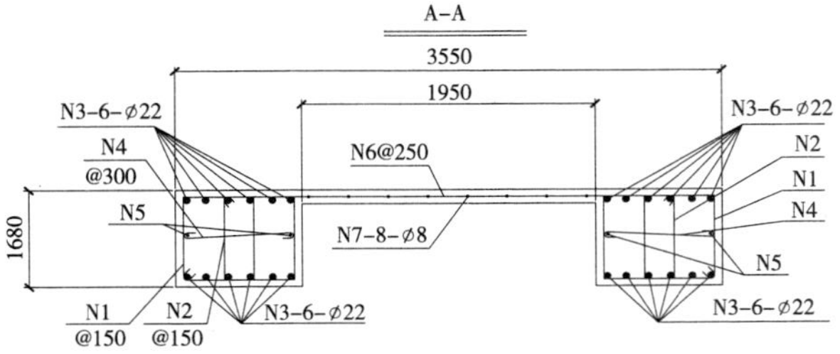

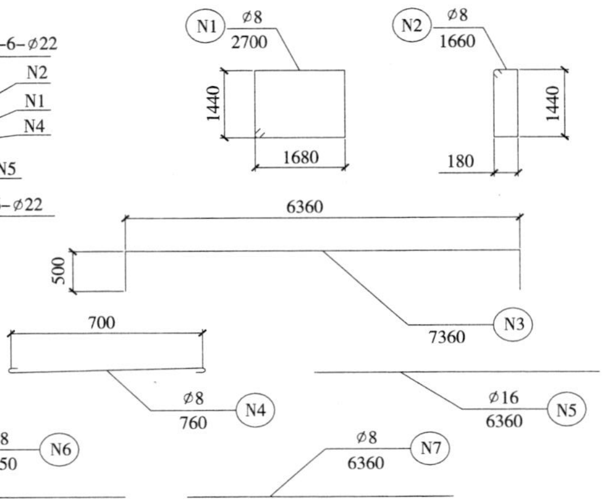

说明：

1.该配筋图使用秤台规格：3.5×5.1lm;

2.图中标高以米计，其他尺寸均以毫米计；

3.钢筋梁与混凝土之间的保护层50mm，腐蚀环境采取相应的防腐措施；

4.所有的预埋螺栓，预埋件锚筋须与基础内钢筋焊接牢固；

5.基础内纵横钢筋有50%以上的交叉点，钢筋捆扎牢固；

6.N3号面层钢筋和底层钢筋的平弯段对绑。

编号	钢筋直径（mm）	钢筋长度（mm）	根数	重量（kg）
1	8	2700	88	94
2	8	1660	88	58
3	22	7360	24	527
4	8	760	44	14
5	16	6360	4	41
6	8	2150	27	23
7	8	6360	8	20
合计	⌀22:527kg，⌀16:41kg，⌀8:209kg C40砼：$10.16m^3$			

图3.6.3 普通车道轴组秤平台基础配筋图

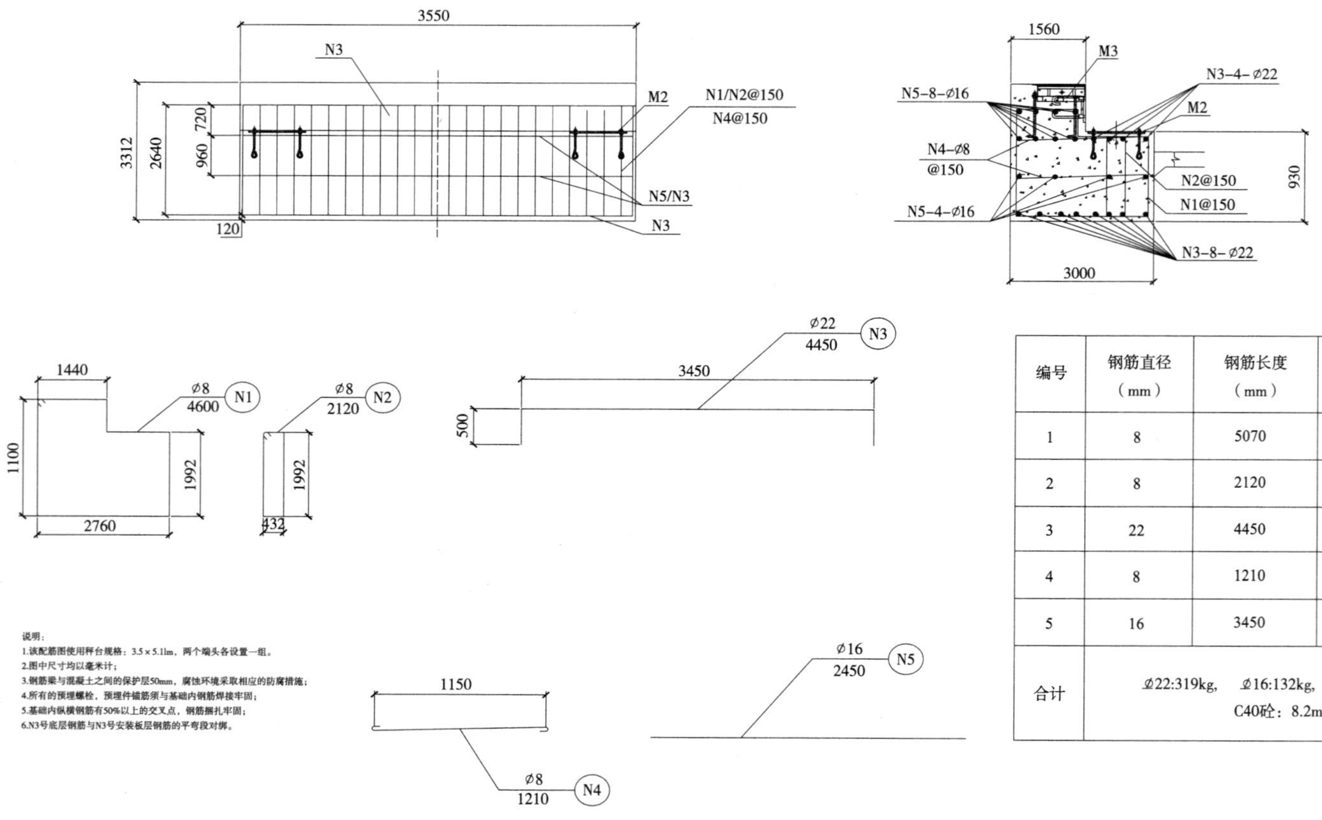

说明：
1.该配筋图使用秤台规格：3.5×5.1lm，两个端头各设置一组。
2.图中尺寸均以毫米计；
3.钢筋梁与混凝土之间的保护层50mm，腐蚀环境采取相应的防腐措施；
4.所有的预埋螺栓，预埋件锚筋须与基础内钢筋焊接牢固；
5.基础内纵横钢筋有50%以上的交叉点，钢筋捆扎牢固；
6.N3号底层钢筋与N3号安装板层钢筋的平弯段对绑。

编号	钢筋直径（mm）	钢筋长度（mm）	根数	重量（kg）
1	8	5070	48	88
2	8	2120	48	41
3	22	4450	24	319
4	8	1210	96	46
5	16	3450	24	132
合计	⌀22:319kg，⌀16:132kg，⌀8:175kg C40砼：8.2m³			

图3.6.4　普通车道轴组秤平台基础配筋图

⑦基础的排水口位置与称重传感器基础墩的位置应错开一定距离，保证排水通畅，不得导致杂物淤积。

⑧基础钢筋用作称重系统接地极时，接地电阻一般小于4Ω。

6.2 引道结构

秤台前后两端引道应是一个平直的、表面基本水平的光滑平面，与秤台处于同一平面。当车辆通过秤台时，引道可以同时支撑车辆的所有轮胎。引道应采用混凝土或具有同等承压能力的耐用材料作为基础，结构应稳固并可承受相应的载荷，如图3.6.5所示。

引道的几何结构应满足下列规定：

①前后各段引道应具有足够的长度，一般大于8m，可以同时支撑称重系统能够称量的最长车辆类型的所有车轮。前后引道和秤台应在一个平面上。在引道前面应提供坡度小于1%的路面，以便被称量车辆驶到引道前就可以接近称量速度。

②为便于排水，允许引道具有横向斜坡，坡度一般不大于2%。为了最大限度减少行进车辆各轴之间的载荷传递，秤台应安装在引道的同一平面上。

③引道每侧宽度应比秤台宽度至少超出300mm，应能支撑称重系统能够称量的最宽车辆。

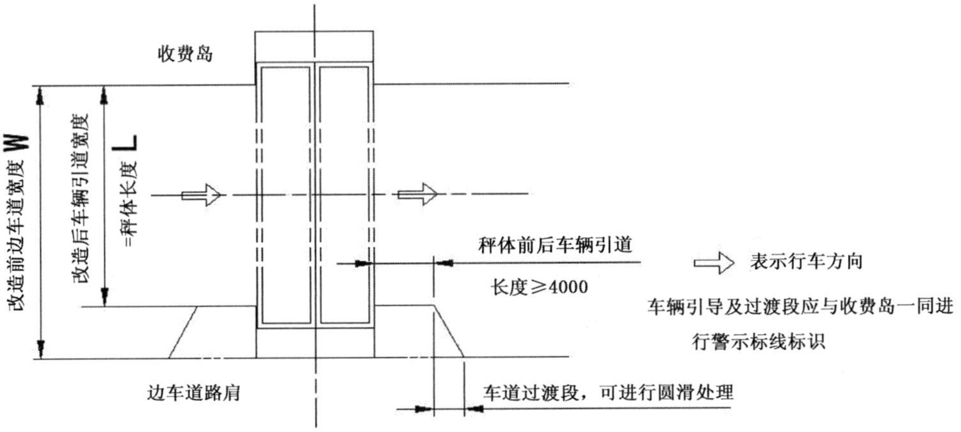

图3.6.5 引道设计图

6.3 排水

称重平台两端最易堆积尘土、垃圾。而称重平台两端与引道缝合不好，会形成一定缝隙。尘土、垃圾会通过缝隙落入底部。同时，污水也会通过缝隙流入基坑，若秤体底部排泄设施未处理好，将造成称重传感器被污水浸泡，直接影响产品质量。针对高速公路特殊环境，不仅要在秤体边缘部分加强防尘设计，也要充分考虑排水措施，免除将秤体吊起清污排水的麻烦，如图 3.6.6、图 3.6.7 所示，利用地理条件优势，优先采用自然排水方式；地理条件受限时，可采用排水沟排水；受制于广场条件时，也可采用蓄水井排水。

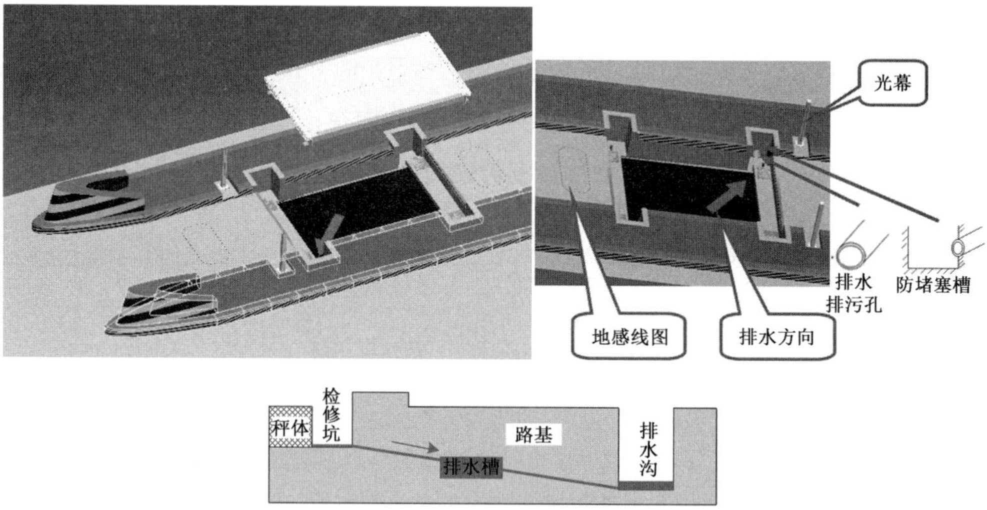

图 3.6.6　排水设计剖面图

图 3.6.7　车道排水管排水图

秤台基础的具体排水措施如下：

①秤体传感器安装位置处均设计有排水孔，每个排水孔相互连接，污水通过秤体头尾处的缝隙进入秤体后，通过排水排污斜坡直接流向排水排污槽。

②排水排污槽处设计有排水孔，通过排水孔将进入秤体污水直接排出，以确保称重传感器及秤体的干燥、清洁。

③称重传感器支撑墩离基坑有 20cm 高度，基坑中的水通过排水孔再经排水槽流出。

④检修人员只须定期清洁检修坑即可，无须吊起秤体。

6.4 其他称重设备基础

除称重平台外，轴组式称重系统一般还包括控制柜、车辆分离器、称重显示屏、自动栏杆、车牌识别摄像机等设备。这些设备应设置安装基础板，将设备安装于基础板上，保证安装牢固和垂直、对齐等。设备基础均采用混凝土现浇。

轴组式称重系统设备之间应采用预埋的热浸镀锌焊接钢管连接，用于相关电力、信号线缆的敷设。

钢管的连接采用套管焊接，套管长度为钢管外径的 2 ~ 3 倍。钢管接续前，应将管口磨圆或锉成坡边，保证光滑无棱。钢管接续严禁采用对口焊接。严禁不等径的钢管接续使用，埋设时钢管焊缝应朝上。钢管铺设完毕后要进行试通，并穿 φ3mm 钢丝，要采取妥当措施防止钢丝缩入管中，钢管管口应堵住，防止异物进入管中，对预埋在构造物内的钢管应先试通，然后再浇筑混凝土，混凝土浇筑完成后，也须试通，以确保管道不被堵塞。钢管斜插入手孔时应将钢管切成斜面，保证管口与手孔孔壁平行并应缩入孔壁一定的距离（2 ~ 3cm），并用水泥砂浆将管口抹成圆棱。钢管进入手孔的端部应做扩口处理。

6.5 接地要求

接地装置应严格按照厂家图纸要求，配合基础施工同时进行，隐蔽部分应在覆盖前及时做好中间测试、检查和验收。

①如果与周边建筑采用联合接地的模式，接地电阻值≤1Ω；如果采用单独接地模式，保护接地电阻值≤4Ω。

②接地引线和接地极均应进行镀锌处理，接地装置不应任意连接或断开，接地引线数量不得任意改变及减少。

③所有焊接必须牢固、无虚焊，接地引线应防止发生机械损伤和化学腐蚀。

④接地装置的导体截面应符合热稳定和机械强度的要求。接地体埋设深度和间距应符合设计规定，角钢接地体应垂直设置。除接地体外，接地体引出线的垂直部分和接地装置焊接部位应做防腐处理；在做防腐处理前，表面必须除锈并去掉焊接处残留的焊药。

⑤应防止接地线发生机械损伤和化学腐蚀。在与公路或管道等交叉处及其他可能使接地线遭受损伤处，均应用管道或角钢等加以保护。

⑥接地体（线）的连接应采用焊接，焊接必须牢固无虚焊。接至电气设备上的接地线，应用镀锌螺栓连接；有色金属接地线不能采用焊接时，可用螺栓连接。螺栓连接处的接触面应按现行国家标准《电气装置安装工程母线装置施工及验收规范》的规定处理。扁钢与钢管、扁钢与角钢焊接时，为了连接可靠，除应在其接触部位两侧进行焊接外，并应焊以由钢带弯成的弧形（或直角形）卡子或直接由钢带本身弯成弧形（或直角形）与钢管（或角钢）焊接。

6.6 其他施工要求

（1）一般要求

①除非监理工程师另有指示，基础挖方的进度安排应使坑壁的暴露时间不超过15天。

②基础开挖与其回填作业，除应满足交通部规范的各项要求外，还应与秤台安装要求配合。

（2）开挖

①承包人应在基础开挖开始之前通知监理工程师，以便检查、测量基础平面位置和现有车道标高。在未完成检查测量及监理工程师批准之前不得开挖。

②开挖应进行到图纸所示或监理工程师所指定的标高。最终的开挖深度应以设备厂家图纸要求的深度为准，并结合基底实际情况来确定。在开挖的基坑未经监理工程师批准之前，不得浇筑混凝土。

③在现有收费车道开挖基坑时，应按《公路工程施工安全技术规范》（JTG F90—2015）的规定，采取有效防护措施，使开挖工作不致危及附近收费岛、收费亭、路

基、收费岛设备的安全，所采用的防护措施须经监理工程师同意。基坑周围不得堆放建筑材料、设备和危及基坑安全的杂物。

④所有从挖方中挖出的材料应按监理工程师批示的方法处理。

⑤为保证收费岛、收费亭、路基、收费岛设备的安全，挖方的各侧面应始终予以可靠的支撑，并使监理工程师认可。

⑥所有基础挖方都应始终保持良好的排水，在挖方的整个施工期间都不致遭受水的危害。凡低于已知地下水位的地方进行开挖并构成基础时，承包人必须提交一份建议用于每个基础的排水方法及为此而采取的各项措施的报告，并取得监理工程师的批准。

⑦基坑开挖至图纸规定基底标高后，如发现基底承载力达不到称重平台基础的承载力要求时，承包人应根据实际情况提出基底处理的方案，报告监理工程师审查，并按监理工程师的批示处理。

（3）基础浇注

基础待设备厂家确定后，根据厂家图纸要求进行浇注，确保施工质量。

第七章 轴组式称重系统维护

轴组式称重系统的维护工作主要包括日常维护和定期维护两个方面。

7.1 日常维护

日常维护主要包括设备的外观检查，以保证轴组式称重设施外观完好、基本性能不受影响。主要维护事项包括但不限于：

①经常检查秤台与基础之间的间隙，发现有不均等现象或与初始安装位置偏差过大时应进行调整。检查密封装置是否有断裂、挣开凸起、掉落等现象，根据情况及时进行维护。为避免因融雪剂除雪对秤台产生腐蚀，一般采取传统除雪法除雪，并检查秤台是否有积水、积淤的现象，及时处理干净。

②经常检查秤台连接处的稳定性、秤台连接间隙稳定性，发现问题及时纠正。

③检查秤台的防撞装置间隙是否合理，一般为 3 ~ 5mm。防撞装置可调部分应做涂油保护。检查频次一般不低于 1 次/季度。

④经常检查秤台的基础情况，是否有开裂、表面脱落、倾斜等现象，发生问题应及时处理。

⑤经常检查秤台表面油漆是否有脱落现象，防滑装置是否开裂、变形，秤台表面是否因变形造成积水，平台的面板是否开裂，发现问题应及时处理。

⑥经常检查红外光幕或激光车辆分离器的防护罩是否有损坏，发射接收是否正常。

⑦经常检查埋设检测线圈的路面是否出现凹陷、破损等现象，以免影响线圈正常工作

⑧经常检查栏杆机的箱体、机芯、控制系统，以及栏杆臂的连接是否紧固、栏杆臂的摆动是否正常。

7.2 定期维护

定期维护是指按照一定的时间间隔，检查性能指标，使得轴组式称重设施满足称量精度要求。轴组式称重设施的定期维护周期一般不超过 6 个月。定期维护包括传感器基础墩维护、基础内部淤积维护、电器连接状况维护、接地电阻维护、软件维护等，主要涵盖以下方面：

①定期检查秤台的基础是否发生下沉、排水堵塞、开裂渗漏现象，发现问题应及时处理和维修。

②定期检查清理传感器周围泥沙堵塞、冬天传感器周围冰冻封堵现象。

③定期维护检查传感器、传感器支撑板、压头是否有间隙、松动、移位、缺损等现象，及时调整复位，修复或更新。

④定期检查各功能部件的电器连接端子是否牢固、螺丝有无松动，当发现有数据不稳、执行动作不畅、信号传输不稳等现象时，应及时处理，或报生产厂家维护。

⑤定期检查接地电阻的连接是否牢固、接地电阻是否满足要求。定期进行维护(如泼洒盐水，减小接地电阻等)。

⑥定期对车辆分离器（或激光扫描仪)、车牌抓拍摄像机、车道控制器、轮轴识别器等进行功能维护，使系统达到初始安装状态。

⑦软件维护，为了扩充系统功能、编程改进、提高处理效率等进行的维护。

第四篇

弯板式称重技术

第一章 概 述

弯板称重传感器是在整体弹性元件上粘贴有电阻应变计的称重传感器，是一种基于弯曲应力测量车轮或车轴的静态或动态车轮力的称重传感器。由于弯板称重传感器基于弯曲应力，因此称为弯板。弯板称重传感器是弯板式称重系统的核心器件。弯板式称重系统是可直接安装在道路上，一般采用框架紧固或灌胶直埋于道路面层内，用以完成车辆动态轴重称量的“装置”。该系统可以通过与收费车道的计算机系统连接，配合公路部门实施公路超限超载管理和计重收费，自动判别车辆超载情况，有效保护国家等级、高速公路、桥梁等。早期为500–550的宽弯板式（图4.1.1），其后又出现400–450小弯板（图4.1.2）、100–300窄板或窄条（图4.1.3）。

弯板式称重系统出现于20世纪80年代，初期主要依赖进口，与秤台式称重系统相比，具有安装简单、施工方便、过车速度快、抗冲击、抗腐蚀能力强等特点，逐渐成为行业主流称重系统，在湖南、江苏、吉林、安徽、广东等省的超限治理及计重收费领域均有大范围应用。

弯板式称重系统采用整体式传感器，无机械结构、免维护、不受侧向剪切力影响，能通过数学模型及科学的采样模式等手段对车辆墩称（车轴小半部分压在秤台上）进行正确称重，精度比较高，对路面破坏小，具有较强的抗冲击力。安装比较简单，免维护，排水要求低。由于防作弊、精度等方面的劣势在工程应用中逐渐减少。

图4.1.1 宽弯板式设备布设（500–550）

图4.1.2 小弯板式设备布设（400–450）

图 4. 1. 3　窄板式设备布设（100-300）

第二章　弯板式称重系统构成

2.1 系统构成

弯板式称重系统主要应用于收费车道及超限检测车道的车辆称重和公路主线车辆超限检测。

2.1.1 系统构成及示意图

弯板式称重系统由称重控制器、轮胎识别器、车辆分离器、弯板称重传感器、等构成。系统构成如图 4.2.1 所示。

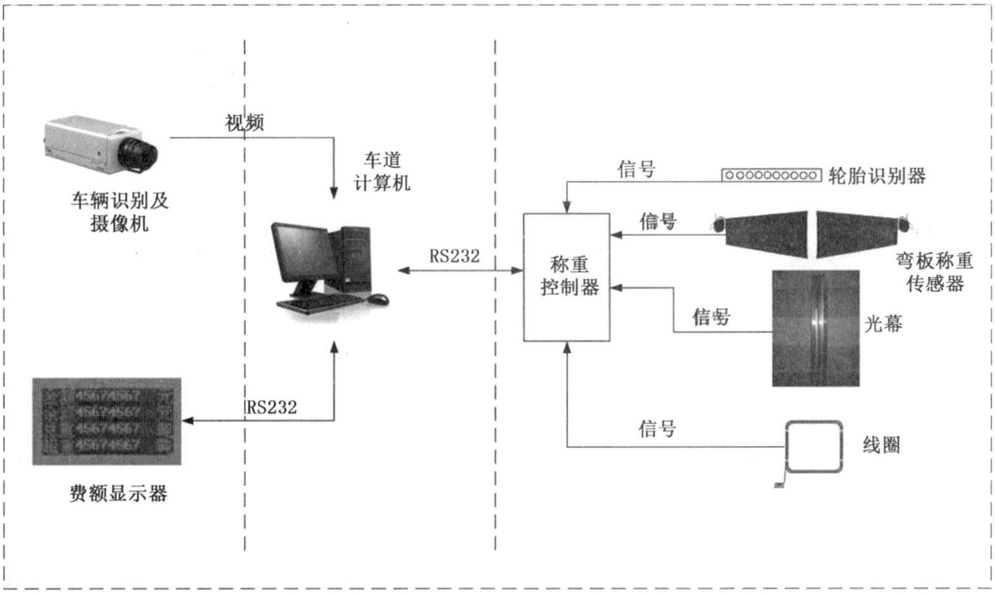

图 4.2.1　弯板式称重系统构成图

弯板式称重系统一般使用二只弯板式称重传感器，以左、右和前、后错开的方式构成，与整车式称重系统和轴组式称重系统不同，没有单独的称重平台，实现效果如图 4.2.2 所示。弯板式称重系统的称重控制器、红外车辆分离器、轮轴识别器、称重显示器、检测线圈等与整车式称重系统相类似。

图 4.2.2　弯板称重传感器

2.1.2 系统布局示意图

根据安装位置和用途的不同，弯板式称重系统的弯板传感器布局类型分为单车道布局和多车道布局。

单车道布局主要应用于公路计重收费和超限检测，需要通过车辆引导装置确保车辆完全通过弯板传感器。

多车道布局主要用于公路治超非现场执法。

在同一车道，沿行车方向上，采用左右两侧车轮完全同时称量的一排或多排弯板称重传感器完成车辆称重，或采用左右两侧车轮依次分别称量一排或多排弯板传感器完成车辆称重。

设备选型的不同，弯板式称重设备的车道布设也略有不同。常见的系统布局如图 4.2.3、图 4.2.4 所示。

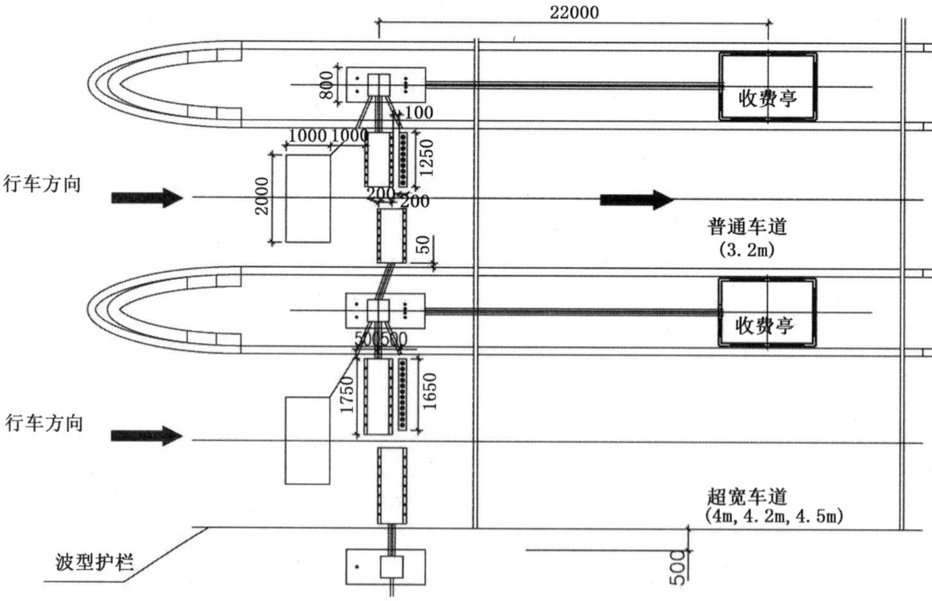

图 4.2.3　弯板式动态称重系统单车道布局示意图

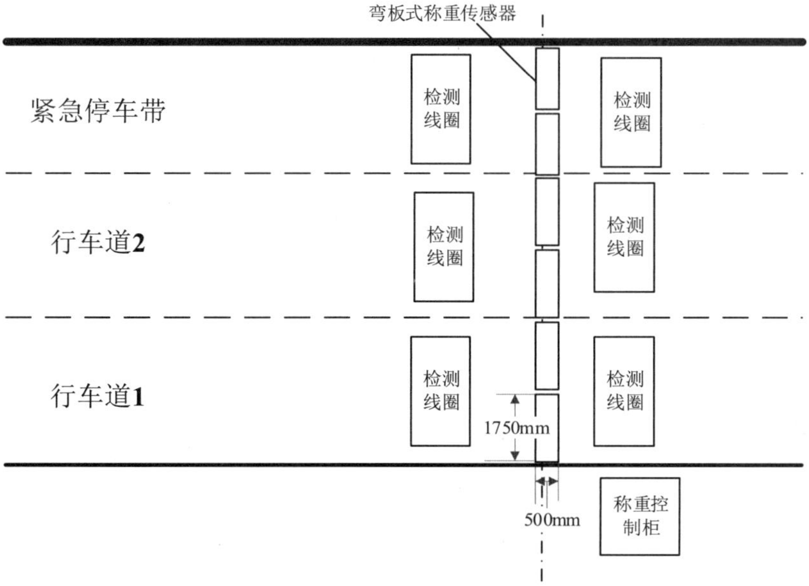

图 4.2.4　弯板式动态称重系统多车道布局示意图

典型的结构和布局方式（包括但不限于）如图 4.2.5、图 4.2.6、图 4.2.7、图 4.2.8 所示。

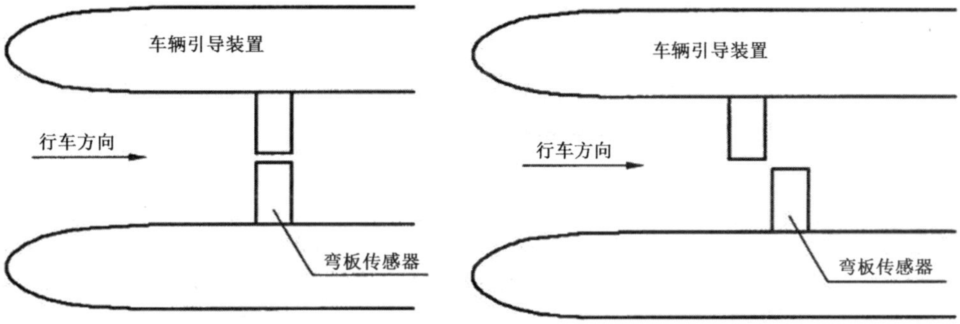

图 4.2.5　单车道单排布局

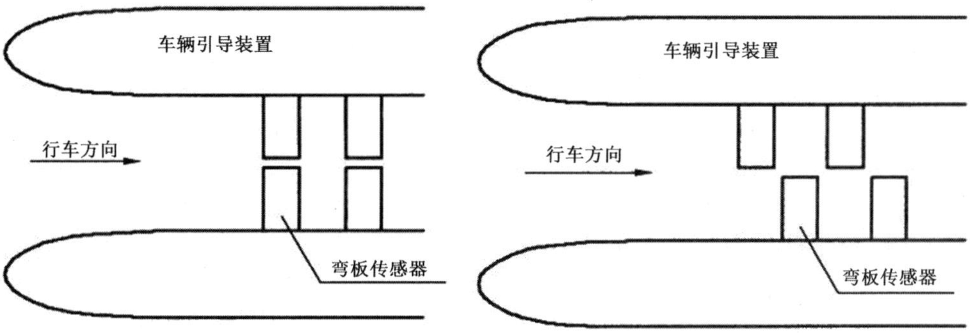

图 4.2.6　单车道多排布局

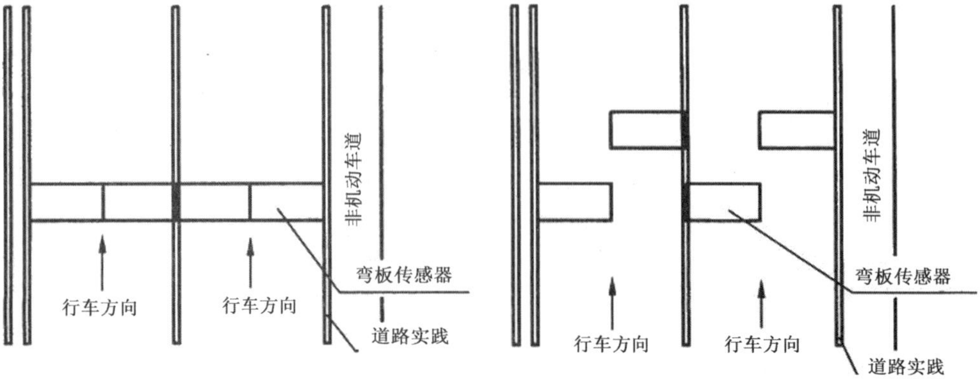

图 4.2.7　多车道单排布局

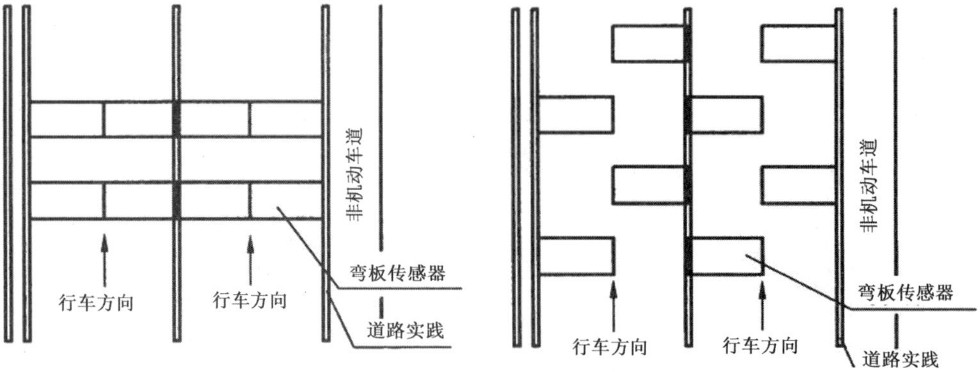

图 4.2.8　多车道多排布局

2.1.3 系统布置效果图

弯板式称重系统的称重传感器、轮轴识别器、检测线圈等布设在车道，称重控制器、车辆分离器布设在称重岛上或路侧，系统实施效果如图 4.2.9、图 4.2.10 所示。

图 4.2.10　弯板式称重实施效果（1）

图 4.2.10　弯板式称重实施效果（2）

2.2 传感器构成

弯板称重传感器是计重系统承载车辆各个轴压力的部分，主要完成车轴的称重等工作。弯板称重传感器由框架、应变计、测量线路、线缆、板式弹性体、支承条及定位条等部分组成。

弯板称重传感器表面需要经专门处理，以达到防水、防尘、防腐作用。弯板称重传感器长度尺寸应能满足车道使用要求，可铺满整个车道宽度。还需要满足以下几个要求。

①规格：弯板称重传感器长度包括 1.25m、1.5m、1.75m、2m 等规格。在实际应用当中一般根据车道宽度选择传感器长度。普通收费车道计重收费多选用长度为 1.25m 的弯板、超宽收费车道计重收费多选用长度为 1.75m 的弯板。高速公路主线超限检测预检多根据行车道及应急车道的宽度对弯板的长度进行选择。交错布置的传感器总长度应与车道宽度基本一致。

②防滑：弯板称重传感器表面设计凹槽和凸纹，其凹槽和凸纹的高度差不大于 2mm，并确保称重性能要求。

③防腐蚀：弯板称重传感器表面需要有防腐措施，一般表面设计镀层或包裹层，平整完好、牢固均匀、色泽一致，没有斑痕、划伤。表面涂漆时，漆层平整、光洁牢固、色泽一致，没有刷纹、流挂、起皱、气泡、起皮、脱落等缺陷，漆层表面完整无漏漆。

2.3 其他

弯板式称重系统的称重控制器、轮轴识别器、车辆分离器、检测线圈等设备功能及技术要求与其他类型称重系统相同。

第三章　弯板式称重系统功能

3.1 称重功能

弯板式称重系统的主要目标是为公路整车计重应用场景提供可靠的称重数据与运行环境，称重功能主要包括以下几个方面：

①能对高速/低速通过的车辆进行称量。

②能检测车辆通过车道时的速度。

③能对车辆进行自动分离。

④能检测车辆的轴、轴组及整车重量。

⑤能记录车辆通过时间。

⑥系统软件在系统死机时能自动重新启动。

⑦能形成完整的车辆称重信息，包括轴型、轴重、联轴信息、每轴的胎数、联轴重量、轴距、总重等信息，仪表可实时显示检测结果。

⑧当最后一辆车不完全退出（未收头）并且再进入时，称重系统能够正确判断处理该辆车的称重数据。

⑨当车辆不完全进入（未收尾）并退出时，称重系统能够正确判断，撤销该辆车的称重数据。

⑩当车辆在称重平台上不完全倒车（未收尾、也未收头）并进入时，称重设备能够正确判断处理该辆车的称重数据。

⑪系统能对车辆进行准确、有效的自动分离（能判断挂车和半挂车），当车辆分离器（光栅）故障时有备用措施（感应线圈）保证正确实现车辆的分离，并能处理车辆排队、倒车、不完全倒车、点刹车等复杂多变的行驶状态，保证车辆和数据一一对应。

⑫称重传感器表面应采取适当的防滑措施，防止车辆打滑或因称重平台表面结冰而失去控制。

3.2 传输功能

车辆全部驶过秤台后，称重传感器自动将重量信号转换为电压信号输出至称重控制器，称重控制器通过数据接口将称重信息传输至相关业务的计算机/工作终端。系统具备自动缓存功能，能够保存一定数量的数据，当向计算机发送数据失败时，能重发数据，保持数据的唯一性和完整性。

3.3 系统自检功能

称重系统应具有开机自检、空闲时定时自检、零点校正和自动温度补偿功能。应具有故障自检功能，系统中各设备和线路故障时，系统能取得相应的故障信息，在显示设备上进行显示，并能够将这些故障信息传送给相关业务计算机。

3.4 在线监测功能

在线监测功能是弯板式称重系统的核心功能之一，主要实现对弯板式称重系统运行状态的监测，确保系统正常运行，主要包括以下几个方面：

①称重控制器应实现实时状态监测。

②在线监测应满足下列规定：

a. 具有监测汇总、分析、报警等功能。

b. 可对传感器供电、传感器的零点输出信号进行监测。

c. 可对轮轴识别器的工作状况进行监测。

d. 可对车辆分离器的工作状况进行监测。

③弯板式称重系统应能在称重软件或后台相关的软件中实现实时监测功能。

3.5 其他功能

弯板式称重系统应具有良好的稳定性，称重设备的计量检定应符合现行国家和行业有关标准的规定。

第四章 弯板式称重技术工作原理及工作流程

4.1 系统工作原理

当汽车车轴依次压过安装在车道路面的弯板称重传感器时，称重传感器内的多组电桥（由电阻应变计构成）失去平衡，从而产生瞬间的不平衡输出信号，通过屏蔽的专用通信线缆上传到中央控制器。中央控制器中的 A/D 转换单元将模拟信号转换成数字信号，经科学的数学分析模型分析处理，计算出轴重、总重、速度等数据，并累加出车辆总重。

当车辆完全通过检测区域后，称重信息、轴型、车辆分离信息在中央控制器分析处理后通过 RS232 接口实时传输到车道计算机。系统原理如图 4.4.1 所示。

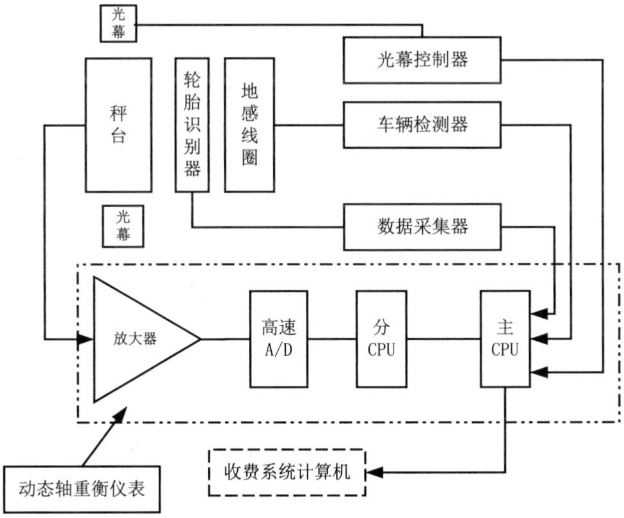

图 4.4.1 系统原理

4.2 工作流程

弯板式称重系统基本工作流程如图 4.4.2 所示。

①开始，称重系统处于工作状态。

②车辆驶入称重检测车道。

③检测线圈输出电磁信号，识别有车辆进入。

④车辆触发车辆分离器，识别车辆进入称重检测区域。

⑤车辆轮胎（轴）压过轮胎（轴）识别器，识别车辆驶入称重平台（称重传感器）。

⑥轮胎（轴）识别器识别车辆胎型、检测轴型。

⑦车辆轮胎（轴）驶过称重平台（称重传感器），检测轴重，判定轴组。

⑧车尾驶出检测线圈区域，驶过车辆分离器，系统检测车辆驶出收尾。

⑨系统记录车辆轴重，并自动记录车货总重、修正轴重。

⑩称重系统向车道计算机发送计重信息（轴数、轴组、轴重、车货总重等）。

⑪等待下一辆车进入称重检测车道。

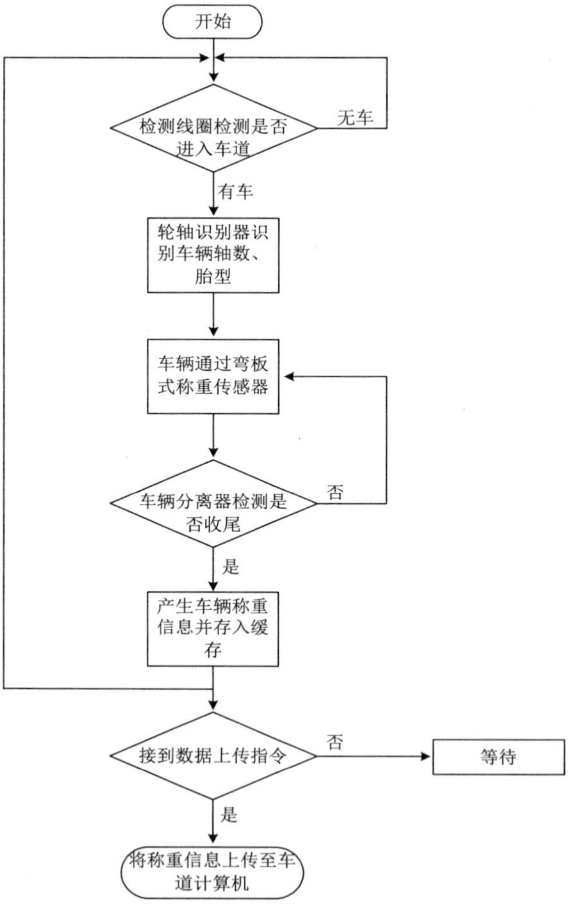

图 4.4.2　弯板式称重系统工作流程图

第五章 弯板式称重系统关键设施技术要求

5.1 计量精度要求

5.1.1 动态精度

弯板式称重系统的车辆总重量的基本准确度等级划分为 4 个等级，用符号表示分别是：1、2、5、10，如表 4.5.1 所示。

表 4.5.1 车辆总重最大允许误差

准确度等级	车辆总重量约定真值的百分比（%）	
	型式检验、首次检定、后续检定	使用中检验
1	±0.50	±1.0
2	±1.00	±2.0
5	±2.50	±5.0
10	±5.00	±10.0

弯板式称重系统的车辆轴载荷（单轴或轴组载荷）的基本准确度等级划分为 4 个等级，用符号表示分别是：C、D、E、F，如表 4.5.2 所示。

表 4.5.2 辆轴载荷（单轴或轴组载荷）最大允许误差

准确度等级	以静态参考单轴载荷约定真值的百分比标识（%）	
	型式检验、首次检定、后续检定	使用中检验
C	±0.75	±1.50
D	±1.00	±2.00
E	±2.00	±4.00
F	±4.00	±8.00

弯板式称重系统的车辆总重、车辆轴载荷准确度等级之间的对应关系参见表4.5.3。

表4.5.3 车辆总重、车辆轴载荷准确度等级关系

单轴载荷和轴组载荷准确度等级	车辆总重量的准确度等级			
	1	2	5	10
C	+	+	−	−
D	+	+	+	−
E	−	+	+	+
F	−	−	−	+

注："+"表示适用，"−"表示不适用。

5.1.2 静态精度

弯板式称重设备在进行静态称量加载和卸载时的最大允许误差应符合弯板传感器最大允许误差的规定。

5.1.3 实际应用中对称重精度的选取

（1）计重收费及收费站称重检测

交通运输部印发的《高速公路称重检测业务规范和技术要求》（交办公路函〔2019〕1182号）规定了对收费车道称重检测的精度要求。

首次检定时，车货总质量最大误差为±2.5%，称重设备在使用过程中，车货总质量最大误差为±5%。弯板式称重系统用于收费车道计重收费及收费站称重检测时车辆总重最大允许误差为2级，车辆轴载荷（单轴或轴组载荷）最大允许误差为D级。

（2）超限检测车辆称重检测

在《公路超限超载检测站设计指南（试点工程版）》中对预检系统和精检系统的误差进行了规定，预检系统的误差不大于10%，精检系统对初检认定的超限车辆进行低速精确检测，车货总质量误差不大于5%，要求车辆以低于10km/h的速度匀速通过检测车道。弯板式称重系统用于超限检测车辆预检称重时，车辆总重最大允许误差应符合国标5级的要求。

5.2 关键设施技术指标

5.2.1 弯板称重传感器

弯板称重传感器主要技术指标如下：

①可对各轴（轴组）分别计量并且计量线性良好。

②单轴计量最大量程：30t。

③最大过载能力：150%。

④允许轮轴停在秤台上。

⑤车辆匀速通过秤台，行驶速度≤20km/h 时，动态总质量称量相对最大误差为±2.5%，重复性误差≤5%。

⑥不超过最大过载能力时，传感器工作寿命≥2000 万轴次。

⑦当传感器发生故障时，可以通过硬件和软件发出故障消息。

⑧工作环境：温度-20℃ ~ +60℃，相对湿度 0% ~95% RH。

⑨防护等级：IP68。

5.2.2 其他设备

弯板式称重系统车辆分离器、轮胎识别器、检测线圈、称重控制器等设备技术指标及功能要求与其他类型称重系统相同，在此不再赘述。

第六章　弯板式称重设施施工要求

为了不破坏弯板称重传感器平台前后路面的强度，弯板称重传感器要求浅层安装，无须另做排水系统，秤台无机械结构、无基坑，不存在基坑清理工作，日常无须对其维护，以免因车道计重平台维护而影响车辆正常通行。传感器在路面维护修理时可取出重复安装使用。

6.1 设备安装技术要求

6.1.1 现场安装所需要的设备和工具

①基础开槽工具：墨斗、盘式切割机、电锤、小型空压机、电锤钻头、风镐、錾子、手锤、打孔模板等。

②弯板搬运、定位工具：安装小车、定位架、角磨机、钢锯、套筒扳手、内六角扳手、中号一字十字改锥、壁纸刀、卷尺、直尺、水准仪、斜度仪。

③浇注及安装工具：搅拌器、漏斗、万用电表、电烙铁、接地电阻测试仪。

6.1.2 设备安装前的准备工作

（1）现场准备工作

①根据施工组织方案中的计划及建设单位的要求配备一定数量的施工人员，配置施工车辆、工具，明确水、电供给。

②对现场施工人员进行安全施工教育。

③封闭施工车道，做好禁行标志标识。施工人员穿反光背心或其他符合规定的服装。

④对指定的施工位置进行清扫。安装弯板的路面应平整，无凹陷、凸起；已修补过的路面应与原路面接平，无明显裂缝。如若不符合条件应及时向建设单位反映并提出要求。（路面参考的技术指标：平整度≤3mm，纵横坡度≤2%）

⑤检查各穿线管道是否畅通。

⑥检查接地系统、电源系统是否符合要求。

（2）放线

根据现场选定的安装位置和图纸要求，以车道中心位置为中心线，进行车道开挖基础的划线。划线时最好采用墨斗放线，要求清晰准确，如图4.6.1所示。

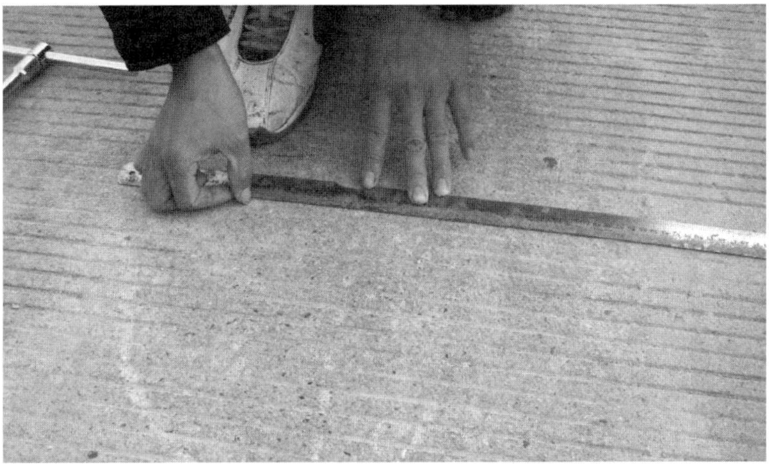

图4.6.1　弯板式称重设备放线图

（3）切割、清除基坑

在开槽区域进行切割，要求外框符合设备图纸要求，框内每隔20cm切割一条直缝，以利于基坑渣土的清理。切割前可采用手持云石机切割出基坑轮廓，然后再用盘式切割机切割，如图4.6.2、图4.6.3所示。

用风镐、錾子、手锤等工具清理基坑内的水泥基础，并达到图纸规定的要求。注意测量基础四角的深度，基坑底面要求平整、四壁凿毛。如果路面整个混凝土面层小于15cm，则将整个面层全部打掉，并对弯板胶的用量做及时的变更。

图4.6.2　弯板式称重基坑切割图

图4.6.3　弯板式称重基坑切割后效果图

(4) 打固定孔

将弯板框架移放入基础坑内，使框架居于基坑内的中部，调整框架的位置，使其达到图纸上要求的车道安装位置，并注意两弯板的错开距离。这时确定每个框架上支撑锚钩的打孔位置，并用油笔或自喷漆做好标识，然后将框架移至一侧待用。或者采用专用打孔模板打固定孔，方法如下：首先根据弯板的规格来确认模板上相应孔的位置，接着将模板紧靠弯板基坑一侧，并使模板中心孔与基坑中心线对齐，此时模板上孔的位置就是弯板固定孔的位置，利用油笔或自喷漆做好标识，然后将模板移走待用，如图 4. 6. 4 所示。

图 4. 6. 4　钻孔及钻孔后位置校验

在每个标识的打孔位置上，用 Φ25 的电锤钻头进行打孔，深度要求约为 120mm（以基础底部为基准），倾角约为 60°。

打完锚钩安装孔后，小型空压机将基坑内各表面及各安装孔内的粉尘清理干净，同时用毛刷清刷各表面。

(5) 穿线管、排水管固定

将弯板基坑里的排水渠用水泥砂浆抹平，注意排水渠的坡度与路面一致，保证排水通畅。砂浆的配置比例约为：水泥 ∶ 中砂 = 1 ∶ 2，配置的砂浆应较黏稠为宜。应注意砂浆不能灌入到地锚钩安装孔中。

待（排水渠上的）水泥砂浆凝固且有一定强度后（一般 4 ~ 8 小时），将两个弯板中间的穿线管、排水管，以及基坑两端穿线管、排水管用混凝土固定好（混凝土标号要求 C30 以上）。

图 4.6.5　基础烘干及空压机吹净基础槽

如图 4.6.5 所示，将基坑内清理干净并保持干燥待用。若基坑内潮湿或有积水务必将其清理干净，通过采用吹风机、电炉、白炽灯泡、喷灯等措施予以烘干。若在雨季施工或遇上下雨天则须搭建雨篷等设施以保证施工正常进行。

6.1.3 设备安装

（1）安装要求

①平整度要求：安装完毕后，要求弯板上表面与路面之间的误差在+2mm ~ 1mm 以内。

②贴实度要求：安装完毕后，弯板必须与框架的橡胶垫条贴实，不得出现翘角、中空等现象，要求间隙在 0.2mm 以下。

③压紧度要求：安装完毕后，压条必须通过调整胶条压紧弯板，弯板两端与框架缝隙用 EVA 密封条，保证有良好的密封。

④接地要求：安装完毕后，弯板外壳与接地点要连接牢固，保证接地电阻≤1Ω。

（2）弯板式称重传感器的安装

①为防止弯板胶流入排水渠，在定位前将框架落水孔四周采用 5cm ~ 6cm 厚的海绵围起来，如图 4.6.6 所示。

②用硅胶将框架挡板间缝隙等部位封堵。

③视情况而定，将框架底部橡胶减震垫宽度方向裁去一部分，以避免影响弯板底部传感器（若减震垫宽度不影响传感器可不裁剪）。

④根据地锚孔的位置，在减震垫上开相应的孔，并将其放入框架相应位置。

⑤将弯板放入框架中并使弯板处于框架正中位置，利用框架上的 M12 螺柱装上弯板定位架，用适当力度拧紧螺母务必使弯板与框架底面贴实，其间可用改锥、塞尺等检查弯板下面的减震垫是否松动，以弯板与框架将减震垫压实为准，拧紧过程

中应尽量做到四个螺母的拧紧力度均匀，如图 4.6.7 所示。

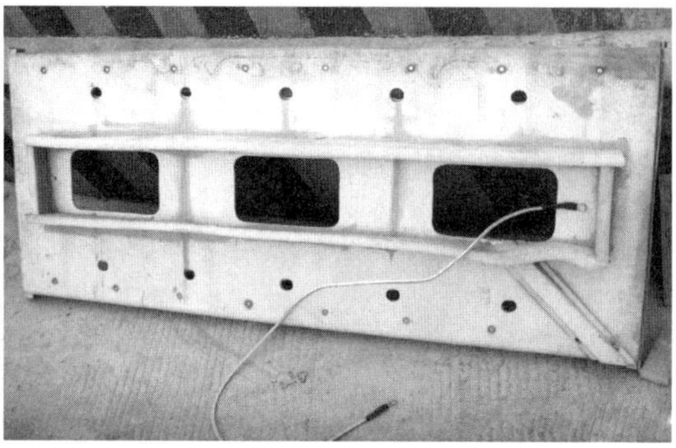

图 4.6.6 弯板称重传感器安装示意图（一）

图 4.6.7 弯板称重传感器安装示意图（二）

⑥将带定位架的弯板放入基坑内，使弯板处于基坑正中位置，之后将地锚钩穿入框架，放入其安装孔中，使地锚钩的长边方向与弯板的安放方向一致，务必使地锚钩低于框架支承面，并用胶带纸将地锚钩安装孔进行密封。

⑦用细线、钢直尺测量弯板上平面的高低位置，调节定位架两端调整螺栓来进行精确调整，最终保证弯板与路面接平、弯板四角压实。要求弯板上表面与路面之间的误差在 +2mm ~ -1mm 以内。框架外侧边线与基坑边线之间距离为（20 ± 5）mm。

⑧浇筑前再次检查排水渠四周海绵的密封情况，各穿线管、排水管管口封堵，防止弯板胶流入。

⑨为防止污染路面、弯板，浇筑前可用宽胶带粘贴在框架两侧路面上，用塑料布遮盖在弯板上，浇筑时建议采用漏斗，如图 4.6.8 所示。

图 4.6.8 弯板称重传感器安装示意图（三）

⑩现场浇筑应严格控制配合比例，分层多次浇注。

⑪浇注时用石子将两个弯板从中间穿线管处隔开分别浇注，留出中间穿线管部分最后进行浇注。配制好的材料须在 8 ~ 10 分钟中内用完。

⑫从低处向高处分多次浇注。首次浇注要求浇注至与弯板框架低面相平位置，并暂停浇注，检查框架内各个地锚孔是否有弯板胶溢出，如果没有则在弯板胶固化前及时采取措施，使其框架底部气体放出，达到浇实的目的。最后等其初步固化，并浇筑至与路面齐平的位置。

⑬为了减少弯板胶的用量，两弯板连接部分穿线管四周较大间隙内可放置干净干燥的石子，将拌好的弯板胶取出少量置于其他桶内并加入适当石子进行搅拌，然后浇入基坑内，要求石子直径在 10 ~ 30mm 之间。为了避免过热产生大量气泡可分多次进行浇筑，并控制石子的用量，保证石子以上弯板胶厚度为 2cm 即可。

⑭分批调制少量的弯板胶，将低于路面处的部分补至与地面相齐平位置。

⑮检查地锚钩浇筑完后有无高出框架支承面，否则打磨平整。

⑯清理橡胶减震垫。

⑰将框架内滴漏的环氧树脂胶用錾子进行清理，清除灰尘，确保弯板内干净整洁。对补胶过程中高出路面部分打磨处理，如图 4. 6. 9 所示。

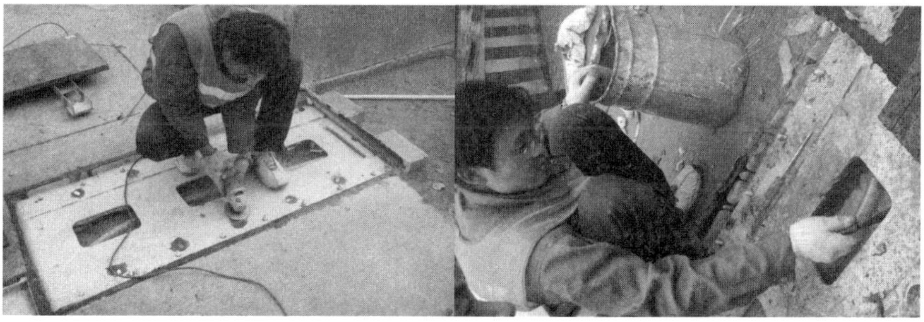

图 4. 6. 9　弯板称重传感器安装示意图（四）

⑱安放弯板胶垫。

⑲将光栅信号线和加热玻璃电源线铺设于弯板框架内，并尽可能进行固定。

⑳吊放弯板并穿线：将弯板吊放于框架中，放置时应使弯板居于框架的中间位置。在吊放过程中，同时将信号线穿入数据采集控制器一侧的集线井中。

㉑用塞尺检查弯板与框架支承面之间的间隙，要求间隙在 0. 2mm 以下。

㉒用硅酮密封胶（玻璃胶）密封框架和弯板的接缝处，并粘接 EVA 密封条。

㉓利用硅酮密封胶将调整胶条粘接在弯板斜面上，然后安装压条，再固定各安

装螺栓。调整胶条应与压条、弯板间结合紧密，无松动。

㉔安装完成后使用 1.5m 板尺检测路面与弯板间的平整度，要求弯板上表面与路面之间的误差在+2mm ~ -1mm 以内，如图 4.6.10 所示。

安装弯板并穿线

打胶密封

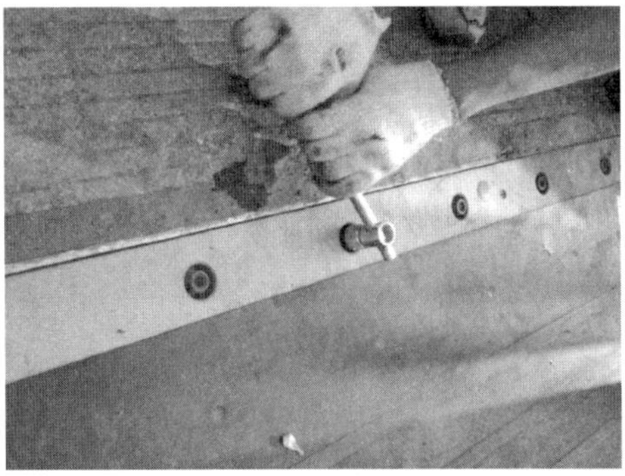

安装压条

效果图

图 4.6.10　弯板称重传感器安装示意图（五）

(3) 轮轴检测器安装

把所有轮胎检测器线通过穿线管穿至集线井内，按照编号顺序依次接入轮胎检测器数据采集器，并由数据采集器分析胎型送至中央处理单元。

(4) 车辆分离器安装

在车辆分离器安装中，应设置安装基础板，将设备安装于基础板上，并保证相匹配的一对发射器和接收器处于同一高度上，安装牢固、垂直、对齐。

(5) 称重控制器及其他设备安装

称重控制器及其他设备按规定位置与相应基础垫板或螺栓固定即可。

(6) 设备穿线要求

按照穿线图要求将各种线缆穿入穿线管，穿线要求如下：

①电源线与信号线分管穿线。

②线缆在穿线过程遇到阻碍时不应大力拉伸线缆，防止线缆内部断线。

③每种线缆在穿线管两端需要留有余量，设备端预留 1 ~ 2m 余量，在收费亭端预留 3 ~ 5m 余量。

④无论是信号线还是电源线，一根线中间不允许有接头。如果因为线路太长，必须续接时，接头应在集线井处。

6.2 土建建设要求

弯板式称重检测设备设置在收费站收费车道时需在收费岛/称重检测岛上设置设备基础及管线。

（1）称重检测岛

根据设备的布设要求，开挖称重检测岛，浇筑车辆分离器、称重控制柜等设备的基础，并重新铺设管道。

（2）岛面铺装

破除部分岛面，恢复时铺装与原岛面铺装应保持一致。

（3）设备基础和管道

岛上设备基础均采用 C30 混凝土现浇，岛内管道均采用 φ60×3.5mm 热浸镀锌焊接钢管，计重控制柜利用现有岛内预埋管道，施工时将原设备管道的线缆抽出，再穿新设备线缆。

弯板称重传感器施工时首先浇注弯板框架，将框架和路面牢固结合，然后再把弯板装入框架内。其特点是弯板称重传感器受路面影响减小，不会因路面的变形而导致弯板受挤压变形损坏，使用寿命延长，而且便于后期维护、挪移和更换；表面经硫化橡胶密封技术处理，防水、防尘、防盐、防腐蚀；交错布置安装，保证覆盖整个路面宽度。这样能有效杜绝车辆压偏、压边、压不实等行为造成的计量偏差现象，从而确保称重的准确性。

（4）岛内回填

采用石灰土，石灰土的 CaO+MgO 含量宜为 8% ~ 10%，密实度不低于 90%，也可采用与原岛上相同的回填方式或采用素砼回填。

（5）钢管铺设

①钢管的连接采用套管焊接，套管长度为钢管外径的 2 ~ 3 倍。钢管接续前，应将管口磨圆或锉成坡边，保证光滑无棱。钢管接续严禁采用对口焊接。

②严禁不等径的钢管接续使用，埋设时钢管焊缝应朝上。

③钢管铺设完毕后要进行试通，并穿 φ3mm 钢丝，要采取妥当措施防止钢丝缩入管中，钢管管口应堵住，防止异物进入管中，对预埋在构造物内的钢管应先试通，然后再浇筑混凝土，混凝土浇筑完成后也须试通，以确保管道不被堵塞。

④钢管斜插入手孔时应将钢管切成斜面，保证管口与手孔孔壁平行并应缩入孔壁一定的距离（2～3cm），并用水泥砂浆将管口抹成圆棱。钢管进入手孔的端部应做扩口处理。管道基础进入手孔窗口部分，应严格按照 YD5103—2003 的有关条款进行。

6.3 设备防雷接地要求

称重系统设备须有防雷接地系统，防雷接地电阻应在 4Ω 以内。系统设备其自身的供电电源应安装电源防雷保护器，外场设备数字接口应采用光电隔离设备，并有防浪涌电流能力。所有称重设备须具备防感应雷的能力。

6.4 排水要求

根据弯板称重传感器厂商的要求，需要设置排水的，应保证雨季积水能够顺利排出，排水通道应平滑，排水方向有不小于 1% 的倾斜度，排水通道的结构、材质和埋设深度与路面相协调。

6.5 施工及安全注意事项

①弯板胶在干燥、阴凉的室内储存。

②施工中材料如不慎进入眼睛，须立即用大量清水冲洗并立即就医。

③施工中材料如不慎吞食，须立即就医。

④弯板胶配制完毕后，所有机具须及时用有机溶剂清洗干净。

⑤施工完成后，使用过剩的产品必须按规定处理，不可倒入排水沟、水或土壤中。

第七章　弯板式计重设施维护要求

弯板称重传感器为整体式称重传感器，弯板传感器无机械结构，避免了车辆通过时的冲击对机械结构的损坏。免维护，日常无须清理、保养。当路面需要维修时，可先将称重传感器拆除，路面维修完成后将称重传感器重新安装。

弯板传感器采用一体化结构，确保了系统的可靠性，避免了机械结构损坏导致车辆无法通行的情况。整个称重系统的日常维护工作主要包括以下几部分：

①红外线车辆分离器的维护

②中心控制器的维护

③通信部分维护

④秤体的维护

7.1 红外车辆分离器的维护

整个称重系统由车辆分离器的被触发而开始，至不被遮挡结束，完成一辆车的数据的采集、运算、判断及上传工作，所以必须保证车辆分离器能正常工作，特别是雨雪天气或者冬季，水蒸气或者雾气凝结在光栅分离器箱体玻璃上，有可能造成光栅一直被占用的现象，所以平时的维护是十分必要的，维护步骤如下：

①打开机箱门，检查光栅分离器的工作状态，正常工作状态为绿灯常亮，当有大于150mm 物体经过时，绿灯熄灭、红灯变亮，同时机柜中继电器会发出吧嗒的响声。

②发射器和接收器上黄灯为故障灯，如设备发生故障，黄灯亮。

③如不能正常工作，观察玻璃上是否有凝结的水蒸气或雾气、灰尘、泥巴，用干布擦拭清洁光栅分离器机箱玻璃门，以免有物体遮挡住光栅分离器。

④遇到雨雪天气，更要做好光栅罩玻璃表面检查和清理工作。

⑤如光栅分离器工作正常，机柜中继电器不工作，则更换继电器。

⑥打开室外控制机柜，检查各部分接线端子、插头是否接触良好，检查线缆是

否有老化、鼠害等现象。

7.2 称重控制器的维护

①定期清理控制柜内部灰尘，周期为六个月。检查室外机柜内中心控制器各部分工作是否正常，方法是观察各个处理板卡上指示灯的工作状态是否与车辆通行时相对应。如某一部分不正常工作，请联系维修人员进行维修或更换。

②定期检查计算机机箱。

③定期打开室外控制机柜，检查各部分接线端子、插头是否接触良好，检查线缆是否有老化、鼠害等现象。

④检查通信端口是否能够正常接收数据和通信。

⑤检查各部分接线端子、插头是否接触良好，检查线缆是否有老化、鼠害等现象。

7.3 秤体的维护

①弯板式秤体无须维护。

②需要对弯板旁边的人手井做定期检查，如积水超过线缆管口，须人工排水。

第五篇

石英式称重技术

第一章 概　　述

石英传感器是利用压电石英晶体在承受变化载荷时能产生与载荷变化呈一定比例的电荷这种压电特性来测量载荷变化的传感器。

瑞士 Kistler（奇石乐）公司开发出可以埋在路面下的以石英晶体为敏感元件的工字梁型动态称重传感器，用于公路车辆轴载超载预判、桥梁超载报警、隧道保护和车辆轴载计量，取得了很好的应用效果。这种压电石英称重传感器已在美国、英国、德国、澳大利亚、韩国、日本等许多国家广泛应用。

石英称重传感器是可直接安装在道路上，用以完成车辆动态称量的装置。与其他称重设备相比，其占地面积小、施工量少、安装维护简单方便。我国自 2003 年开始实施公路计重收费以来，石英式称重设备得到了广泛的应用。石英式称重系统早期在广东省高速公路应用较广，主要用于高速公路出口车道计重收费。2015 年以后，计重收费领域对称重精度要求越来越高，石英式称重系统逐步被精度更高的整车式称重系统所代替，逐步淡出收费站应用场景。

目前在浙江、河南、四川、江苏、安徽、湖南、湖北等省治超非现场执法系统、高低速超限检测系统等领域有应用。

石英式称重系统虽然由于造价、防作弊方面的弊端逐步淡出收费站应用场景，但由于石英式称重系统在速度、原理上的先天优势，在超限检测、非现场执法领域仍占有一定份额，如图 5.1.1 所示。

石英式称重系统厂家主要有江西众加利高科技股份有限公司等。

图 5.1.1　石英式称重系统

第二章　石英式称重系统构成

2.1 系统构成

2.1.1 系统构成及示意图

石英式动态称重系统由室外机柜及称重控制器、轮胎识别器、车辆分离器、石英称重传感器、电荷放大器等构成，如图 5.2.1 所示。

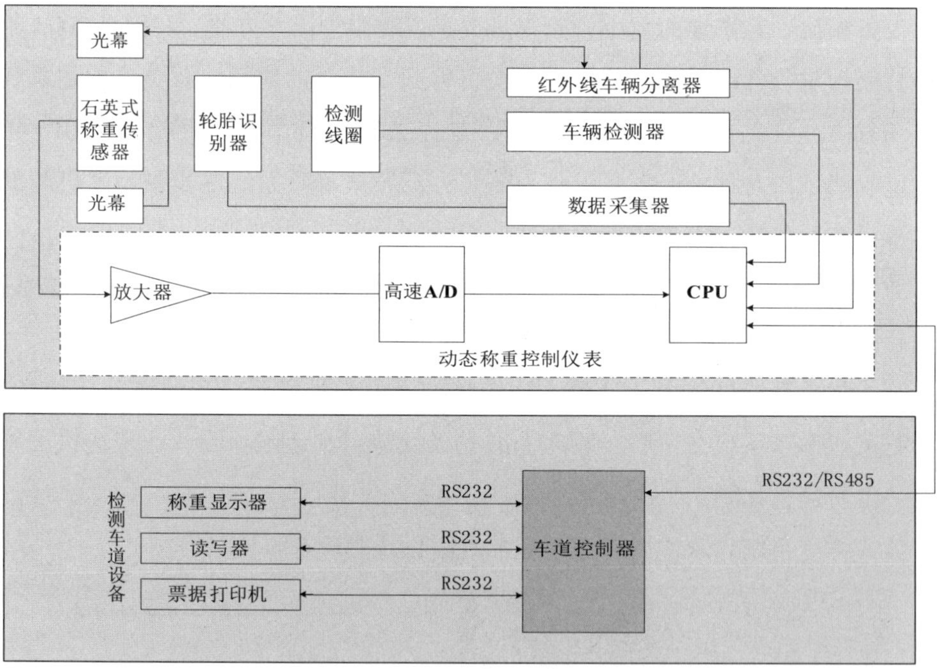

图 5.2.1　石英式称重系统构成图

石英式称重系统相对独立，轮胎识别器、红外车辆分离器、石英称重传感器（图 5.2.2）及车辆检测器的数据均上传称重控制器，称重控制器通过串行通信接口和车道控制器连接，把经过处理后得到的计重信息（包括总重、轴重等）上传车道控制器。

石英式称重系统主要用于动态中、高速检测车辆轴载和车辆总重的称重，可完成车轴的计重、速度检测、轴型判断等工作，并累计整车重量。

图 5.2.2　石英称重传感器

石英式称重系统的车辆分离器、检测线圈、轮轴识别器、称重控制器等与整车式称重系统相同。

2.1.2 系统布局示意图

石英式称重系统的布局如图 5.2.3 所示。

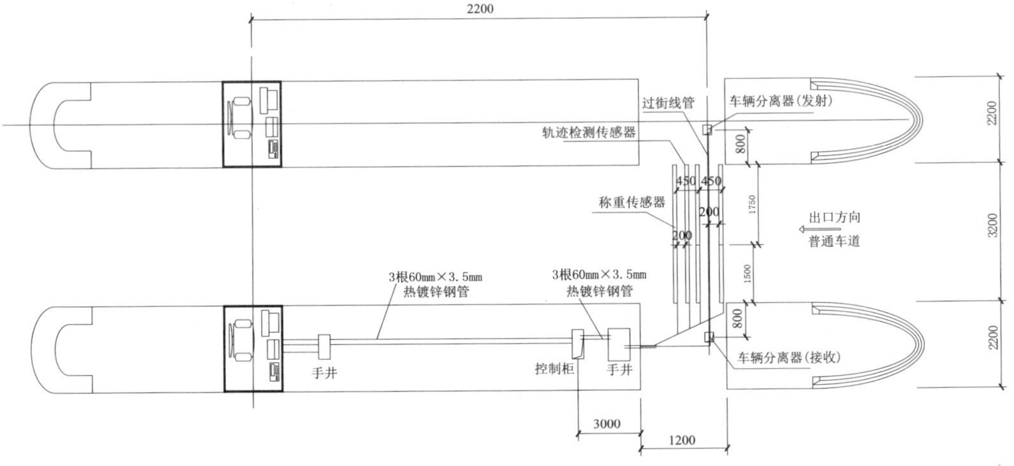

图 5.2.3　系统布局示意图

2.1.3 系统布置效果图

石英式称重系统的系统布局效果如图 5.2.4 所示。

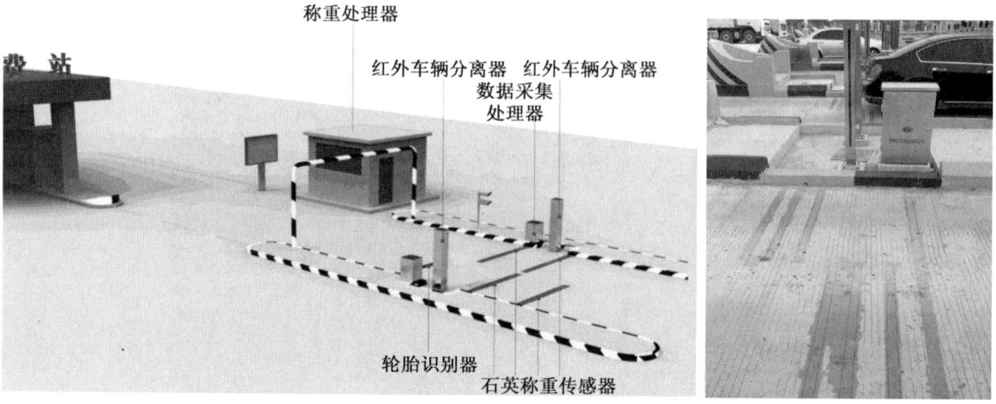

图 5.2.4　石英式动态称重系统布置示意图

2.2 传感器构成

石英称重传感器是称重系统承载车辆轮、轴压力的部分，主要完成车轴的称重等工作。

石英称重传感器一般由石英晶体谐振器、密封材料、外壳、电子控制电路系统组成。

①规格：石英称重传感器垂直于行车方向埋设，即石英传感器长度方向与称重车道宽度方向一致，长度应满足被称车辆的需要。单只长度包括 1.5m、1.75m、2m 等规格，由至少两只组合满足车道宽度的要求。普通车道计重收费多选用长度为 1.5m、1.75m 的石英称重传感器混合布设，超宽车道计重收费多选用长度为 2m 的石英称重传感器。

②布局：石英传感器的准确度与性能、排数、布局方式、道路条件（如路面平整度）、埋设质量等方面都有关系，典型的布局方式如图 5.2.5 ~ 图 5.2.13 所示。

图 5.2.5　单排布局

图 5.2.6　双排布局

图 5.2.7　三排布局

图 5.2.8　四排布局

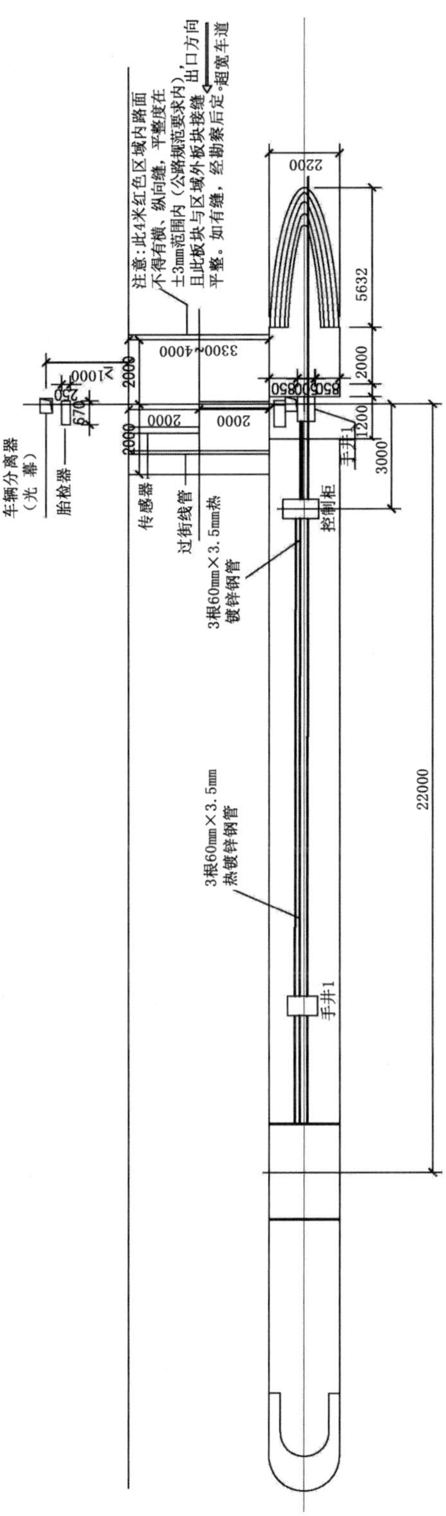

图5.2.9 单排布局超宽车道石英称重传感器布设图

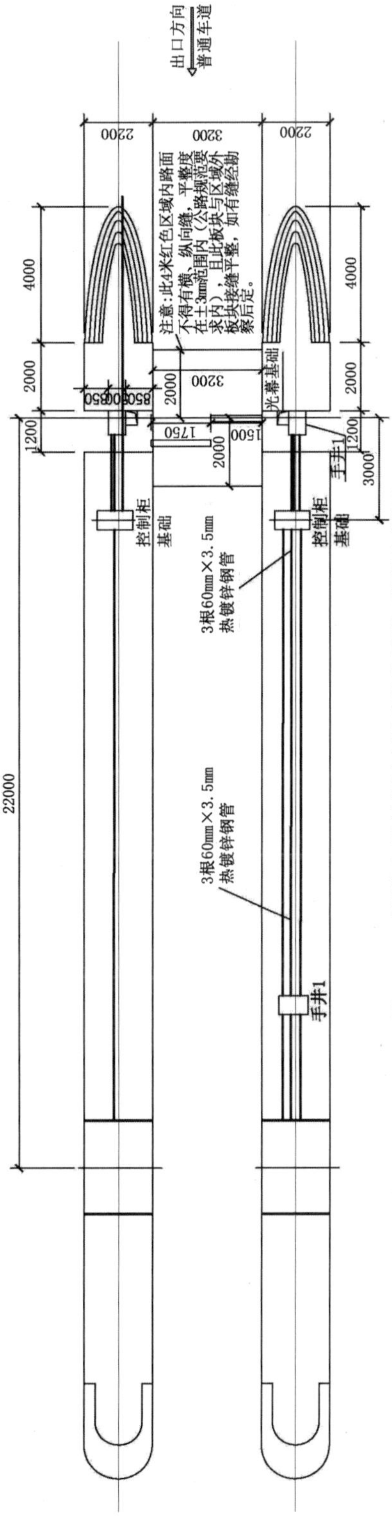

图5.2.10 单排布局普通车道石英称重传感器布设图

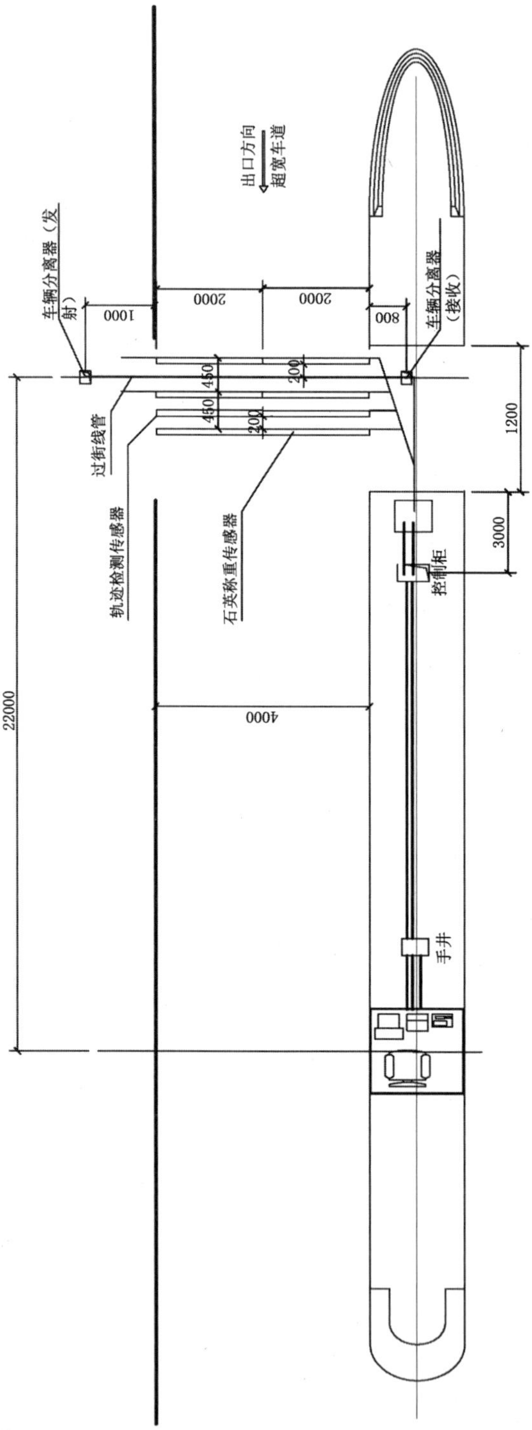

图5.2.11 多排布局超宽车道石英称重传感器布设图

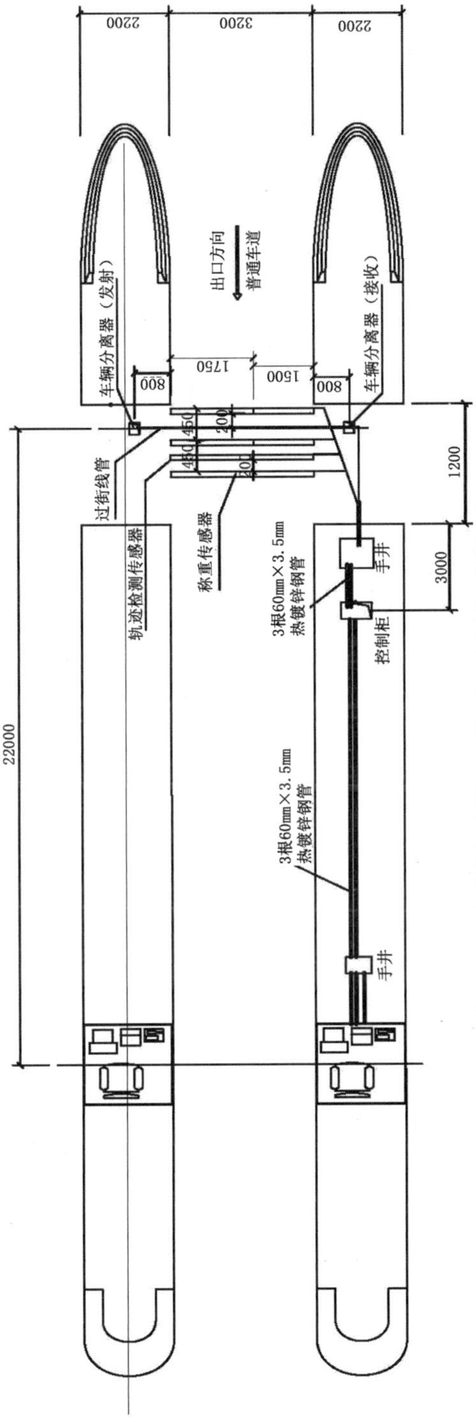

图5.2.12 多排布局普通车道石英称重传感器布设图

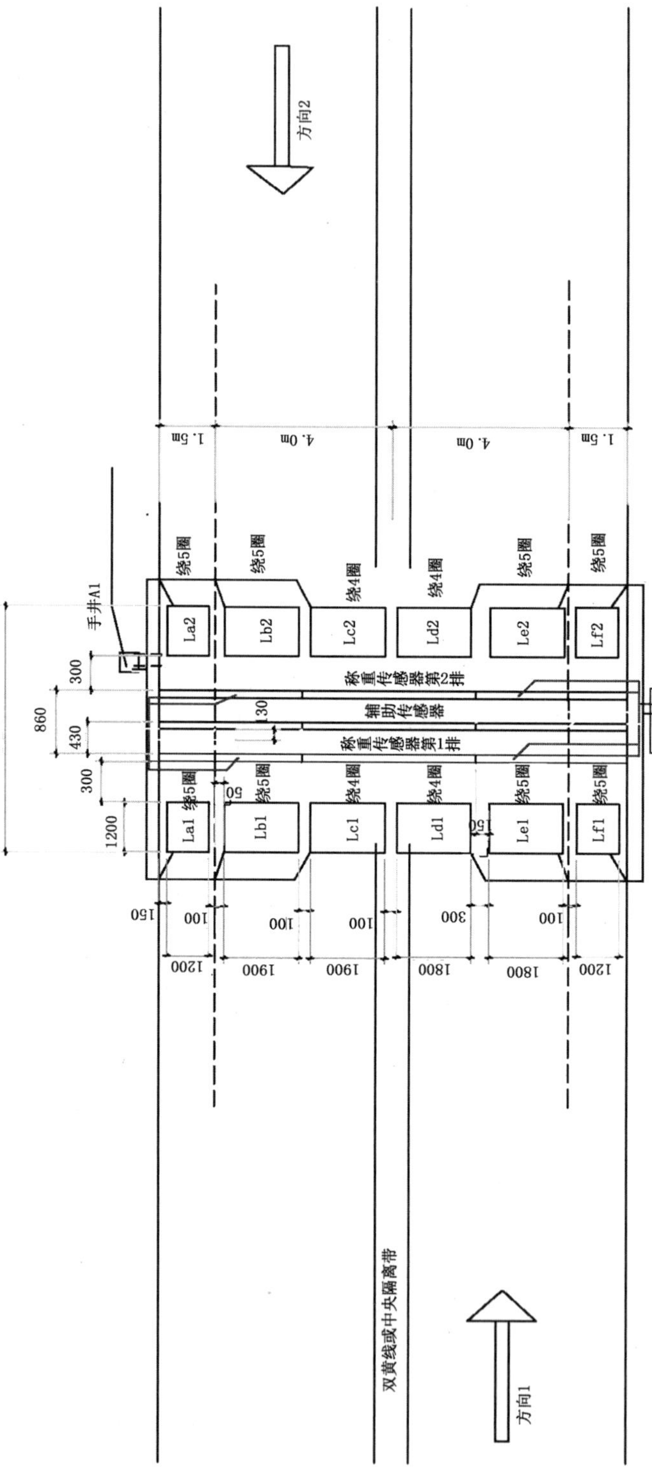

图5.2.13 多排布局石英称重传感器主线布设图

2.3 其他

石英式称重系统的称重控制器、轮轴识别器、车辆分离器、检测线圈等设备功能及技术要求与其他类型称重系统相同。

电荷放大器是将石英称重传感器产生的电荷信号转换为电压信号的电子装置。

第三章　石英式称重系统功能

3.1 称重系统功能要求

石英式称重系统的主要目标是为公路整车计重应用场景提供可靠的称重数据与运行环境，总体功能主要包括以下几个方面：

①能对高速/低速通过的车辆进行称量。

②能检测车辆通过称重设备时的速度。

③能对车辆进行自动分离。

④能检测车辆的轴、轴组及整车重量。

⑤能记录车辆通过时间。

⑥系统软件在系统死机时能自动重新启动，并且所有的处理软件、设备驱动程序、示范测试程序和示范测试程序源代码都具有合法的使用许可，需求方不需要额外付费。

⑦能形成完整的车辆称重信息，包括轴型、轴重、联轴信息、每轴的胎数、联轴重量、轴距、总重等信息，仪表可实时显示检测结果。

⑧能通过通信接口将称重信息传输给车道控制机。

⑨当最后一辆车不完全退出（未收头）并且再进入时，称重设备能够正确判断处理该辆车的称重数据。

⑩当车辆不完全进入（未收尾）并退出时，称重设备能够正确判断，撤销该辆车的称重数据。

⑪当车辆在称重平台上不完全倒车（未收尾、也未收头）并进入时，称重设备能够正确判断处理该辆车的称重数据。

⑫称重仪表具有数字显示屏，可中文显示工作状态，轴重、总重、轴型等检测数据。

⑬系统能对车辆进行准确、有效的自动分离（能判断挂车和半挂车），当车辆

分离器（光栅）故障时有备用措施（检测线圈）保证正确实现车辆的分离，并能处理车辆排队、倒车、不完全倒车、点刹车等复杂多变的行驶状态，保证车辆和数据一一对应。

⑭石英称重传感器表面应采取适当的防滑措施，防止车辆打滑或因称重平台表面结冰而失去控制。

⑮系统具备自动缓存功能，能够保存一定数量的数据，当向计算机发送数据失败时，能重发数据，保持数据的唯一性和完整性。

⑯能按照规定的数据通信协议或动态库通过数据接口将称重信息传送给计算机。

⑰系统具有故障自检功能，系统中各设备和线路故障时，系统能取得相应的故障信息，在现场的显示设备上进行显示，并能够将这些故障信息传送给车道收费计算机。

⑱系统能够在无人值守状态下满足 7×24 小时全天候连续工作的需要。

⑲能通过标准开放的数据接口安全可靠地将计重信息传输给计算机，具备数据缓存功能，保证计重数据与车辆一一对应。

3.2 传输要求

车辆的轮轴驶过石英称重传感器后，称重传感器自动将重量信号转换为电荷信号输出至称重控制器，称重控制器通过数据接口将称重信息传输至相关业务的计算机/工作终端。系统具备自动缓存功能，能够保存一定数量的数据，当向计算机发送数据失败时，能重发数据，保持数据的唯一性和完整性。

3.3 系统自检

称重系统应具有开机自检、空闲时定时自检、零点校正和自动温度补偿功能。应具有故障自检功能，系统中各设备和线路故障时，系统能取得相应的故障信息，在显示设备上进行显示，并能够将这些故障信息传送给相关业务计算机。

3.4 在线监测功能

①称重控制器应实现实时状态监测。

②在线监测应满足下列规定：

a. 具有监测汇总、分析、报警等功能。

b. 可对传感器供电、传感器的零点输出信号进行监测。

c. 可对轮轴识别器的工作状况进行监测。

d. 可对车辆分离器的工作状况进行监测。

③石英式称重系统应能在称重软件或后台相关的软件中实现实时监测功能。

3.5 其他功能

石英式称重系统应具有良好的稳定性，称重设备的计量检定应符合现行国家和行业有关标准的规定。

第四章　石英式称重技术工作原理及工作流程

4.1 系统工作原理

石英称重传感器是利用石英晶体的纵向压电效应将重量信号转换成电信号的装置。石英式动态称重系统工作原理是当车辆正常通过传感器时，每个车轮的动态车轮力施加到传感器表面，石英传感器压电效应将车轮力转化为电荷信号，电荷信号经过电荷放大器的放大和高、低通滤波处理后进入数据采集卡，采集卡完成模拟电荷信号到数字电压信号的转化，称重控制器通过 PCI 总线获取采集卡数字电压信号后经过系统软件的分析运算得到车辆轴载荷信息，称重结果传输给车道计算机在显示装置进行显示，完成一辆车的称重过程，如图 5.4.1 所示。

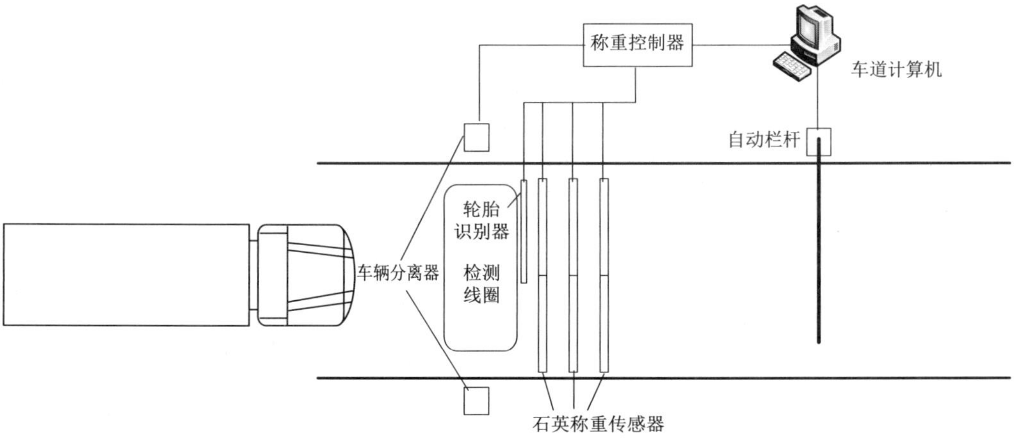

图 5.4.1　石英式动态称重系统原理图

4.2 工作流程

石英式称重系统工作流程如图 5.4.2 所示。

①开始，称重系统处于工作状态。

②车辆驶入称重检测车道。

③检测线圈输出电磁信号，识别有车辆进入。

④车辆触发车辆分离器，识别车辆进入称重检测区域。

⑤车辆轮胎（轴）压过轮胎（轴）识别器，识别车辆驶入称重平台（称重传感器）。

⑥轮胎（轴）识别器识别车辆胎型、检测轴型。

⑦车辆轮胎（轴）驶过称重平台（称重传感器），检测轴重，判定轴组。

⑧车尾驶出检测线圈区域，驶过车辆分离器，系统检测车辆驶出收尾。

⑨系统记录车辆轴重，并自动记录车货总重、修正轴重。

⑩称重系统向车道计算机发送计重信息（轴数、轴组、轴重、车货总重等）。

⑪等待下一辆车进入称重检测车道。

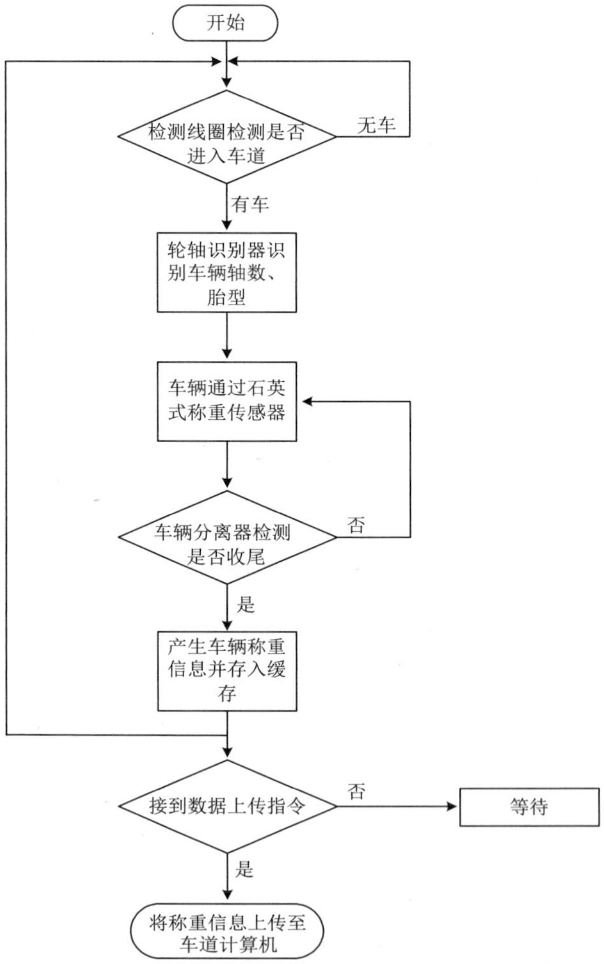

图 5.4.2　石英式称重系统工作流程图

第五章　石英式称重系统关键设施技术要求

5.1 计量精度要求

(1) 动态精度

石英式称重系统不应用于静态称重，主要应用于动态称重。

石英式称重系统车辆总重的基本准确度等级划分为 4 个等级，用符号表示分别是：1、2、5、10。

石英式称重系统轴载荷基本准确度等级划分为 4 个等级，用符合表示分别是：C、D、E、F。

为满足交通执法、统计分析等实际需要，在上述基本准确度的等级外，车辆总重量增设 7、15 两个附加准确度等级，车辆轴载荷（含单轴载荷）增设 G、H 两个附加准确度等级。

车辆总重量、轴载荷准确度等级的对应关系及最大允许误差如表 5.5.1 ~ 表 5.5.4 所示。

表 5.5.1　车辆总重量、轴载荷准确度等级关系

荷载	车辆总重量的准确度等级					
	1	2	5	7	10	15
C	+	+	–	–	–	–
D	+	+	+	+	–	–
E	–	+	+	+	+	–
F	–	–	–	+	+	–
G	–	–	–	–	–	+
H	–	–	–	–	–	+

注：“+”表示适用，“–”表示不适用。

表 5.5.2　车辆总重量最大允许误差

准确度等级	车辆总重量约定真值的百分比（%）		
	型式试验检定	非法制应用调校	最大允许误差
1	±0.5	±0.80	±1.0
2	±1.00	±1.60	±2.0
5	±2.50	±4.00	±5.0
7	±3.50	±5.60	±7.0
10	±5.00	±8.00	±10.0
15	不适用	±12.00	±15.0

表 5.5.3　轴载荷最大允许误差（基本）

单轴荷载 准确度等级	最大允许误差（%） （以静态参考单轴荷载约定真值的百分比表示）
C	±1.50
D	±2.00
E	±4.00
F	±8.00

表 5.5.4　轴载荷最大允许误差（附加）

准确度等级	以静态参考单轴荷载约定真值的百分比表示（%）		
	型式试验	现场调校动态试验	使用中检验
C	±5.00	±8.00	±10.00
H	±7.00	±12.00	±15.00

（2）实际应用中对称重精度的选取

①计重收费及收费站称重检测：根据交通运输部印发的《高速公路称重检测业务规范和技术要求》（交办公路函〔2019〕1182 号）对收费车道称重检测的精度要求，首次检定时，车货总质量最大误差为±2.5%，称重设备在使用过程中，车货总质量最大误差为±5%。石英式称重系统用于收费车道计重收费及收费站称重检测时车辆总重最大允许误差为 2 级，车辆轴载荷（单轴或轴组载荷）最大允许误差为 D 级。

②超限检测车辆称重检测：在《公路超限超载检测站设计指南（试点工程版）》中对预检系统和精检系统的误差进行了规定，预检系统的误差不大于10%，精检系统对初检认定的超限车辆进行低速精确检测，车货总质量误差不大于5%，要求车辆以低于10km/h的速度匀速通过检测车道。石英式称重系统用于超限检测车辆预检称重时，车辆总重最大允许误差应达到国标5级的要求。

5.2 关键设施技术指标

5.2.1 石英称重传感器

石英称重传感器主要技术指标如下：

①防水、防尘，防腐蚀、耐高温，易维护。

②额定载荷（每轴）：30t。

③过载能力（每轴）：150%。

④速度小于40km/h时为最大误差为±5%。

⑤尺寸：适应满覆正常车道和超宽车道的要求。

⑥使用寿命>10年。

⑦防护等级：IP67。

5.2.2 电荷放大器

电荷放大器主要技术指标如下：

①通道数 ≥6路。

②精度 <1%。

③频率响应：上限频率100kHz（−3dB±ldB），下限频率10Hz（−3dB±ldB）。

④输入量程：±130000pC。

⑤最大输出幅度：±6.5Vpp。

⑥最大输出电流：±50mA。

⑦输出电阻<10Ω。

⑧失真度<0.5%。

⑨噪声：1mV。

⑩工作电源：24VDC±20%，小于等于35mA。

⑪防护等级：IP65。

⑫工作温度：-40℃ ~80℃。

5.2.3 其他设备

石英式称重系统车辆分离器、轮胎识别器、检测线圈、称重控制器等设备技术指标及功能要求与其他类型称重系统相同，在此不再赘述。

第六章　石英式称重设施施工要求

石英传感器安装时无须建造大面积混凝土基础，只须在混凝土路面根据传感器大小开出沟槽，放入石英传感器注入石英砂和环氧树脂混合物即可固定，如图5.6.1所示。

6.1 设备安装技术要求

（1）现场安装所需要的设备和工具

①扳手、卷尺、直尺、万用表、电烙铁等常用工具。

②接地电阻测试仪。

③水准仪、斜度仪。

④混凝土切割机。

（2）安装前的准备工作

①按照图纸的技术要求验收施工条件。

②检查各穿线管道是否畅通。

③检查接地系统、电源系统是否符合要求。

（3）穿线

按照穿线图要求将各种线缆穿入穿线管，穿线要求如下：

①电源线与信号线分管穿线。

②线缆在穿线过程遇到阻碍时不应大力拉伸线缆，防止线缆内部断线。

③每种线缆在穿线管两端需要留有余量，设备端预留1～2m余量，在收费亭端预留3～5m余量。

④无论是信号线还是电源线，一根线中间不允许有接头。如果因为线路太长，必须续接时，接头应在集线井处。

（4）称重传感器安装

①划线、切槽：在选定的路面称量控制区划线、切割、剔除，开挖安装槽。依

靠工具辅助保证石英传感器安装槽的宽度、深度符合施工规范要求，槽宽度、深度仅允许正误差、不允许负误差。去除安装槽四壁及底部的碎块，完全彻底清洁、干燥安装槽，以保证安装灌封胶料与道路的良好黏合。

②灌封：按规定比例拌和灌封胶料，并在规定的时间内灌注到安装槽中，保证其良好的流动性。放置称重传感器至其安装位置，安装灌封完全凝固前，不应移动称重传感器，不应有车辆经过、碾压。

③打磨：在灌封胶料完全固化后，将溢出并已固化的胶料通过磨削去除，保证传感器承载面顶部与路面平齐。

④平整度要求：石英传感器采用全密封安装，安装后与路面融为一体，无凸起，即石英传感器成了道路的组成部分。传感器台面窄，为了使其一直处于良好的受力状态，石英传感器表面应时刻保持干净。

（5）轮轴识别器安装

把所有轮轴识别器线通过穿线管穿至集线井内，按照编号顺序依次接入轮胎检测器、数据采集器，并由数据采集器分析胎型送至中央处理单元。

（6）车辆分离器安装

在车辆分离器安装中，应设置安装基础板，将设备安装于基础板上，并保证相匹配的一对发射器和接收器处于同一高度上，安装牢固、垂直、对齐。

（7）室外控制柜及其他设备安装

室外控制柜及其他设备按规定位置与相应基础垫板或螺栓固定即可。

图 5.6.1　现场实施图

6.2 土建建设要求

石英式称重检测设备设置在收费站收费车道时须在收费岛/称重检测岛上设置设

备基础及管线。

（1）称重检测岛改造

根据设备的布设要求，开挖岛，浇筑车辆分离器、称重控制柜等设备的基础，并铺设管道。

（2）岛面铺装

被破除的部分岛面在恢复时铺装与原岛面铺装应保持一致。

（3）设备基础和管道

岛上设备基础均采用 C30 混凝土现浇，岛内管道均采用 $\varphi 60\times 3.5$mm 热浸镀锌焊接钢管，计重控制柜利用现有岛内预埋管道，施工时将原设备管道的线缆抽出，再穿新设备线缆。

（4）岛内回填

采用石灰土，石灰土的 CaO + MgO 含量宜在 8% ~ 10% 之间，密实度不低于 90%，也可采用与原岛上相同的回填方式，或采用素砼回填。

（5）钢管铺设

①钢管的连接采用套管焊接，套管长度为钢管外径的 2 ~ 3 倍。钢管接续前，应将管口磨圆或锉成坡边，保证光滑无棱。钢管接续严禁采用对口焊接。

②严禁不等径的钢管接续使用，埋设时钢管焊缝应朝上。

③钢管铺设完毕后要进行试通，并穿 $\varphi 3$mm 钢丝，要采取妥当措施防止钢丝缩入管中，钢管管口应堵住，防止异物进入管中，对预埋在构造物内的钢管应先试通，然后再浇筑混凝土，混凝土浇筑完成后，也须试通，以确保管道不被堵塞。

④钢管斜插入手孔时应将钢管切成斜面，保证管口与手孔孔壁平行并应缩入孔壁一定的距离（2 ~ 3cm），并用水泥砂浆将管口抹成圆棱。钢管进入手孔的端部应做扩口处理。管道基础进入手孔窗口部分，应严格按照 YD5103—2003 的有关条款进行。

6.3 设备防雷接地要求

称重系统设备须有防雷接地系统，防雷接地电阻应在 4 欧姆以下。系统设备自身的供电电源应安装电源防雷保护器，外场设备数字接口应采用光电隔离设备，并有防浪涌电流能力。所有称重设备须具备防感应雷的能力。

第七章　石英式称重设施维护要求

石英传感器直埋在水泥路面上，传感器和路面完全结合，免维护，但只要传感器发生故障或周围环境发生变化（如更换安装位置、修复路面等），就无法维修，无法重复利用。只能另外重新安装一套传感器，原有传感器完全废弃，属一次性产品。石英式称重设施维护应做到以下几点：

①与称重控制器相连的插头应保持接触良好，并定期检查。避免接口部分松动或脱落，保持称重控制器外表清洁。

②车辆依次通过称重传感器，经车辆分离器收尾，车辆信息显示在称重车道显示器上，如果称重计算机没有显示车辆信息，须查看称重设备工作是否正常、传感器与称重控制器间通信是否正常。

③应确保称重控制器所接电源的纯净和稳定。

④称重系统正常运行期间，不要随意更改称重控制器内部数据。

⑤石英传感器采用全密封安装，安装后与路面融为一体，无凸起，传感器台面窄，可以保证其一直处于良好的受力状态。

⑥石英传感器表面应时刻保持干净，无杂物堆积，同时要确保称重控制区没有石子、螺栓螺母等抛洒物，避免造成称重传感器与路面的高差，进而影响称量准确度。路面出现裂纹或凹坑时，应及时进行修补。

⑦石英传感器安装使用一段时间后，路面可能会出现沉降，应及时打磨路面或石英传感器表面，使其保持在同一平面上。在称量控制区前后 25m 范围内，不应该设置导致车辆颠簸、上下震动的减速带。

⑧带有车轮金属履带或防滑锁链的车辆，在称重区域内必须移除履带或锁链，也可以在石英传感器和轮胎识别器上铺设 10mm 以上厚度的钢板对传感器进行保护。

⑨应定期对车辆分离器进行清洁，以使车辆分离器正常工作。

⑩轮胎识别器采用全密封安装，安装后与路面融为一体，无凸起，为了使其处于良好的工作状态，轮胎识别器表面必须保持干净，无杂物堆积。

第六篇

秤台式称重技术

第一章 概 述

秤台式称重设备（图 6.1.1）是我国最早出现的称重产品，2000 年前后，秤台式称重系统开始在我国公路领域进行应用，主要用于计重收费和超限检测，是计重收费的第一代计重产品。单台面秤台式结构装配 4 只称重传感器，秤台的有效称重长度为 70 ~ 90cm，逐步从静态称重向低速度范围（0 ~ 30 公里/小时）的动态称重过渡，秤台式称重设备在公路称重技术发展初期得到广泛使用。

图 6.1.1 秤台式称重设备

单台面秤台式称重设备在实际应用中由于台面窄，部分车辆在通过单台面称重设备时，采用变速、冲磅、跳磅、走 S 形、压秤边等违规方法，不仅对称重设备造成冲击，产生误差，还减少设备使用寿命，同时造成通行费流失，给高速公路运营管理带来极大的困扰。

为了克服单台面秤台式称重设备的不足，设计者将秤台宽度增加了接近 2 倍，称重传感器数量增加 2 ~ 4 只，形成双秤台结构。有效克服了车辆冲磅、跳磅或走 S 形等不良行为对称重精度的影响。

2010 年 1 月起，由宁夏回族自治区公路管理局组织，先后选择石炭井公路收费

第二章　秤台式称重系统构成

2.1 系统构成

2.1.1 系统构成及示意图

秤台式称重系统由称重平台（秤台、称重传感器）、轮胎识别器、车辆分离器、检测线圈、称重控制器等组成，如图 6.2.1 所示。

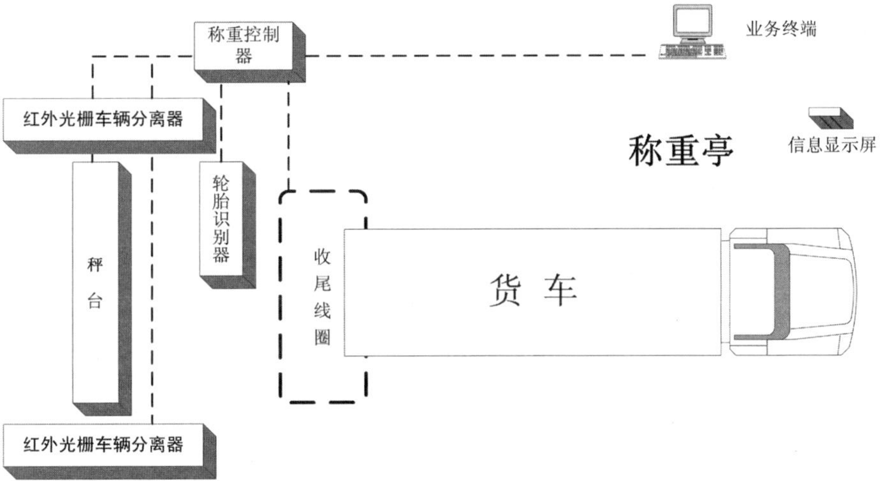

图 6.2.1　秤台式称重收费系统构成示意图

具体设备布设位置参见图 6.2.2。

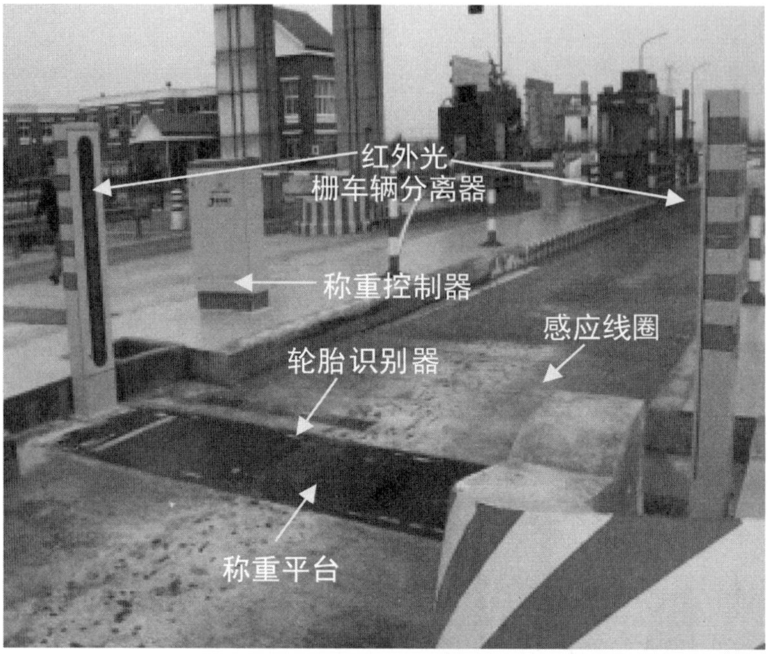

6.2.2　秤台式称重系统设备布设示意图

秤台式称重系统的称重传感器、轮轴识别器、感应线圈、称重控制器等设施与整车式称重系统一样，在此不再赘述，详见第二篇。

2.1.2 系统布局示意图

在秤台式称重系统的下秤端安装有一个检测线圈，红外线车辆分离器可以安装在秤台的前端、中间和下秤端位置，称重控制器安装在称重岛。具体布置如图6.2.3所示。

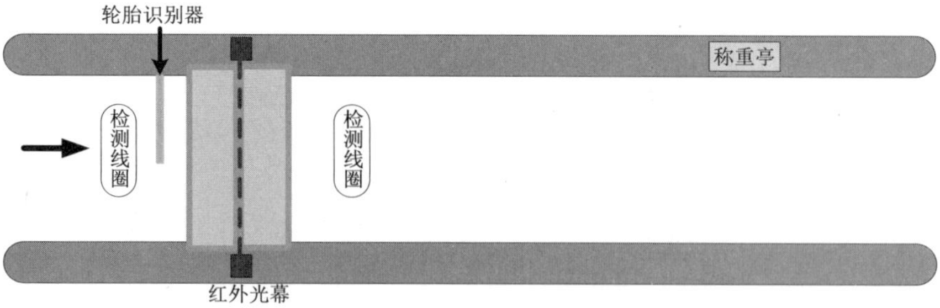

图6.2.3　秤台式称重系统设备布设示意图

2.2 分类

根据台面数量可将秤台式称重系统分为单秤台（单台面）和双秤台（双台面），两者的系统构成类似，单台面与双台面式轴重秤之间的区别，主要在于所采用称重平台和传感器的数量存在差异。双秤台示意如图 6.2.4 所示。

图 6.2.4 双秤台示意图

（1）单秤台

单秤台采用“单台面称重平台”，一般采用 4 只传感器。单秤台式轴重秤对司机常用的“跳磅”“冲磅”“蹲秤”“走 S 形”“千斤顶”等作弊方式基本无防护作用。

（2）双秤台

双秤台式轴重秤采用两个台面构成的“双台面称重平台”，一般采用 6 ~ 8 只传感器，有些厂家将双秤台的两个台面构成联体秤台结构，系统可方便地检测到车辆的不规范行驶状态甚至人为干扰的作弊行为，为准确可靠地称重提供保障。

双秤台式轴重秤的秤台的台面设计杜绝了由于路面不平、车辆刹车等情况对秤台造成冲击时相互挤压的情况发生，有效保证了逻辑和精度的稳定性。

双秤台式轴重秤的秤台的台面宽度约为 1.6m，对司机来讲如此宽的台面司机将不会做跳秤的尝试，一旦跳秤失败重量值会远超过真实重量值。台面的加宽不仅在心理上抑制司机跳秤的欲望，同时还增加了车辆称重的区域，能有效防止司机常用的作弊行为。

第三章　秤台式称重系统功能

3.1 动静态称重功能

①对静止或低速通过的车辆进行准确称量，保证称量数据与车辆一一对应。

②系统支持两种检测称量模式，即动态称量和静态称量，并可自动转换，即使由于拥堵，车轴停在称重台面上，系统也能准确称量并进行车型判别。

③能对车辆进行自动分离。

④计重设备是独立的子系统，通过 RS-232 串行通信接口与安装在车道计算机上的动态链接库进行数据交换。

⑤所有的处理软件、设备驱动程序、示范测试程序，都具有合法的使用许可，程序源代码将向业主无条件开放，业主无须支付额外费用。

⑥系统采用嵌入式单片机系统固化软件，不依赖 DOS、Windows、Linux 等任何操作系统，无机械部件。在自检异常、通信失败或者程序迷走时，处理计算机能够自动复位。

⑦按照超限车辆超限判别标准的要求设置超限重量限值，车辆超限的判定标准可以通过计算机方便地更改。

⑧系统分别可以对形成的完整车辆信息，包括轴重、整车重、轴数、轴型、车辆限制重量、车辆超限重量、时间等进行存储和查询。

⑨系统可存储至少 20000 辆计重车辆信息，可随时查阅某辆车的完整称重数据、当时的系统参数设置、设备的瞬间工作状态、瞬间称重数据。

⑩系统具备自动缓存功能，在向车道收费计算机发送数据失败时，自动存入缓存消息队列并尝试重发，在此次数据未正常送达前，该数据将一直保存在系统缓存中，直到复位或被操作员删除，从而保持称重数据的唯一性和完整性。

⑪称重设备具有开机自检、空闲定时自检、零点校正和自动温度补偿功能。

⑫称重设备标定方法简单，具有进入自校状态开关。在自校状态下，通过仪表

板上的按键或其他工具，可方便地对计重设备进行校准。

⑬数据采集处理器自带调试、检测用的数字仪表显示面板，可在面板上显示出各轴轴型、轴重、速度、总重等信息。

⑭系统本身能够可靠地识别出进入后退出、不完全退出、不完全进入、不完全倒车、走S形、点刹车、压秤边等非正常的恶意行车模式，并可根据系统预设的程序对以上各类情况进行特殊处理。

⑮称重系统一般处于正常工作状态，可以通过收费亭内的开关装置对称重系统进行开启或关闭。

3.2 轮轴型识别功能

①根据称重平台、称重传感器、轮轴识别器检测到的信号经数据采集处理器计算可以识别出车辆的轴、轴组类型。

②称重平台完成车辆的轴数识别，轮轴识别器完成车辆轮轴的单双胎识别，根据秤台、轮轴识别器和车辆分离器信号产生的时间顺序通过软件运算和分析数据采集处理器完成车辆的轴或轴组类型识别。可识别出单轴、双联轴、三联轴等各种轴型。

第四章　秤台式称重技术工作原理及工作流程

4.1 工作原理

当车辆驶入称重车道时，其轮轴依次压过铺设在车道路面中的称重平台、轮轴识别器，控制模块将重量和轮轴信号传输至数据采集处理器，经过预设的综合动态数据处理程序，数据采集处理器将计算出每轴轴重、总轴重、总车重、轴型（单轴、联轴）、轮胎类型（单双胎）等信息。安装在路侧的红外车辆分离器可准确判别车辆是否完全通过。当车辆完全离开红外光幕后，数据采集处理器将称重结果、车型判别结果等信息传输到车道收费计算机。车道收费计算机依据计重收费费率对车辆实行计重收费，并将车辆的载重信息和应交纳的金额显示在费额显示屏上。

4.2 工作流程

秤台式称重系统基本称重流程如下：

①称重检测系统进入工作状态，设有称重平台的车道处于上班状态。

②载货车辆保持安全间距依次驶入检测车道，车辆前轴压上称重平台，称重检测开始。

③车辆轮轴依次行驶过称重平台、环形线圈车辆检测器、红外线车辆分离器和轮轴检测器。

④称重平台检测车辆轴重，轮轴检测器识别车辆轮轴类型，红外线车辆分离器检测车辆通过状态。

⑤当车辆完全通过后，红外线车辆分离器检测到一个车辆结束信号。

⑥感应线圈检测到同一个车辆的另一结束信号。

⑦称重数据采集处理器采集来自称重平台的车辆称重信号、轮轴检测器的轮轴信号及来自车辆分离器的状态信号，形成一辆完整车辆信息，并通过数据接口将整

车称重信息传输到车道收费计算机。

具体流程参见图 6.4.1。

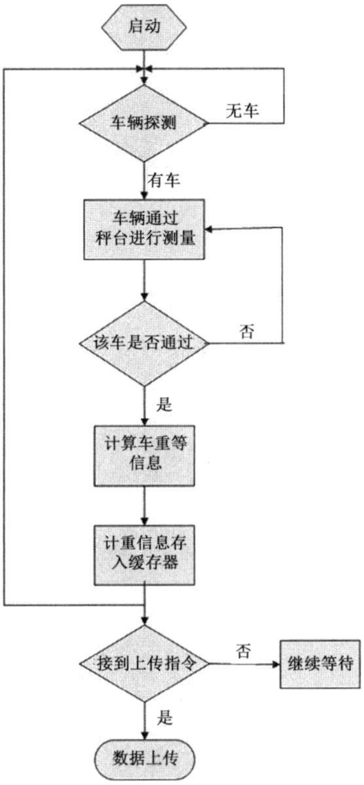

图 6.4.1　称重系统工作流程示意图

第五章　秤台式称重设施关键设施技术要求

5.1 计量要求

秤台式称重设施对速度比较敏感，为了确保称重精度，秤台式称重车道都有限速，一般是5km/h，秤台式称重系统的计量精度应满足表6.5.1要求。

表6.5.1　计量精度要求

	精度	0～5km/h 匀速（%）	5～20km/h 匀速（%）	20～30km/h 匀速（%）	有明显加、减速（%）
轴负载（>5t）	±100kg	±2	±3	±5	±10
轴组负载（>10t）	N±100kg	±2	±3	±5	±10
整车重量（>20t）	N±100kg	±2	±3	±5	±10

注：N为静态称量值。

5.2 关键设施技术指标

称重平台的主要技术指标如下：

①单轴标准载重：30t。

②过载能力≥150%（FS）。

③静态精度：OIML III级标准。

④计重的有效车速范围：0～30km/h，允许轮轴停在秤台上。

⑤车道纵向坡度、横向坡度≤6%时，速度适用范围0～30km/h应满足精度要求。

⑥工作环境：温度-45℃～+80℃，相对湿度0%～95%RH。

⑦防护等级：IP68。

⑧工作寿命：10年以上。

⑨称量准确度的一致性好，同等条件下不同车道称重误差≤0.5%。

⑩当传感器发生故障时，可以通过硬件和软件（收费界面上）显示出明确的故障信息；称重模块带有自己的微处理器和RS485接口总线，在正常工作状态下称重模块实时地和数据采集处理器保持通信，称重模块的数据通过RS485接口传输给数据采集处理器，当自身检测传感器发生故障时，称重模块就向数据采集处理器发送故障代码。数据采集处理器对传输来的检测数据或故障代码进行判断和处理，在汉化的液晶显示屏上显示检测数据或明确地显示故障信息，同时数据采集处理器通过RS232接口依据约定的通信协议把检测数据或故障代码上传至收费计算机，以便操作人员实时监视设备状况。

⑪秤体台面的端部设计开口装置，单人利用简单工具即可实现基坑内垃圾的清理，防止堵塞排水系统，确保设备长期稳定运行。

⑫秤体在涂漆前，经过整体抛丸，保证油漆附着力，抛丸后，四小时内涂覆富锌环氧防锈底漆和丙烯酸聚氨酯油漆，耐酸耐碱，防锈能力极强，秤体油漆不锈蚀、不龟裂、不脱落。

⑬工作电压（AC）：220V（-15%～+10%），50Hz。

第六章　秤台式称重设施施工要求

6.1 设备安装要求

6.1.1 秤台式称重检测设备安装基坑

除秤台基坑外，此处提到的安装基坑包括称重台的安装基础在内。

施工前，业主、承包人和监理工程师应根据收费广场的实际情况和设备安装图纸，参照设备安装要求，确定具体的安装方案。

根据施工图纸的要求，在需要安装设备的车道上划出秤体安装基坑及需要开挖的路面的位置。开挖基坑纵轴线、计重秤体纵轴线与车道纵轴线一致。

如果秤台的安装位置处于收费广场混凝土板块接缝处，应该适当调整安装位置，避开接缝最少400mm。

基坑开挖前，应逐道测量收费车道倾角，包括纵向倾角和横向倾角。在制作秤台框架时通过对车道倾角给予必要的修正，使得控制设备安装基座平面和收费车道平面平行，秤台上平面和收费车道基本处于一个平面内，高、低差必须控制在3mm之内，以保证设备安装对称量精度的影响减至最小。

安装基坑应使用钢筋水泥混凝土制作，钢筋中的纵向主筋和横向主筋连接采用搭接焊接，基坑的强度应能满足称重检测设备额定荷载的碾压要求，安装基坑的施工位置在收费岛头前部或收费岛头前方。基坑的深度应与相应称重检测设备的安装技术要求相一致。

基坑内壁应使用水泥混凝土抹面。称重台安装基础采用C40以上标号的水泥混凝土现浇，浇筑时要保证秤台框架与路面接平，浇注过程中混凝土要夯实，不得出现气孔。基坑底部必须做防渗水处理，尺寸严格按照厂家图纸开挖，用人工将设备基坑清理到设计标高，施工时尽量减少对相邻路面基层的扰动。浇灌的混凝土标号和养护时间必须满足收费广场设计规定，严禁为赶工期违章施工。

6.1.2 横向排水管

在基坑底部制作横向集水沟，并埋设横向排水管。排水管道按照现场实际情况，承包人应做出相应图纸，并经监理工程师审核后开始施工。排水管道采用 Φ200×5mm 金属热浸镀锌管，基坑底面向排水沟倾斜，在排水管道出口处设置泄水槽，如排水不佳，应设置窨井，并设置抽水装置，保证基坑内积水顺利排出。在排水管出口处应设置活动金属防鼠网。人孔砌筑砂浆配合比准确，井壁砂浆饱满，灰缝平整。

若秤台边框刚性不足，浇灌混凝土时，必须使用刚性支撑保持秤台边框强度。

所有称重台应使用接地扁钢或 10 mm^2 接地铜线完成与收费广场联合接地体的连接。

6.1.3 设备安装基础

设备安装基础包括秤台车辆分离器、轮胎识别器、称重控制器/机柜的安装基础。

（1）轮胎识别器安装

把所有轮胎检测器线通过穿线管穿至集线井内，按照编号顺序依次接入轮胎检测器数据采集器，并由数据采集器分析胎型送至中央处理单元。

轮胎识别器基础垫板上沿与路面接平，平整度最大误差为±2mm。

轮胎识别器中心线与称重台中心距为 950mm，最大误差为±5mm，平行度最大误差为±3mm。

（2）红外车辆分离器安装

在车辆分离器安装中，应设置安装基础板，将设备安装于基础板上，并保证相匹配的一对发射器和接收器处于同一高度上，安装牢固、垂直、对齐。

红外车辆分离器基础垫板水平度最大误差为±2mm。

（3）称重控制器/机柜及其他设备安装

数据采集处理器基础垫板水平度最大误差为±2mm。

机柜及其他设备按规定位置与相应基础垫板或螺栓固定即可。

6.1.4 接地设施的完善

①所有与高、低压电气设备有关的及其他金属元件（带电结构除外）都应按照 GB 50169 及 IEC 标准的有关规定，牢固有效地接零和接地，并进行等电位连接，构成等电位接地系统。

②接地装置的导体截面应符合热稳定和机械强度的要求。接地体埋设深度和间

距应符合设计规定，角钢接地体应垂直设置。除接地体外，接地体引出线的垂直部分和接地装置焊接部位应做防腐处理；在做防腐处理前，表面必须除锈并去掉焊接处残留的焊药。

③接地处应防止发生机械损伤和化学腐蚀。在与公路或管道等交叉及其他可能使接地线遭受损伤处，均应用管子或角钢等加以保护。接地线在穿过墙壁、楼板和地坪处应加装钢管或其他坚固的保护套，有化学腐蚀的部位还应采取防腐措施。

④接地体（线）的连接应采用焊接，焊接必须牢固无虚焊。接至电气设备上的接地线应用镀锌螺栓连接。有色金属接地线不能采用焊接时，可用螺栓连接。螺栓连接处的接触面应按现行国家标准《电气装置安装工程母线装置施工及验收规范》的规定处理。扁钢与钢管、扁钢与角钢焊接时，为了连接可靠，除应在其接触部位两侧进行焊接外，并应焊以由钢带弯成的弧形（或直角形）卡子或直接由钢带本身弯成弧形（或直角形）与钢管（或角钢）焊接。

⑤所有接地装置的金属构件均应热镀锌。

⑥所有金属套管和电缆外皮的两端应接地。

6.1.5 现场设备的安装

①所有设备应安装正确、无缺项、无杂物、运动部件润滑良好。

②所有设备应安装牢固、可靠，设备应处于正常直立和稳定的状态，并达到有关规范及设计要求。

③用电设备的配电及控制回路接线正确，并有可靠的电气接触，所有机电设备的安装均采用下走线方式（跳线除外）。

④电缆、光缆、网络线（统称为线缆）要根据相关的原理图做清晰的编号标记，用以接序和回路的检查，每根线缆在端头处要装有标签，标签采用铝质的材料，大小不小于5×3cm，标签字迹清晰完整。

⑤所有设备的安装导线绝缘良好，设备机体及结构件等的接地应可靠并符合本技术规范和有关规范要求。

⑥设备电气和信号线缆进出建筑物时加装防雷器，在外露设备电气和信号先末端加装防雷器。防雷器的安装应可靠连接。

⑦所有钢构件均须采用热浸镀锌处理，镀锌量为600g/m^2，然后烤漆。

⑧线缆进入房屋或设备时要采用紧压式的线孔，所有的线要排列整齐，可靠安装，并且要阻虫害、鼠害等，设置适当支撑减轻线缆终端的重量。每一进线处要提

供一定余量的线孔。线缆每隔最少 20cm 做一次绑扎，具体的绑扎密度以线缆自承重量为准。所有连接线缆均须穿管，不得外露，容线量一般不超过管截面的 30%。管路应选择最近的线路，尽量减少弯曲，应避免敷设在高温和易受机械损伤的场所，且不允许在隐蔽处有接头。为防进水，所有外露管口必须弯转朝下。

⑨应在设备的显著位置安装产品铭牌，内容包括：产品名称、型号及规格、产品出厂编号和制造日期、制造厂名及商标。

⑩实际安装时，位置的选择应注意下列事项：

a. 秤台的安装位置应远离加速段或减速段，以便计重是在匀速下进行；还须避免驾驶员换挡的路段，比如下坡路段等。

b. 秤台的安装位置应避免车道数发生变化的路段，以防车辆变换车道。

6.2 安装环境的要求

①内侧的收费广场包括秤台至收费亭中线的车道必须平整、无坑洼、无凸出物、不应有明沟，已有明沟应配有沟盖，沟盖应落实并与地面平齐。

②称重设备安装位置的前 50m 和后 25m 的路段应满足纵坡坡度≤2%、横坡坡度≤2%、平面曲线半径≥1500m 的要求。

③秤台内边沿线距收费亭中心线之间的距离应为 23～25m；实际尺寸应视收费广场的具体情况而定，在可能的情况下宁长勿短。

④光栅车辆分离器安装时，背板应尽可能靠近收费岛中心线或路肩，以防止货物超宽的车辆将其刮损。

⑤秤体的台面有效宽度应大于车道宽度两边各 50 ㎜。

⑥数据采集器/控制柜应安装在收费亭前端的收费岛上雨棚下面干燥通风处，安装牢固、横平竖直，须与接地装置相连，保证接地良好。为防止有水滴入，进线孔必须由机箱底部穿入。确定具体安装位置时应考虑到不影响收费员视线、少受环境影响、便于操作维护等因素。

⑦电子装置和传感器应能抗雷击和抗外部电磁场干扰，应符合 GB/T 17618、GB50057 和 GA 173 的规定。

⑧称重设备应保证在沙尘、结冰、化冻等情况下仍能正常工作。

⑨称重设备基础应尽量采用 U 型基坑，并加强排污能力，排污管道直径不宜低于 200mm。

第七章　秤台式称重设施维护要求

7.1 秤台维护

①经常清理秤台台面，防止异物卡在秤台四周间隙内，如有垃圾、煤块、石子卡入缝隙内，必须清除干净方可称量。

②经常检查限位间隙是否合理，限位螺栓与秤体不应碰撞接触。

③连接件要定期进行保养（建议半年一次），支承头部涂上黄油。

④禁止在秤台上进行电弧焊作业，若必须在秤台进行电弧焊作业。须注意：断开信号电缆与称重显示控制器的连接；电弧焊的地线必须设置在被焊部位附近，并牢固接触在秤体上；切不可以将传感器作为电弧焊回路的一部分。

⑤定期测量电子汽车衡接地网接地电阻，确保接地电阻≤4Ω。

⑥及时检查排水设施，以防雨水浸泡。

⑦保持接线盒内清洁干燥，若盒内放有干燥剂务必经常更换。

⑧日常使用时，应保证车辆匀速行驶上衡。

⑨司秤人员和维修人员均应经过专门培训方能上岗从事操作和维修。

7.2 称重控制器保养

①经常检查各接线是否松动、折断，接地线是否牢靠。

②称重控制器应避免因受潮或其他不良气体侵蚀而影响可靠性。使用环境应避免靠近热源、振动源，不应有易燃易爆气体或粉尘。

③在称重显示控制器的同一相线上不得接感性负载，如门铃等。称重显示控制器长期不用、更换保险丝、移动位置或清除灰尘时，务必切断电源。

④称重显示控制器如发生故障时应迅速断电，然后通知专业部门及人员进行检查整理，用户不得随意拆开机箱，更不得随意更换内部零件。

⑤司秤人员和维修人员应经过专门培训方能上岗从事操作和维修。

7.3 业务终端维护

①保证业务终端接地系统良好。

②严禁频繁开关、随意搬动和拆卸计算机。

③计算机要远离水源、强电磁干扰。

④严禁随意使用外来软盘，防止感染病毒。严禁用硬物敲击键盘，如螺丝刀。

⑤机房内应保持清洁，温度应符合主机说明书要求。

⑥操作人员须经培训后方可上岗。

7.4 称重系统维护

①称重系统安装后，应妥善保存说明书、合格证、安装图等资料，并经当地计量部门或国家认可的计量部门检定合格后，方可投入使用。

②系统加电前，必须检查电源的接地装置是否可靠。

③衡器使用前应检查秤体是否摆动灵活，各配套部件的性能是否良好。称重显示控制器须先开机预热，一般为 30min 左右。

④为保证系统计量准确，应有防雷击设施，衡器附近电焊作业时，严禁借秤台作零线接地用，以防损坏电器元件。

⑤为保证衡器正常计量，应定期对其进行校准。

⑥司秤人员和维修人员应经过专门培训方能上岗从事操作和维修。

第七篇

平板模块式称重技术

第一章 概 述

平板模块式称重技术是为适应公路车辆高速动态高精度称重的市场需求而经多年潜心研究后形成的能完成车辆高精度动静态称重的技术，平板模块式称重系统是平板模块式称重技术产品化的结晶。

平板模块式称重系统是通过固定嵌入公路路面内安装的平板称重模块及其组合来测量通过其上车辆的轮轴力，进而获得车辆的轴载荷或轴组载荷及车辆总重的动态公路车辆自动衡器。

平板模块式称重技术从原理上完全区别于市面上已有的秤台式、弯板、条形等称重技术。根据该称重装置承载器（矩形平板状）和载荷测量装置（传感器）一体化、承载器与基础一体化、车辆过秤时承载器不会晃动、车辆通过如履平地等显著技术特点，最终被定名为平板模块式称重装置。

平板模块式称重技术产品化已有十多年时间，并于 2017 年开始在超限超载非现场执法系统中大面积推行，至今市场保有量约 6000 余个车道。

随着持续研发，目前平板模块式称重系统形成了标准平板（轴重式）和超长平板（轴组式）两个大类三个品种（轴重、轴组、整车）多个规格的系列化产品。完全覆盖动态公路车辆自动衡器高、中、低速范围内，对动态 1 级、动态 2 级、动态 5 级称重准确度产品的不同需求。

平板模块式称重技术最早应用于公路主线治超，目前在公路领域有着较广泛的应用，主要应用场景如下：

①超限非现场执法：用于超限非现场执法系统中的前端超限检测，主要设立于国省道主线上，用于高速不停车动态称重检测，用于对货运车辆的超载检测和轮轴类型识别，采用相应配套的上位机系统和超限检测执法管理软件进行超限检测非现场执法工作。

②超限检测：用于固定式超限检测站，用于对货运车辆的超载检测和轮轴类型识别，采用相应配套的上位机系统和超限检测执法管理软件进行超限检测现场执法工作。

③源头治超：安装于车速受控的、安装场地称量区及引道路面条件等符合国家标准要求的环境下进行的车辆动态称重检测（如源头治超）。

④高速公路入口称重监控：安装于高速公路入口广场或入口车道，对预进入高速公路行驶的货运实施动态称重和轮轴类型判别和超限判别，杜绝超限车驶入高速公路。

平板式称重系统厂家主要有北京盘天新技术有限公司、江西众加利高科技股份有限公司、梅特勒–托利多（常州）测量技术有限公司等。

第二章　平板模块式称重系统构成

2.1 适用高速不停车称重的轴重式平板

2.1.1 系统构成及示意图

轴重式平板用于高速动态称重系统中时，一般采用每车道嵌入路面安装一套轴重式平板秤台，多车道横向排列不留间隙，在称重平板前后路面上切割有地感线圈来形成车辆收尾识别，同时在称重检测区后方安装有车牌抓拍识别装置，完成车辆的车头图片、车牌号码等的抓拍与识别。多车道共用一套野外机柜（数据采集处理机柜），整套系统中还包含杆件、接地装置、称重显示屏、线缆等其他辅助装置组成。

系统构成和布设效果如图 7.2.1、图 7.2.2 所示：

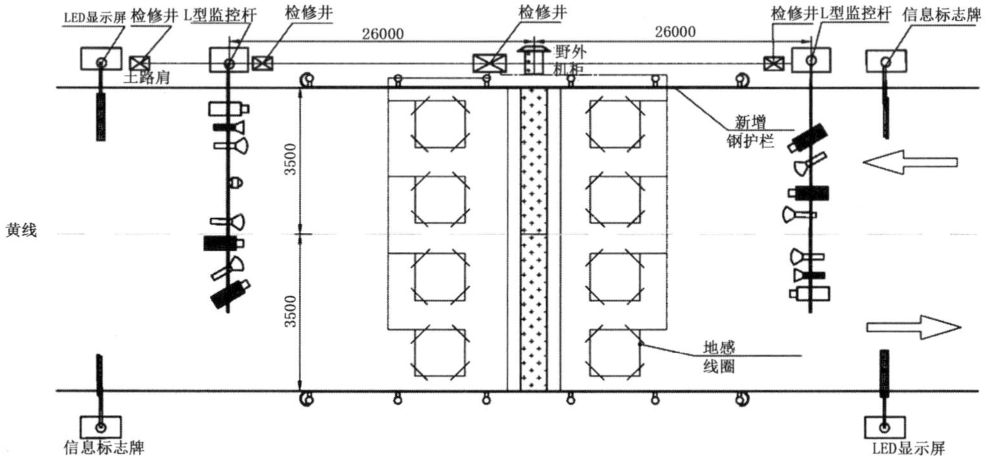

图 7.2.1　系统构成图

图 7. 2. 2　布置效果图

2. 1. 2 其他辅助及子系统构成

跟随式称重传感器（或应变检测传感器）、称重控制器、红外车辆分离器、轮轴识别器、检测线圈、称重显示屏等与整车式称重系统一致，具体参见第二篇第二章。秤台结构参见图 7. 2. 3，机柜结构参见图 7. 2. 4。

图 7. 2. 3　称台结构图

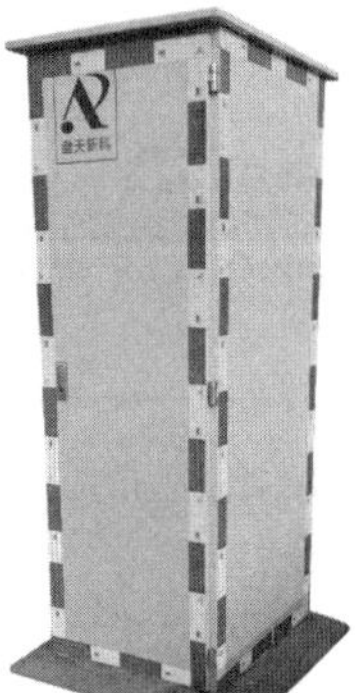

图 7. 2. 4　机柜结构图

2. 2 适用中低速精确动态称重的轴组式平板

2. 2. 1 系统构成及示意图

轴重式平板称重系统由轴组式平板、跟随式称重传感器、称重控制器、红外车辆分离器（光栅分车器）、轮轴识别器、辅助分车地感线圈、称重显示屏及连接线缆等组成，为便于执法处理、打印及联网上传等需要，一般配置了上位管理计算机。

系统构成和布设效果如图 7. 2. 5、图 7. 2. 6 所示。

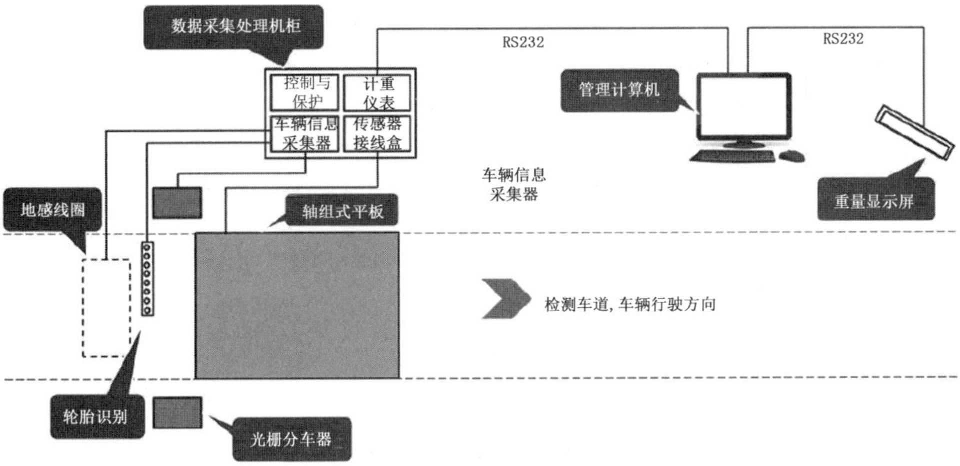

图 7.2.5　轴重式平板称重系统构成图

图 7.2.6　轴重式平板称重系统

2.2.2 其他辅助及子系统构成

跟随式称重传感器、称重控制器（数据采集处理机柜）、红外车辆分离器、轮轴识别器、检测线圈、称重显示屏等与整车式称重系统一致，具体参见第二篇第二章。

超长平板（轴重式）秤台如图 7.2.7 所示。

图 7.2.7　超长平板（轴重式）秤台

2.3 适用中低速精确动态称重的整车式平板

2.3.1 系统构成及示意图

整车式平板称重系统主要由四台轴组式平板、应变检测传感器、称重控制器、红外车辆分离器、轮轴识别器、辅助分车地感线圈、称重显示屏及连接线缆等组成，为便于执法处理、打印及联网上传等需要，一般配置了上位管理计算机。

系统构成和布设效果如图 7.2.8、图 7.2.9 所示：

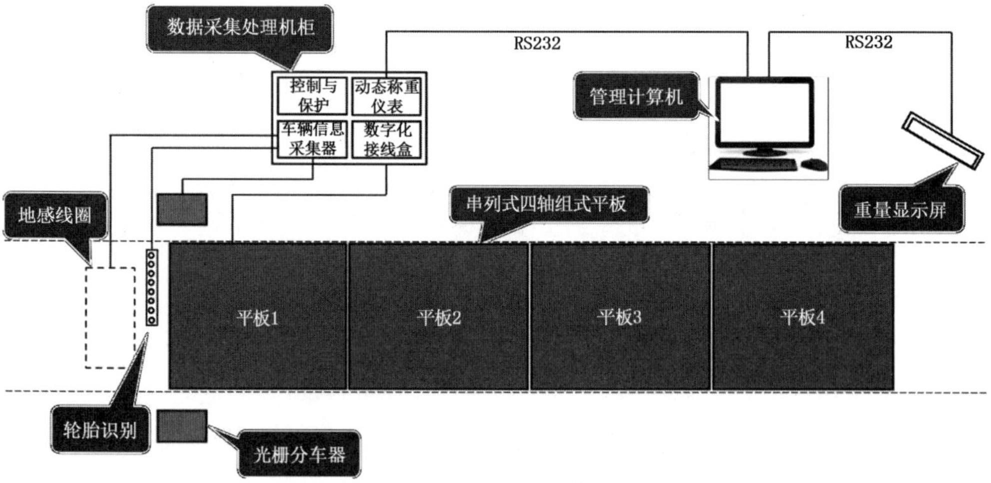

图 7.2.8　整车式平板称重系统构成图

图 7.2.9　整车式平板称重系统

2.3.2 其他辅助及子系统构成

跟随式称重传感器、称重控制器（数据采集处理机柜）、红外车辆分离器、轮轴识别器、检测线圈、称重显示屏等与整车式称重系统一致，具体参见第二篇第二章。

第三章　平板模块式称重系统功能

3.1 总体功能

平板模块式称重系统的主要目标是为公路整车称重应用场景提供可靠的称重数据与运行环境，总体功能主要包括以下几个方面：

①平板模块式称重系统具备连续过车功能。在不需要人工干预情况下，车辆连续通过称重平台，系统能够自动判定驶入、驶出称重平台车辆数及识别行进方向，并且能准确称量连续通过的每辆车的数据。

②平板模块式称重系统在动态称量（连续过车）和静态称量之间可相互转换，即可以满足车辆快速通过时的称量，也可以满足拥堵等原因的静态称量。

③当平板模块式称重系统采用静态称重方式称量时，应能对称重显示结果进行明确的标识。

④在人工辅助或自动称重模式下，平板模块式称重系统能够对超长车辆进行准确称重。

⑤当车辆通过称重平台时，平板模块式称重系统可以自动区分被称车辆。

⑥当系统出现死机时，平板模块式称重系统能够自动重新启动，所有的数据能够恢复。

⑦平板模块式称重系统具有故障自诊断、数据恢复、故障信息报警等功能。

⑧平板模块式称重系统可以准确测量车辆的行驶时间、行驶速度等。

3.2 称重功能

称重功能是平板模块式称重系统的基础功能，主要包括以下几个方面：

①平板模块式称重系统能够对通行车辆进行精确称重。

②检测和自动识别车辆轴（组）重、总重，显示/打印检测时间和轴数、轴型、

车速等车辆数据。

③称重显示屏根据管理需要实时显示总重、超重信息。

④平板模块式称重系统能够自动判断各种不完全称量状态，并能够正确处理车辆的称重数据，不完全称量状态包括：

a. 车辆不完全退出（未收头）再次进入。

b. 车辆不完全进入（未收尾）并退出。

c. 车辆在称重平台上不完全倒车（未收尾、也未收头）并进入。

d. 完全倒车。

3.3 传输功能

传输功能是平板模块式称重系统的基础功能，主要包括以下几个方面：

①车辆全部进入秤台后，称重传感器自动将重量信号转换为电压信号输出至称重控制器，称重控制器通过数据接口将称重信息传输至业务计算机或工作终端。

②当无车辆通过时，系统能定期将秤台状态信息及时传输至业务计算机或工作终端。

③平板模块式称重系统能够接收业务计算机或工作终端传输的控制指令，实现对平板模块式称重系统的控制，如系统的开启、关闭等。

3.4 系统自检功能

系统自检功能是平板模块式称重系统的核心功能，主要实现系统的自我检查，及时发现问题、排除故障，确保系统正常工作，主要包括以下几个方面：

①开机自检。在开机时，平板模块式称重系统能够对设备和线路进行检查，并取得相应的故障信息，对并故障信息进行自动恢复或自动复位，当软件发生不可恢复故障时，系统可进行自动重启。

②空闲时定时自检。在空闲时，系统能够定时进行自检，及时发现系统故障，确保平板模块式称重系统正常工作。

③零点校正。依靠称重传感器进行重量测量，时间长了会存在误差，零点会发生漂移。系统应自动进行零点校正，确保称重准确，可以减少人工维护成本。

④自动温度补偿。系统可以自动感应当前工作环境的温度，并能根据温度自动

修正误差，自适应高温或高寒环境。

3.5 防护功能

防护功能是平板模块式称重系统基础功能之一，主要目标是实现对平板模块式称重系统的保护，确保系统正常工作，主要包括以下几个方面：

（1）防腐蚀

①秤台整体要进行抛丸处理，增强油漆的附着力及防腐蚀效果，秤台表面涂漆层平整、色泽一致、光洁牢固。

②涂漆后表面应完整无漏漆，漆层不存在刷纹、流挂、起皱、气泡、起皮脱落等缺陷。

（2）秤台防滑

①秤台表面采取有效的防滑措施，包括采用花纹板、防滑涂料等，防止车辆打滑失去控制，防滑失效时要及时进行维护，确保防滑的有效性。

②秤台表面采用花纹板防滑时，其铺设数量沿秤台纵向一遍不少于4道，花纹板厚度大于6mm，四周全焊接，中间钻孔塞焊，焊缝平整，焊接牢靠。

③秤台表面采用防滑涂料时，应按工艺要求的材料配比、搅拌时间等进行施工，施工前秤台表面应进行抛丸处理，涂料层应连续铺满整个秤台表面，厚度一般大于3mm，涂层应均匀。

（3）防尘

秤台和基坑之间应设置防尘装置，有效地防止灰尘、垃圾进入秤体底部，保证在不拆除的情况下方便地清理秤台底部的垃圾。防尘装置的材料一般采用橡胶、帆布带、尼龙带或其他材料等，在实际工程中，橡胶采用得最多。

（4）防鼠

线缆、设备的信号线等部位采取防鼠措施，减少老鼠对线缆的破坏。

（5）排水

平板模块式称重系统秤台面积大、基础深，具有良好的排水功能，能及时将称重车道的水排出。

3.6 在线监测功能

在线监测功能是平板模块式称重系统的核心功能之一，主要实现对平板模块式称重系统运行状态的监测，确保系统运行在正常的状态，主要包括以下几个方面：

①能够对称重控制器的工作状态进行实时监测。

②常用的在线监测功能包括：

a. 具有监测汇总、分析、报警等功能。

b. 能够对称重传感器供电、零点输出信号等进行实时运行监测。

c. 能够对轮轴识别器的工作状况进行监测。

d. 能够对车辆分离器的工作状况进行监测。

③能够在称重软件或后台相关的软件中实现实时监测功能。

3.7 其他功能

除了满足上述功能，还要具有良好的稳定性，称重设备的计量检定应符合现行国家和行业有关标准的规定。

第四章　平板模块式称重技术工作原理

4.1 轴重式平板结构及车辆轴载检测原理

①两道或多道工字形检测主梁与承载器面板和其他结构件构成行车方向长度≥0.8 米、桥架式平板矩形秤台（承载器）与车道等宽。

②各道工字形承重和检测主梁两端端头紧固于道路基础内并与路面基础融为一体安装。

③在每道检测主梁两端（见图 7.4.1 所示 A、B 位置）均安装剪应力应变式传感器。

④将单一秤台内各道检测主梁上秤端传感器并接，下秤侧各检测传感器也并接，同一秤台形成两个单独的检测通道。

⑤当车辆轮轴通过平板模块式秤台时，车辆载荷作用会引起工字形主梁产生微形变（微米级），剪应力传感器测量微形变产生的剪应力，经由后端配套的二次仪表的标度变换和处理后就完成了相应载荷（重量）的检测和显示。

图 7.4.1　轴重式平板秤台结构

⑥在轴组式平板安装区内增加整车收尾识别装置后，就可以完成各称重轴的归属，从而得到当前过秤车的整车总重量。

⑦当车辆轮轴通过平板模块式秤台时，A、B 两通道的剪应力曲线如图 7.4.2 所示。

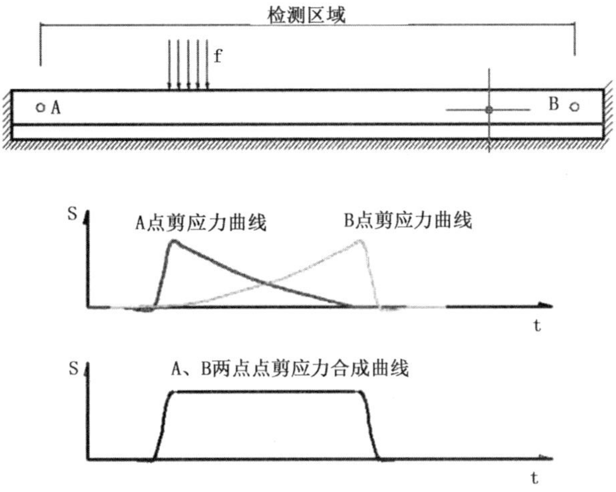

图 7.4.2　轴重式平板称重响应曲线

⑧通过响应曲线还可以辅助分析车轴方向，从而判断正倒轴、无效轴，从而得到整车行驶方向，形成车辆轮轴类型，进行超限超载判断，进一步提升动态称重系统的可靠性。

4.2 轴组式平板结构及车辆轴组载荷检测原理

标准平板（轴重式）在车辆行驶方向上的长度为 0.8 米。而超长平板是平板秤台在车辆行驶方向上的长度达到 4 米以上的整体式称重平板，也被称为轴组式平板，是平板模块式称重装置的另一大种类。它依然保留了承载器（矩形长平板状）和载荷测量装置（传感器）一体化、承载器与基础一体化、车辆过秤时承载器不会晃动、车辆通过如履平地等显著的技术特点。

轴组式平板是以车辆轴组共秤检测来完成车辆单轴或轴组称重，然后累加单轴或各轴组的重量来得到车辆整车总重量。在中低速动态应用场景中，司机利用车辆瞬时加速度的变化造成车辆的重心变化，实现了非规范作弊驾驶通过轴重式秤台来减轻总重。采用较长的轴组式平板称重台面后，这种车辆重心变化所造成的影响就可以通过合理的称重处理算法过滤掉。一般货运车辆最大轴组为三联轴，而单承载器轴组式秤台长度拥有更宽的区间采样数据，可以实现三联轴的高精度检测、双联轴共秤检测或单轴的称重检测，合理的处理算法可以消除非规范过秤情况下的各种影响，实现了中低速过秤情况下的动态1级精度的高精度称重。轴组式平板称重原理示意图如图7.4.3所示。

图7.4.3为较长车辆和多轴车辆称重原理。示例为四轴厢式货车，分别形成前轴组重和后轴组重重量，然后累加就可以得到车辆的总重量。因此轴组式平板秤台与其上嵌入安装的轮胎识别器、轴数识别器联合完成了车辆轴组智能识别、高精度动态称重并可实现连续跟车过秤。

图7.4.3　轴组式平板工作示意图

4.3 整车式平板及车辆总质量检测和分车称重原理

超长平板（轴组式）的第二个主要用途是用于构成整车式平板称重装置。

4 台独立的轴组式平板经串列式连续布置后，共同形成称量台面长度超过整车称量要求长度的整车式称重检测装置。它依然保留了承载器（矩形长平板状）和载荷测量装置（传感器）一体化、承载器与基础一体化、车辆过秤时承载器不会晃动、车辆通过如履平地等显著的技术特点。而后端配套的 8 通道数字称重控制器，通过嵌入式软件来实现 4 台独立的轴组秤的组合或拆分，稳定可靠地实现了车辆排队通过、且停且走、异常倒车倒轴等各种情况下的车辆连续跟车过秤时前后车均能达到动态 1 级称重准确度的要求，如图 7.4.4 所示。

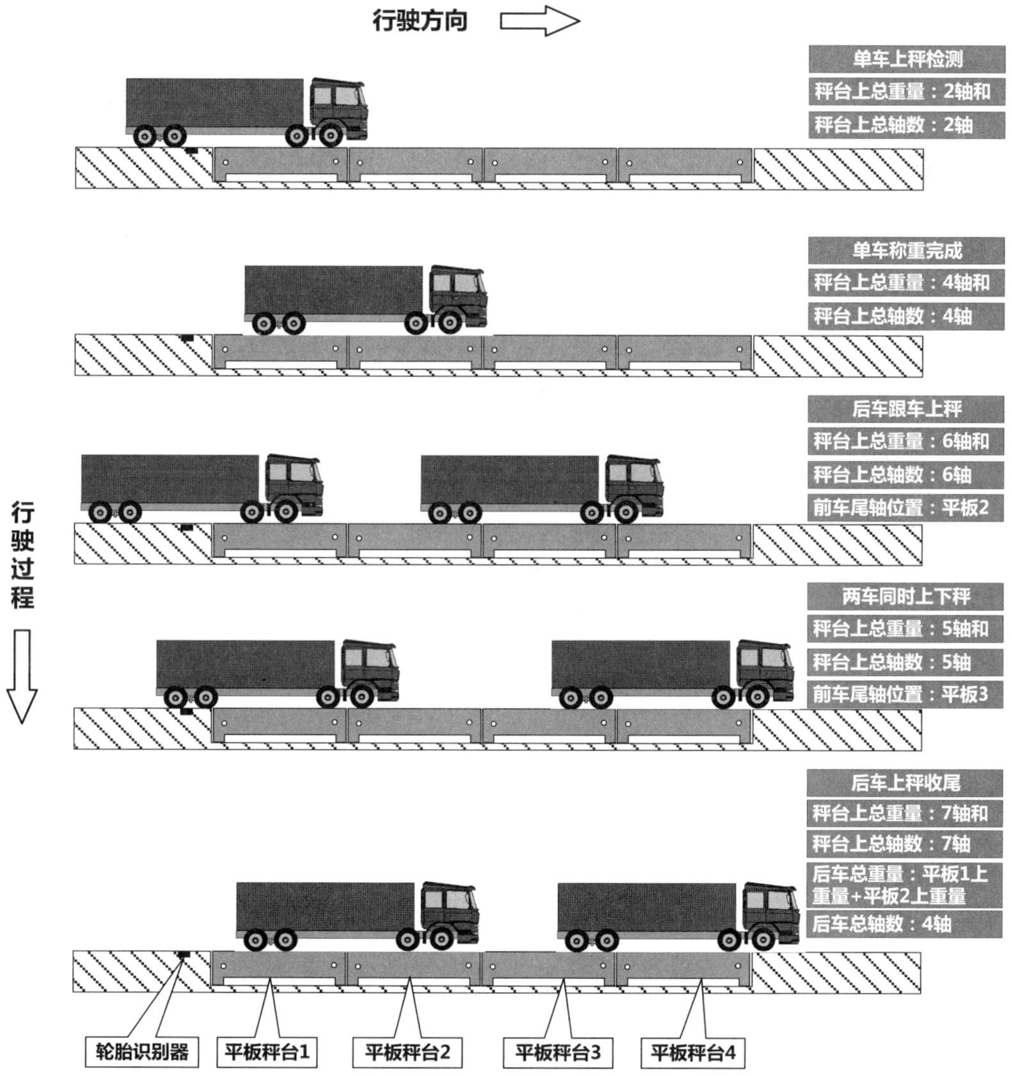

图 7.4.4　整车式平板连续跟车过秤工作原理示意

4.4 基本工作流程

系统基本工作流程如图 7.4.5 所示。

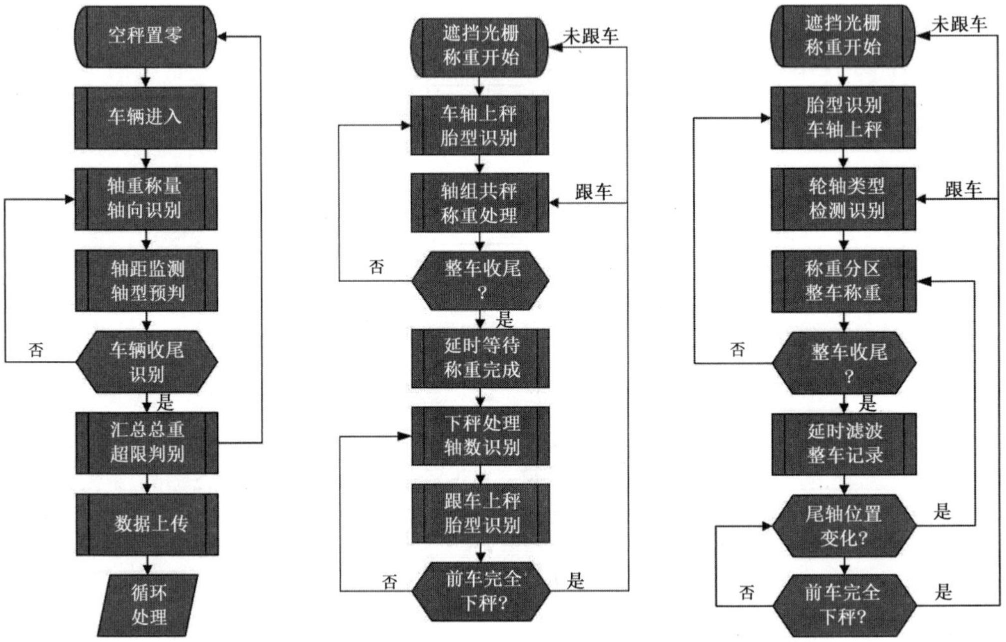

图 7.4.5　轴重式平板、轴组式平板、整车式平板基本工作流程

第五章　平板模块式称重系统关键设施技术要求

5.1 计量精度要求

5.1.1 准确度等级

①平板模块式动态汽车衡车辆总重量的准确度等级划分为5个等级，用符号表示为：1、2、5、7、10。

②平板模块式动态汽车衡的单轴（或轴组）载荷的准确度等级划分为5个等级，用符号表示为：C、D、E、F、G。

③车辆总重量和单轴（轴组）载荷的准确度等级关系，选自《动态公路车辆自动衡器 第6部分 平板模块式》(GB/T 21296.6)。

车辆总重量和单轴（轴组）载荷准确度等级的对应关系见表7.5.1。

表7.5.1　车辆总重量和单轴（轴组）载荷的准确度等级关系

单轴（轴组）载荷的准确度等级	车辆总重量的准确度等级				
	1	2	5	7	10
C	√				
D	√	√			
E		√	√		
F				√	
G					

5.1.2 车辆总重量的最大允许误差

动态称量中车辆总重量的最大允许误差应取下述①或②中的较大值：

①将表7.5.2中的计算结果以分度值为最小单位化整至最接近值。

②首次检定和后续检定为1个分度值（$1d$）乘以整车动态中轴称量的次数，使

用中检查为 2 个分度值（$2d$）乘以整车动态中轴称量的次数。

车辆总重量的最大允许误差见表 7.5.2。

表 7.5.2　车辆总重量的最大允许误差

准确度等级	整车动态约定真值的百分比（%）	
	型式试验、首次检定和后续检定	使用中检验
1	±0.50	±1.00
2	±1.00	±2.00
5	±2.50	±5.00
7	±3.50	±7.00
10	±5.00	±10.00

5.1.3 单轴（轴组）载荷最大允许误差

对于两轴刚性参考车辆试验时，轴重的最大允许误差见表 7.5.3。

表 7.5.3　两轴刚性参考车辆试验时的最大允许误差

准确度等级	以静态参考单轴载荷约定真值的百分比表示（%）	
	型式试验、首次检定及后续检定	使用中检验
C	± 0.75	± 1.50
D	± 1.00	± 2.00
E	± 2.00	± 4.00
F	± 4.00	± 8.00
G	± 5.00	±10.00

对于其他型号的参考车辆（两轴刚性参考车辆除外）试验时，单轴载荷或轴组载荷的最大允许误差见表 7.5.4。

表 7.5.4　用其他参考车辆（除两轴刚性车外）试验时的最大允许误差

准确度等级	以单轴（或轴组）载荷修正平均值的百分比表示（%）	
	型式试验、首次检定及后续检定	使用中检验
C	± 1.50	± 3.00
D	± 2.00	± 4.00
E	± 4.00	± 8.00
F	± 8.00	± 16.00
G	± 10.00	± 20.00

5.1.4 分度值（d）

所有的称量指示装置及打印装置应具有相同的分度值，并以含质量单位的下列数字之一标书：1×10^k、2×10^k或5×10^k，其中k可以为正整数、负整数或零。

平板模块式轴计量方式的准确度等级、分度值与最大分度数、最小分度数的对应关系应符合表7.5.5的规定。

表7.5.5　轴计量方式的准确度等级与分度值、最大分度值、最小分度值

准确度等级	分度值d（kg）	最小分度数	最大分度数
1	≤20	500	5000
2	≤50	50	1000
5	≤100		
7	≤100		
10	≤200		

平板模块式整车计量方式的准确度等级与分度值、最大分度数、最小分度数的对应关系应符合表7.5.6的规定。

表7.5.6　整车称量方式的准确度等级与分度值、最大分度数、最小分度数

准确度等级	分度值d（kg）	最小分度数	最大分度数
1	≤50	500	5000
2	≤200	500	2000
5			
10			

注：7级准确度级为附加准确度等级，不适用于整车称量方式。

5.1.5 最小秤量（Min）

最小秤量应符合表7.5.7中的规定。

表7.5.7　最小秤量

准确度等级	最小秤量（用分度值d表示）
1	$50d$
2、5、7、10	$10d$

5.1.6 其他

①在-10℃ ~40℃的温度范围内，衡器应满足相应的计量精度要求，对于特殊用途的衡器，温度范围可与上述不同，但其范围应不小于30℃。当环境温度每差5℃的情况下，衡器的零点或零点附近的示值变化应不大于1个分度值。

②在温度范围的上限和相对湿度为85%时，衡器应满足相应的精度要求。

③电源在下列规定变化时衡器应符合相应的计量精度要求：

a. 使用交流电源（AC）供电的衡器，当电压值在-15% ~ +10%的标称电压的范围内。

b. 使用直流电源（DC）供电的衡器，当电压值在规定的最低电压和标称电压的+20%的范围内。

c. 使用电池或车载电源供电的衡器，当电池电压值在规定的最低电压和标称电压的+20%的范围内。

5.2 关键设施技术指标

5.2.1 称重平台

称重平台主要技术指标如下：

①秤台结构：工字形检测梁全钢结构，刚性不低于1/800。

②台面厚度：普通车道≥12mm，超宽车道≥14mm。采用优质Q235-B以上板材，一般采用二氧化碳气体保护焊接技术。

③额定轴载≥30t。

④最大安全过载：150% F. S. 。

⑤疲劳强度≥500万轴次（额定轴载下）。

5.2.2 称重传感器

称重传感器主要技术指标如下：

①结构形式：跟随式称重传感器，或应变检测传感器。

②额定容量≥20t（与检测梁相关）。

③最大安全过载：125% F. S. 。

④准确度等级：D 级，C 级［《称重传感器》（GB/T 7551）］。

⑤疲劳强度≥500 万次（额定轴载下）。

⑥灵敏度：1mV/V ~2 mV/V。

⑦防护等级：IP68。

5. 2. 3 称重控制器

称重控制器主要技术指标如下：

①电子称重仪表具有显示工作状态、称重数据、通行速度、检测数据（不少于10 辆）的功能，可显示轴型、轴（轴组）载荷、车速及总重量等信息。应采用独立配置，符合现行《电子称重仪表》（GB/T 7724）的要求。

②可定时对外部连接设备进行巡检，将设备故障发送到计算机/工作终端。

③具有外设故障检测界面，方便现场及时排除故障。

④电源应采取防浪涌保护，通信接口应采用光电隔离保护。

⑤采用密封结构设计，机柜底部电缆出线，确保雨淋条件下可正常工作。

⑥采用安全门锁，工作状态时防止非授权人员操作电子称重仪表。

⑦室外控制柜防护等级：IP65。

⑧存储不少于 10 条记录。

5. 2. 4 检测线圈

检测线圈主要应用于配合红外线光栅分离器检测车辆的出现、控制称重过程的开始和结束、检测是否有车辆倒出车道、统计、车辆分类等，为称重系统提供车辆的信息。

检测线圈主要技术指标如下：

①在车辆分离器发生故障时，自动切换为使用线圈，对车辆进行分离和辅助收尾。

②车辆检测线圈在车距不少于 2m 时，判断精度≥99% 。

③尺寸要求：按车道布设，不得有检测盲区。

④当车辆检测线圈发生故障时，可以通过硬件和软件发出故障消息。

⑤工作环境：温度-20℃ ~ +70℃，相对湿度 0% ~95% RH。

第六章　平板模块式称重设施施工要求

平板模块式称重设施土建部分的技术要求主要包括对平板模块式称重平台基础、称重平台引道部分及其他相关设备基础的技术要求。其中，称重平台基础和引道的基础对平板模块式称重设备的称量精确度会产生极大的影响。

6.1 设备基础、安装条件及安装技术要求

基础施工的质量将决定平板模块式平板计重（超限检测）系统今后长期使用的性能和可靠性，因此在基坑开挖前应按图确认放线的正确与否。为了确保工程质量，基础的挖深一定要达到基础施工图的要求，并且尽可能避开在冬季进行基础施工。基础浇筑前，基坑底部回填三合土并夯实，保证地基承载能力不低于150kPa。当平板模块式平板计重（超限检测）用于公路收费站且同向不止一个车道安装设备时，首先应开始外侧车道的基础开挖，同时须注意道路护坡和排水的情况。

基础浇筑时应保证混凝土标号达到相关技术要求，埋设在基础中的钢筋、螺栓、预埋件应按基础图保证各零件的水平度、位置度等几何尺寸，在捣固混凝土时应采取措施保证这些预埋件不移位。混凝土浇筑完工后，应按土建施工规范进行养护，在12h左右加以覆盖和洒水，浇洒水的次数应能保持混凝土有足够的润湿状态。混凝土养护周期一般为28天，如果要缩短养护期，应允许施工时采取添加“早强剂”等措施，但使用前混凝土必须达到设计强度指标，施工过程符合施工规范和有关标准的规定。冬期施工时，混凝土表面应覆盖保温材料，防止混凝土受冻。

每套平板计重（超限检测）系统需要交流220V、300W电源，施工前应预留交流220V容量为1000W的空开供给（尽可能采用UPS电源供给）。其中，在红外线光栅分车器电加热系统不工作的情况下，整个平板计重（超限检测）系统设备只须小于30W的电源容量。

平板模块式秤台（承载器）前后两端路面的结构应稳固可承受载荷，并应提供一个平直的、表面基本水平的光滑平面。

在足够长度及宽度的原有路面上应提供相当平直水平的路面，以保证称量的精度。同时，当路面平整度达到设计要求时，不做路面硬化处理。

允许路面具有横向斜坡和纵向斜坡，横向坡度不能超过 2%，纵向坡度不能超过 3%。承载器应安装在路面的平直水平面上。

6.2 安装程序、方法及注意事项

6.2.1 安装和限位装置调整及管线的敷设

基础养护完成后，可以进行平板模块式秤台的吊装和调整，将随机单独包装的检测传感器包装箱打开，检查所配检测传感器（或其他类型）与说明书、合格证是否一致，且重点检查运输过程中是否损坏，在检查无误的情况下，将平板模块式轴组秤台吊装进基坑，检查秤台各台面四周与基础周边是否间隙合理并符合图纸要求，用随机携带的秤台高度调整钢板，调整秤台上表面与秤台前后引道的高差在±2mm以内，反复调整直到合格为止。在整个调整过程中，必须保证调整钢板平面水平，调整到位后采用焊接的方式将所垫钢板固定以防在载荷反复冲击下脱出。

将随机携带的传感器安装在轴组式秤台的四角的检测梁上，注意上秤台和下秤台接口，同时注意传感器四爪上的豁口标记要统一向上，不得误装。使用施工调试要求的定扭矩扭力扳手将各传感器固定螺栓统一拧固到位。将各检测传感器信号线按要求穿管引入到数据采集处理机柜处，按照各传感器位置编好序号并与接线盒内各端子排相接，同时将接线盒通过信号线延长线与称重传感器相应接口相接，并且安装好检测传感器安装处秤台支脚与接地极的连接。

确认秤台与四周基础边框均匀的情况下，将车辆正向上秤方向的地脚螺栓拧紧到位并锁死到位，确保车辆在秤台上冲刹时秤台不会移动。同时将车辆正向下秤侧方向的地脚螺栓拧到弹簧垫压缩到一半的位置即可。

将嵌入切割形成的小基坑内，用专用工装完成其路面的平齐处理，然后用随机携带的灌浆料填入基坑内空隙，将识别器上引用电缆穿管引入到最近的光栅发射箱内。与控制盒连接后，在通过 4 芯电缆引入到数据采集处理机柜内。

在未完成宽平板模块式秤台的调试和检定前，暂不安装秤台上下秤台沿和沿行车方向两个长边的防尘装置，但检修手井盖等装置可以安装到位。

根据要求进行光栅分车器及地感线圈分车器的安装和预埋敷设工作。

6.2.2 防雷保护示意和施工要求

为了防止瞬态浪涌摧毁电气系统，所有可能处于危险状态的接口，如信号输入和电源，必须安装防雷及电涌保护器。根据需要，应在保护电路中单独或组合安装防雷器、放电间隙、气体放电管、压敏电阻和瞬态抑制二极管之类的保护元件，形成对控制系统的“全方位的有效保护”；同时做好系统中机柜箱壳、罩及多台面组合式秤台等金属件的接地。

6.3 接地要求

6.3.1 接地作用

将电力系统或电气装置的某一部分经接地线连接到接地极称为接地。连接到接地极的导线称为接地线。

接地是为保证电工设备正常工作和人身安全而采取的一种用电安全措施，通过金属导线与接地装置连接来实现，常用的有保护接地、工作接地、防雷接地、屏蔽接地、防静电接地等。接地装置将电工设备和其他生产设备上可能产生的漏电流、静电荷及雷电电流等引入地下，从而避免人体触电和可能发生的火灾、爆炸等事故，具体作用如下：

（1）防止人体遭受电击

在正常情况下，将电气设备不带电的金属部分与接地极之间做良好的金属连接来保护人体的安全。

当有接地装置的电气设备绝缘损坏、外壳带电时，接地电流将同时沿着接地极和人体两条通路流过。流过每条通路的电流值将与其电阻的大小成反比，接地极电阻越小，流经接地极的电流就越大，流经人体的电流也就越小。当接地电阻极小时，流经人体的电流趋近于零，人体因此避免触电的危险。因此，无论任何情况，都应保证接地电阻不大于设计或规程中规定的接地电阻值。

（2）保障电气系统正常运行

电力系统接地一般为中性点接地，因此中性点与地间的电位接近于零。当相线碰壳或接地时，其他两相对地电压，在中性点绝缘系统中将升高为相电压的$\sqrt{3}$倍；在中性点接地的系统中则接近于相电压。由于有了中性点的接地线，可保证继电保护的可靠性。通信系统中的直流供电一般采用正极接地，可防止杂音窜入和保证通信设备正常运行。

6.3.2 实施要求

接地装置应严格按照厂家图纸要求，配合基础施工同时进行，隐蔽部分应在覆盖前及时做好中间测试、检查和验收。

①秤台单独做保护接地，保护接地电阻值不大于4Ω，保护接地做完后，应与收费广场联合接地连接。

②接地引线和接地极均应进行镀锌处理，接地装置不应任意连接或断开，接地引线数量不得任意改变及减少。

③所有焊接牢固、无虚焊，防止接地引线发生机械损伤和化学腐蚀。

④接地装置的导体截面符合热稳定和机械强度的要求。接地体埋设深度和间距应符合设计规定，角钢接地体应垂直设置。除接地体外，接地体引出线的垂直部分和接地装置焊接部位应做防腐处理。在做防腐处理前，表面必须除锈并去掉焊接处残留的焊药。

⑤应防止接地线发生机械损伤和化学腐蚀。在与公路或管道等交叉处及其他可能使接地线遭受损伤处，均应用管道或角钢等加以保护。

⑥接地体（线）的连接采用焊接，焊接必须牢固无虚焊。接至电气设备上的接地线应用镀锌螺栓连接；有色金属接地线不能采用焊接时，可用螺栓连接。螺栓连接处的接触面应按现行国家标准《电气装置安装工程母线装置施工及验收规范》的规定处理。扁钢与钢管、扁钢与角钢焊接时，为了连接可靠，除应在其接触部位两侧进行焊接外，并应焊以由钢带弯成的弧形（或直角形）卡子或直接由钢带本身弯成弧形（或直角形）与钢管（或角钢）焊接。

第七章　平板模块式称重设施维护要求

平板模块式称重设施维护技术主要包括日常维护和定期维护两个方面。

7.1 日常维护

日常维护主要是对设备的外观进行观察，以保证平板模块式称重设施外观完好，基本性能不受影响。主要维护事项如下：

①经常检查秤台与基础之间的间隙，发现有不均等现象或与初始安装位置偏差过大，应进行调整。检查防尘装置是否有断裂、挣开凸起、掉落等现象，根据情况及时进行维护。为避免因融雪剂除雪对秤台产生腐蚀，一般采取传统除雪法除雪，并检查秤台是否有积水、积淤的现象，及时处理干净。

②经常检查秤台连接处的稳定性、秤台连接间隙稳定性，发现问题及时纠正。

③经常检查秤台的基础情况，是否有开裂、表面脱落、倾斜等现象，发生问题应及时处理。

④经常检查秤台表面油漆是否有脱落现象，防滑装置是否开裂、变形，秤台表面是否因变形造成积水，平台的面板是否开裂，发现问题应及时处理。

⑤经常检查红外光幕或激光车辆分离器的防护罩是否有损坏，发射接收是否正常。

⑥经常检查埋设检测线圈的路面是否出现凹陷、破损等现象，以免影响线圈正常工作。

⑦经常检查栏杆机的箱体、机芯、控制系统、栏杆臂的连接是否紧固，栏杆臂的摆动是否正常。

7.2 定期维护

定期维护是指按照一定的时间间隔，检查性能指标，使得平板模块式称重设施满足称量要求。平板模块式称重设施的定期维护周期一般不超过6个月，通常在进入冬季运行前和进入夏季运行前进行。主要应满足下列规定：

①定期检查秤台的基础是否发生下沉、排水堵塞、开裂渗漏现象，发现问题应及时处理和维修。

②定期检查清理传感器周围泥沙堵塞、冬天传感器周围冰冻封堵现象。

③定期检查各功能部件的电器连接端子是否牢固、螺丝有无松动，当发现有数据不稳、执行动作不畅、信号传输不稳等现象时，应及时处理，或报生产厂家维护。

④定期检查接地电阻的连接是否牢固，接地电阻是否满足要求。定期进行维护(如泼洒盐水，减小接地电阻等)。

⑤定期对车辆分离器（或激光扫描仪)、车牌抓拍摄像机、车道控制器、轮轴识别器等进行功能维护，使系统达到初始安装状态。

⑥软件维护，为了扩充系统功能、编程改进、提高处理效率等进行的维护。

第八篇

模组式称重技术

第一章 概 述

市场上广泛使用的部分称量方式的高速公路称重技术，为解决“一车一杆”计重设备的计重模式通行效率低的弊端，普遍采取整车连续跟车计重，通过累计轴重获得整车重量。但是在当前的整车式“连续跟车”计重模式下，车辆的重量不是整车称重完成的，而是通过一系列逻辑运算计算出来的。系统通过车辆各轴上下秤、车轴的位移、前车辆的重量变化与称重系统当前重量变化等因素，判断和计算车辆的总重量，运算过程引入了车辆的轴重参与运算，由于车辆轴重检测的不确定性、不可溯源性，系统计量精度大受影响。

整车式称重方式虽具有可溯源性、测量精度高，但是由于称量速度低，限制了道路通行效率的提高。

基于以上背景，诞生了动态模组式车辆电子衡器，这是一种既能保证计量精度又能提高通行效率的整车计重设备，是动态称重领域发展的最新成果，如图 8.1.1 所示。

图 8.1.1 广西南宁五象西模组称重实施效果

模组式称重设备厂商主要有陕西四维衡器科技有限公司、北京盘天新技术有限公司等。

第二章　模组动态称重系统构成

2.1 系统构成

2.1.1 系统构成及示意图

系统主要由三部分组成：

①称重测量系统：多块秤台和多路传感器。

②数据采集系统：完成各类传感器数据的采集。

③主控系统：算法计算和用户交互。

数据采集系统和主控系统之间通过百兆以太网进行连接通信。

系统的框架如图 8.2.1 所示。秤台主要包括秤体和称重传感器。

数据采集系统完成对称重传感器、车辆分离器等传感器数据的采集和预处理，通过以太网将数据发送给主控系统。

主控系统内部主要由算法系统和用户交互系统组成。算法系统完成对传感器数据的分析、处理与识别，获得测量数据，并通过本机 UDP 发送给用户交互系统。

用户交互系统主要完成和用户之间的交互，包括系统设置、数据显示、数据存储等。

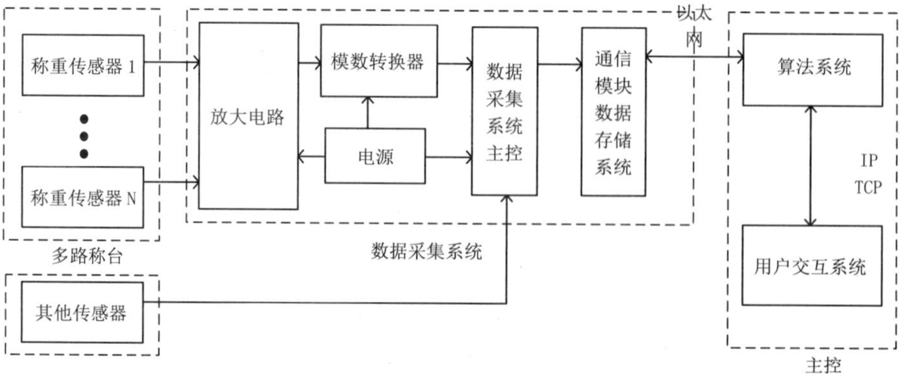

图 8.2.1　模组动态称重系统构成框架图

2.1.2 系统布局

模组动态称重系统布局一般采用前置式，即设置在称重车道前侧，岛头和收费亭之间的部位。模组动态称重系统的称重平台、称重传感器、检测线圈等布设在称重车道，称重控制器、红外光栅分离器、称重显示屏等布设在车道安全岛上，业务计算机或工作终端布设在收费亭内，具体见图8.2.2。

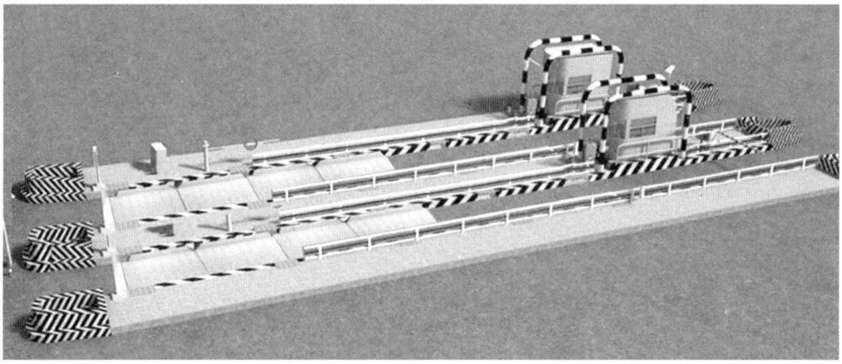

图8.2.2 系统布置示意图

2.2 秤台构成

系统采用多秤台级联的方式，每个秤台都有自己独立完整的传感器系统，各个秤台之间无物理上的连接，相互独立。

系统的级联秤台结构如图8.2.3所示。在级联秤台之前有一个红外对射组成的车辆分离器，之后是级联的秤台，秤台上四角安置有4个桥式传感器。

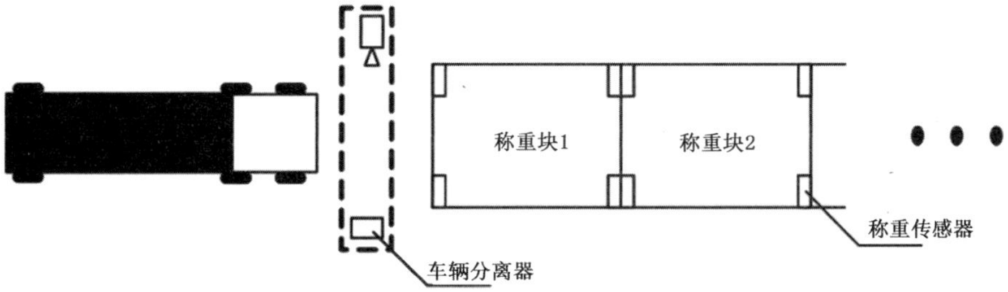

图8.2.3 系统构成图

2.2.1 秤台规格

(1) 秤台长度

该系统采用多个秤台级联的结构（一般采用4~6个模组，每个模组可独立称重），单个模块长为3～3.6米，秤台宽度可覆盖整个路面，这样称重块合成长度大于一般通行车辆长度，可实现整幅路面无缝称重。由于传感器精度高、测量时间长，所以测量精度高，车速在1～80km/h速度范围内可达到动态1～5级精度。

（2）秤台宽度

秤台的宽度主要根据行车道的宽度确定。比如应用在收费车道时，收费车道分为两种类型：普通车道和超宽车道。一般模组式称重系统秤台宽度不超过4m，但在超宽车道，可根据需要定制，但秤台台面宽度最大不超过5m。应用在超限检测站时同样根据检测车道的宽度确定。

（3）秤台最大秤量

模组式秤台最大秤量一般为100t，不超过125t。

（4）秤台规格

秤台规格选择一般依据以下原则：

①秤台台面与行车道宽度相匹配。一般车道可选择3.0m，超宽车道一般选择3.4m，秤台台面宽度不超过5m。

②秤台规格宜全省统一或规格不宜太多。为便于统一管理、方便维护、节省运营费用、提高管理效果，秤台规格一般满足全区域统一要求。

2.2.2 限位装置

模组动态秤台的限位装置主要负责横向、纵向限位保护，保证秤体足够的震动余量，防止因强烈水平冲击导致的秤台的横向与纵向位移，确保秤台的正常使用，如图8.2.4、图8.2.5所示。

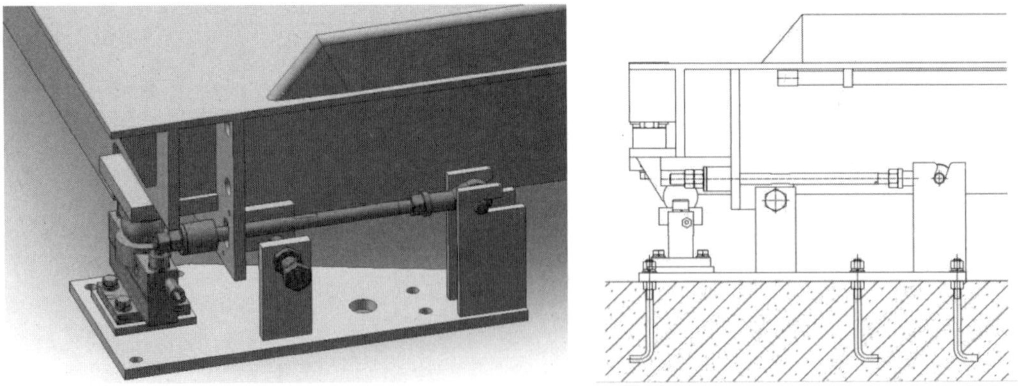

图8.2.4　纵向拉杆限位装置效果图

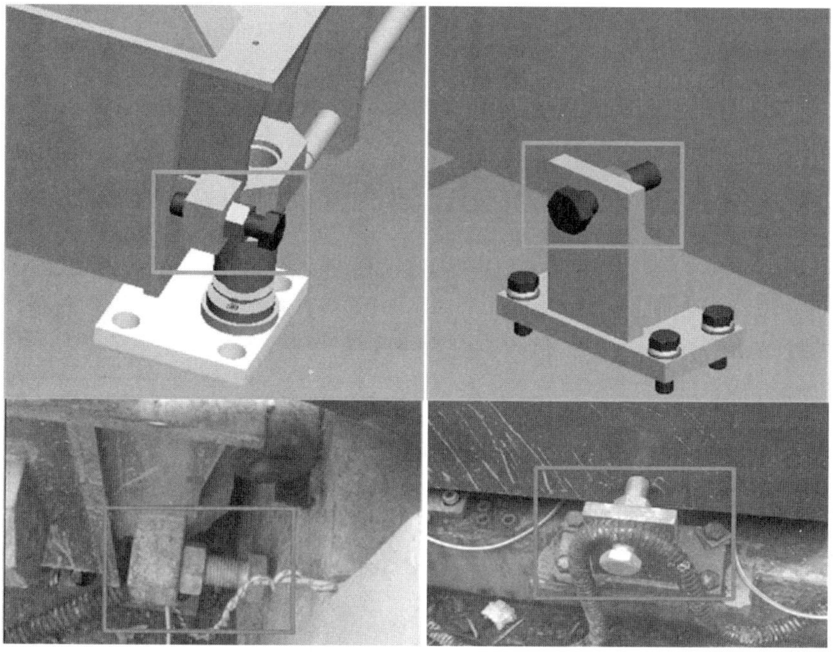

纵向两端限位　　　　横向两端限位

图 8.2.5　纵向、横向限位装置效果图

2.2.3 防滑装置

为防止车辆在秤台表面因结冰、雨水等原因打滑，应在秤台表面设置防滑装置，提高秤台表面粗糙程度，防止打滑，保护人员、车辆和设备安全。

常用的防滑装置主要有三种：花纹钢板、防滑涂料和焊接花纹，其中，焊接花纹在工程实际中应用最多、防滑效果最佳、使用寿命最长，且不需要维护。

2.2.4 防尘装置

称重平台安装之后与称重平台的土建基坑之间、秤台之间存在一定的缝隙，积雪、灰尘、树叶等容易落入基坑影响模组动态称重设备的使用。为确保模组动态称重设备的正常使用一般采取防尘装置来解决。一般采用带麻胶皮、发泡橡胶等特殊材料等进行防尘处理，如图 8.2.6、图 8.2.7 所示。

①秤台侧边的防尘：一般采用自带龙骨的顶泡橡胶条作为防尘处置材料，耐磨、柔软、密封性好、不影响称重，也可采用盖板进行遮挡。

②秤台两端和码头之间及秤台之间的防尘：一般采用自带龙骨的侧泡橡胶条作为防尘处置材料，密封好、伸缩性好，有效解决密封和热胀冷缩的问题。

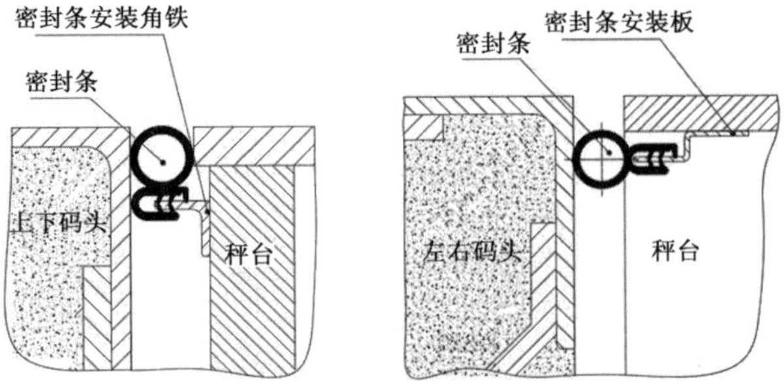

图 8. 2. 6　防尘装置示意图

图 8. 2. 7　防尘装置效果图

2. 2. 5 防擦边装置

为防止车辆擦边行驶，有两种处理方案：一是防擦边装置，二是防撞柱。

①防擦边装置：在秤台两边面板上连续焊接倒 V 型防擦边装置，装置两端斜切成缓坡，此装置可规范车辆行驶路径，防止车辆擦边行驶，在保证车辆安全行驶的同时使称重检测过程稳定有序地进行，有效防止车辆违规行驶等作弊行为，如图 8. 2. 8 所示。

图 8. 2. 8　防擦边装置

②防撞柱：普通车道不设置，利用称重岛进行控制；超宽车道设置防撞柱，消除车辆有意擦边对车辆安全、称重岛上设备、路面及工作人员带来的安全隐患。

2.3 称重传感器构成

模组式称重系统采用多秤台（一般为五节或六节）级联的方式，每个秤台都有自己独立完整的传感器系统，可单独完成称重。各个秤台之间无物理上的连接，相互独立。每个独立的秤台四角设置了电阻应变式桥式称重传感器。

2.4 其他

模组动态式称重系统的称重控制器、车辆分离器与整车式称重系统相似。

第三章　模组动态称重系统功能

3.1 总体功能

模组动态称重系统的核心是通过称重模块自动组合、全新的数据采集与处理技术构建整车称重系统，使用于车辆混编称重模式，从而达到高精度、高置信度称量结果，又具有连续跟车称重高通行效率，从而满足不停车称重需要。

该系统称重结果源于量值传递，真正实现车辆动态称重。车辆可以不高于80km/h的速度通过秤台，系统具有高准确度、高通行率、高置信度。

3.2 称重功能

称重功能是模组动态称重系统的核心功能，主要包括以下几个方面：

①动态精度：动态1～5级。

②速度范围为：1～80km/h。

③具有连续过车模式，不需要人工干预，系统能够自动判定驶入、驶出称重区域车辆数，并且能准确计量连续通过的每辆车的数据。

④能检测车辆轴（组）重、总重、轴数、轴型（不包含车型）、检测时间等车辆数据，仪表可实时显示检测结果，自动识别车辆的轴数、轴型。

⑤秤体表面的车辆行驶区域具有可靠的防滑措施。

⑥能通过通信接口将称重信息上传。

3.3 传输功能

传输功能是模组动态称重系统的基础功能，主要包括以下几个方面：

①车辆进入秤台后，称重传感器自动将重量信号转换为电压信号输出至称重控

制器，待车辆后轴驶出秤台后，称重控制器通过数据接口将称重信息传输至管理计算机或工作终端。

②当无车辆通过时，系统能定期将秤台状态信息及时传输至业务计算机或工作终端。

③系统能够接收业务计算机或工作终端传输的控制指令，实现对模组动态称重系统的控制，如系统的开启、关闭等。

3.4 自检功能

系统自检功能是模组动态称重系统的基础功能，主要实现系统的自我检查，及时发现问题、排除故障，确保系统正常工作，主要包括以下几个方面：

①开机自检。在开机时，模组动态称重系统能够对设备和线路进行检查，并取得相应的故障信息，对并故障信息进行自动恢复或自动复位，当软件发生不可恢复故障时，系统可进行自动重启。

②空闲时定时自检。在空闲时，模组动态称重系统能够定时进行自检，及时发现系统故障，确保模组动态称重系统正常工作。

③零点校正。称重系统依靠称重传感器进行重量测量，长时间工作会产生误差，零点会发生漂移。系统自动进行零点校正，能确保称重准确，减少人工维护成本。

④自动温度补偿。系统可以自动感应当前工作环境的温度，并能根据温度自动修正误差，自适应高温或高寒环境。

3.5 防作弊功能

模组动态称重系统在防止车辆称重作弊方面有很好的效果，能适应车辆的变道行驶、跳秤、点刹、走走停停、跨道行驶等多种不规范行驶行为对称重精度的影响。

3.6 防护功能

防护功能是模组动态称重系统基础功能之一，主要实现对模组动态称重系统的保护，确保系统正常工作，主要包括以下几个方面：

①防腐蚀功能。

②秤台防滑功能。

③秤台和基坑之间应具备防尘功能。

④线缆、设备的信号线等部位应采取防鼠措施。

⑤系统应具有良好的排水功能。

3.7 在线监测功能

在线监测功能是模组动态称重系统的基础功能之一，主要实现对模组动态称重系统的监测，确保系统运行在正常的状态，主要包括以下几个方面：

①称重控制器应实现实时状态监测。

②在线监测应满足下列规定：

a. 具有监测汇总、分析、报警等功能。

b. 可对传感器供电、传感器的零点输出信号进行监测。

c. 可对车辆分离器的工作状况进行监测。

③模组动态称重系统应能在称重软件或后台相关的软件中实现实时监测功能。

第四章　模组动态称重技术工作原理

4.1 概述

模组动态称重技术是将多个独立称重模块按照车辆行进方向依次序排列，组成阵列排布的模块化集成称重系统，在车辆通过所述模块化集成称重系统时各模块独自称重，并通过对车辆称重过程的监测监控，将承载车辆的称重模块自动拟合，建立一个虚拟的“整车称重系统”，称重结果精度高、稳定性好，由于连续跟车称重，通行效率高。

模组动态称重技术不论从其称量的准确性、异常行车行为的适应性及使用维护成本上都优于其他轴重式动态称重设备，计量准确、稳定可靠。采用模块化、阵列排布轻型结构，便捷施工与安装，路面无检修坑、无隔离装置，设备平面与路面水平一致，不影响道路正常通行。系统具备高稳定性、高通行速度、高准确度，可对运输车辆全天候、无限制实现动态称重检测，为公路治超工作提供可靠有公信力的称量结果。

4.2 称重原理

图 8.4.1 为模组动态称重技术系统原理示意图，系统由若干个纵向阵列排布的称重模块（如图为编号模块 1、模块 2、模块 3……）、车辆分离子系统、称重控制总成组成，且每一个称重模块均具有独立称重功能。在称重模块集成称重系统前端设置车辆分离子系统，称重控制总成通过各子系统的状态监测监控车辆的称重过程、拟合整车称重系统、误差校正，得到高精准的称重结果。

图 8.4.1　称重原理示意图

4.3 工作流程

①第一辆车进入模块化集成称重系统，车辆头部遮挡位于系统前端的车辆分离子系统，系统启动进入称重状态。

②车辆前行依次进入称重模块组合阵列，各模块依次独立称重并将结果传输到称重控制总成。

③车辆继续前行，当车辆尾部脱离车辆分离子系统时，第一辆车完全进入称重模块阵列，系统自动确认车辆处于第 1 块称重模块至第 n 块称重模块之间。

④系统自动拟合，将称重模块 1 至称重模块 n 拟合组成一个整车称重系统，并将称重模块 1 至称重模块 n 的称重数值相加即得到车辆总重量，由称重控制总成输出。

在上述方法中，还可以进行二次校正：当车辆位于称重模块 2 至称重模块 $n+1$ 之间，称重模块 2 至称重模块 $n+1$ 再次拟合，组成一个整车称重系统，再一次完成整车称重，对称重结果比较并进行误差校正。

在上述方法中，可以进行重复校正：系统经过重复拟合，对称重结果可实现多次误差校正。

在上述方法中，后续第二辆车进入模块化集成称重系统后，位于系统前端的车辆分离子系统被后续第二辆车车头遮挡时，后续第二辆车称重启动，重复第一辆车的称重过程。

系统中车辆分离子系统可以实现车辆自动分离，称重控制总成可实现精准称重、数据通信功能。系统通过车辆分离技术，自动识别并判断拟合承载各车辆的有效称重模块，自动拟合组成适应该车型的整车称重系统，通过整车计重得到各车辆的总重量。

第五章　模组动态称重系统关键设施技术要求

5.1 计量精度要求

5.1.1 准确度等级

①模组动态称重总重量的动态准确度等级采用3个等级，用符号表示为：1、2、5。

②动态准确度等级之间的关系：车辆轴载荷和车辆总重量的准确度等级的对应关系见表8.5.1。

表8.5.1　车辆轴载荷和车辆总重量的准确度等级关系

单轴（或轴组）载荷的准确度等级	车辆总重量的准确度等级		
	1	2	5
C	√		
D	√		

《高速公路称重检测业务规范和技术要求》（交办公路函〔2019〕1182号）关于车货总重的规定为：首次检定时，车货总质量最大误差要为±2.5%；称重设备在使用过程中，车货总质量最大误差为±5%。《公路超限超载检测站设计指南（试点工程版）》中对误差的规定则为：车货总质量预检系统的误差不大于10%，精检系统误差不大于5%。由此可见，C、D等级的轴组式称重系统均可满足上述要求。

5.1.2 车辆总重量的最大允许误差

动态称量中车辆总重量的最大允许误差应取下述①或②中的较大值：

①将表8.5.2中的计算结果以分度值为最小单位化整至最接近值。

②首次检定和后续检定为1个分度值（$1d$）乘以整车动态中轴称量的次数，使

用中检查为 2 个分度值（2d）乘以整车动态中轴称量的次数。

车辆总重量的最大允许误差见表 8.5.2。

表 8.5.2　车辆总重量的最大允许误差

准确度等级	以车辆总重量约定真值的百分比表示（%）	
	型式试验、首次检定和后续检定	使用中检验
1	±0.50	±1.00
2	±1.00	±2.00
5	±2.50	±5.00

5.1.3 参考车辆（不含两轴刚性车辆）单轴（轴组）载荷最大允许误差

参考车辆（不含两轴刚性车辆）单轴（轴组）载荷最大允许误差见表 8.5.3：

表 8.5.3　单轴（轴组）载荷的最大允许误差

准确度等级	以单轴或轴组载荷修正平均值的百分比表示（%）
	首次检定
C	±1.50
D	±2.00

5.2 关键设施技术指标

5.2.1 称重平台

称重模块采用高强度结构，关键焊缝采用全自动连续焊接，秤体经过 100 万次的疲劳试验，强度高、刚性好、抗扭和抗侧向力能力强、防腐性能强，确保长期稳定可靠地使用，称重平台表面采用专利保护的凸纹防滑技术，防滑凸纹与秤体“熔”为一体，不会脱落，终身不需要维修。

称重模块嵌入高灵敏度称重传感器，传感器通过应变桥把车轮压过合金钢体的压力信号变成模拟电压信号输出，中央控制器再把模拟信号经过滤波、除噪、放大、A/D 转换变成数字信号送到称重控制器进行处理，秤体采用独特的限位方式，不但能保证传感器始终处于最佳受力状态，还能将车辆通过时秤体时的晃动降到最小，同时还能避免产生机械噪音。

5.2.2 称重传感器

称重传感器主要技术指标如下：

①额定容量：40t。

②最大安全载荷：125% F. S. 。

③精度等级：OIMLC3/ NTEP3000 Ⅲ。

④非线性：±0.02% F. S. 。

⑤滞后：±0.02% F. S. 。

⑥蠕变（30 分钟）：±0.025% F. S. 。

⑦使用温度范围：-40℃ ~ +80℃。

⑧激励电压：6 ~ 15V （DC/AC）。

⑨防护等级：IP69。

5.2.3 其他

称重控制器、车辆分离器、称重显示屏、检测线圈等设备的技术指标可参考整车式称重系统。

第六章　模组动态称重系统土建施工

模组动态称重设施土建部分施工主要包括对模组动态称重平台基础、排水部分及其他相关设备基础要求，参见图 8.6.1 ~ 图 8.6.4。

6.1 安装位置

模组动态称重设备可安装于高速公路收费车道用于治超和计重收费，还可安装于国、省道用于货车超限超载的非现场执法项目。

用于非现场执法时，安装点宜选在道路平直、视野开阔、供电及传输链路完善的路段。

秤台应在横坡坡度小于 2%、纵坡坡度小于 3% 的车道顺坡安装。

6.2 称重平台基础

6.2.1 基础开挖

基础开挖必须达到设计要求深度，且地基承载力标准值 Fk≥150kPa。对于未达到的设计要求的则须加深开挖、分层回填夯实，以达到设计要求，基坑开挖采用机械开挖，检修孔部分采用人工进行开挖并修整，与原路面接缝处采用切割机切割，保证原路面结构的完整性。

6.2.2 钢筋工程

①钢筋表面要洁净，粘着的油污、泥土、浮锈使用前必须清理干净，可用冷拉工艺除锈，或用机械方法、手工除锈等。

②钢筋的品种性能和质量必须符合设计要求和施工规范的规定，钢筋必须有出厂合格证明和试验报告。

③钢筋的规格、形状、尺寸、数量、间距、锚固长度、接头位置、保护层厚度必须符合设计要求和施工规范的规定。

6.2.3 两端头角钢预埋件固定

两端角钢预埋件在焊接时，必须将钢筋与角钢焊接牢固，焊后角钢校直，角钢上钢筋必须与钢筋笼焊接牢固，使之成为一体。以防使用中角钢松动或掉出。

6.2.4 关键工序误差控制

传感器预埋件固定：依秤台基础图尺寸要求固定传感器预埋件，用水准仪找准预埋板高度，保证各预埋板之间的水平高度差≤2mm、前后左右最大误差为±2mm、每块预埋板自身的平面度误差≤1mm。

侧墙及两端挡土墙制作误差：基坑两侧墙垂直度误差≤2mm、侧墙直线度误差≤5mm（21 米范围内）、基坑两端挡土墙垂直度误差≤2mm、直线度误差≤2mm、基坑对角线误差≤5mm，避免出现平行四边形。基坑与秤台宽度间隙，单侧控制在20mm～30mm。

传感器预埋件安装方法：在基坑混凝土表面上画出中心线，再以中心线确定传感器预埋件横向安装位置并划线，从秤台一端（一般选用下称端）确定码头挡墙位置，并按图纸要求安装码头预埋件，再依次确定传感器预埋件的纵向安装位置并划线，在两端码头预埋件上划定传感器预埋件安装基准点，用工程线纵向拉两条传感器预埋件安装基准线来初步确定传感器预埋件的标高，对画好的线、拉紧的工程线进行尺寸复核（必须复核对角线），符合图纸要求后开始定位预埋件。将传感器预埋件放置在纵横合适的位置及合适的高度（高度以拉好的工程线为基准），在调整传感器预埋件纵向及横向位置时以基坑混凝土表面上划定的传感器预埋件基准线为基准，用吊线锤对纵横向位置加以确定，将传感器预埋件预埋螺栓与基础内预留的螺纹钢焊接在一起并加固，全部固定好后，用水准仪对标高进行复核并用调整螺栓微调至图纸要求的范围内。完成安装固定后对所有尺寸按图纸进行再次复核，复核达到图纸要求后方可进行二次浇筑。

6.2.5 接地极制作

①称重系统应单独做保护接地，保护接地电阻值≤4Ω，保护接地做完后，应与收费广场联合接地连接。

②称重系统保护接地采用 10 根 50mm×50mm×5mm、L＝2000mm 的镀锌角钢埋入垫层以下，角钢之间用 φ50mm×5mm 镀锌扁钢连接。

③秤台基础内纵横钢筋必须有 50% 以上的交叉点焊接牢固，并与 10 个接地角钢焊接牢固，形成等电位状态。

④控制柜、红外车辆车辆分离器的预埋件均应接地，将预埋螺栓与基础内钢筋用 φ50mm×5mm 扁钢连接。

⑤接地引线和接地极均应进行镀锌处理，接地装置不应任意连接或断开，接地引线数量不得任意改变及减少。

⑥所有焊接必须牢固、无虚焊，接地引线应防止发生机械损伤和化学腐蚀。

⑦接地引线采用搭接焊接，搭接长度为扁钢宽度的 2 倍（且至少 3 个棱边焊接）。

6.2.6 地感线圈制作

路面环槽内应充分清理干净，不得有水汽、杂物，必要时用吹气管或汽油喷灯清理。

绕制线圈时，应注意保护线圈线缆，避免刮伤线圈线缆，环氧树脂浇灌环槽内线圈应足够充满，并充分与线缆融合，不得有气孔。

6.2.7 红外车辆分离器、控制柜基础

控制柜基础按图纸高于收费岛 150mm，红外车辆分离器预埋板高出秤面 150mm，且车辆分离器预埋板周围有操作空间，详见施工图（车辆分离器基础图）。

称重控制柜安装在收费亭附近，保证放在大棚下，集线柜放置在秤台中间处岛上，控制柜及集线柜安装牢固、横平竖直，与接地装置相连接，确保接地良好。为便于操作维护，进线孔全部从控制柜底部穿入。

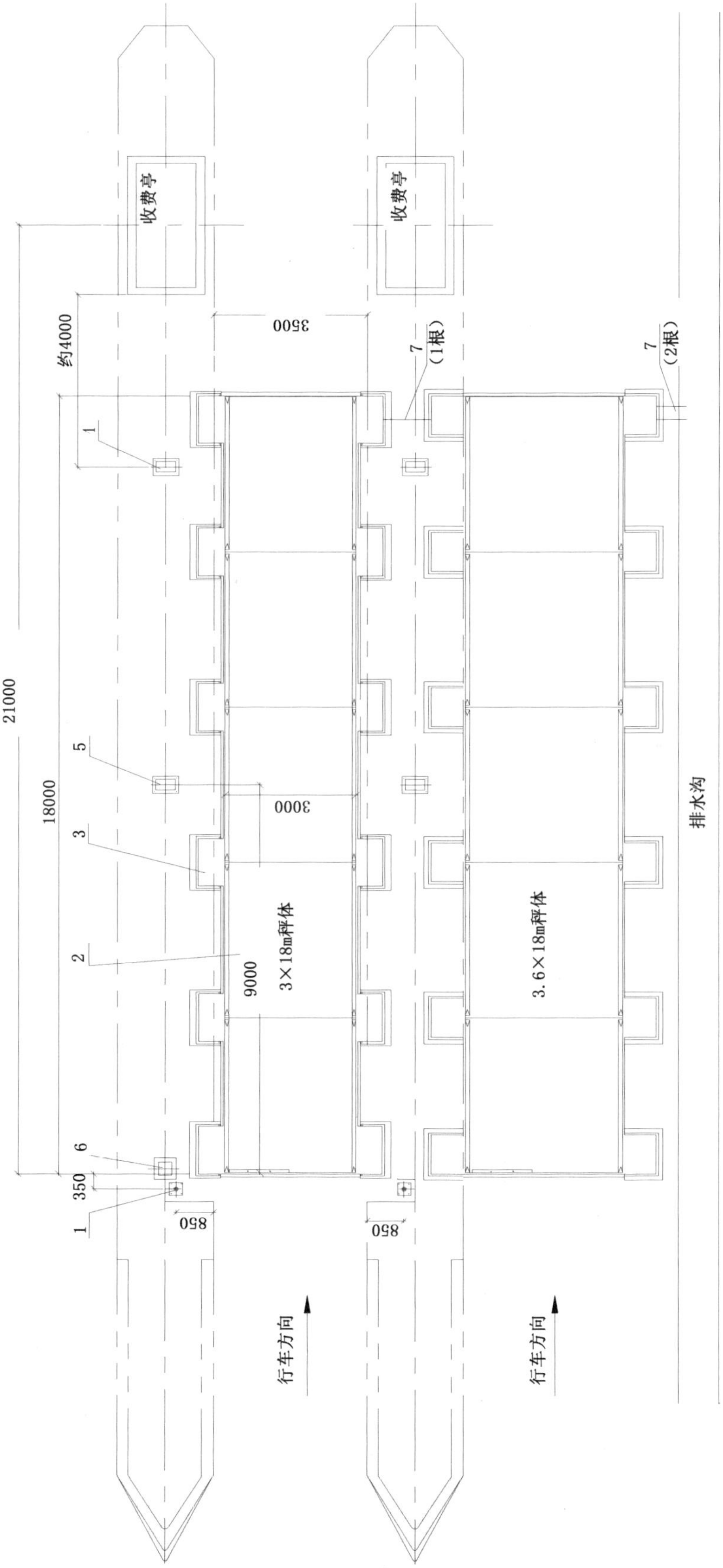

图8.6.1 用于收费车道内的模组动态称重系统布置图

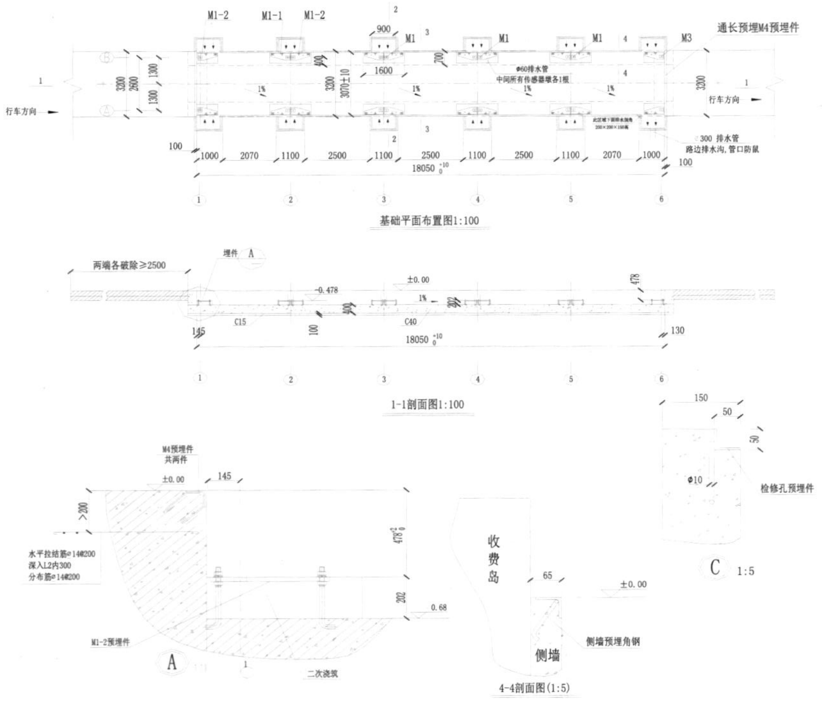

注：

1. 本图中秤台规格3×18m。
2. 各基础预埋件M1-1、M1-2中心的位置最大误差（前后、左右、对角线）为±2mm。
3. 基础预埋件M1-1、M1-2上地脚螺栓应与预埋板垂直，误差不大于2mm。
4. 各基础预埋件M1-1、M1-2的实际高度与理论高度误差不大于1mm。
5. 所有M1-1、M1-2预埋件下应用砼充填密实，不得有缩松、气孔。
6. 图中φ60×3.5、φ32×2穿线管为镀锌焊接钢管，打弯处弯曲半径大于10倍管径。
7. 基坑内必须设置排水设施，如果下水道标高低于基坑底部，可将基坑排水与下水道相连；如果下水道标高高于基坑底部，则必须另设集水井并装置排水用抽水泵。
8. 基础接地要求：
   （a）基础内纵横钢筋必须有50%以上的交叉点焊接牢固，使之成为接地网，接地电阻<4Ω。
   （b）所有地脚螺栓须与基础内钢筋牢固焊接。
   （c）用于穿电源和信号电缆的φ60×3.5、φ32×2电缆管也必须与基础钢筋网相连。
   （d）每个地脚螺栓保证高出基础预埋板上平面25mm，并固定好螺母。
9. 除注明外，采用C40砼，严寒地区采取相应抗冻配方，腐蚀环境采取相应防腐配方;钢筋砼保护层厚度≮40。φ表示Ⅰ级钢，HPB300；Φ表示Ⅲ级钢，HRB400。
10. 秤台基础应满足最大载荷时承载力要求。秤台基础持力层路基强度应≥150kPa，若不满足，须进行回填处理。
11. 持力层以上表层虚杂土必须挖除，必要时可采用换填。
12. 持力层以上杂填土必须挖完，超挖部分以素土分层夯实回填，压实系数≥0.97。

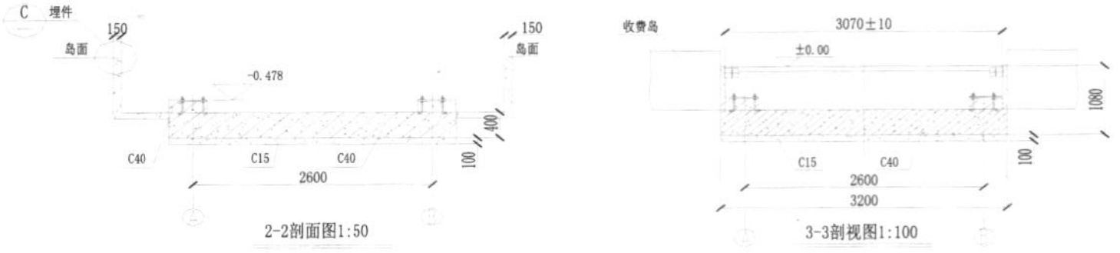

图8.6.2 用于收费车道内的模组动态称重平台基础结构图

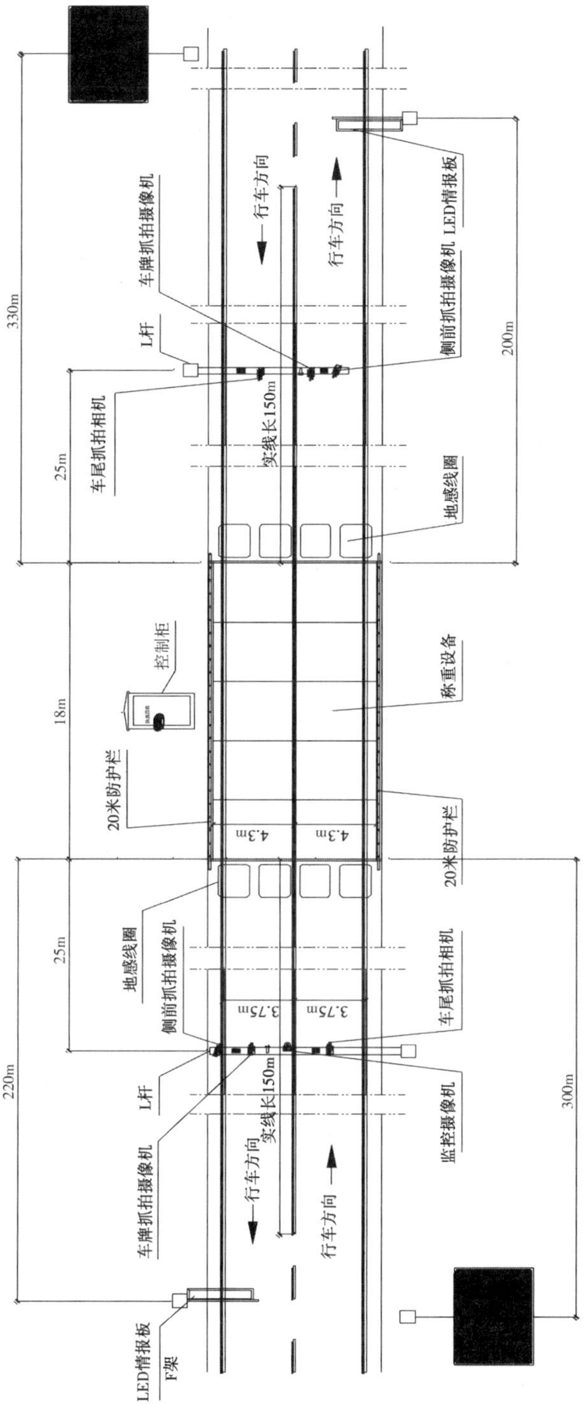

图8.6.3 用于非现场执法的模组动态称重系统布置图

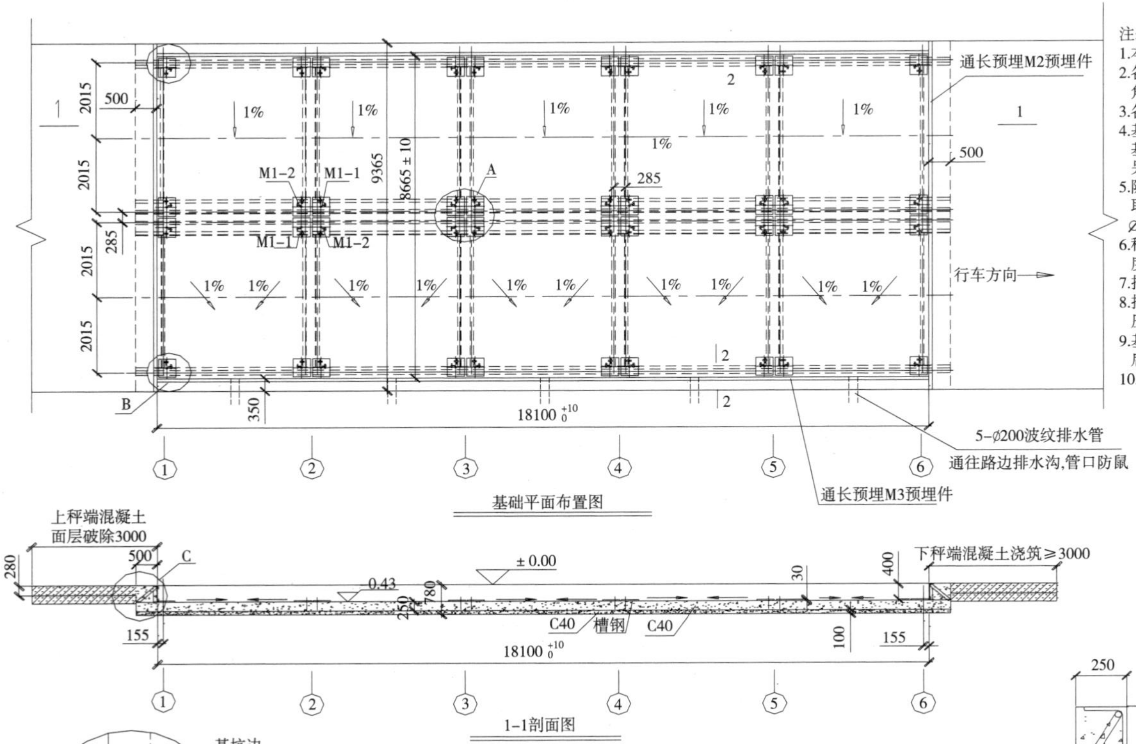

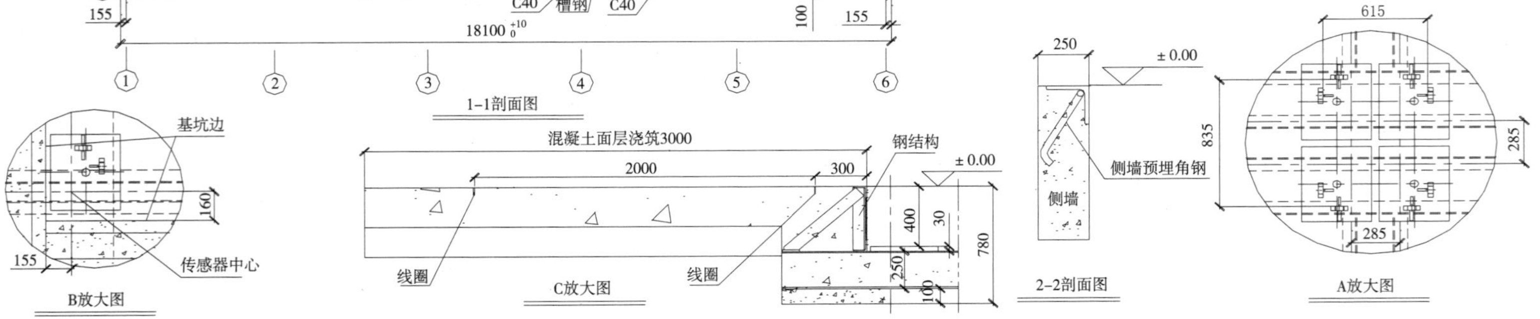

注:
1.本图中秤台规格4.3×18m。
2.各基础预埋件M1-1、M1-2中心的位置最大误差（前后、左右、对角线）为±20m。
3.各基础预埋件M1-1、M1-2的实际高度与理论高度误差不大于1mm。
4.基坑内必须设置排水设施，如果下水道标高低于基坑底部，可将基坑排水与下水道相连；如果下水道标高高于基坑底部，则必须另设集水井并装置排水用抽水泵。
5.除注明外，采用C40砼，严寒地区采取相应抗冻配方，腐蚀环境采取相应防腐配方；钢筋砼保护层厚度≮40。
∅表示Ⅰ级钢。HPB300；ф表示Ⅲ级钢。HRB400。
6.秤台基础应满足最大载荷时载力要求。秤台基础持力层路基强度应≥150kPa，若不满足，须进行回填处理。
7.持力层以上表层虚杂土必须挖除，必要时可采用换填。
8.持力层以上杂填土必须挖完，超挖部分以素土分层夯实回填，压实系数≥0.97。
9.基坑开挖后，在浇筑垫层之前，需要打桩找平，保证垫层浇筑后基坑总深度。
10.在浇筑混凝土之前将预埋板上钢圈用胶带或扣盖封堵，螺栓孔拧上塑料螺栓，以防被混凝土凝土污染，影响后期安装使用。

图8.6.4　用于非现场执法的模组动态称重平台基础结构图

6.3 排水

称重平台两端最易堆积尘土、垃圾。而称重平台两端与引道缝合不好，会形成一定缝隙。尘土、垃圾会通过缝隙落入底部。同时，污水也会通过缝隙流入基坑，若秤体底部排泄设施未处理好，将造成称重传感器被污水浸泡，直接影响产品质量。针对高速公路特殊环境，不仅要在秤体边缘部分加强的防尘设计，也要充分考虑排水措施，防止将秤体吊起清污排水的麻烦。利用地理条件优势，优先采用自然排水方式；地理条件受限时，可采用排水沟排水；受制于广场条件时，也可采用蓄水井排水。

秤台基础的具体排水措施如下：

①秤体传感器安装位置处均设计有排水孔，每个排水孔相互连接，污水通过秤体头尾处的缝隙进入秤体后，通过排水排污斜坡直接流向排水排污槽。

②排水排污槽处设计有排水孔，通过排水孔，将进入秤体的污水直接排出，以确保称重传感器及秤体的干燥、清洁。

③称重传感器支撑墩离基坑有 20cm 高度，基坑中的水通过排水孔，再经排水槽流出。

④检修人员只须定期清洁检修基坑即可，无须吊起秤体。

6.4 其他称重设备基础

除称重平台外，模组动态称重系统一般还包括控制柜、车辆分离器、称重显示屏、自动栏杆、车牌识别摄像机等设备。这些设备，应设置安装基础板，将设备安装于基础板上，保证安装牢固和垂直、对齐等。设备基础均采用混凝土现浇。

模组动态称重系统设备之间应采用预埋的热浸镀锌焊接钢管连接，用于相关电力、信号线缆的敷设。

钢管的连接采用套管焊接，套管长度为钢管外径的 2 ~ 3 倍。钢管接续前，应将管口磨圆或锉成坡边，保证光滑无棱。钢管接续严禁采用对口焊接。严禁不等径的钢管接续使用，埋设时钢管焊缝应朝上。钢管铺设完毕后要进行试通，并穿 φ3mm 钢丝，要采取妥当措施防止钢丝缩入管中，钢管管口应堵住，防止异物进入管中，对预埋在构造物内的钢管应先试通，然后再浇筑混凝土，混凝土浇筑完成后，也须试通，以确保管道不被堵塞。钢管斜插入手孔时应将钢管切成斜面，保证管口与手孔孔壁平行并应缩入孔壁一定的距离（2～3cm），并用水泥砂浆将管口抹成圆棱。钢管进入手孔的端部应做扩口处理。

6.5 接地要求

接地装置应严格按照厂家图纸要求，配合基础施工同时进行，隐蔽部分应在覆盖前及时做好中间测试、检查和验收。

①收费车道级广场应用场景应采用收费天棚的联合接地，接地电阻值≤1Ω；如果采用单独接地时，保护接地电阻值≤4Ω。

②接地引线和接地极均应进行镀锌处理，接地装置不应任意连接或断开，接地引线数量不得任意改变及减少。

③所有焊接必须牢固、无虚焊，应防止接地引线发生机械损伤和化学腐蚀。

④接地装置的导体截面应符合热稳定和机械强度的要求。接地体埋设深度和间距应符合设计规定，角钢接地体应垂直设置。除接地体外，接地体引出线的垂直部分和接地装置焊接部位应做防腐处理；在做防腐处理前，表面必须除锈并去掉焊接处残留的焊药。

⑤接地线应防止发生机械损伤和化学腐蚀。在与公路或管道等交叉处及其他可能使接地线遭受损伤处，均应用管道或角钢等加以保护。

⑥接地体（线）的连接应采用焊接，焊接必须牢固无虚焊。接至电气设备上的接地线，应用镀锌螺栓连接；有色金属接地线不能采用焊接时，可用螺栓连接。螺栓连接处的接触面应按现行国家标准《电气装置安装工程母线装置施工及验收规范》的规定处理。扁钢与钢管、扁钢与角钢焊接时，为了连接可靠，除应在其接触部位两侧进行焊接外，并应焊以由钢带弯成的弧形（或直角形）卡子或直接由钢带本身弯成弧形（或直角形）与钢管（或角钢）焊接。

6.6 其他施工要求

（1）一般要求

①除非监理工程师另有指示，基础挖方的进度安排应使坑壁的暴露时间不超过15天。

②基础开挖与其回填作业，除应满足交通部规范的各项要求外，还应与秤台安装要求配合。

（2）开挖

①承包人应在基础开挖开始之前通知监理工程师，以便检查、测量基础平面位置和现有车道标高。在未完成检查测量及监理工程师批准之前不得开挖。

②开挖应进行到图纸所示或监理工程师所指定的标高。最终的开挖深度应以设备厂家图纸要求的深度为准，并结合基底实际情况来确定。在开挖的基坑未经监理工程师批准之前，不得浇筑混凝土。

③在现有收费车道开挖基坑时，应按《公路工程施工安全技术规范》（JTGF 90—2015）的规定，采取有效防护措施，使开挖工作不致危及附近收费岛、收费亭、路基、收费岛设备的安全，所采用的防护措施须经监理工程师同意。基坑周围不得堆放建筑材料、设备和危及基坑安全的杂物。

④所有从挖方中挖出的材料应按监理工程师批示的方法处理。

⑤为保证收费岛、收费亭、路基、收费岛设备的安全，挖方的各侧面应始终予以可靠的支撑，并使监理工程师认可。

⑥所有基础挖方都应始终保持良好的排水，在挖方的整个施工期间都不致遭受水的危害。凡低于已知地下水位的地方进行开挖并构成基础时，承包人必须提交一份建议用于每个基础的排水方法及为此而采取的各项措施的报告，并取得监理工程师的批准。

⑦基坑开挖至图纸规定基底标高后，如发现基底承载力达不到称重平台基础的载力要求时，承包人应根据实际情况提出基底处理的方案，报告监理工程师审查，并按监理工程师的批示处理。

（3）基础浇注

基础待设备厂家确定后，根据厂家图纸要求进行浇注，确保施工质量。

第七章　模组动态称重系统维护

模组动态称重系统的维护工作主要包括日常维护和定期维护两个方面。

7.1 日常维护

日常维护主要包括设备的外观检查，以保证模组动态称重设施外观完好，基本性能不受影响。主要维护事项包括但不限于下：

①经常检查秤台与基础之间的间隙，发现有不均等现象或与初始安装位置偏差过大，应进行调整。检查防尘装置是否有断裂、挣开凸起、掉落等现象，根据情况及时进行维护。为避免因融雪剂除雪对秤台产生腐蚀，一般采取传统除雪法除雪，并检查秤台是否有积水、积淤的现象，及时处理干净。

②经常检查秤台连接处的稳定性、秤台连接间隙稳定性，发现问题及时纠正。

③检查秤台的横向限位装置间隙是否合理，一般为 3～5mm，纵向限位拉杆可靠有效。限位装置可调部分应做涂油保护。检查频次一般不低于 1 次/季度。

④经常检查秤台的基础情况，是否有开裂、表面脱落、倾斜等现象，发生问题应及时处理。

⑤经常检查秤台表面油漆是否有脱落现象，防滑装置是否开裂、变形，秤台表面是否因变形造成积水，平台的面板是否开裂，发现问题应及时处理。

⑥经常检查红外光幕或激光车辆分离器的防护罩是否有损坏，发射接收是否正常。

⑦经常检查埋设检测线圈的路面是否出现凹陷、破损等现象，以免影响线圈正常工作。

⑧经常检查栏杆机的箱体、机芯、控制系统、栏杆臂的连接是否紧固，栏杆臂的摆动是否正常。

7.2 定期维护

定期维护是指按照一定的时间间隔，检查性能指标，使得模组动态称重设施满足称量精度要求。模组动态称重设施的定期维护周期一般不超过6个月。定期维护包括秤体限位装置维护、基础内部淤积维护、电器连接状况维护、接地电阻维护、软件维护等，主要涵盖以下方面：

①定期检查秤体横向和纵向限位，发现限位松动或者部件损坏应及时处理和维修。

②定期检查清理传感器周围泥沙堵塞、冬天传感器周围冰冻封堵现象。

③定期维护检查传感器、传感器支撑板、压头，是否有间隙、松动、移位、缺损，及时调整复位、修复或更新。

④定期检查各功能部件的电器连接端子是否牢固、螺丝有无松动，当发现有数据不稳、执行动作不畅、信号传输不稳等现象时，应及时处理，或报生产厂家维护。

⑤定期检查接地电阻的连接是否牢固，接地电阻是否满足要求。定期进行维护（如泼洒盐水，减小接地电阻等）。

⑥定期对车辆分离器（或激光扫描仪）、车牌抓拍摄像机、车道控制器等进行功能维护，使系统达到初始安装状态。

⑦软件维护，为了扩充系统功能、编程改进、提高处理效率等进行的维护。

第九篇

典型应用场景

第一章　概　述

1.1 背景

随着改革开放政策的实施，大大提高了我国称重技术的发展。公路承担的运量是铁路、水运、航空和管道运输方式运量总和的3～4倍。公路运输的通达深度和广度是其他任何一种运输方式所不能替代的，运输量的加大及超限运输现象的出现，使得路面、桥梁、隧道遭到严重的损害。

自2000年开始，有关部门和地方先后开展了一系列治理工作，取得了一定成效，但由于超限超载涉及面广、治理难度大，加之利益驱动，以及“车辆改装”等源头问题，超限超载问题一直没有得到有效解决，车辆超载超限运输问题已经外延到社会、经济领域，导致了运输经济和汽车工业的畸形发展，引起了广泛的社会关注。

社会各阶层已充分认识到治理超限工作不可能一蹴而就，为了解决超限超载问题，交通运输部、各省（区、市）都在积极地探索治理的方法和措施，有从技术角度出发，有从管理角度出发，还有从政策角度出发。高速公路称重技术在超限超载治理过程中发挥了重要作用，发展过程中出现了多种称重技术，比如弯板式称重技术、石英式称重技术、秤台式称重技术、整车式称重技术、轴组式称重技术、平板模块式称重技术和模组式称重技术等。随着治超形势和管理需求的变化，高速公路称重技术一直在迭代升级，在应用过程中还要考虑称重检测效果与施工难度、工程造价之间的平衡，新的高速公路称重技术要在提高称重性能的前提下，还要能克服称重检测过程中遇到的问题，比如遏制称量车辆走S、点制动、跳秤等不规范驾驶行为，不断提高技术的适用性。

高速公路称重技术可以实现总质量（总重）、轴载荷、轴组载荷、轮轴数、车牌等数据的采集，可用于解决交通流调查、超限检测和计重收费、货车安全预警等问题。结合管理和应用需求，高速公路称重技术的应用主要有四种不同的思路：一是高速公路入口称重检测，拒绝超限超载车辆驶入高速公路；二是设置检测站进行途中检测，超限超载车辆要进行卸载，符合规定后才予以放行；三是采用经济手段进行制裁，对于超载部分采用惩罚收费措施，通过提高收费额予以惩罚；四是事后稽查，现场称重检测不处罚，采用事后处罚方式，建立“黑名单”制度，实行“一超四罚”，实现多部门联动及治理行动的常态化，部分省份对超限超载行为建立信用记录，纳入国家统一的信用信息交换平台和“信用中国”网站，通过国家企业信用信息公示系统进行公示。

不同的称重检测技术有不同的技术特点，在工程实践中也有各自的使用前提和适用条件。货运车辆超限超载整治按范围可分为源头集中整治和路面集中整治。其中源头整治包括车辆生产、改装、运输企业源头整治，货物装载场站及货物单位源头整治等；路面集中整治则是利用称重技术等手段进行整治。在称重技术发展过程中，结合超限超载治理需求出现了多种典型应用，让高速公路称重技术在全国范围内得以推广。

1.2 典型应用场景简述

在治理超限运输的大背景下，交通主管部门既是超限运输的最大受害者，又是治超的主体，始终在探索、寻找利用交通运输部门自己的管辖范围、自己的能力治理超限运输的途径。在发展过程中也出现了多种应用场景：入口称重检测、超限称重检测、非现场执法、计重收费等。

1.2.1 入口称重检测

依据交通运输部《超限运输车辆行驶公路管理规定》（2016 年第 62 号令），按照《交通运输部 公安部关于治理车辆超限超载联合执法常态化制度化工作实施意见（试行）》（交公路发〔2017〕173 号）等文件要求，为严格落实高速公路入口称重劝返措施，在收费站入口实施入口称重检测设施（设备），对违法超限超载的货车，拒绝驶入高速公路。

2021 年 6 月，交通运输部修改了《超限运输车辆行驶公路管理规定》，删去第三十九条第二款中的“经确认后可以作为行政处罚的证据”；将第五十条修改为：“违法行为地或者车籍所在地公路管理机构可以依照相关法律行政法规的规定利用技术监控设备记录资料，对违法超限运输车辆依法给予处罚，并提供适当方式，供社会公众查询违法超限运输记录。”

1.2.2 超限称重检测

超限称重检测是称重技术最早应用的场景。超限超载检测站一般采用港湾式，并根据车辆超限检测的需要，合理设置功能区及设施：检测、执法处理、卸载、停车等车辆超限检测基本功能区，站区交通安全、交通导流、视频监控、网络通信、照明和其他车辆超限检测辅助设施，必要的日常办公和生活设施。规范检测、处罚、卸载等工作流程，实现对超限车辆的控制。

1.2.3 非现场执法

“非现场执法”作为“近几年发展起来的”治超新模式，采用24小时全天候监控，设置不停车称重检测系统，建立跨部门联运机制，解决执法力量不足的问题，促进公正公平、严格执法，增强了治超社会透明度。治超模式由现场、即时处理向非现场、事后、智能执法转变。非现场执法的核心是称重检测，重量信息是判断是否超限违法的关键依据。非现场执法已逐步成为称重技术应用的重要场景。

1.2.4 计重收费

计重收费就是其中的一种运用经济手段实现治理超限运输的手段，这种经济手段具有很大的局限性。计重收费作为高速公路车辆通行费征收方法的一种调整，在国内部分省市已经开始实施，如河南、江苏、山东、安徽、青海等省份在全部或部分高速公路已实施计重收费。但作为一种新型的高速公路收费方式，计重收费在部分省份运行以来，在社会上引起了强烈的反响，争议强烈。计重收费是否有充分的法律依据，是否具备可操作的实施细则、技术标准及其实施条件，是否可以进一步推广，如何选择合适的方案与技术，实施过程中存在哪些应该注意的问题等均需要进行更进一步的研究。

第二章　入口称重检测

2.1 背景

入口称重检测（图 9. 2. 1），即在高速公路入口设置称重检测设施，未超限车辆可顺利进入高速公路，同时出口设置计重车道，对车辆进行抽检，旨在降低超限超载运输的比例和对高速公路的损害，保护公路基础设施，保护道路使用者的安全。

根据《超限运输车辆行驶公路管理规定》（交通运输部 2016 年第 62 号令）及《汽车、挂车及汽车列车外廓尺寸、轴荷及质量限值》（GB1589—2016）等规定，在 2019 年全国取消高速公路省界主线收费站项目中，交通运输部颁布了《高速公路称重检测业务规范和技术要求》，对入口称重检测的业务规范及技术要求做了详细规定。

图 9. 2. 1　入口称重检测应用场景

2.2 布设方式

入口称重检测系统的基本布设如下：

（1）劝返车道驶离

在车辆从普通公路进入高速公路收费广场前，就近在靠近普通公路的匝道入口处设置固定式不停车称重检测设备，对进入高速公路的所有货车进行称重，非超限货车可以正常通过，进入入口收费广场，超限货车按照指引或值班人员的督导下引出匝道，令其退出，禁止进入高速公路，如图 9. 2. 2、图 9. 2. 3 所示。

该种布设方式适合于在建（含新、改、扩建）高速公路收费站和具备征（租）地条件或拟实施站区改造的已运营高速公路收费站。该布设方式对交通流量的影响较小，但征地和建设费用较高。

该种布设方式下，治超岛尾与收费岛头间距建议不少于 30 米。

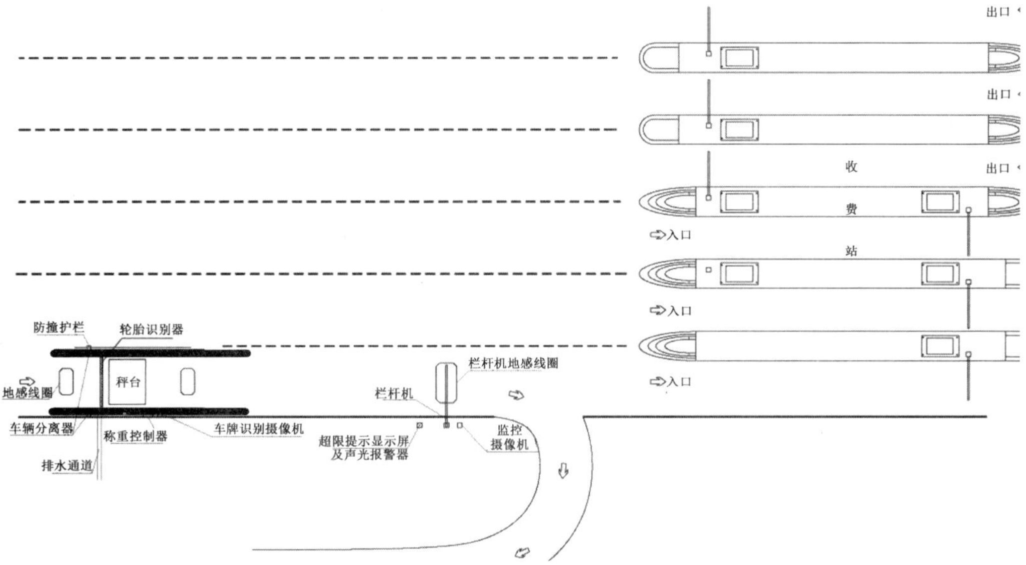

图 9. 2. 2　入口称重检测系统布设图（劝返车道驶离）

图 9. 2. 3　入口劝返车道

（2）广场前调头

在收费广场右侧实施物理隔离，设置货车检测专用通道，在通道内布设不停车称重检测设施（设备），违法超限超载货车在站区广场左转调头返回，如图 9.2.4 所示。

该布设方式适用于广场面积较大（入口四个车道及以上）的已运营高速公路收费站站区。

隔离岛设置见图 9.2.5，长度及宽度应满足岛上设备安装需求，必要时安装防护栏以防止货车对设备的剐蹭。

该种布设方式下，治超岛尾与收费岛头间距建议不少于 30 米。

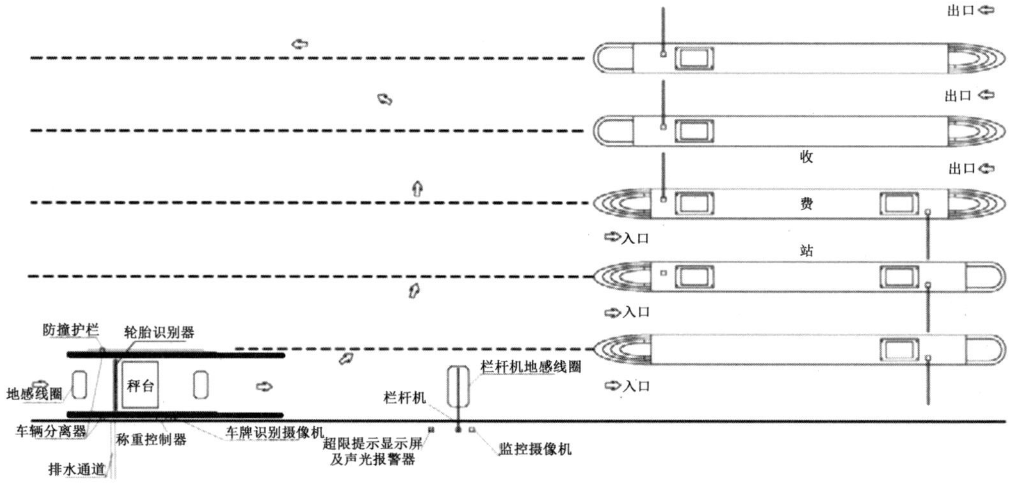

图 9.2.4　入口称重检测系统布设图（广场前调头）

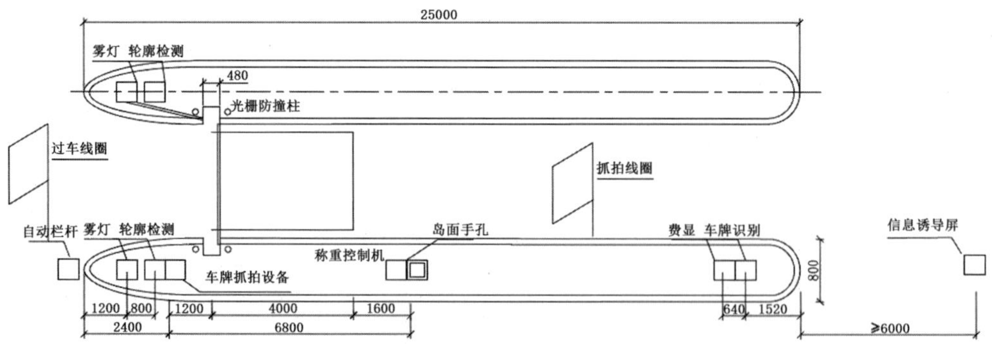

图 9.2.5　入口治超岛布设参考图

（3）倒车劝返

已运营高速公路收费站站区广场面积较小（入口四个车道以下）的在现有收费

车道（一般为最右侧）内布设不停车称重检测设施，采用物理隔离方式，引导货车驶入后称重检测，违法超限超载货车车道内倒出并左转调头返回。经过称重检测后，非超限车辆才能启动自动栏杆通行，如图9.2.6所示。

本方案减少了征地面积和投资费用，但相对于交通流量较大的收费站易引起拥堵，适合于征地非常困难、交通流量较小、超限超载车辆较少的站点。

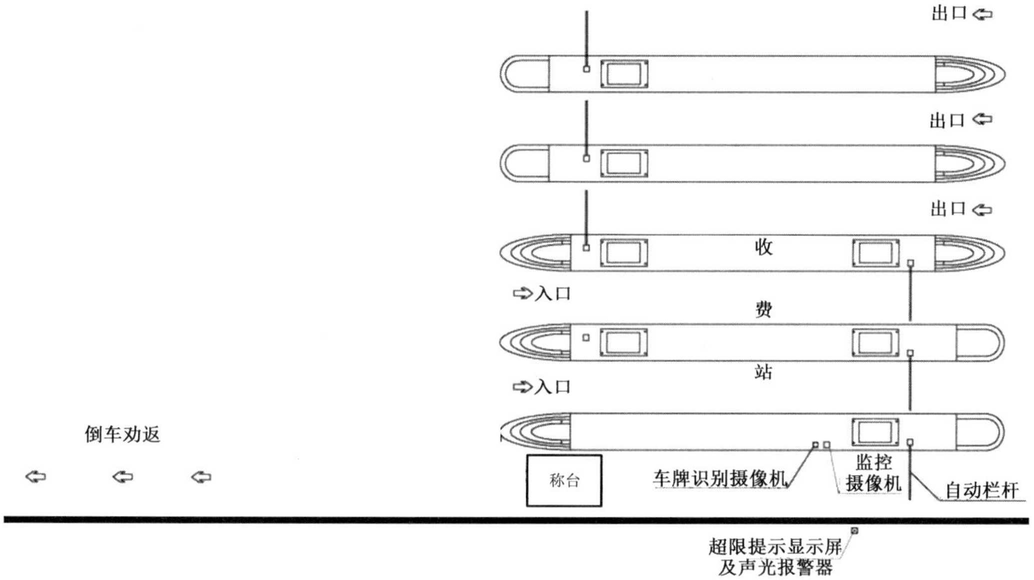

图9.2.6　入口称重检测系统布设图（倒车劝返）

根据收费站货车通行量等因素，在收费站出口布设称重检测设施，实现车辆号牌自动识别、重量自动检测及图像自动抓拍。为节约用地、降低成本、便于管理，出口称重检测设施与出口收费车道合并设置。

2.3 基本构成

入口称重检测系统一般由称重设备、高清车牌自动识别摄像机、语音提示器、声光报警器、信息显示屏、通行灯、自动栏杆、广场摄像机、检测线圈和安全引导设施等构成，如图9.2.7、图9.2.8所示。可选配车辆外廓尺寸自动检测设备。可增加路侧单元（RSU）设备用于精准获取车辆号牌、最大允许总质量等信息。

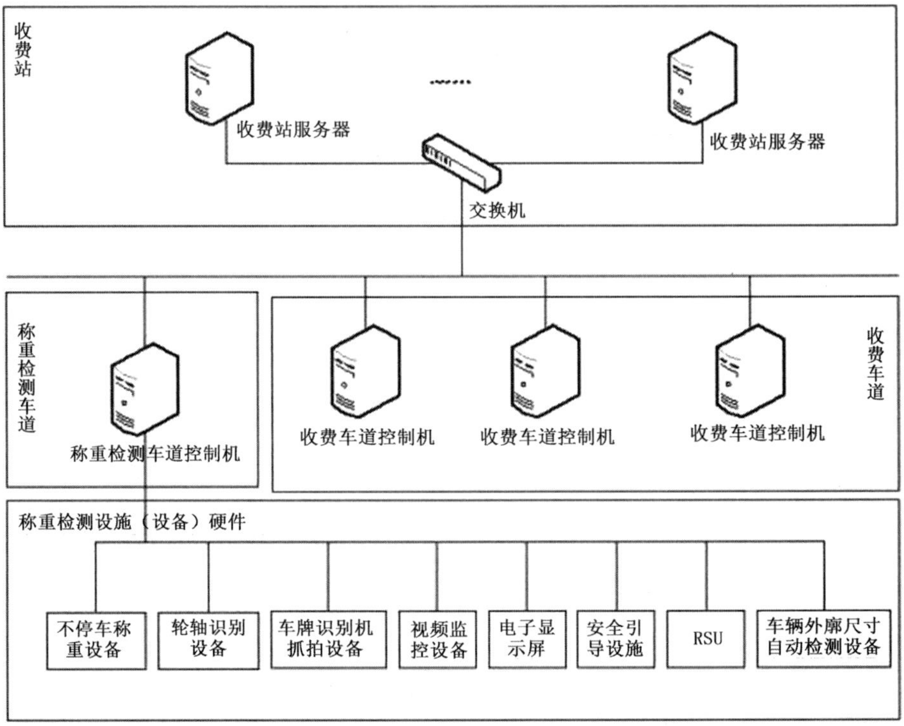

图 9.2.7　入口称重检测设备构成图

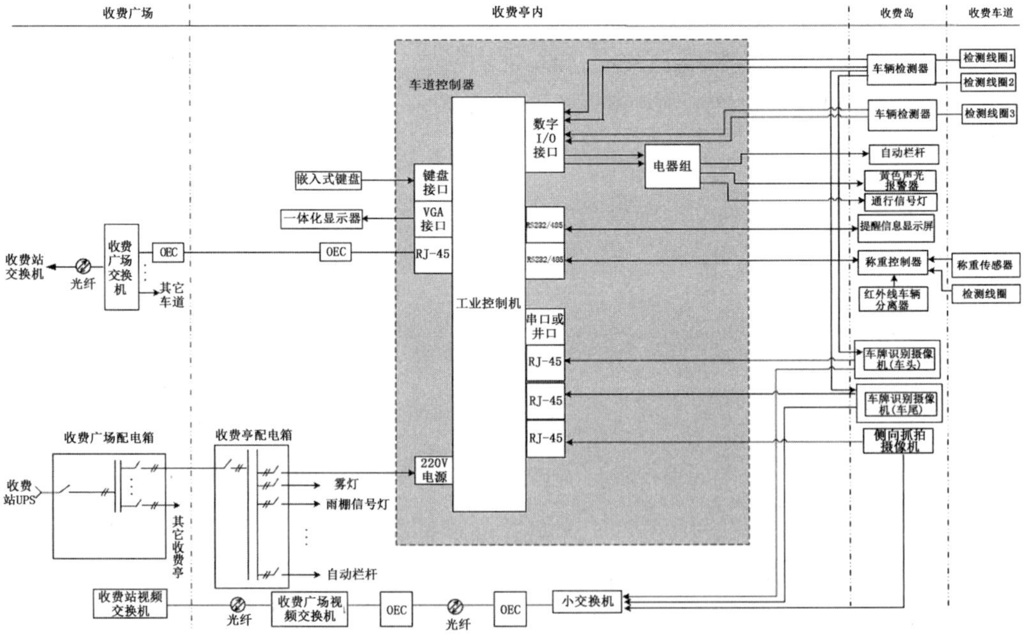

图 9.2.8　入口称重检测系统构成图

称重设备的类型根据收费广场条件进行选择。车辆驾驶员可通过信息显示屏、语音提示器及通行信号灯了解检测结果。

入口称重检测系统软件安装在入口称重检测车道计算机上，根据称重设备检测数据，获取车辆轴数和车重等信息，以判断车辆是否超重，并结合人工输入车牌信息等操作，生成检测记录存储于称重检测车道计算机内，并通过通信系统传至所属的治超管理部门。

对于入口称重检测设施的操作和入口称重检测软件的使用，均由入口称重检测车道收费亭内收费员完成。

入口治超岛上各类设备安装图如图 9.2.9 ~ 图 9.2.12，设备尺寸等可根据各省市具体要求进行调整。

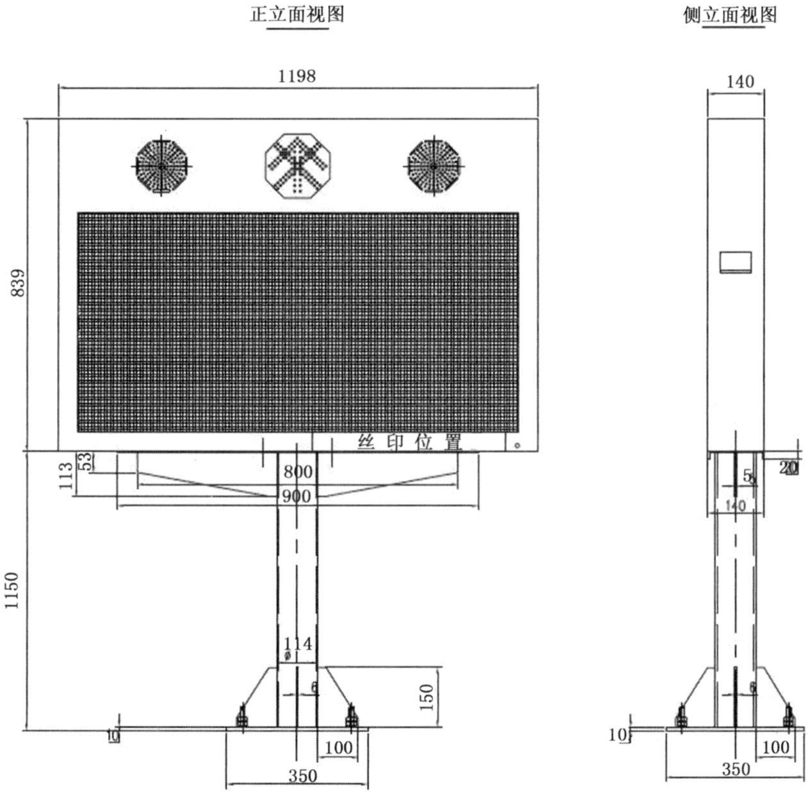

图 9.2.9　称重信息显示屏结构图

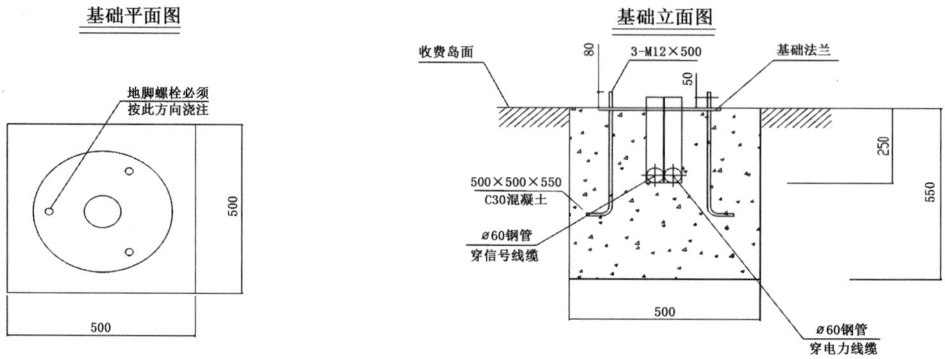

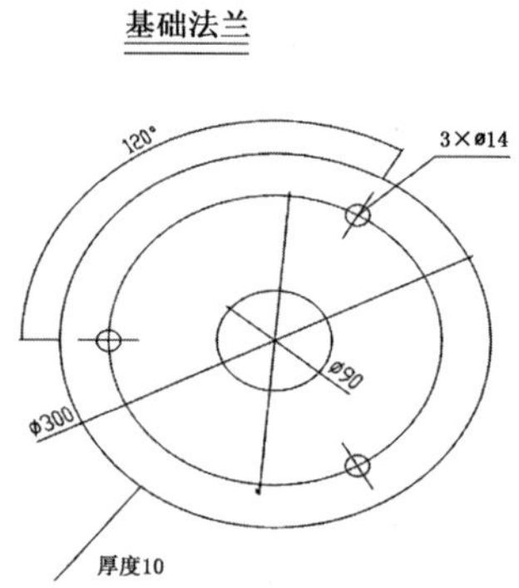

费额显示器基础材料数量表

序号	名称	规格	数量	总量
1	混凝土	C30	0.138m³	0.138m³
		C15	0.036m³	0.036m³
2	钢筋	ø12	5.328m	4.73kg
3	钢筋	ø8	10.2m	4.04kg
4	法兰盘	ø300×10	1块	5.55kg
5	地脚螺栓	M12×500	3根	1.33kg

说明：

1. 本图尺寸均以mm计；
2. 基础法兰（铁板）热镀锌处理600g/m²。

图 9.2.10　称重信息显示屏基础图

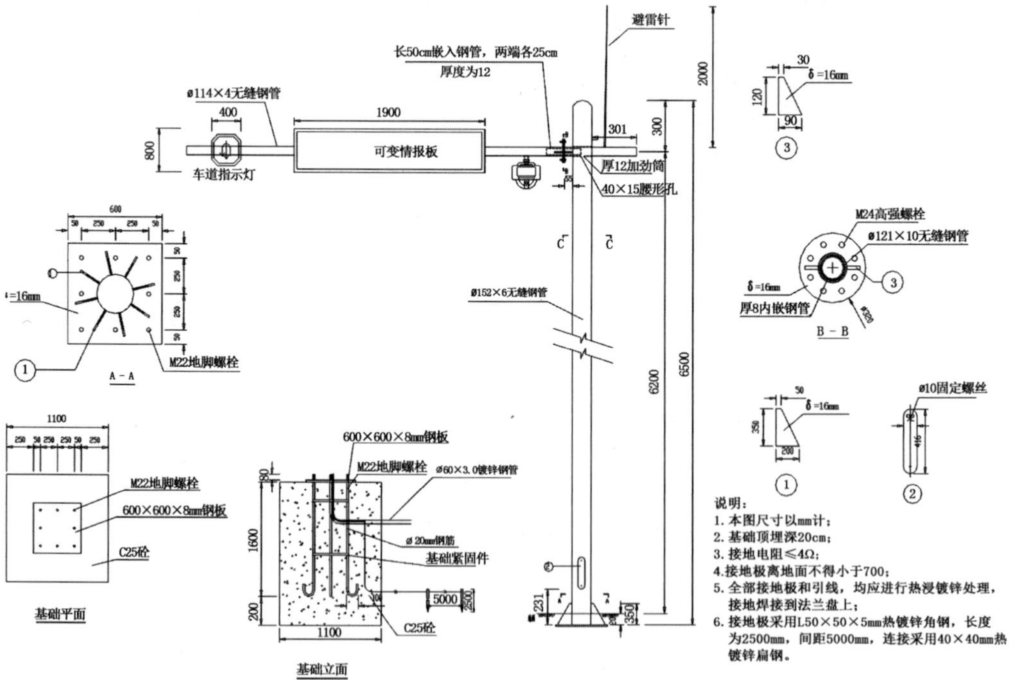

图 9.2.11　信息诱导屏安装图

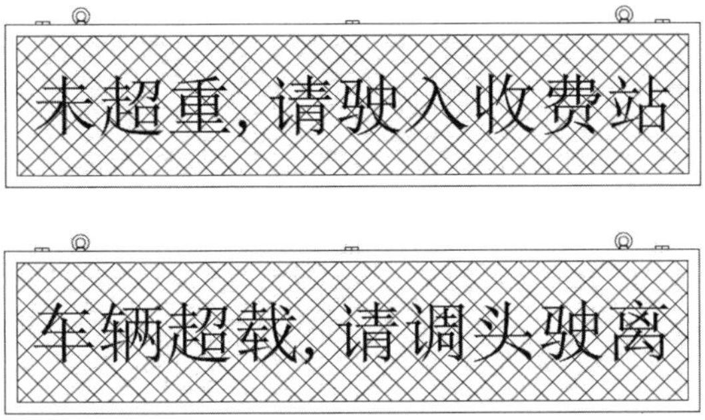

图 9.2.12　信息诱导屏显示内容参考

2.4 入口称重检测系统功能

入口称重检测系统应具备以下功能：

①自动精确检测车辆的总重、轴（轴组）重、车速、轴距等。

②自动车辆分离，形成完整的车辆称重信息，包括车辆通过时间、整车重、轴距、轴型、车速等。

③按照超限车辆判别标准的要求设置超限限值，还可以方便地进行调整，自动判别车辆是否超限。

④对超载超限车辆进行语音提示、显示告知其超载超限事实，提醒其主动调头，不得上路。

⑤所有车辆检测信息实时同步上传收费站各入口收费亭，收费员可快速甄别货车是否已主动进行检测，并进一步筛查相关超载超限车辆信息，所有超载超限车辆严禁上路。

⑥检测数据实时自动录入，可根据用户需求查询、打印检测结果和现场处罚决定书。

⑦系统可汇总、查询站点治超情况，为路政、运政、公安等执法部门提供基础信息作为处罚依据，形成违法车辆和司机黑名单，对站点实行监管。

⑧系统可汇总、查询站点货车流量信息和治超统计信息，并上传至上级管理部门，为道路维护建设等提供数据支持。

⑨系统可将货车超限信息及货车外形轮廓信息上传至交警、路政部门，为各部门治超工作提供数据支持。

⑩能进行不停车的交通流量和类别等数据统计。

⑪能通过数据通信传输系统将可疑超限车辆信息传输至计算机管理系统，此通信传输系统可满足以下功能：

a. 向计算机管理系统准确传输各种完整的车辆数据。

b. 能接收管理计算机发出的基本指令数据并完成相应的动作，如开启或关闭称重系统。

c. 称重系统具备自动缓存功能，在向计算机管理子系统发送数据失败时，自动存入缓存消息队列并尝试重发，在此次数据未正常送达前不会被下一条数据冲掉，从而保证称重数据的完整性。

2.5 入出口称重检测数据要求

入口检测数据包括入口称重检测数据和入口称重图像数据。其中入口称重检测数据包括检测时间、收费站名称、称重检测设备编号、车辆号牌、车型、车货总质量、最大允许总质量、超限量、超限超载率、车辆轴数、是否为大件运输车辆、是否准予通行等，已选配车辆外廓尺寸自动检测设备的，还应包括车货总长度、总高度、总宽度数据。入口称重图像数据包括车辆正面照、车辆尾部照、车辆侧面照3张检测照片和长度不少于5秒的视频记录等。

出口检测数据包括出口称重检测数据和出口称重图像数据。其中出口称重检测数据包括出口检测时间、出口收费站名称、出口称重检测设备编号、入口时间、入口收费站名称、车辆号牌、车型、车货总质量、最大允许总质量、超限量、超限超载率、车辆轴数、是否为大件运输车辆等，已选配车辆外廓尺寸自动检测设备的，还应包括车货总长度、总高度、总宽度数据。出口称重图像数据包括车辆正面照、车辆尾部照、车辆侧面照3张检测照片和长度不少于5秒的视频记录等。

以上各类数据通过称重检测设备、抓拍设备获得后，通过收费专网上传至省（区、市）联网结算管理中心部、收费公路联网结算管理中心，各级联网中心将入口称重检测数据及时推送至治超系统，实现对入口称重检测的联网管理。

2.6 入出口称重检测系统管理流程

载重货车在进入收费站广场入口时，根据标志提示，靠右侧驶入检测车道。检测车道设有称重设备，根据称重设备检测数据判断车辆是否超重。如未超重，则允许车辆通过驶入入口车道，入口检测信息应与入口车道信息联动，根据所获得的信息对车辆进行正常入口流程处理；如超重，则人工对车辆进行劝返，由人工引导从收费广场调头或倒车引出高速，如图 9. 2. 13 所示。

对于大型货车车辆的劝返工作及纠纷等事件处理工作，有广场配备的专人在亭外协调解决。

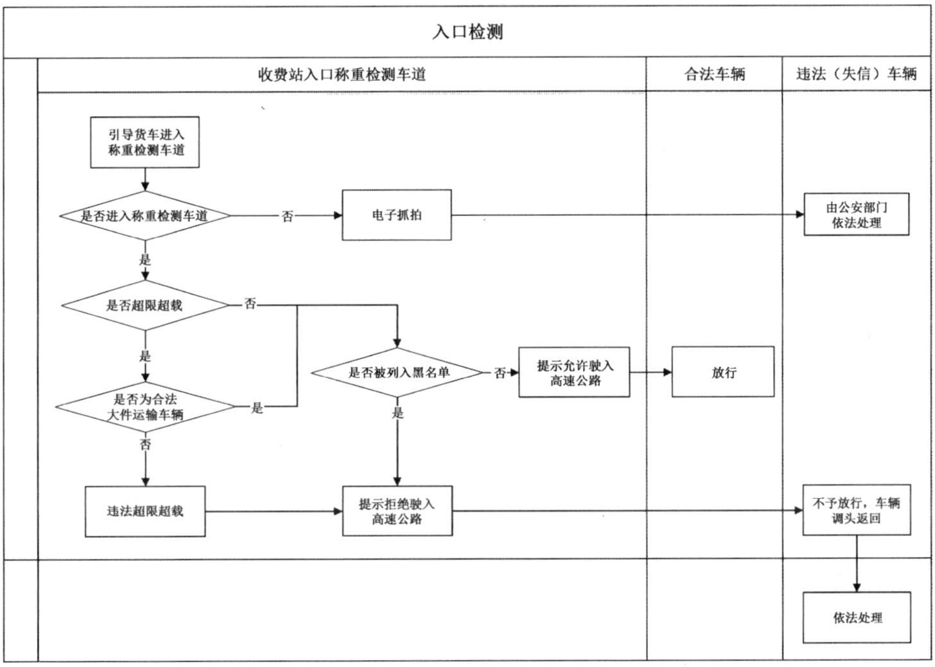

图 9. 2. 13　入口超限检测系统业务流程图

载重货车在出口广场驶入设有称重设备的检测车道时，根据称重设备检测数据判断车辆是否超重，如未超重，则允许车辆通过驶出；如为违法超限超载车辆，除按规定收取车辆通行费外，还应通过称重信息显示屏或人工方式，告知当事人存在违法超限超载行为和处理流程。通过治超系统对依法对违法超限超载车辆进行处理，如图 9. 2. 14 所示。

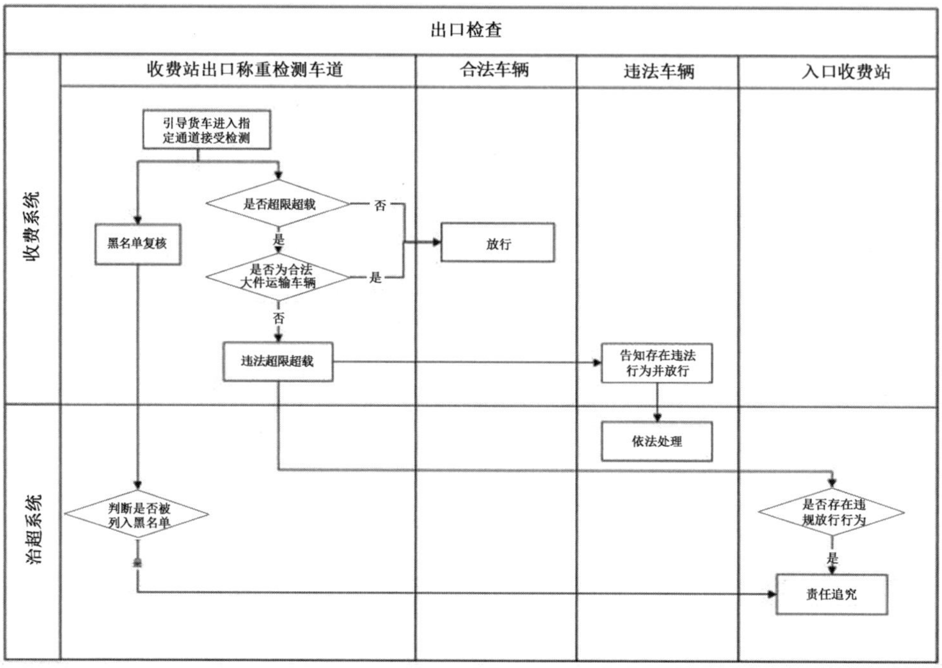

图 9. 2. 14　出口抽查业务流程图

2. 7 关键设备技术指标

入口称重检测系统是一个相对独立的系统，系统设备安装完毕后的计量检定标准主要为各省对公路计重收费系统计重设备的计量检定标准。系统的静态称量精度和动态称量精度应满足各省的统一要求。计重设备检定应由具有相关资质的专业机构完成并出具相关报告。

称重相关设备指标见各篇。

2. 7. 1 拒超信息显示屏

①高亮度 LED，显示内容可编辑、自动调节发光强度。

②可视距离：静态视距≥30m。

③显示：满屏可显示 4 行×14 列汉字，内置 16×16 点阵 GB2132 一级汉字字库。

④LED 视认角≥30°。

⑤显示亮度≥5000cd/m^2，可自动多级（最少四级）调节发光强度，以防止在夜间产生眩光，即使长期暴露于太阳光的环境条件下，发光强度也不能降低。

⑥LED 平均寿命≥10000h。

⑦失控率≤1‰。

⑧平均故障间隔时间≥15000h。

⑨通信接口为 RS485、RS232、RJ45，通信速率 1.2～19.2kbps。

⑩屏体防护等级：IP65。

⑪工作温度：-40℃～+70℃，寒区使用时应具备耐低温性能。

⑫LED 配比：不低于双基色，4R2G。

⑬通行灯信号灯：带红绿双色通行信号灯，通行灯与显示屏为整体设计。

2.7.2 轮廓检测设备

①外形特征提取：通过安全激光对车辆进行轮廓扫描，实时测绘车辆外形和尺寸。

②轴数检测：能正确检测每一辆车的轴数；车辆通过时的前进或者后退，设备能准确计算轴数，车辆前进轴数加一，车辆后退轴数自动减一。

③检测车辆行驶状态：能检测车辆取卡后倒车、压落杆线圈后倒车等多种异常动作，有防止多取卡、盗卡等作弊行为的功能。

④车型识别：准确分离客、货车辆，客车按 1～4 类分型，货车按 1～5 类分型，能识别皮卡等易混淆车型。

⑤车型识别率：能准确识别当前车辆的车型，识别率≥98%，与人工发卡准确率相当。

⑥超限检测：精确检测车身长度、车头和车身高度，对超长、超高车辆进行预警。

⑦彻底解决队列错误：车辆到达后，自动触发识别，并输出触发信号，直接识别当前取卡车辆，不需要建立队列，即可提高系统稳定性，彻底解决队列错误难题。

⑧跟车检测：在跟车距离小于 20cm 时，仍然能够精确输出触发信号，解决地感线圈难以抓拍和触发取卡的弊端。

⑨处理超长车功能：对于超过 18m 的超长货车，也能够正确判断并输出车型。

⑩能排除人为干扰功能：能准确分辨车辆、行人及小型物体，车型识别器不受干扰，能够准确防止利用摩托车或铁板等工具进行盗卡、防止利用两车配合进行盗卡。

⑪长寿命免维护：寿命大于 500 万车次，正常情况下不需要维护。

⑫技术指标：

a. 激光器等级：Class 1 人眼安全。

b. 探测距离：最大 65m。

c. 车长检测范围：0 ~ 20m。

d. 车高探测范围：0 ~ 5.5m。

e. 车道宽度检测范围：2 ~ 5m。

f. 整体识别率≥98%。

g. 客货车分辨率≥99%。

h. 车型识别标准：支持交通运输部车型标准（可以适配地方标准）。

i. 检测速度范围：0 ~ 60 km/h。

j. 车型输出时间<0.5s。

k. 工作电压：24V DC。

l. 功率≤ 15W。

m. 通信方式：RS232 串口或 10/100M 以太网。

n. 使用寿命≥8 年。

o. 外壳防护等级：IP65。

p. 抗污染：最大 30% 覆盖。

q. 外机箱：外壳具有防水防尘防腐蚀能力。

r. 安装方式：顶装+侧装。

s. 安装高度：不低于 5.5m（顶装）。

2.7.3 车道一体化车牌识别器（含立柱）

①分辨率：不小于 300 万像素。

②录像：180°全景录像大于 5s（分辨率大于 2K）。

③内存≥4G。

④车辆捕获率≥98%。

⑤车牌正确识别率≥98%。

⑥输出信息（SDK）：车头车侧车尾拼接的全景高清车辆视频、车头大图、车尾大图、车侧全景图、车头及车尾车牌号码和颜色及全景视频录像。

⑦安装高度为离开路面约 1.7 米，能清楚地观察车道的交通状况。

⑧摄像机立柱由不锈钢钢管制成，而且在强风下不会晃动。

2.7.4 高速自动栏杆

自动栏杆安装在预留基础上。自动栏杆受控于车道控制机，栏杆的抬起由收费员操作键盘控制，栏杆的下落由车道控制机检测到车辆检测器的数据后控制。

栏杆体为碳素钢，表面贴红、白相间的高强反光膜。栏杆的断面形状可为长方形、圆形或其他形状，栏杆臂下边缘距水平地面的高度在 750mm ~ 1050mm 之间。

栏杆悬臂被车辆碰撞时，可以水平移动，如碰撞力过大时，悬臂应自行脱离，以保护自动栏杆的机械传动装置，减轻对碰撞车辆的损害。自动栏杆发生故障或断电时，栏杆悬臂自动复位至垂直状态。

自动栏杆的电气和机械传动装置应有不锈钢的机箱，箱体宜采用厚 2mm 以上的 Q235 钢板制成，也可采用不锈钢等高强度的材料，为便于维修，机箱留有门、锁。

自动栏杆应符合中华人民共和国交通行业标准《收费用电动栏杆》（GB/T 24973—2010）。

主要的技术指标：

①栏杆臂长度 3000mm（普通车道）、4000mm（超宽车道）。

②具备两种驱动控制方式：手动按钮和检测器控制自动操作，栏杆臂的关闭应由电机驱动，不允许自由下落，栏杆臂贴敷红白相间的反光膜，红白间距 250mm。

③快速启动和停止，由水平到竖直和由竖直到水平的运动时间≤0.6s。

④具有防砸车功能。

⑤MTTR：小于 0.5h。

⑥使用寿命大于 300 万次或大于 10 年。

⑦工作温度：-10℃ ~ +55℃。

⑧工作湿度：10% ~95% RH。

⑨电源：AC220V±22V，50Hz±4。

⑩防护等级不低于 IP65。

2.7.5 通行信号灯

①通行灯信号灯安装位置和亮度应满足在任何环境条件下，在收费亭前的司机能清晰看见。

②带红绿双色通行信号灯，通行灯与显示屏为整体进行设计。

③红色 LED 管每颗亮度不低于 0.8cd，绿色 LED 管每颗亮度不低于 1.2cd；信

号灯直径 Φ160 ~ 200mm。

④LED MTBF：大于 15000h。

⑤密封性：IP54。

⑥工作温度：−10℃ ~ +55℃。

⑦工作湿度：10% ~95% RH。

2.8 土建设施及安全设施

2.8.1 土建设施

入口称重检测收费岛上设有雾灯、手动栏杆、自动栏杆、车道通行信号灯（费额显示器）基础、控制柜基础和收费岛上摄像机基础。另外，需要在靠近称重平台的位置设置一个手孔，用于接线及排水，如图 9.2.15 所示。

收费岛长度可根据现场条件确定。岛头采用 C40 混凝土，岛尾、岛侧护栏和岛缘石采用 C30 混凝土现浇，其位置和尺寸应符合设计文件要求，在岛头及岛尾施工时应注意预留铺装层厚度。岛护栏现浇最大长度为 6 米，之间应设工作缝，工作缝宜设置在护栏的中部，如图 9.2.16 ~ 图 9.2.18 所示。

在收费站入口车道前方适当位置（一般在入口收费岛前 40 米外）或最外侧车道内的路面进行破除，开挖秤台基坑，浇注混凝土基础，预埋秤台安装支架，混凝土强度为 C40。

为确保秤台的使用寿命及精度，称重平台应与混凝土路面衔接顺畅、平直，若现场路面条件较差或原车道路面坡度不符合安装要求，须对车道混凝土路面板块进行调坡改造。

关于入口称重系统的排水系统，收费广场条件满足排水要求的，通过秤台本身的排水系统排至广场外；不能满足排水条件的收费广场，须对路侧边沟进行适当改造，使沟底标高满足秤台排水需要。实在不能满足排水条件的收费广场也可在收费广场外侧设集水井，通过秤台本身的排水系统排至广场外集水井，再用抽水泵排出。

具体要求如下：

①设备基础均采用 C40 混凝土现浇，管道均采用 φ60×3.8mm 热浸镀锌焊接钢管。

②施工时要保证引道长度，满足汽车平直上秤的条件，避免转弯上秤。

③所有地脚螺栓须与基础内钢筋牢固焊接。

④除特别注明外，秤台基础的混凝土均采用 C40 级别砼，严寒地区采取相应抗冻配方，腐蚀环境采取相应防腐配方。钢筋保护层 50mm 厚，腐蚀环境采取相应防腐措施。

⑤直径 10mm 及以下钢筋采用 I 级钢，直径 12mm 及以上钢筋采用 II 级钢。

⑥基础换填层以下持力层要求地基承载力标准值 FK>120kPa 的稳定土层，如地质情况不能满足该要求，从《地基换填处理方式附录》a～d 中选用一种换填方式或另行设计。持力层以上表层虚杂土必须挖除，从《地基换填处理方式附录》a～d 中选一种换填。

⑦车道路面调坡要求：秤台安装前，宜对称重平台安装位置、安装标高及两端混凝土路面标高、平整度进行测量，若测量后台面与车道混凝土路面高差较大时，宜对台面上秤端及下秤端（根据车道混凝土路面原有坡度情况确定具体长度）的混凝土路面板块进行破除，调整车道坡度后，重新浇注 C40 混凝土路面。原路面纵坡小于 2% 的车道，调坡长度建议在 3～5 米左右，少量原路面纵坡大于 2% 的车道，调坡长度可适当延长。

⑧建议秤台与周边基础的间隙为 2cm 左右，秤台边缘防尘防水等级达到 IP31，秤台台面的防滑等级达到 4 级。

⑨秤台基坑周边设置槽钢，确保线型、秤与基础的间隙和施工质量。

⑩防撞桶除特殊说明外，均采用直径 80cm 规格。

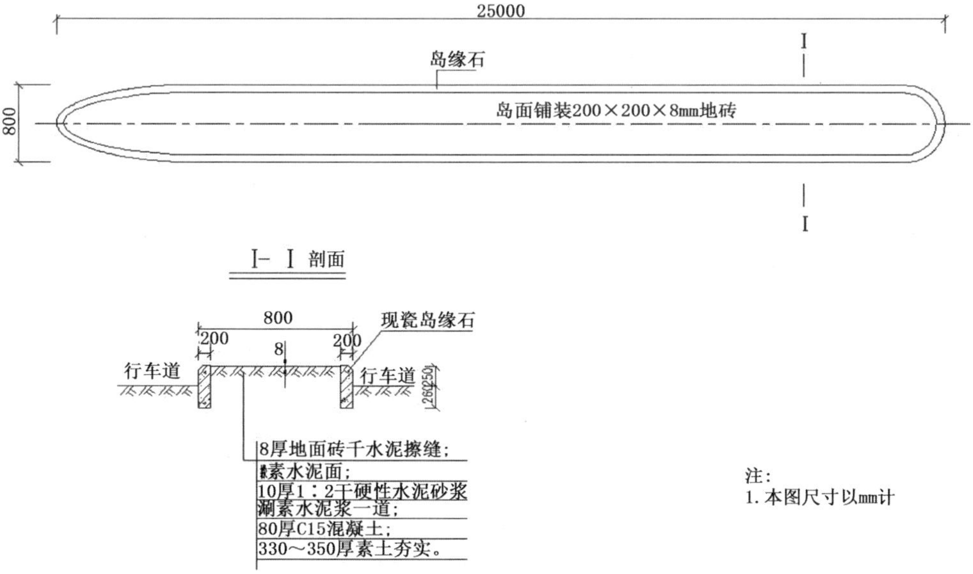

图 9.2.15　岛总体布置图

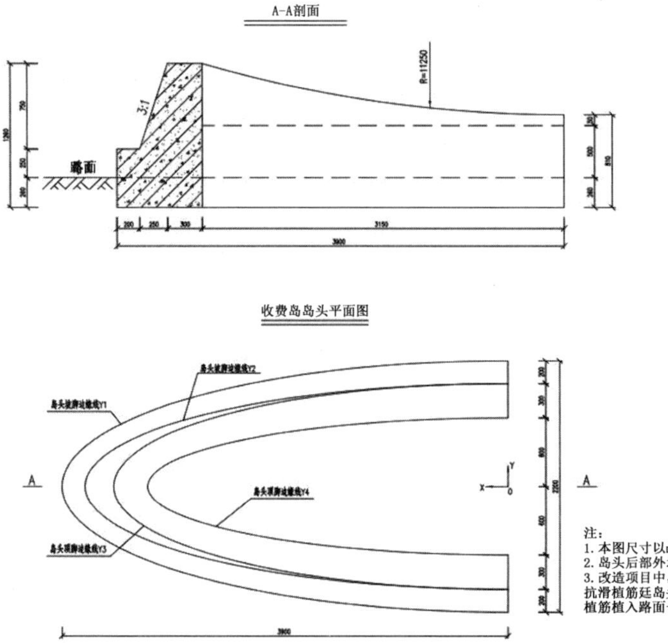

岛头各边缘线数据表

X	Y1	Y2	Y3	Y4
0	1100	900	900	600
500	1091	892	890	592
1000	1063	867	861	569
1500	1015	823	810	528
2000	944	757	733	464
2500	844	663	620	365
3000	703	527	444	183
3150	649	472	367	0
3450	513	325	0	
3500	485	292		
3700	348	0		
3900	0			

图 9.2.16　岛头设计图

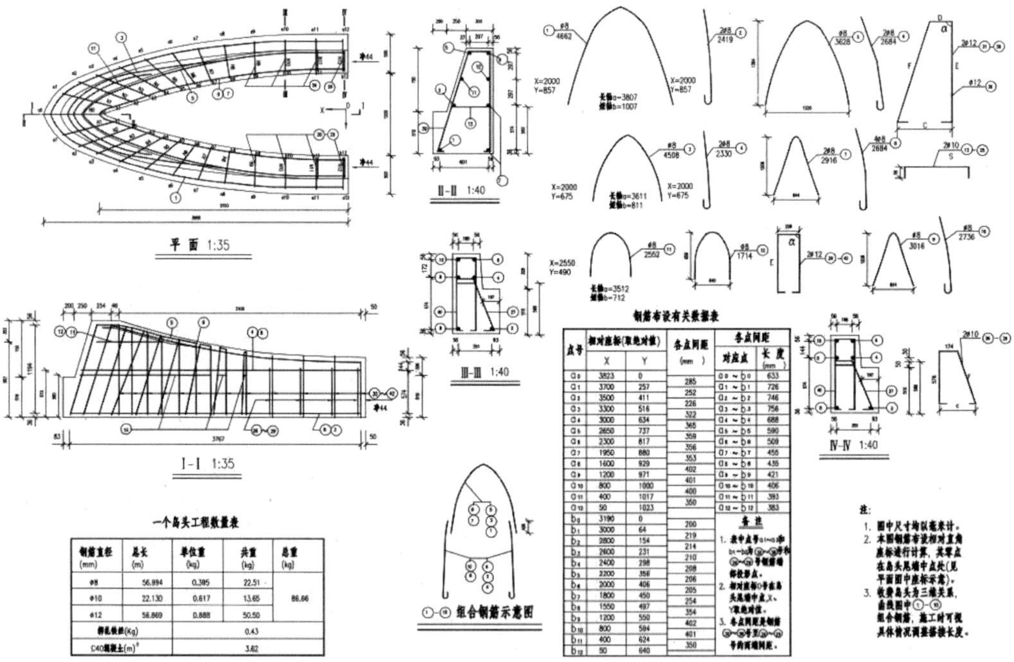

一个岛头工程数量表

钢筋直径(mm)	总长(m)	单位重(kg)	共重(kg)	总重(kg)
ϕ8	56.994	0.395	22.51	86.66
ϕ10	22.130	0.617	13.65	
ϕ12	56.869	0.888	50.50	
绑扎铁丝(Kg)	0.43			
C40混凝土(m)³	3.82			

钢筋布设有关数据表

点号	相对座标(取绝对值) X	相对座标(取绝对值) Y	各点间距(mm)	各点间距 对应点	各点间距 长度(mm)
a_0	3823	0		a_0～b_0	633
a_1	3700	257	285	a_1～b_1	726
a_2	3500	411	252	a_2～b_2	746
a_3	3300	516	226	a_3～b_3	756
a_4	3000	634	322	a_4～b_4	688
a_5	2650	737	365	a_5～b_5	590
a_6	2300	817	359	a_6～b_6	509
a_7	1950	880	356	a_7～b_7	455
a_8	1600	929	353	a_8～b_8	435
a_9	1200	971	402	a_9～b_9	421
a_{10}	800	1000	401	a_{10}～b_{10}	406
a_{11}	400	1017	400	a_{11}～b_{11}	393
a_{12}	50	1023	350	a_{12}～b_{12}	383
b_0	3190	0			
b_1	3000	64	200		
b_2	2800	154	219		
b_3	2600	231	214		
b_4	2400	298	210		
b_5	2200	356	208		
b_6	2000	406	206		
b_7	1800	450	205		
b_8	1550	497	254		
b_9	1200	550	354		
b_{10}	800	584	402		
b_{11}	400	624	401		
b_{12}	50	640	350		

备 注

1. 表中点号a1～a12和b1～b12为㊱～㊳号和㉘～㉙号钢筋端部拐形点。
2. 相对座标0号点在岛头尾端中点，X、Y取绝对值。
3. 各点间距是钢筋㊱～㊳号至㉘～㉙号的两端间距。

注：
1. 图中尺寸均以毫米计。
2. 本图钢筋布设相对直角座标进行计算，其零点在岛头尾端中点处(见平面图中座标示意)。
3. 收费岛头为三维关系，曲线图中①-⑩组合钢筋，施工时可视具体情况调整搭接长度。

图 9.2.17　岛头配筋图

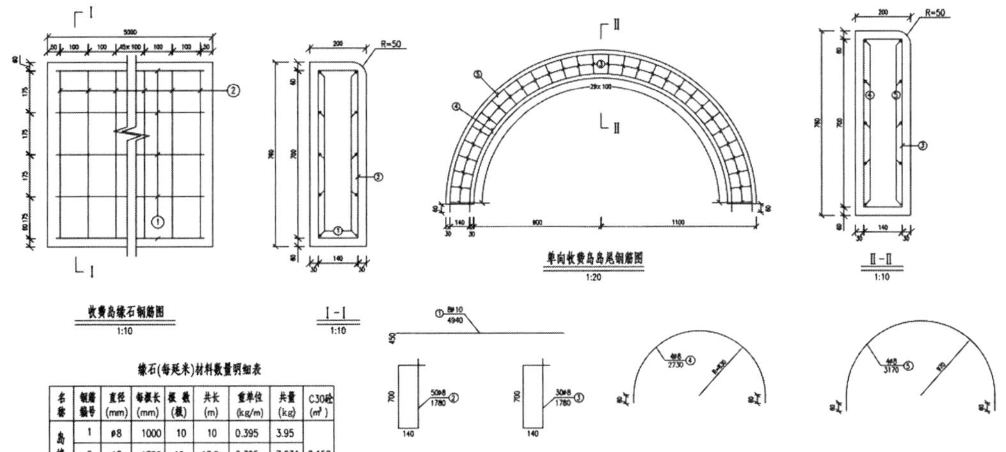

缘石(每延米)材料数量明细表

名称	钢筋编号	直径(mm)	每根长(mm)	根数(根)	共长(m)	重单位(kg/m)	共量(kg)	C30砼(m^3)
岛缘石	1	ø8	1000	10	10	0.395	3.95	0.152
	2	ø8	1780	10	17.8	0.395	7.031	
	合计				27.8		10.981	

收费岛缘石、岛面铺装材料数量表

名称	缘石长度(m)	钢筋重量(kg)	C30砼(m^3)	铺装面积(m^2)	备注
37m单向收费岛	50	551	7.8	65	

岛尾材料数量明细表

名称	钢筋编号	直径(mm)	每根长(mm)	根数(根)	共长(m)	重单位(kg/m)	共量(kg)	C30砼(m^3)
岛尾	3	ø8	1780	32	56.96	0.395	22.50	0.48
	4	ø8	2730	4	10.92	0.395	4.32	
	5	ø8	3170	4	12.68	0.395	5.01	
	合计				80.56		31.82	

注:
1. 本图尺寸以mm计;
2. 收费岛缘石为现浇;
3. 收费岛岛面铺装200X200X8mm地砖(成品)。
4. 改造项目中，岛面及缘石做法也可参照原有岛做法。

图 9.2.18　岛缘石、岛面铺装及岛尾配筋图

2.8.2 安全设施

为对货车驾驶员进行及时预告，必要引导及有效的警示，根据收费站实际场地情况还应设置称重检测预告标志和入口指示标志及客车、货车分合流标志。根据不同区域的限速需要设置限速标志，收费站入口在左转调头返回方向与对向车道合流处应设停车让行标志，对未安装称重检测设施（设备）的收费站入口应设置提前绕行预告标志和入口前绕行指示标志。同时布设正确引导交通的标线、导向箭头、减速标线及文字标记等，如图 9.2.19 所示。

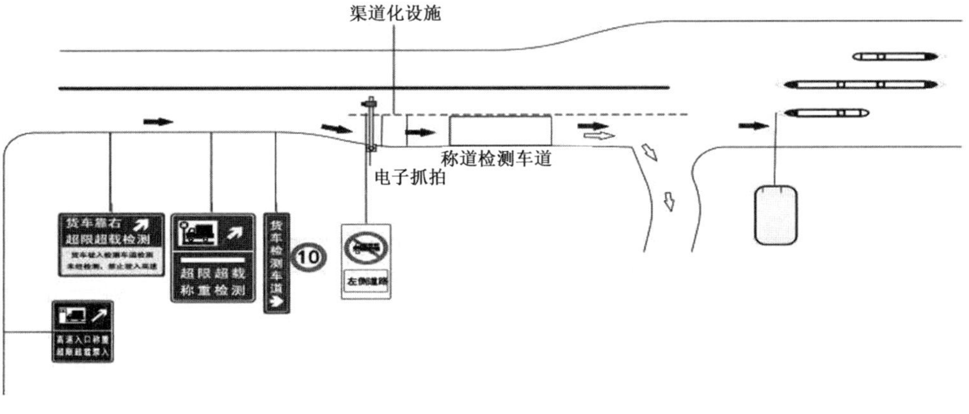

图 9.2.19　安全引导设施布局示意图

(1) 标志

具体包括针对收费站前治超的提前预告标志、治超指示标志、治超确认标志、限速标志、出口 ETC 车道的慢行警告标志、秤台前的橡胶警示柱等。

交通标志按照国家标准及有关规范执行，力求做到各类标志齐全、功能完整。通过对司机适时准确的诱导、指示，以保证高速公路交通安全、快速、舒适。具体布设遵循以下原则：

①在收费站检测车道前适当位置设置超限检测告示标志，设置位置距检测车道起点不宜小于 20m，以告知货运车辆驾驶员驶入高速前必须进行超限超载检测。

②在收费站检测车道前路侧适当位置设置货车检测车道指示及 5km/h 限速标志，提醒货运车辆驾驶人员减速进入检测车道。

③设置 ETC 出口提示标志，提醒出口方向从 ETC 车道驶出高速的车辆注意出站后可能有货车掉头的情况，该标志附着于入口 ETC 天线立柱上，面对出口 ETC 车道，位于 ETC 车道出口左侧。

④连接线较长的情况下，在距离检测车道起点 200m 处设置检测车道预告标志，并在立柱上附着 20km/h 限速标志，提示驾驶人员提前减速。

⑤标志布设遵循《道路交通标志和标线》(GB 5768—2009)。

⑥标志的版面应能使驾驶人员在运行车速下行驶时能及时辨认标志信息为基本原则，同时力求使版面美观、醒目。

⑦标志的结构设计应按照“充分满足功能要求并适当考虑美观”的原则。

a. 版面设计

超限检测预告标志：尺寸为 3000mm×3000mm，内容为“货运车辆 检测通道”，标志版面颜色为绿底白字，并在立柱上附着设置 20km/h 的限速标志。

超限检测指示标志：尺寸为 3000mm×3000mm 及 3000mm×4500mm，提示货车靠右进行超限超载检测，标志版面颜色为绿底白字，并在立柱上附着设置 20km/h 的限速标志。

检测车道指示标志：尺寸为 880mm×3400mm，内容为“货车检测车道”并附着设置 5km/h 限速标志，标志版面颜色为白底黑字，限速标志为白底黑字红圈。

ETC 出口提示标志：尺寸为 1100mm×1500mm，内容为“注意前方掉头车辆”及警告标志，标志版面颜色为白底黑字，警告标志为黄底黑字。

以上所有标志中涉及标志的颜色、字体均要满足《道路交通标志和标线》(GB

5768—2009）的要求。

反光膜均采用Ⅴ类。

标志板材料采用3004铝合金，厚度3mm。板后配2024铝合金龙骨。

b. 结构设计

超限检测告示标志采用单悬结构、检测车道指示标志采用单柱结构、ETC出口提示标志采用附着结构、检测车道预告标志单独设置时采用单悬结构。以上标志相对行车方向都在道路右侧。

设计荷载时采用设计风速为30m/s。

标志立柱采用热轧钢管制作，钢管外径在152mm（含）以下时，可采用普通碳素结构钢焊接钢管，外径在152mm以上时，一般采用热轧无缝钢管。所有钢构件均按照要求进行镀锌，其中主构件的镀锌量为600g/m^2，螺栓等配件的镀锌量为350g/m^2。

（2）标线

交通标线设计以《道路交通标志和标线 第3部分：道路交通标线》（GB 5768.3—2009）为设计依据，检测车道前设置地面标线，包括车道边线、路面标记和振动标线。

①检测车道边线采用宽20cm的白色振动标线。

②检测车道和特殊须减速路段采用白色横向振动标线，间距1.0m，宽45cm。

③为使货运车辆能够获得清楚的指引，检测车道前方车道正中混凝土路面上设置检测车道地面文字“货车检测”，文字高度3m，间距2m。

④在减速车道内设置纵向减速标线。

⑤纵向减速标线，地面文字标记采用普通热熔标线，标线厚度2.0mm；振动标线底层厚度1.5mm，上部振动块厚度不小于5mm。

⑥所选用的热熔标线涂料具备与路面黏结力强、干燥迅速的特点，各项指标符合《道路交通标线质量要求及检测方法》（GB/T 16311—2009）的要求，涂料中含玻璃珠量18%～25%，施工时涂布涂层后立即将玻璃珠均匀撒布在其表面，含量为0.3～0.34kg/m^2。

第三章　超限检测站

3.1 概述

自 2004 年 6 月交通部等八部委联合在全国范围内对车辆超限超载进行集中整治以来，全国治超工作取得了阶段性成果。车辆严重超限超载现象得到了有效遏制，由超限超载引发的道路交通事故明显下降，车辆超限超载对公路、桥梁设施的破坏得到了有效缓解。经过十多年的努力，我国车辆超限超载治理形成了成套标准，以及成熟技术和管理、产业。道路超限治理成绩的取得主要依赖于国家相关部门重视、政策法规完善、行业的共同努力，同时称重技术的快速发展是一个重要因素。

根据交通运输部的决定和规划，全国正在逐步建立超限超载车辆监控网络。公路超限检测站是指为保障公路完好、安全和畅通，在公路上设立的，对车辆实施超限检测，认定、查处和纠正违法行为的执法场所和设施，是公路附属设施的重要组成部分，是国家超限超载监控网络的重要组成部分。

3.2 超限检测站分类

公路超限检测站按照布局和作用，分为Ⅰ类检测站和Ⅱ类检测站：

①Ⅰ类检测站主要用于监控国道或者省道的省界入口、多条国道或者省道的交汇点、跨省货物运输的主通道等全国性公路网的重要路段和节点。

②Ⅱ类检测站主要用于监控港口码头、厂矿等货物集散地、货运站的主要出入路段及省内货物运输的主通道等区域性公路网的重要路段和节点。

公路超限检测站的用地规模应按照满足需要、节约用地的原则确定，Ⅰ类超限检测站不宜少于 20 亩，Ⅱ类超限检测站不宜少于 15 亩。山岭重丘区受地形限制时，可根据具体情况做适当调整。公路超限检测站用房面积应根据各种功能的实际需要确定，Ⅰ类超限检测站用房总建筑面积控制在 1210 m^2 左右，Ⅱ类超限检测站用房总建筑面积控制在 1110 m^2 左右。

Ⅰ类公路超限检测站应设置不停车超限预检系统，预先分离可疑超限车辆，尽量减少对非超限车辆通行的影响，有效降低公路超限检测站的工作负荷。Ⅱ类公路超限检测站应综合分析监控路段超限运输车辆运行情况，可根据实际需要设置不停车超限预检系统。

3.3 超限检测站设置要求

为保证超限检测站的正常运行，并发挥其车辆超限超载检测，保护公路、桥梁的作用。超限检测站的设置应满足以下要求：

①超限检测站的设置位置应符合全国公路超限检测站布局规划要求。

②超限检测站的选址应考虑路段交通量和车型组成。

③超限检测站应结合服务区、收费站等沿线设施综合考虑，合理布局，有条件时可与其他沿线设施合并设置。

④超限检测站应设置在视线通视良好、通风条件好、易排水、自然环境好、用水用电方便、生活便利的地点。

⑤超限检测站不得设置在易超速的凹形竖曲线的底部或长大下坡路段的下方。

⑥超限检测站应位于区域公路网中货物运输的重要路段或节点，尽量靠近公路主线，通行条件较好，与公路主线可通过辅道、匝道等连接。辅道、匝道能满足大型货车通行需求。

⑦超限检测站的设置及日常管理不得干扰主线交通的正常运行。

⑧应在公路主线上设置醒目的指示标志，在与公路主线连接处应设置减速标志标线和相应反光、防护等设施。

⑨超限检测站应设有明显外观标识和标志标牌，标明该超限检测点的名称、主管单位、监督电话等信息。

⑩超限检测站应具有经质检部门检验检测合格的静态称重设备。

3.4 超限检测站的建设

常见的超限检测站点多设置在国省道干线路侧、大型桥梁前端、高速公路省界处及交通量较大的收费站附近。超限检测站的建设主要有独立设置和合并设置两种情况。为保证检测精度，超限检测站内的称重检测多采用整车式称重设备。

独立设置的超限检测站又称为港湾式公路超限检测站，合并设置的超限检测站又称为主线式超限检测站。

3.4.1 独立设置的超限检测站

在国省道干线路侧及大型桥梁前端经常可以看到超限检测站的设置。通过的大中型载货车辆须进行称重检测，确认无超限超载后方可继续行驶。

（1）超限检测站系统构成

超限检测站主要包括称重检测车道检测站内计算机系统及检测站视频监控系统。

超限检测站设置称重检测车道用于货车的称重预检及复检。并应具备一定的场地、库房及执法大厅以供车辆超限后的相关处理及超限超载货品的存放，如图9.3.1～图9.3.6所示。

为保证称重精度，超限检测站预检及复检车道多采用整车式称重设备进行货车称重检测。

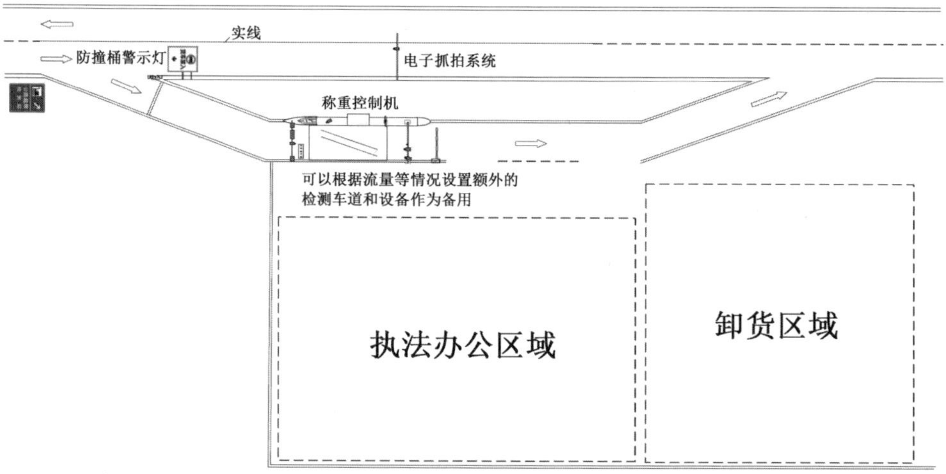

图9.3.1　港湾式超限检测站

图9.3.2　超限检测站平面图

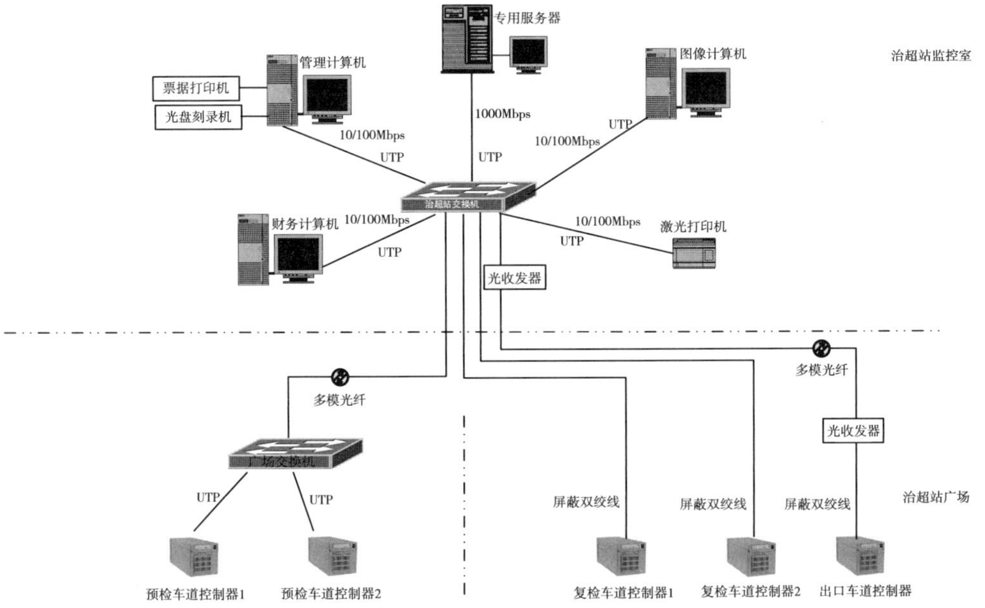

图 9. 3. 3　超限检测站计算机系统构成图

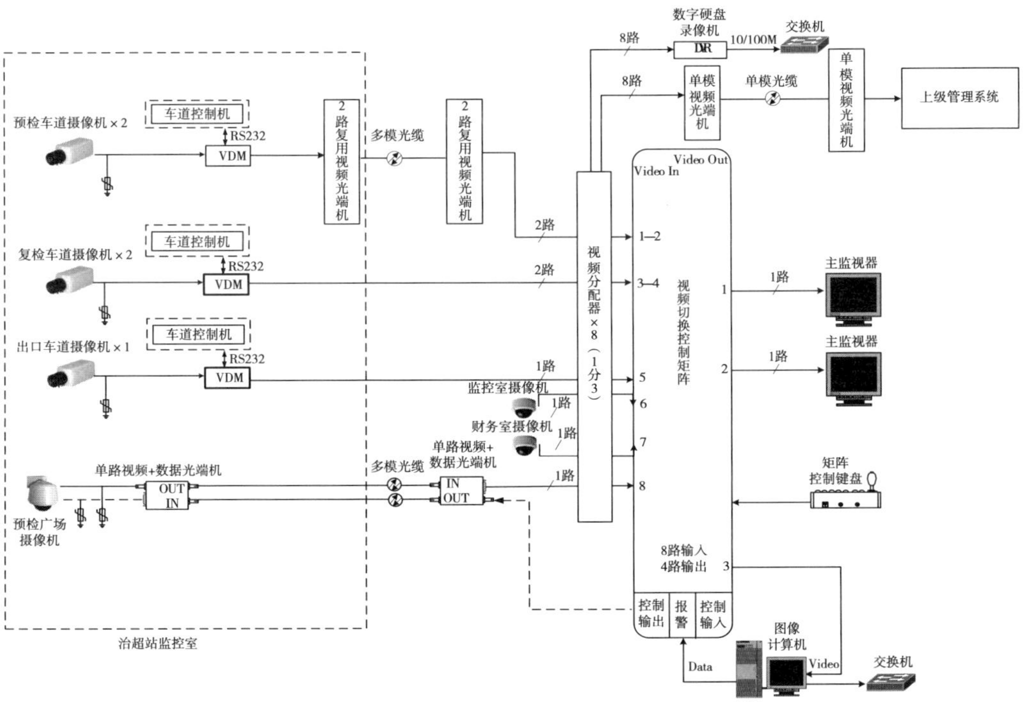

图 9. 3. 4　超限检测站视频监控系统构成图

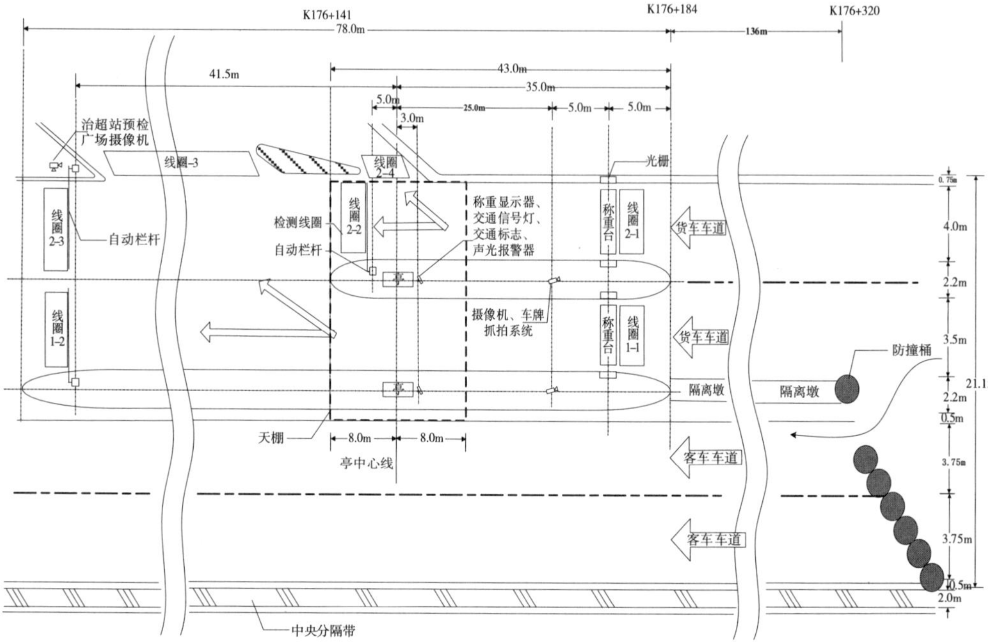

图 9. 3. 5　预检分流系统构成图

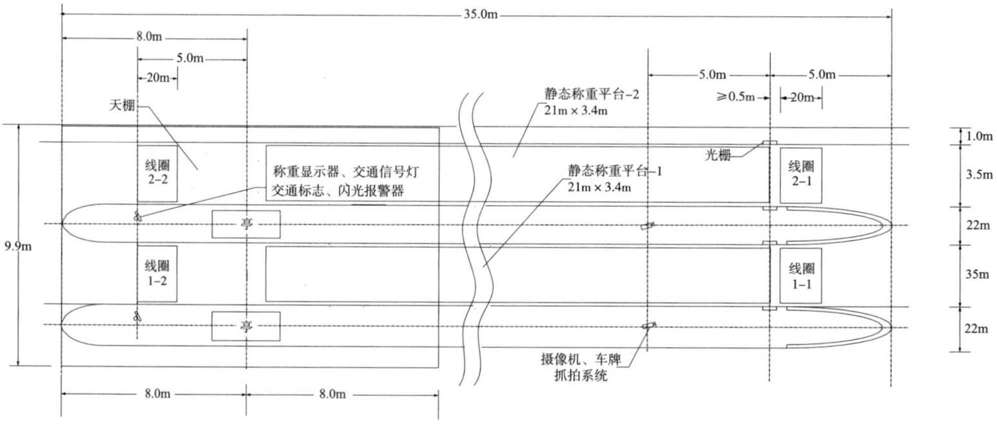

图 9. 3. 6　称重检测复检车道设备布置图

（2）超限检测流程

在超限检测站前对客车和货车进行分流，货车强制引入治超站进行称重检测。工作流程如图 9. 3. 7 所示。

①在超限检测站前方通过预告标志、标线和车道标志引导货车进入检测站称重检测车道。

②称重检测车道安装称重检测系统设备和车道设备（包括车道控制器、低速动

态称重系统和称重显示器、车辆检测器、摄像机、信号灯、交通标志、电动栏杆等设施)。通过的货车均须进行称重检测，经系统预检不超限的车辆予以放行，超限车辆强制进行复检等处理。对强行闯卡的超限车辆抓拍其图像，连同称重数据传至治超管理部门进行追查处理。

③货车在复检车道进行第一次复检，不超限的车辆通过检测站出口车道放行回主线；超限车辆在执法大厅接受相关处理并办理卸载手续，卸载后进行再次复检，直至不再超限后通过出口车道放行回主线。车辆取货流程如图 9.3.8 所示。

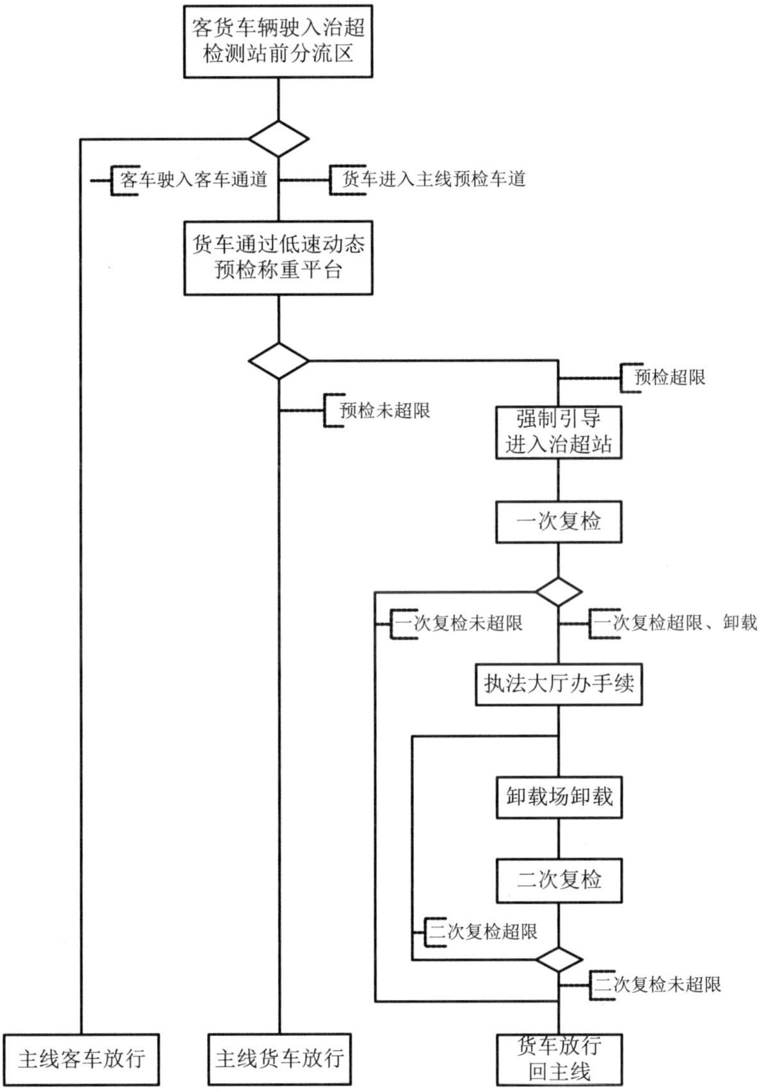

图 9.3.7　超限检测站称重检测流程图

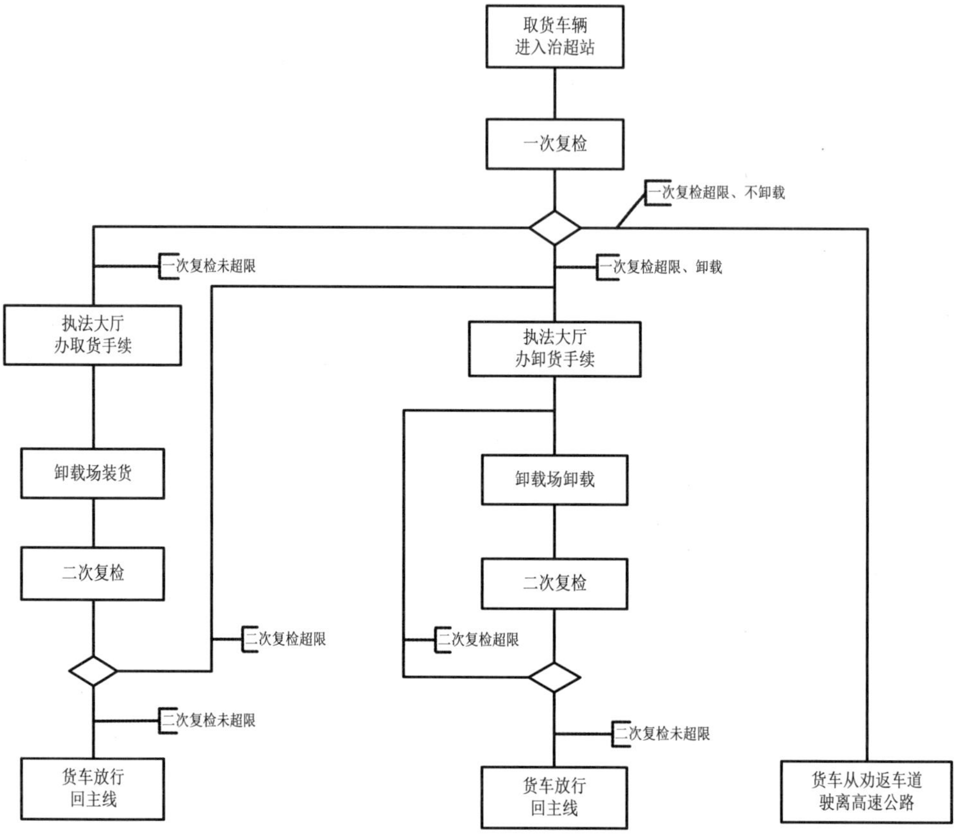

图 9.3.8　车辆取货流程图

3.4.2 合并设置的超限检测站

为了节约建设用地、方便运营管理，很多高速公路省界超限检测站与省界收费站合并设置。

(1) 超限检测站系统构成

与收费站合并设置的超限检测站除具备正常收费站的功能外还应具备车辆称重检测及超限超载处理等超限检测站相关功能。主要包括入出口收费车道系统、称重检测车道系统、收费站计算机系统、收费站闭路电视监视系统等。

合并设置的超限检测站可利用收费广场入口车道设置称重设备进行货车称重预检，检测站计算机系统、视频监控系统等相关设备可与收费站共用，如图 9.3.9 所示。

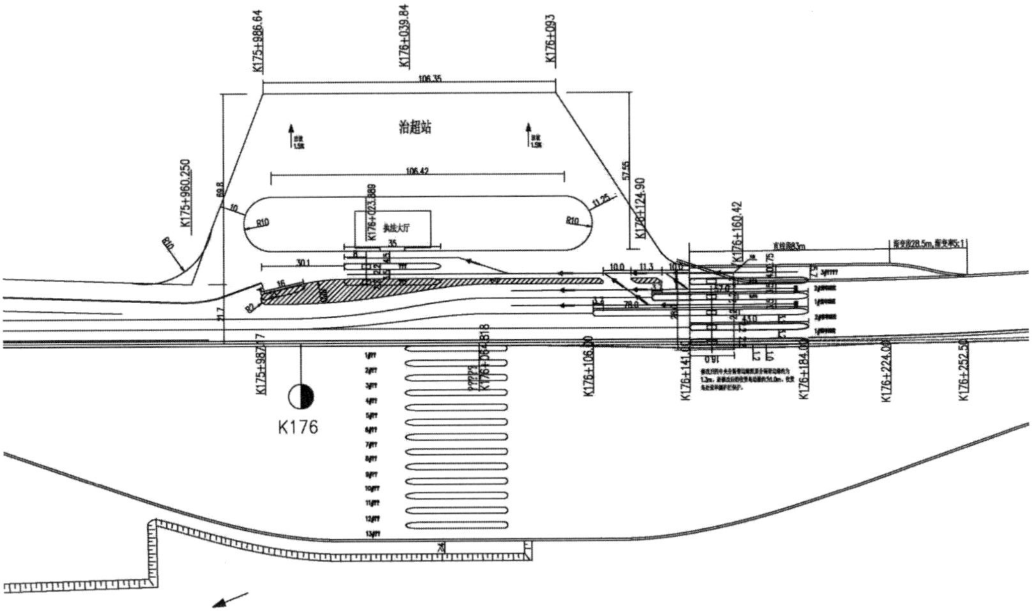

图 9.3.9　超限检测站平面布置图

为保证称重精度，超限检测站预检及复检车道多采用整车式称重设备进行货车称重检测。超限检测车道数据与收费车道数据一起上传至收费站进行统一存储及管理，如图 9.3.10 所示。

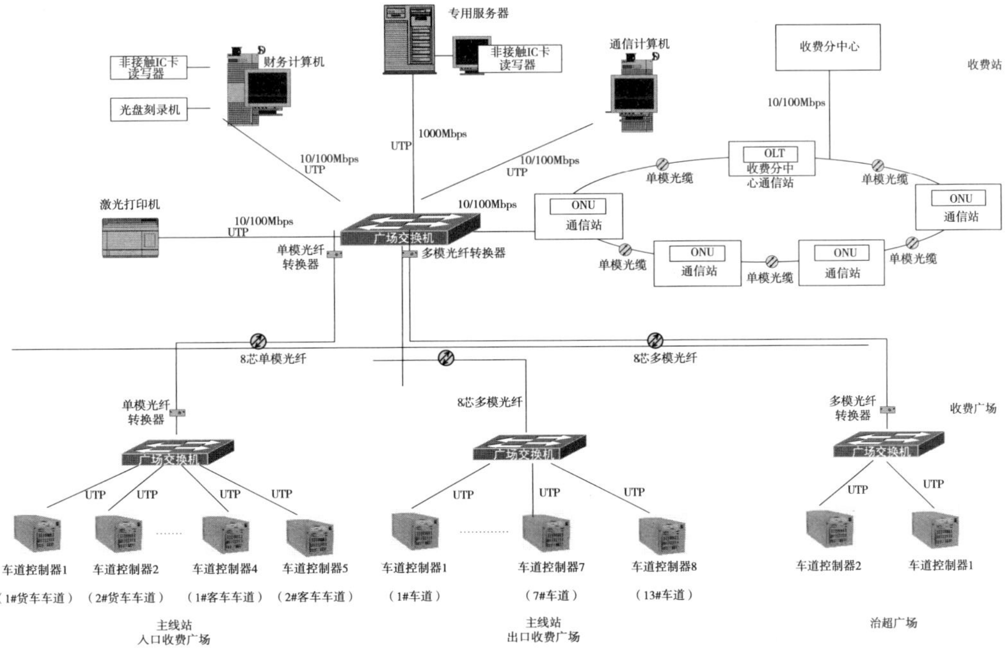

图 9.3.10　计算机系统构成图

超限检测车道视频与收费视频一起由收费站统一管理，收费站在进行收费业务监控的同时对超限检测视频进行监控管理，如图 9. 3. 11、图 9. 3. 12 所示。

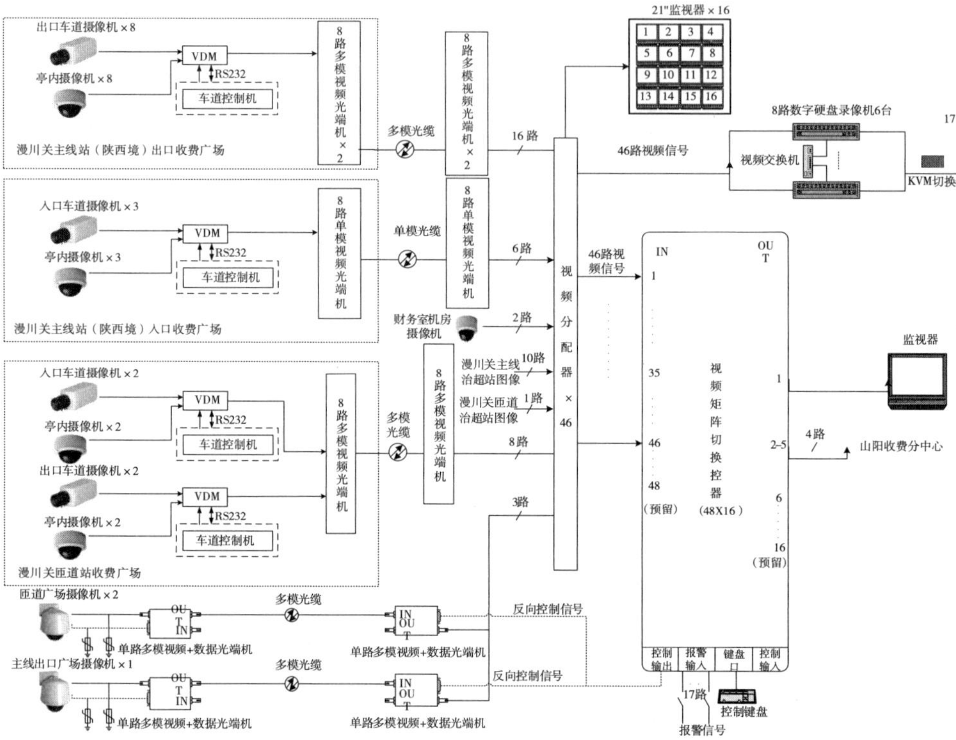

图 9. 3. 11　计算机系统构成图

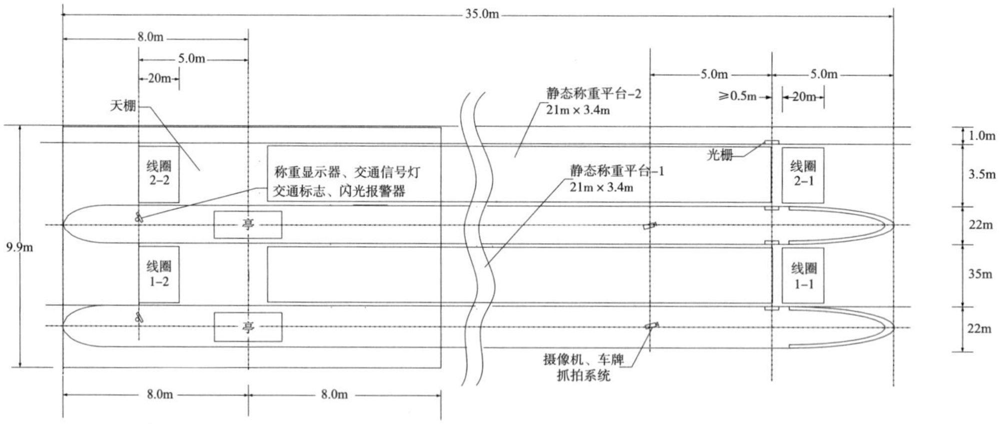

图 9. 3. 12　检测车道设备布置图

(2) 超限检测流程

在入口收费广场前对客车和不超限的货车分流放行，仅将超限货车强制引入治超站进行复检的做法，兼顾了治超站的有效性和主线的通行能力。工作流程如图9.3.13所示。

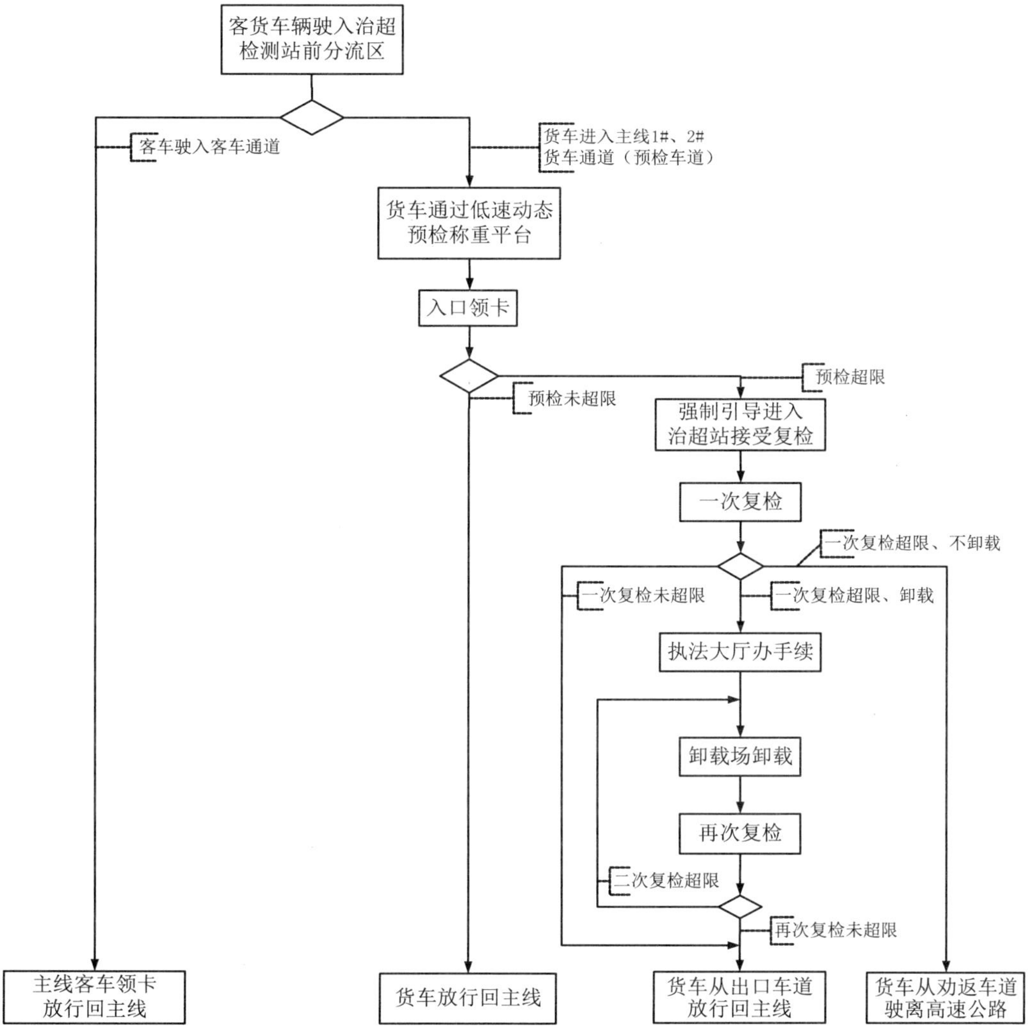

图9.3.13 超限检测流程

①在主线入口收费站前方通过预告标志、标线和天棚车道标志引导车辆分别进入客货车道。

②客车通道仅安装入口收费车道设备，客车在入口收费车道领取通行卡后直接放行。

③货车通道安装低速预检系统设备和入口收费车道设备（包括预检车道控

制器、低速动态称重系统和称重显示器、车辆检测器、摄像机、信号灯、交通标志、电动栏杆等设施，以及入口收费车道控制器、非接触IC卡读写器等)，车辆检测器、摄像机、信号灯、交通标志、电动栏杆等设施两个系统共享，但由治超预检系统控制。通过的车辆均须领取通行卡，经系统预检不超限的车辆予以放行，超限车辆强制引入治超站进行复检等处理；对强行闯卡的超限车辆则抓拍其图像，连同称重数据传至治超管理部门进行追查处理。

④进入治超检测站的货车在复检车道进行第一次复检，不超限的车辆通过检测站出口车道放行回主线；超限车辆在执法大厅接受相关处理并办理卸载手续，卸载后进行再次复检，直至不再超限后通过出口车道放行回主线。

⑤检测站出口车道对返回主线车辆进行检查放行，不能卸载的超限车辆引导其从劝返车道驶离高速公路。

3.5 系统功能

3.5.1 系统框架

省级联网治超系统自上而下采用四层结构三级管理，省级联网治超系统框架如图9.3.14所示。

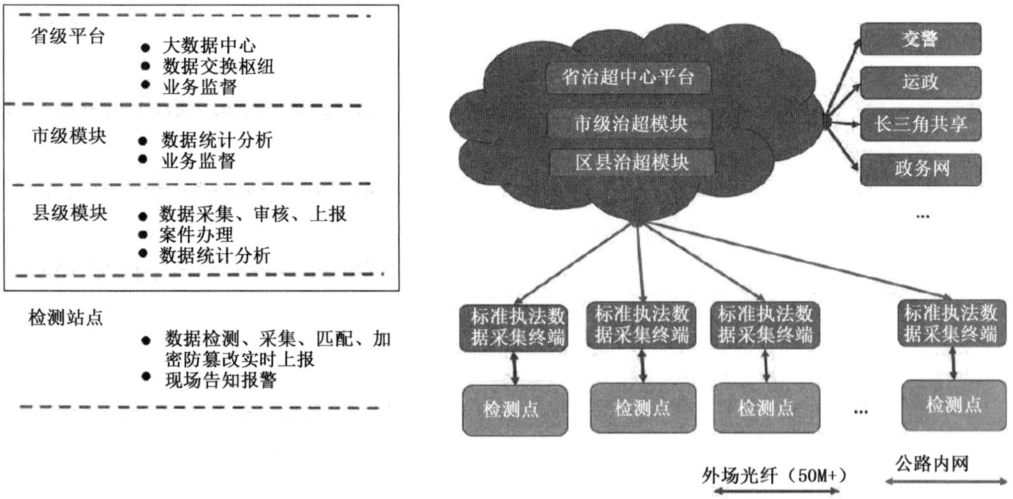

图9.3.14　全省联网治超系统框架

①省级治超平台：在全省联网治超系统中发挥6大平台作用，即基础数据中心

平台、数据交换平台、行政处罚平台、一次违法辅助判定平台、考核评估平台和统计分析展示平台。对接省政务服务网获取事项库、裁量库、执法人员库，实时报送行政处罚办件信息；对接交警系统获得货运车辆信息和驾驶员信息，抄告违法超限运输信息；对接运管系统获取运输企业、货运车辆等信息，抄告违法超限运输信息；统一文书模板和治超站基本信息及黑名单/许可证管理；实现一趟超限运输一次处罚的辅助裁定；对全省各监测站点的运行及治超业务进行考核、评估；通过数据的统计、分析对全省治超政策进行评估，并为政策的出台提供量化的支撑；为各级治超工作提供相关的法律法规支撑，建立省、市、县三级业务数据库。

②地市级治超模块：负责辖区内治超基本业务信息综合管理、超限信息统计分析、本地市的执法监督、案件的行政复议、本地市的业务部署及监督、考评。

③区县治超模块：接收和存储辖区内各超限检测站点及设施数据（包含各类超限检测数据、图片、视频）。采集/审核/确认该地区的违法超限数据、案卷存档，区县内有关统计、分析与展示等。

④超限检测站系统：包括超限检测站系统等。

3.5.2 省级治超平台功能

省级治超平台是全省治超业务的核心，负责全省统一的数据交换和应用的支撑，基本功能如下。

①全省业务数据中心：全省业务数据中心对接公安机关交通管理系统、省道路运输管理系统，建立对象库，解决地市无法解决的其他地市违法车辆信息交换问题，节省各个地市沟通、协调时间和成本。

②一次违法认定：通过全省统一的违法认定规则，进行数据判定，实现多点一次违法认定，确定具体的处罚主体。

③统一处罚规则：建立全省统一的事项库、裁量库、执法人员库，与省政务服务网合并对接，形成一套全省统一标准的处罚规则。

④与省政务网对接：与省政务服务网对接，政务服务网上实现省、市、县三级超限查询网上运行，超限数据在省政务服务网上公开、可查询。

⑤标准执法：与省综合执法平台对接，基于全省统一的执法模块进行执法，实现执法案件文书的制作。

⑥信用及联合执法：通过与公安机关交通管理系统、省级道路运输管理系统、高速抬杆系统等进行违法数据交换，形成与交警、信用等部门的联合执法。

⑦大件许可审批：与省大件许可审批系统对接，实现对大件许可审批车辆信息、审批记录以及审批许可证等相关数据的查询。

⑧监督、考核模块：通过建立监督、考核模块，构建信息传报机制，对传报信息进行监督考核，通过数据统计管理，对各地市和区县的治超情况进行统计，作为考核依据。

3.5.3 地市级治超模块功能

地市级治超模块基于省级治超系统统一部署，实现全地市超限超载信息的综合查询：能对本地市的超限超载信息进行查询，可以按照时间、检测站点、车辆、人员、企业信息等各种维度进行查询；可以调用浏览全地市各站点视频资料；可以调用各地治超业务处理系统视频监控资源，供地市管理中心远程调阅播放视频；同时可以形成各类超限信息统计报表。

基本功能如下：

①基于省级治超平台统一部署。

②基于省治超系统的 GIS 组件进行治超数据统计。

③本地市的治超资源管理（包括人员、设备等）。

④通过省交通行政执法管理与服务平台办理案件。

⑤案件存档。

⑥本地市大件许可审批信息访问。

⑦本地市的执法业务监督、考核。

3.5.4 区县级治超模块功能

区县级治超模块可以在多个网络终端进行执法应用。基本功能如下：

①基于省级治超平台统一部署。

②设立公路治超违法信息数据库。

③审核、校正、确认超限违法数据。

④违法证据审核并保存。

⑤过车数据、超限取证数据存储。

⑥黑名单和超限许可的具体执行。

⑦本县区治超数据统计、分析。

⑧本县区治超资料、基本信息管理。

⑨通过省交通行政执法管理与服务平台办理案件。

⑩全县下属各治超站超限超载信息的综合查询。

3.5.5 超限检测站系统功能

超限检测站系统包括初检、执法、卸载、复检四个阶段。基本功能如下：

①能引导公路上货车进站检测。

②能对车辆进行精确称重检测，并显示检测结果。

③根据检测数据实现现场执法，能够联合执法交警的处罚内容，输入超限检测站信息系统，进行相关数据的录入、处理、统计和执法文书的打印。

④能够对现场检测的执法证据进行标准化采集及匹配，保证现场检测站证据的有效性。

⑤能够实现通过省交通行政执法管理与服务平台办理案件。

⑥能够对治超业务全程进行有效的本地和远程的视频传输和监控。

⑦能与上级治超管理中心进行信息交换及自动传送，包括检测信息上报、查询和黑名单自动下载。

⑧能综合查询检测信息，包括检测站本地数据查询和远程查询省中心的数据，提供治超检测业务的必要容错性，初检复检的数据互为备份，自动切换。

⑨能够对超限检测站所在公路的超限情况进行统计分析。

⑩网络故障恢复后数据能自动恢复上传，以保证数据续传和一致性。

3.6 房建设施

3.6.1 功能区划分

公路超限检测站场区应按照不同功能划分为检测处理区、卸货场、停车场、办公区、生活区等基本功能区，并合理考虑环境与绿化设计。

3.6.2 房屋建筑面积

公路超限检测站各种房屋建筑设施的面积应根据实际需要确定。各种房屋建筑设施的面积参照表9.3.1。新建超限检测站按照检测站类型原则上不少于需要的面积，利用原有站房的，应具备办公、食堂、检测处理区、变配电房相关区域功能。

表 9.3.1　公路超限检测站房屋建筑面积参考表

检测站类型	建筑面积（m^2）						总面积（m^2）
	办公	宿舍	食堂	检测处理	变配电房	车库	
Ⅰ类	450	450	120	100	40	50	1210
Ⅱ类	400	400	120	100	40	50	1110

3.6.3 检测处理区

检测处理区用于车辆精确称重检测，包括检测车道、检测处理室、雨棚等设施。检测处理区宜布设在检测车道和卸货场之间，便于司机办理各种手续。检查处理室包括处理大厅、检测机房和执勤室，总面积 100m^2左右。

检测处理室前应设置雨棚，雨棚平、立面参照图 9.3.15 上图所示，雨棚顶端外沿设置站名和超限检测专用标志参见图 9.3.15 下图所示。

公路超限检测站应当在站区雨棚顶部等显著位置标注站名简称。站名简称分两部分，前部分是“公路超限检测”（字体相对大），后部分是超限检测站所在地名称+站，如“杨家站”（字体相对小）。字符统一使用白色黑体字型。站名简称前端设置超限检测专用标志。

图 9.3.15　外观形象

3.6.4 卸货场

卸货场用于临时存放车辆卸载的货物，应根据货物的存放需要设置露天堆场和仓库。

卸货场布设时应考虑车辆进出卸载区域的交通顺畅。

3.6.5 停车场

停车场供接受处理的超限超载车辆临时停放使用。停车场大小根据不同类型车辆停放数量、停留时间、周转率及车辆转弯的几何要求等因素确定。

停车场布设时应考虑方便车辆从检测车道到卸货场及司机往来执法办公区和卸货场。

停车场附近应设置公共厕所。

3.6.6 办公区

办公区主要是用于公路超限检测站工作人员日常办公、学习、会议及存放案卷、档案等。

办公楼造型应简洁、大方，外墙颜色应符合交通运输部对执法场所的要求。

为节约用地，办公楼宜将办公用房和宿舍用房合并建设。

3.6.7 生活区

生活区主要是为公路超限检测站工作人员提供住宿、餐饮、洗浴、休息等生活设施，应能保障检测站 24 小时运转的需要。

配电房、锅炉房、水泵房、污水处理等附属设施应与办公、生活用房相协调，宜布设在主要建筑物的背面和下风向等不显眼处。

3.6.8 给排水设施

给排水设施的规模应根据办公、生活、消防等设施的需求来确定，水源和水质应符合国家相关规定。

3.6.9 供配电设施

供配电设施应符合国家标准规定，应配备发电机在停电时备用。

3.7 连接道路

连接道路包括进出超限检测站的变速车道、排队车道、检测车道及供车辆进出的连接匝道，其设计标准宜不低于超限检测站监控路段的路面设计标准。

变速车道、排队车道、检测车道、进出超限检测站匝道设计应符合《公路路线设计规范》（JTG D20）的规定。

3.8 交通安全设施

3.8.1 交通标志、标线

交通标志应能及时预告、指示公路超限检测站的位置，在主线上应设置距离1km、500m预告标志和进站口指示标志及分合流标志。港湾式检测站应设置必要的标志标线引导货车进入称重检测区，并在合适位置根据管控需要设置相应的禁止禁令标志，如图9.3.16～图9.3.18所示。

在公路超限检测站区域内，交通标线应根据交通组织需要设置，应符合《道路交通标志和标线》（GB5768）的规定。

a）路段禁止通行　　b）车道禁止通行　　c）硬路肩禁止驶入

图9.3.16　超限检测专用标志（1）

图9.3.17　超限检测专用标志（2）

图 9.3.18　超限检测专用标志（3）

3.8.2 防撞及隔离设施

根据交通安全需要，在公路超限检测站场区应设置必要的防撞及隔离设施，其设置应符合相关规范的规定。

检测区应设置安全岛，安全岛岛头应设置立面标记。在公路出口匝道与主线分流处、路侧护栏端头前、检测区安全岛前设置防撞桶等防撞缓冲设施。在检测亭两边设置防护栏，在检测亭前适当距离宜根据路线设计速度和管控需要，合理设置限速标志，如图 9.3.19 所示。

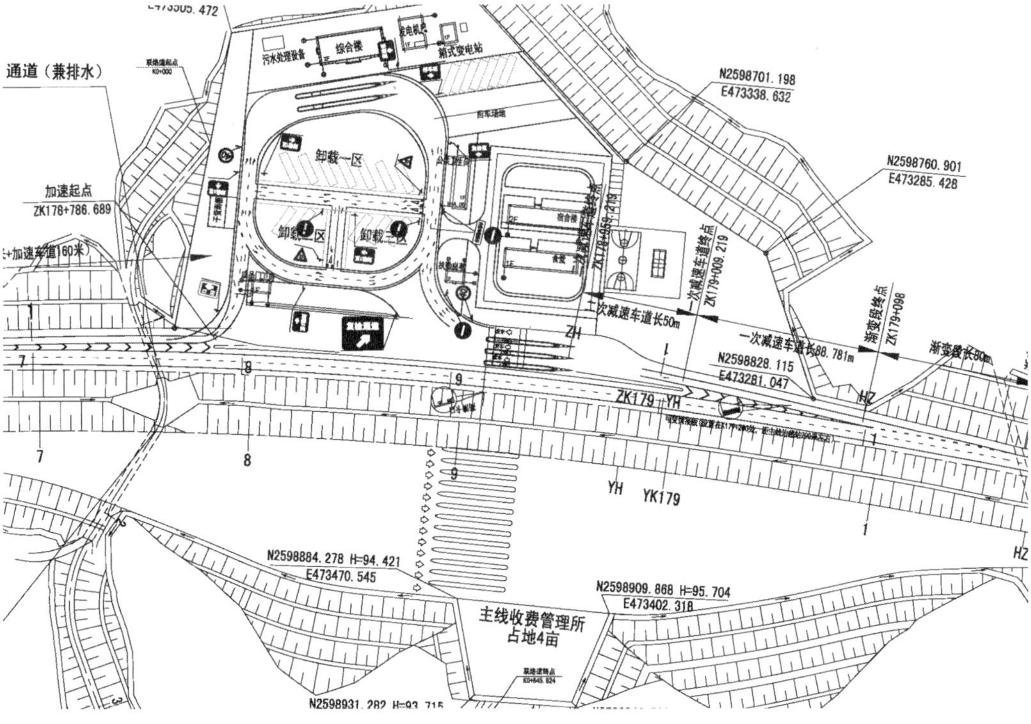

图 9.3.19　超限检测站标志标线及隔离设施布设图

第四章　非现场执法

4.1 概述

公路超限超载非现场执法系统是对非法超限超载车辆进行动态监管及后续处理相结合的执法模式，如图 9.4.1 所示。将称重设备安装在道路主线上，车辆自由通过，在不减速的情况下完成对车辆的称重，并将相关信息通过显示屏告知车辆使用者，同时上传给监控系统以完成后续执法。系统为交通管理部门治超执法提供重要的基础和运行数据，为多部门联合治超提供重要的技术手段和证据。

图 9.4.1　非现场执法应用场景

“非现场执法”充分利用了现代化科技手段，建立以计算机网络为依托、通过公路固定治超站、对违法行为自动监测为主要内容的执法模式，是公路管理机构实施科技治超战略的一项重要内容。该系统的应用在提升公路超限超载治理执法水平和工作效率方面将发挥重要的作用。

非现场执法系统通过动态称重系统进行实时超限车辆检测，并能够对车辆进行车牌识别和抓拍，同时对检测过程进行视频监控。称重完成后则应通过情报板进行实时超限告知。整个系统能够对执法证据进行标准化采集及匹配，并保证证据的有效性。

4.2 系统构成

非现场执法系统一般由前端货运车辆超限信息采集取证系统和后端货运车辆超限信息管理（含非现场执法）平台组成。

①前端货运车辆超限信息采集取证系统一般由不停车称重设备、车辆外廓尺寸检测设备、车牌识别及抓拍设备、视频监控设备、信息发布设备、交通标志、供电与防雷设施、不停车超限检测区及其附属设施构成。非现场执法前端采集取证系统布设示意如图 9.4.2 所示。

图 9.4.2　非现场执法前端采集取证系统布设示意图

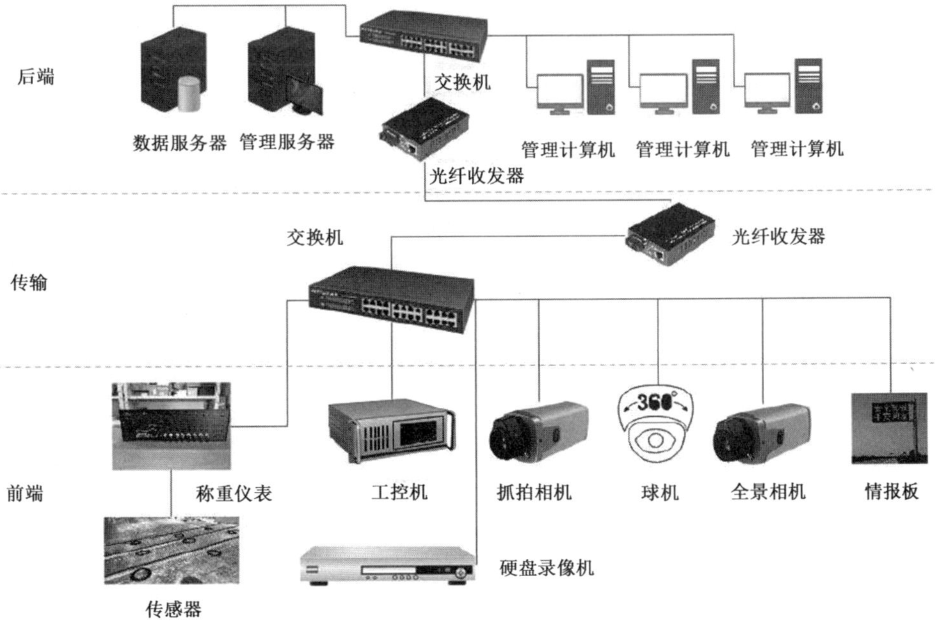

图 9.4.3　非现场执法系统拓扑图

②后端货运车辆超限信息管理（含非现场执法）平台一般由区县级、地市级和省级超限信息管理（含非现场执法）平台构成。非现场执法管理系统网络拓扑结构如图 9. 4. 3 所示。

③不停车超限检测区由不停车称重设备承载器（称量区）、外廓尺寸测量设备及其前后两端的引道路段组成。

4. 2. 1 非现场执法超限信息采集取证系统

①非现场执法点一般采用龙门架方式，前后两套龙门架，两套龙门架距离动态称重中线 25m。单向四车道在龙门架上分别安装 4 套 900 万像素高清检测抓拍摄像机和 8 套补光灯，安装 2 套侧拍摄像机、1 套全景球机和 4 套补光灯。

②一般采用石英式称重设备、弯板式称重设备、平板模块式称重设备等。信息发布设施一般采用 F 型情报板，距离机柜约 250m。

③在称重区前方 500m 处设置提示前方进入“公路超限不停车检测区”的指示交通标志。

④在称重区前方 150m 处设置“禁止变道”交通标志。

⑤在称重区后方 150m 处设置“解除禁止变道”交通标志。

⑥在称重区处设置“您已进入公路超限监控区域　违章处罚”标志牌。

⑦标志牌版面尺寸、字符大小、字符颜色、字符间距、底膜和字膜的反光性符合 GB 5768 相关规定。

⑧线缆配置：

a. 电源线：RVV3×1. 5。

b. 信号线：RVV2×0. 5。

⑨管道沿公路铺设，铺设时要选择公路用地，避免农业用地和房屋。

⑩全程户外施工，施工区域按规定进行围蔽及设置安全警示标志，并随着工作地点的变化而转移，必要时派专人指挥交通或警戒看守，施工人员要佩戴安全帽、穿反光服等防护用品。

非现场执法管理系统如图 9. 4. 4 所示。

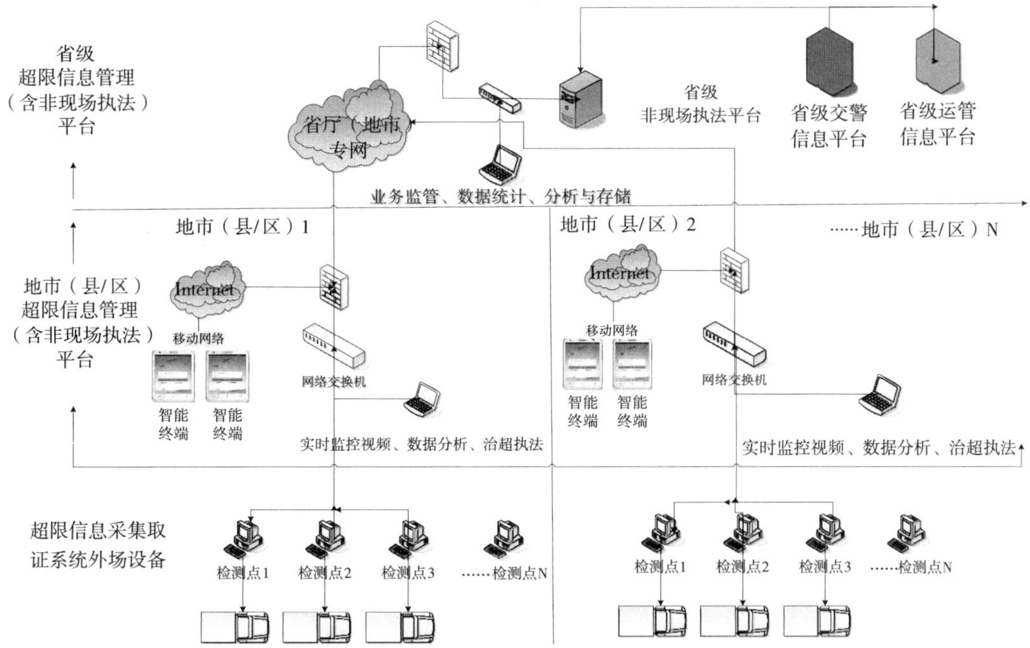

图9.4.4　非现场执法管理系统网络拓扑

非现场执法关键设计图纸如图9.4.5～图9.4.11所示。

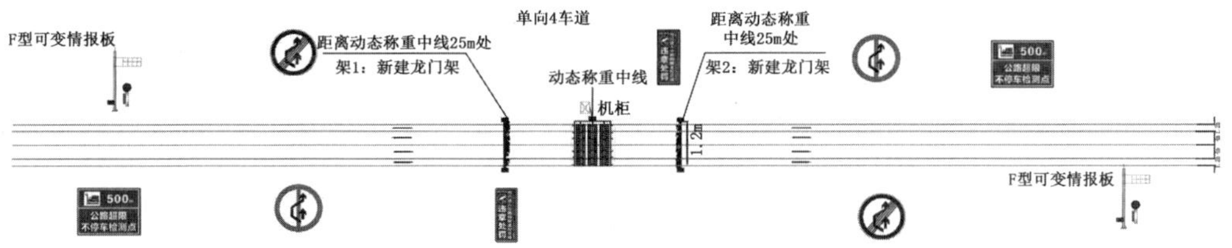

图9.4.5　设备布置示意图

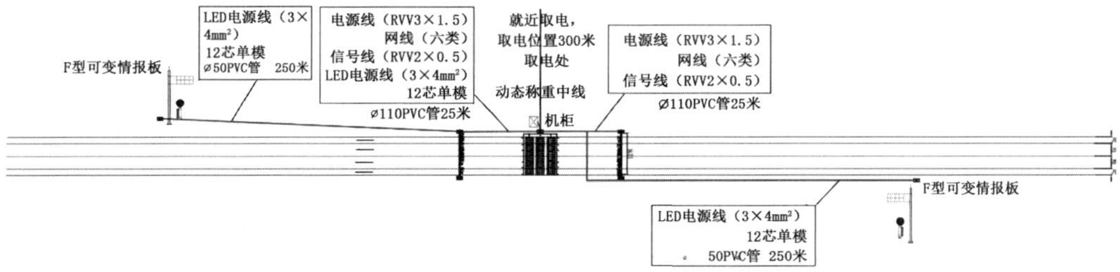

图9.4.6　现场布置示意图（线路布设示意）

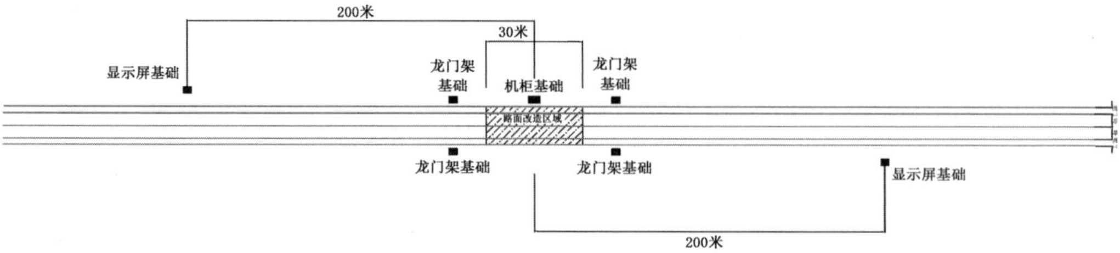

图 9.4.7　基础设施图

注：

①由于图幅限制，图中所示为主要设施。

②根据现场实际情况进行调整。

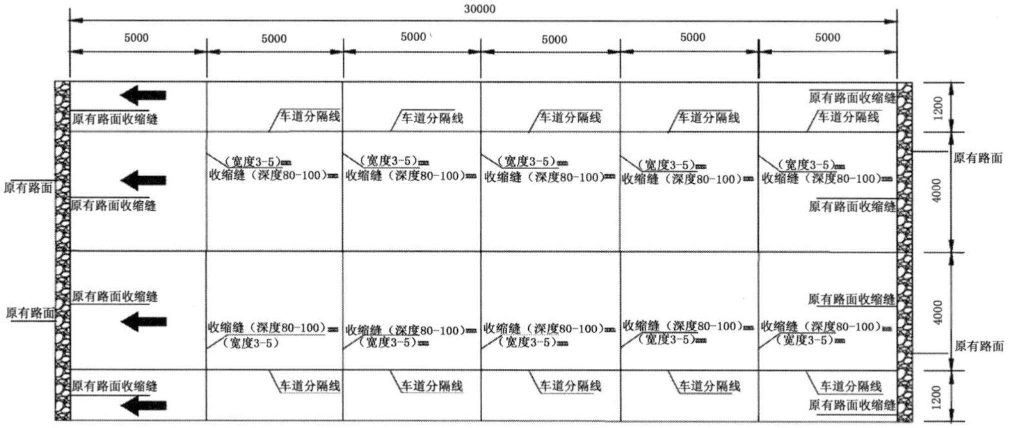

图 9.4.8　路面改造板块

注：

①素混凝土板块标号采用 C35，改造过程中不能破坏水稳层。

②原有路面面层和上基层厚度与素混凝土板块路面厚度不一致时，适当调整垫层厚度调节。

③按照规范《公路水泥混凝土路面施工技术规范》实施。

④改造过程中需要控制路面平整度，规定 3m 直尺凹凸不得大于 5mm，新旧板块高低差不得大于 3mm。

⑤路面平整度达不到设计要求时，必须进行处理使得平整度达到要求。

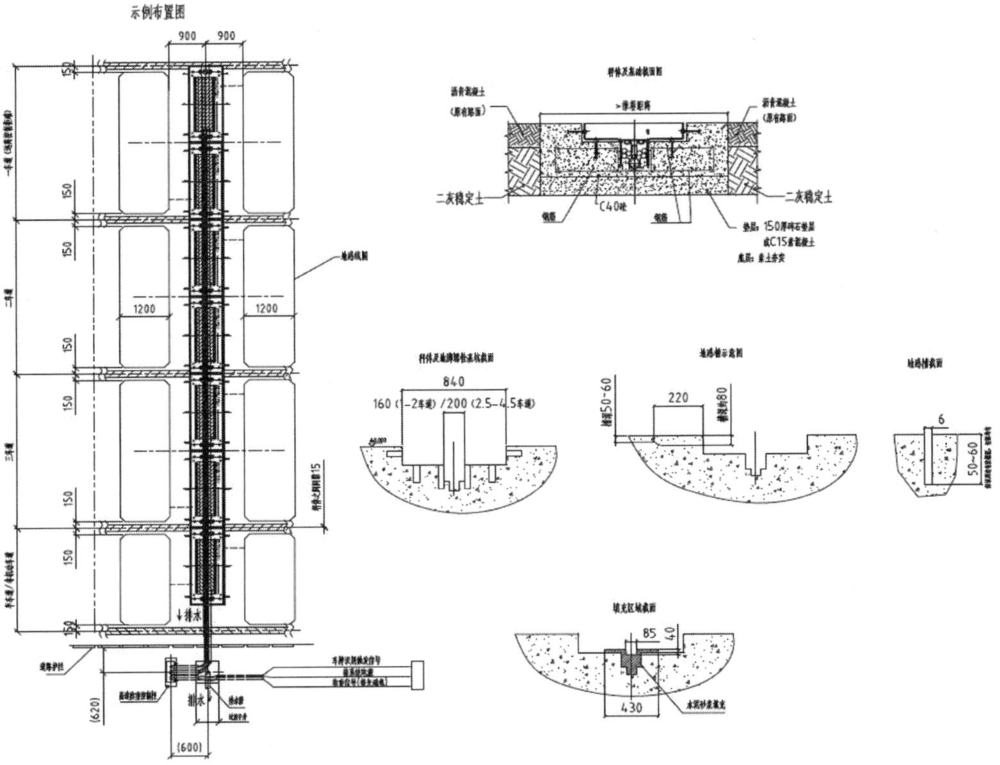

图 9.4.9 称重传感器及线圈开槽大样图

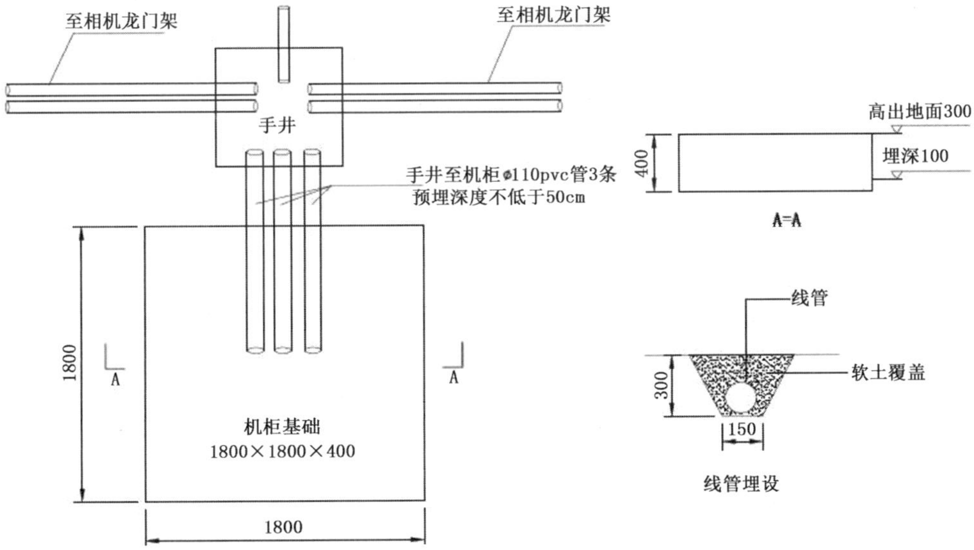

图 9.4.10 机柜基础大样图

注：

①基础厚度为40cm，采用C30混凝土，外表面水平且平整，中心不得低洼。

②布线手井选用400×400×400的尺寸，手井上方略高出路面2cm并配有盖板。

4.2.2 系统流程

非现场执法流程图见图 9.4.11。

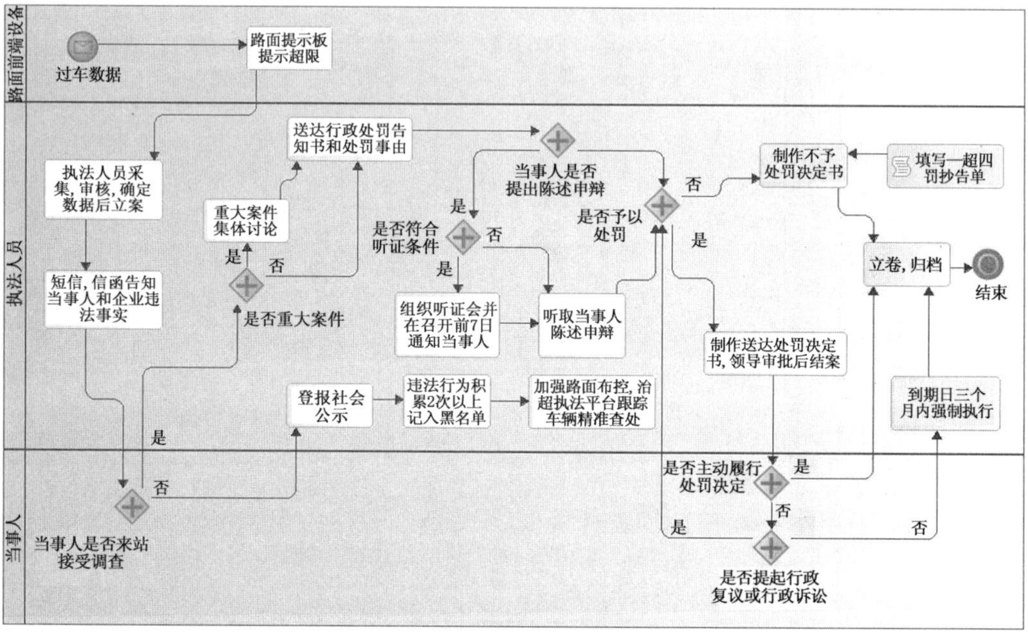

图 9.4.11　系统流程示意图

4.3 布设方式与选址要求

4.3.1 布设方式

非现场执法称重检测系统设置在道路主线上，在路面安装称重平台，称重平台前后安装车辆检测线圈，工控机则安装在道路外侧。同时设置门架或者 L 型杆安装车牌识别系统、高清摄像机等。另外，需要设置 F 型情报板，分别用于信息提示和称重信息发布。

4.3.2 选址要求

①公路不停车超限检测区包括不停车称重和不停车外廓尺寸检测区域及其共用的前后连接的引道路段组成。

②公路不停车超限检测区由不停车称重设备承载器（称量区）及其前后两端的

引道路段组成，如图 9. 4. 12 所示。

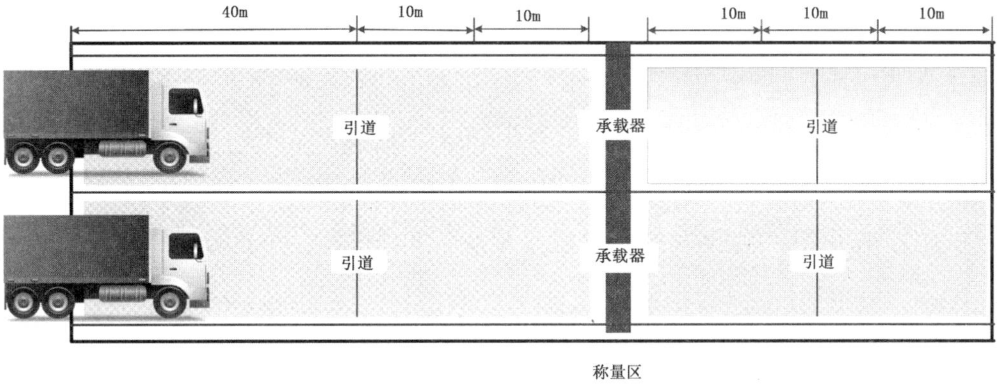

图 9. 4. 12　不停车超限检测区设置示意图

③不停车超限检测区选址一般不设在平、纵曲线半径较小、视距不良和长下坡等路段，选址路段线形指标应满足 GB/T 21296. 1 的相关规定和要求：

a. 不停车超限检测区前 60m 引道路段和后 30m 引道路段的路面中心线的转弯半径不小于 1. 7km。

b. 不停车超限检测区前 60m 引道路段和后 30m 引道路段的路面纵向坡度不大于 2%。

c. 不停车超限检测区前 60m 引道路段和后 30m 引道路段的路面横向坡度值 i 应满足 $1\% \leqslant i \leqslant 2\%$。

d. 不停车超限检测区前 150m 引道路段范围内应无遮挡驾驶员视线的障碍物。

e. 不停车超限检测区设置位置与同一路段上公路隧道进出口的距离不宜小于 2km，不得小于 1km。

f. 不停车超限检测区前后 500m 内无影响货车流变化的路段，如车道分流、汇流、交叉口及红绿灯等。

④不停车外廓尺寸检测设备宜与视频监控设备、车牌识别及抓拍设备等共用支撑门架结构。不停车外廓尺寸检测区前后门架建设间距宜不小于 25m。

⑤为保证不停车称重数据准确性和行车安全，不停车超限检测区前 60m 引道路段和后 30m 引道路段的路面车道隔离宜采用实线隔离。

⑥为保证称重设备长期稳定性，称重设备建议安装在水泥混凝土基础板块上，不允许跨板块安装。

⑦不停车超限检测区引道路段建设要求

a. 引道路段路基应稳固，路面摩擦系数应满足所在路段的设计要求。

b. 引道路段路面表面应平整密实，路面不能有车辙、坑槽、沉陷、拥包、龟裂、网裂、凸起，水泥路面不能有错台、破碎板、沉陷、积泥等病害。

c. 引道路段路面平整度应满足 JTG F80-1 相关规定和要求。

d. 为保证引道基础的长期稳定性，宜采用水泥混凝土基础。

e. 引道路段路面的宽度应能支撑称量范围内的最宽货运车辆正常通行。

f. 不停车超限检测区路面中心线宜采用双黄实线隔离，车道分界线宜采用白实线隔离。

g. 道路平直，符合不停车检测各项选点要求，对后期系统称重准确性能有充分的保证。

h. 视野开阔，LED 屏提示效果最好，同时安全隐患降到最低。

i. 点位道路两侧低于路面，满足排水要求。

j. 点位路边供电及传输链路完善，方便现场取电及数据信息的传输。

k. 如果出现除沥青路面之外还有土路肩或无可有效阻碍车辆贴边行驶的路缘石的情况，要进行整改，满足实施要求。

l. 通行唯一：公路货运车辆不停车超限超载检测系统设备安装的选点应遵循通行唯一的原则，按照科技治超建设的规划，施工前期应对设备安装的点位进行现场勘察，确认车道宽度、工程量及土建改造要求来制定建设方案。称重设备中的传感器前后 500m 内不得有红绿灯路口、公交车站、商业区或小区、弯道、桥梁、隧道等。

m. 道路平直：横坡小于 2%，纵坡小于 4%。系统的动态称重和车牌抓拍部分必须在直线距离上。由传感器安装区域和前后引道组成的称量区不少于 60m 路面，称重区域板块纵向、横向平整度误差小于 5mm，不能有车辙、凹坑、凸起和明显的裂缝。

4.4 系统通用要求

4.4.1 超限信息采集取证系统外场设备

①工作环境温度适用范围应满足-10℃ ~ +70℃，耐环境湿度技术指标应满足 JT/T817 室外机电设备的相关规定和要求。

②应采取防水、防尘措施，防护等级应满足 JT/T817 的规定和要求。

③绝缘电阻、安全接地、防雷电性能、电磁兼容和电源适应性等应满足 JT/T817 的规定和要求。

④通信接口与协议应满足 JT/T817 的规定和要求。

⑤对通过不停车超限检测区的货运车辆，超限信息采集取证系统应具备的总体功能要求如下：

a. 具备车辆车型、轴数、轴重、整车总重量动态检测和输出功能。

b. 具备车辆外廓尺寸动态检测和输出功能。

c. 具备车辆车牌识别和输出功能。

d. 具备车辆视频录像和输出功能。

e. 具备车辆图像抓拍和输出功能。

f. 具备车辆超限信息和外廓尺寸告知、发布和显示功能。

g. 具备车速、流量检测和输出功能。

h. 具备货运车辆非正常驾驶行为检测、判别和输出功能。

i. 具备超限货运车辆取证信息（车牌、图像、视频、总重、超限率、检测时间）匹配功能。

j. 公路超限不停车检测点的取证信息应实时上传，且信息传输通道带宽≥10Mbps。

k. 网络通信异常恢复后应能自动续传。

l. 应具备通信异常、断电等故障自检功能。

4.4.2 超限信息管理平台

①超限信息管理（含非现场执法）平台应满足部/省两级联网管理和跨省互联互通、信息共享的需要。

②超限信息管理（含非现场执法）平台网络和数据安全性能、稳定性、可靠性和可扩展性应满足 GB/T 28452 的相关规定和要求。

4.5 系统功能

4.5.1 不停车称重设备

①不停车称重设备在货运车辆以安装点公路设计速度范围内正常通过时，应能

准确检测和输出货运车辆整车总质量，整车总质量准确度等级应满足第一篇中6.1.1的规定。

②整车总质量准确度等级

a. 不停车称重设备在允许运行速度范围内车货总质量的称重最大允许误差在首次检定和后续检定及在使用中检查的要求应不小于《动态公路车辆自动衡器 第1部分 通用技术规范》（GB/T 21296.1—2020）中准确度等级5的规定和要求，如表9.4.1所示。

表9.4.1 车货总质量动态称量最大允许误差

车货总质量			称重速度范围
准确度等级	货运车辆车货总质量约定真值的百分比（%）		满足6.1.1的规定和要求
	首次检定和后续检定	使用中检查	
5	±2.50	±5.0	

b. 不停车称重设备应具备货运车辆非正常行驶行为判别功能。

③不停车称重设备平均无故障工作时间≥30000h，且称重传感器关键部件质保期≥3年，使用寿命≥5年。

④存储要求：不停车称重设备应能自动存储当前已设置的参数和取证信息，存储时间≥72h。

⑤时钟运行要求：时钟要与超限信息管理平台同步，抓拍视频与抓拍图像的时间误差≤1ms。断电情况下不停车称重设备内部时钟运行时间≥7d。

⑥防腐要求：不停车称重设备裸露金属部件部分防腐要求应满足GB/T18226的相关规定和要求。

⑦不停车称重设备的车辆检测器速度测量最大误差为±5km/h，车流量检测精度≥95%。

⑧不停车称重设备的车辆分离器技术要求如下：

a. 轴数检测精度≥95%。

b. 轴间距检测误差应不超过10cm。

c. 车型分类精度≥95%。

d. 跨道识别率≥98%。

⑨工作环境温度适用范围为-10℃～+70℃，耐环境湿度技术指标应满足JT/

T817 室外机电设备的相关规定和要求。

⑩防护等级应满足 JT/T817 的规定和要求。

⑪不停车称重设备单轴额定载荷≥30 吨，最大过载能力为 150%。

4.5.2 车辆外廓尺寸检测设备

①货运车辆通过不停车超限检测区时，应能自动完成对货运车辆长、宽、高外廓几何尺寸实时快速检测，并输出正确识别结果。响应时间≤30ms，完成单次检测和输出结果时间≤3s。

②货运车辆长、宽、高外廓几何尺寸测量范围应满足表 9.4.2 的要求。

表 9.4.2　车辆外廓尺寸检测设备测量范围

测量参数	测量范围（mm）
整车长	1000 ~ 33000
整车宽	1000 ~ 4500
整车高	1000 ~ 5500

③在货运车辆以 1 ~ 100km/h 运行速度范围正常通过时，长、宽、高外廓几何尺寸测量分辨率≤1mm，车辆外廓尺寸检测设备测量误差应满足以下要求：

a. 长度误差 L：$-300\text{mm} \leq L \leq 300\text{mm}$。

b. 宽度误差 W：$-100\text{mm} \leq W \leq 100\text{mm}$。

c. 高度误差 H：$-50\text{mm} \leq H \leq 50\text{mm}$。

④车辆外廓尺寸检测设备采用激光的检测频率≥1kHz，应具备《汽车、挂车及汽车列车外廓尺寸、轴荷及质量限值》（GB 1589）规定的全部货运车辆车型和车速检测功能。

⑤应具备货运车辆并行、变道行驶、黑色材料遮挡物覆盖和高反射率材料货运车辆的外廓几何尺寸检测功能。

⑥应具备货运机动车车型、交通流量调查、车速检测功能。并且货运机动车车型分类精度≥95%。

⑦工作环境温度适用范围为-10℃ ~ +70℃，耐环境湿度技术指标应满足《公路机电系统设备通用技术要求及检测方法》（JT/T817）室外机电设备的相关规定和要求。

⑧激光式车辆外廓尺寸检测设备建议采用门架式安装（安装示意图如图 9.4.13 所示）。

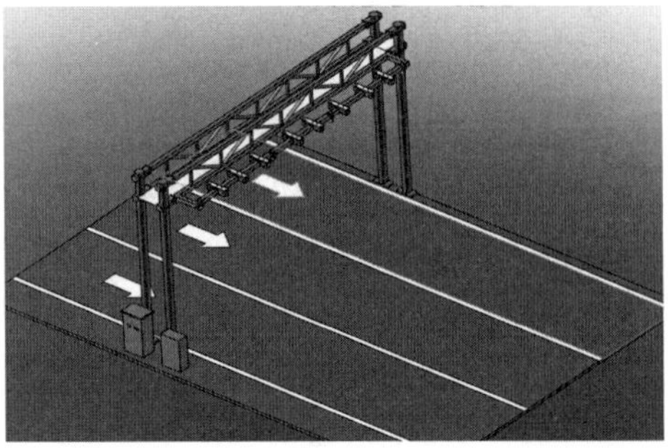

图 9.4.13　激光式车辆外廓尺寸检测设备安装示意图（三车道）

⑨车辆外廓尺寸检测设备防护等级应不低于 IP67。

⑩车辆外廓尺寸设备应具有外廓尺寸超限值和超限率计算判断功能，具备车辆前、后图像抓拍功能。

4.5.3 车牌识别及抓拍设备

①车牌识别及抓拍设备功能要求应满足《机动车号牌自动识别系统》（GB/T 28649）的相关规定和要求。

②车牌识别及抓拍设备应配备补光灯或闪光灯，车牌识别及抓拍设备在白天车牌识别正确率≥95%，夜间车牌识别正确率≥90%，识别时间≤200ms。

③应能以全幅 JPG 格式清晰输出所采集的货运车辆号牌图像，识别结果应包含识别时间、车牌颜色等。

④车牌识别抓拍图像及后抓拍图像像素≥500 万，其他抓拍图像像素≥300 万。货运车辆通过不停车超限检测区时，应抓拍不少于 2 张机动车特征图像，包括车辆正面图像 1 张、全景图像 1 张。在条件具备的检测区，同时抓拍车辆两个侧面图像各 1 张，车辆尾部图像 1 张。

⑤依据正面高清图像信息应能清晰辨别货运车辆车牌区域、车头及驾驶室特征、车头颜色等；依据车辆侧面高清图像信息应能清晰辨别货运车辆轴数、车身颜色、运输货物的基本情况等；依据车辆尾部高清图像信息可分辨尾部车牌号、车身颜色等信息。

⑥每幅图像应叠加检测日期、检测时间、检测地点、车货总重量、车辆外廓尺寸、图像取证设备编号、防伪等信息。

4.5.4 视频监控设备

①视频监控摄像机应具备全天候对不停车超限检测区全方位的摄像功能。

②具备自诊断、视场校对和自动补偿功能。

③取证视频图像像素≥200 万。

④具备旋转功能，可根据控制命令进行水平、垂直旋转。

⑤视频监控设备及其附件其他技术指标要满足 GA/T 995 的相关规定和要求。

⑥视频监控设备应截取不少于 5 秒的有效取证视频。

4.5.5 信息发布设备

①能给超限违法车辆驾驶员实时发布该车辆超限信息。

②能实现货运车辆超限信息显示、滚动和交替变化等。

③公路 LED 可变信息标志主要功能指标和技术指标应满足 GB/T 23828 的相关规定和要求。

④双立柱门架型公路 LED 可变信息标志显示屏常用像素点间距可选取 16mm 和 25mm 二种。显示内容格式可采用 1 行 14 列。参考示意图如图 9.4.14。

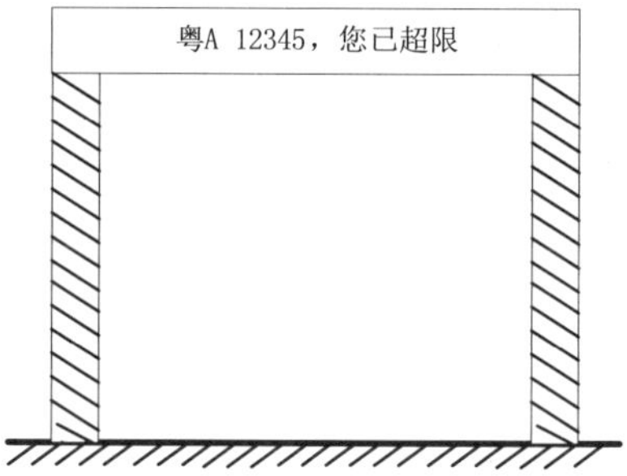

图 9.4.14　双立柱门架型 LED 可变信息标志显示格式和内容示意图

⑤单立柱公路 LED 可变信息标志显示屏像素点间距可选取 16mm 和 25mm 二种。显示内容格式可采用 4 行 9 列。参考示意图如图 9.4.15。

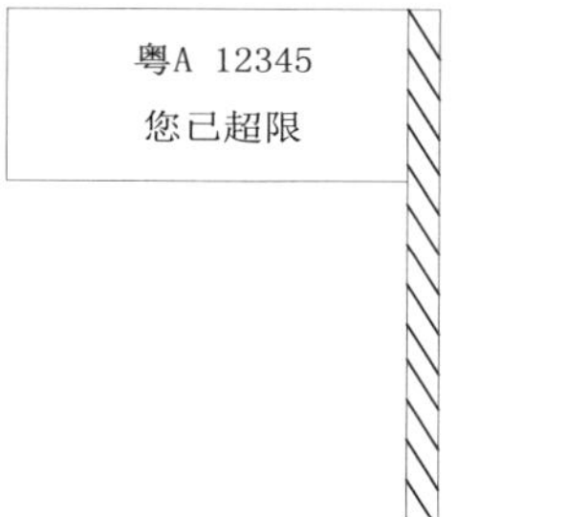

图 9.4.15　单立柱 LED 可变信息标志显示格式和内容示意图

⑥公路 LED 可变信息标志设计设置以及视认距离应充分考虑所在路段实际货运车辆行车速度和视认需求，并满足 GB/T 23828 的相关规定和要求。

4.5.6 交通标志设置要求

①在不停车超限检测区前方≥500 米处应设置提示前方进入“公路超限不停车检测区”的指示交通标志（指示交通标志设计模板和字体要求可参考图 9.4.16）。指示交通标志版面尺寸、字符大小、字符颜色、标志牌颜色、字符间距、底膜和字模的反光性能应符合国标 GB5768 相关规定。开放式高速公路宜采用绿底白字，其他等级公路宜采用蓝底白字。

②在不停车超限检测区前方≥150 米处设置“禁止变道”交通标志。

③在不停车超限检测区后方≥150 米处设置“解除禁止变道”交通标志。

图 9.4.16　公路超限不停车检测区指示交通标志

④在公路超限不停车检测区处应设置“您已进入公路超限监控区域”“违章处罚”标志牌（公路超限不停车检测区标志牌设计模板和字体要求可参考图 9.4.17）。标识牌版面尺寸、字符大小、字符颜色、标志牌颜色、字符间距、底膜和字模的反光性能应符合国标 GB 5768 相关规定。开放式高速公路宜采用绿底白字，其他等级公路宜采用蓝底白字。

图 9.4.17　公路超限不停车检测区标志牌

4.5.7 供电设备与防雷接地

①超限信息采集取证系统应配置稳定可靠的供电线路，应能满足 24 小时不间断供电运行要求。

②超限信息采集取证系统及相关元器件的供电接口和控制接口应采取必要的防雷电和过电压保护措施，防护措施应符合 JT/T817 的相关规定和要求。

③超限信息采集取证系统应采用单点就近接地方式，宜采用直流并联接地方法。

④超限信息采集取证系统设备防雷接电电阻≤10Ω，保护接地电阻≤4Ω。

4.5.8 现场数据分析与处理

①具备货运车辆异常驾驶行为检测、判别和输出功能。

②超限取证信息（车牌、图像、视频、总重、超限率、检测时间）与超限货运车辆匹配率应不低于 95%。

4.5.9 附属设施

①超限信息采集取证系统配置的现场控制机柜应能存放数据采集处理器、网络交换机等设备。

②现场控制机柜应采用双层机箱密封设计，可有效防尘防雨，并具备散热功能。

③现场控制机柜应集中安装，并设置防撞隔离设施，防撞隔离设施应喷涂黄黑警示色。

④不停车检测点的支撑立柱应喷涂不低于 1.5m 高的黄黑警示色。

4.6 超限信息管理平台功能

4.6.1 省级超限信息管理平台

①省级超限非现场执法管理系统应具备超限车辆信息统计、查询、分析和存储功能，并满足部级、地市级和县（市）级三级超限非现场执法管理系统信息联网互通和共享功能。

②省级超限非现场执法管理系统应与省交警、运管、高速公路管理等部门接口，并能将货运车辆通过不停车超限检测区时的违法行驶行为信息及时与交警和运管部门共享。

③省级超限非现场执法管理系统应将违法货运车辆异地取证信息及时推送给车辆所辖地市级超限非现场执法平台，实现违法超限运输货运车辆异地违法取证后推送到车辆所属地市进行执法管理的功能。

4.6.2 地市级超限信息管理平台

①地市级超限非现场执法管理系统软件功能构成要满足图 9.4.18 要求。

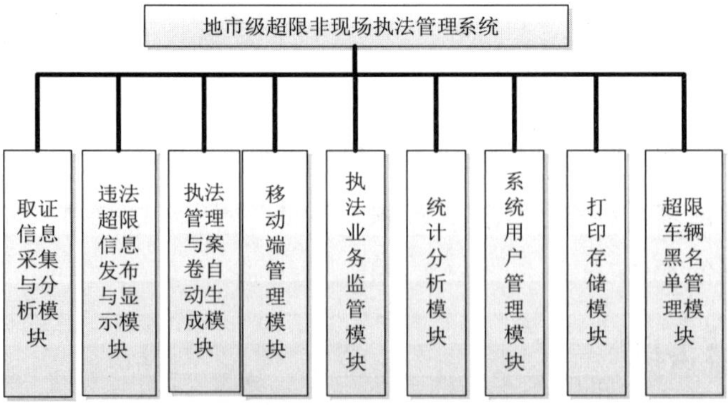

图 9.4.18　地市级超限非现场执法管理系统功能模块构成

②能按照表 9.4.3 数据格式要求，分析处理并导出超限货运车辆信息参数。信

息参数列表格式示意如图9.4.19所示。

表9.4.3　采集取证数据传输格式

序号	字段	字段说明	数据类型	备注
1	checkId	序号	varchar（25）	
2	checkTime	检测时间	datetime	年、月、日、时、分、秒。
3	stationId	检测站点	varchar（25）	省内自定、统一编码、编码唯一。
4	Linenumber	车道号	int	上行01，下行03。2车道以上公路车道号代码规则：上行从内至外按11、12、13……连续编号，下行按31、32、33……连续编号。车道号排列规则：先上行、后下行，同一个行驶方向先内侧车道、后外侧车道。
5	vehicleId	车牌号码	车牌颜色，汉字按照《汉字内码扩展规范》（GBK）编码规则	采用GBK编码，如“黄”表示为BB C6，“蓝”表示为C0 B6，“黑”表示为DC 8D，“白”表示为B0 D7，“其他”表示为C6 E4。
6	vehicleType	车型	int	根据车型用不同的数字表示。
7	axleSum	车轴数	int	—
8	axleWeight	轴重	int	轴一~轴六重量按从车头到车尾依次先后排列，单位为千克（kg）。
9	totalWeight	总重	int	单位为千克（kg）。
10	overLimited	总重超限量	int	单位为千克（kg）。
11	overLimitedRate	重量超限率	float	—
12	VehiLength	车辆长度	int	—
13	VehiWidth	车辆宽度	int	—
14	VehiHeight	车辆高度	int	—
15	overLimitedRate	尺寸超限率	float	按长、宽、高顺序排列。
16	overLimited	尺寸超限量	int	按长、宽、高顺序排列，单位为mm。
17	vehicleImage	取证图像包	binary	视频监控摄像机拍照图片为jpeg格式的图片字节流，最大可以3M，建议1M以下；最小分辨率：600×400；车辆图片的URL必须为HTTP路径。
18	vehiclevidio	取证视频包	MPEG或AVI	满足6.4的相关规定和要求。
19	vehicleSpeed	车速	float	公里/小时（km/h）。

序　　号：XX-XXXXXX
检测时间：XXXX-XX-XX-XX-XX-XX
检测站点：XXXXXXXX
车　　道：XXXX
车牌号码：XX-XXXXX
车　　型：XXXX
车 轴 数：XXXX
总　　重：XXXX
超 限 量：XXXX
超 限 率：XX %
车辆尺寸：XX-XX-XX(长-宽-高)
尺寸超限率：XX%-XX %-XX %
车　　速：XXXX

保存　　关闭　　下页

图 9.4.19　超限货运车辆信息参数列表格式

③能采集分析超限货运车辆违法单位信息。信息参数列表应包括：所属单位、驾驶员、驾驶证号、驾驶员身份证号、车辆号牌、装货货场名称、处罚时间、处罚单位等。

④能正确判别货运车辆是否超限、超限量及超限率。

⑤具备以下超限车辆执法管理功能：

a. 具备用户权限管理功能。

b. 具备超限车辆信息统计、查询、导出、审核、打印和存储功能。

c. 具备与省级不停车超限检测信息管理系统的信息传输功能。

d. 具备自动生成非现场执法行政处罚决定书等执法电子文件包功能。

e. 能将超限车辆信息通过手机等移动终端发送给超限车辆驾驶人员。

f. 具备超限车辆黑名单信息统计功能。

g. 具备调用视频历史数据功能。

⑥应能对货运车辆通过不停车超限检测区时不正常行驶行为进行视频抓拍并上传。

⑦具备超限车辆信息发布功能。应能将超限车辆信息实时传输到公路 LED 可变信息标志上进行显示和发布。

⑧具备对管辖县市范围内的超限车辆信息统计、查询、分析功能，并具备与省级超限非现场执法管理系统信息联网互通和共享功能。

4.6.3 县市级超限信息管理平台

①具备与地市级超限非现场执法管理系统相同的功能。

②具备对所辖的公路超限不停车检测点的超限车辆信息统计、查询、分析功能，并具备与地市级超限非现场执法管理系统信息联网互通和共享功能。

4.6.4 非现场执法点系统

治超非现场执法点系统主要功能应包括：超限车辆检测、数据分析、超限车辆认定、违法事实告知等功能。具体功能如下：

①能够利用通过检定的动态称重仪进行实时超限车辆检测。

②能够对车辆进行车牌识别。

③能够对检测过程进行视频监控。

④能够对车辆闯禁进行抓拍。

⑤能够对执法证据进行标准化采集及匹配，保证全省证据的有效性。

⑥支持现场的可变情报板进行实时超限告知。

4.7 其他

4.7.1 施工标准

（1）施工安全和现场管理

按照《公路工程施工安全技术规范》（JTG/F 90—2015）实施。

（2）设备安装的土建施工要求

①基坑开挖：基坑开挖长度不小于60m，深度不小于25cm。

②待浇筑路面找平：最大允许误差±2mm。

③浇筑前准备：混凝土浇筑前应检查水平线高度是否一致，基坑是否平整，基坑应浇水保持湿润。

④混凝土浇筑：混凝土应达到C40的强度等级，铺摊高度应考虑振实预留高度。

⑤混凝土拌合物的振捣：混凝土拌合物的振捣，先用插入式振捣器靠边角顺序振捣，再用功率不小于2.2kW平板振捣器纵横交错全面振捣。纵横振捣时，应重叠

10～20cm 然后用振动梁振捣拖平。有钢筋的部位，振捣时应防止钢筋变位。振捣器在每一位置振捣的持续时间应以拌合物停止下沉不再冒气泡为准，并且不宜过振。

⑥混凝土板做面：做面前，应做好清边整缝，清除沾浆，修补缺角掉边。做面时严禁在面板混凝土上洒水、撒水泥粉。做面宜分二次进行，先根据做好的标准水平线用模具抹平，待混凝土表面无泌水时再做第二次抹平。混凝土板块应平整、密实。

⑦混凝土路面的养护：混凝土路面应在初凝以后开始覆盖养护，在终凝后开始浇水（根据现场温度而定，不超过 12 天），养护保湿覆盖物采用土工布等吸水性好的材料进行整改路面的全覆盖。

⑧混凝土路面切缝：一般在混凝土浇筑后 8～12 天（必须在混凝土路面温度开始降低前），按照间距 4～6m 要求切割缩缝，切割深度约为路面板厚度的三分之一。路面缩缝要灌注沥青或密封胶进行密封，防止雨水雪水进入路基。具体施工要求参照《公路水泥混凝土路面设计规划》（JJG/T D40—2011）。

（3）称重传感器及异常行驶检测传感器的安装

①定位、画线

在传感器安装前，先对传感器安装区域路面（5m 范围）进行水磨，打磨平整度至 3mm 内，用“三米直尺法”测量，然后再进行安装作业。

严格按照施工图纸上的尺寸对设备定位和画线。

②切割

按照画线位置对路面进行切割，要保证切割的直线度，最大误差为±2mm，深度控制按照设备厂方图纸要求，不超过给定公差。严禁在无人监控的情况下进行槽体切割。

定位线切割：将切割机深度定为 2～3mm，沿画线切割出浅显的定位线。

槽体切割：将切割机按图纸要求调整好切割深度，沿切割定位线切割，槽体切割尺寸截面为 80mm×70mm（宽×高）。

两线交界处，严禁切割超出划线，边角切割不到的地方由人工手工清角，如果切割超出划线，后期须清理干净后用环氧胶填充。

根据现场施工需要，槽体亦可采用制模方式在路面混凝土施工阶段一次浇筑成型，具体可参照设备厂家的图纸要求。

③剔除和清理安装沟槽

槽体开槽时，严禁损坏槽体边缘，冲击电锤和钻子只能接触在槽体上方破碎缝区域，禁止沿槽体边缘打凿。

剔除和清理过程中要反复用检测模具检查，深度、宽度、长度按图纸给定的尺寸，不准超过给定公差。

安装沟槽的清洗、干燥和路面保护沟槽剔除完成以后，清除沟槽内及周围的水泥块，保证无颗粒和泥浆。用加热电吹风均匀将槽体干燥，保证槽内温度不低于20℃，再次吹扫沟槽及周围路面，确保无杂物灰尘。传感器引线槽的技术要求同传感器槽体一样。

④埋设传感器前的传感器上平面调整

在安装槽四周粘贴透明胶，保护路面。传感器所有表面再次除尘，搅拌器和批灰刀、腻刀等灌胶工具表面都要除尘。传感器表面与路面相差在±1cm 以内。

⑤搅拌与找平

搅拌前先在路面铺一层塑料薄膜或木板等，避免污染路面。具体步骤如下：

a. 先将固化剂倒入桶中，用搅拌机均匀搅拌 1min，然后逐量、缓慢地倒入石英砂并均匀搅拌约 2～3min 后倒入沟槽中，倒入量为 2/3 并找平。每次搅拌后应用刮片剔除搅拌头上的残留物。

b. 用刮铲向沟槽两侧刮，使沟槽两侧均匀可靠并布满胶料。操作宜快，以避免胶料凝固。

c. 将准备好的传感器放入沟槽中找平，调整四周间隙，保证传感器位置和传感器之间距离的准确。整条沟槽中胶料的用量应保证传感器与路面的平行饱满，传感器表面胶料应用刮铲刮除，如发现刮片有粘着胶料的现象，禁止再刮胶料。

d. 传感器馈线要用线卡固定在槽底部，传感器馈线离地面的距离不得小于20mm，不允许有线翘起不平整的现象。水平误差控制在 2mm 以内，以保证两排传感器安装的平行度。调整完毕后用专用压钢模具或桶装配重物施压，待传感器表面可划出白色痕迹后可拆除传感器固定样板。

⑥传感器与路面打磨

在传感器整个长度方向上检查路面与传感器上表面是否平齐，打磨传感器埋设前所测路面已标记的高点点位。采用圆形打磨法将石材中粗刀具磨削，先前拖后法打磨传感器表面，用“3 米直尺法”测量。

⑦线缆保护

所有线缆必须穿管，在地面下铺设的线缆应在原有的保护基础上加穿镀锌钢管，同时做好镀锌钢管的防、排水工程，钢管内不能有水滞留。

(4) 线圈的安装

①线圈形状

探测线圈一般为长方形。两条长边金属物与运动方向垂直，依图纸确定间距。

②线圈电感量

线圈的电感量应保持在100~300μH之间，以保证检测器在最佳状态下工作。

③线圈埋设

用切路机将槽在路面上切出，在四个角上进行45度倒角，保证线圈电缆不被尖角破坏。切槽宽度一般为4~8mm，深度40~60mm。

线圈绕好后，将输出引线通过引出线槽引出，在埋好的线圈上绕一圈尼龙绳，用沥青或软性树脂将切槽密封。

④控制机柜和抓拍杆的安装

采用膨胀螺丝将安装在预制基础上的控制机柜固定，所有线缆经管道引回到控制柜内并按施工图纸接好。

前后抓拍杆位置设在称重传感器安装中心线前后各25m处；侧面抓拍杆位置设在车行方向从称重传感器安装中心线往后15m处。

标志、标牌、电子警察等的设置均不得侵入道路交通净空。龙门架净高应不小于5.8m，电子警察悬臂净高应不小于5.8m，大型F形指示标志牌下缘距离地面净空高度应不小于5.8m，路侧的标志、标牌下缘距离地面净空高度应不小于2.8m。

4.7.2 使用标准

(1) 称重设备的单项调试

①设备的自检

检查各种电源电压是否正常，检查接地电阻是否小于4Ω。

检查车检器及线圈是否达到最佳工作状态，分车正常、良好。

检查称重仪表是否工作正常，设置相关参数后过车是否可以正常导出数据。

检查每一根称重传感器输出信号是否正常，检查轨迹检测传感器是否工作正常。

对每个车道用车碾压各不少于10次，观察数据的重复性，示值误差为±2.5%以内。

②称重设备的初始标定

使用2轴、4轴及6轴货车各1台（横纹轮胎货车及槽罐车不作为标定用车），依次对称重设备进行自检标定。每台车在每个车道上以高、中、低三种不同的速度过车碾压不少于10次，保存标定参数并做好数据记录。

（2）动态汽车衡的备案及计量检定

①动态汽车衡的备案

设备使用单位应当在设备投入使用前或者投入使用后30日内到当地市场监督管理局计量监督管理部门办理公路货运不停车超限超载检测系统动态汽车衡的备案登记。

动态汽车衡的停用、注销、过户、迁移及重新启用均应到当地市场监督管理局计量监督管理部门办理相关手续。

对于新安装的动态汽车衡，使用单位应在动态汽车衡投入使用前到当地市场监督管理局计量监督管理部门办理动态汽车衡使用登记和首次检定的备案等相关手续。

设备在使用周期内由其使用单位及时办理动态汽车衡周期检定的备案手续。

②动态汽车衡的计量检定

a. 检定依据：动态汽车衡的检定依据为国家现行有效的《动态公路车辆自动衡器》检定规程，分为首次检定、后续检定（周期检定和维修后的检定）和使用中的检验。由具备动态汽车衡检验检定资质的法定计量检定机构承担具体检定工作。

b. 检定时效：设备使用单位应在动态汽车衡投入使用前或检定合格有效期届满前1个月向具备动态汽车衡检验检定资质的法定计量检定机构提出首次检定或周期检定申请（检定日期可从检定证书、合格标志上查看）。为保证设备在使用中的准确和正常开展工作，使用单位根据动态汽车衡的使用情况实施使用中的检验。

（3）设备的管理及维护

①设备的管理

设备使用单位经法定计量检定机构检定合格后，凭具备动态汽车衡检验检定资质的法定计量检定机构颁发的检定合格标志、检定证书开展正常工作。未经具备动态汽车衡检验检定资质的法定计量检定机构进行首次检定、后续检定（周期检定和维修后的检定）或者检定不合格的动态汽车衡，不得使用。

动态汽车衡出现故障或者发生异常情况，使用单位应对其进行全面检查，消除事故隐患，经维修并申请计量检定后，方可重新投入使用。

动态汽车衡如存在严重事故隐患，无改造、维修价值，或者超过安全技术规范规定使用年限，设备使用单位应当及时予以报废。

设备使用单位应当建立设备安全技术档案。其内容如下：

a. 设备制造单位、产品质量合格证明、使用维护说明等文件以及安装技术文件和资料。

b. 动态汽车衡的首次检定、后续检定（周期检定和维修后的检定）、使用中的检验的相关检定证书。

②设备的维护

设备在使用中应做好如下记录：

a. 设备的日常使用状况记录，设备及其安全附件、安全保护装置、测量调控装置及有关附属仪器仪表的日常维护保养记录，设备运行故障和事故记录。

b. 保持称重区域平整，避免称重板块出现裂缝，并保持称重区清洁，避免称重区域出现碎石、螺钉、螺帽等异物；保持车辆轮廓器透光清洁，避免玻璃罩壳灰尘堆积。当传感器的承载垫（可研磨的消耗层）出现裂纹时，及时维护保养，必要时更换传感器。

c. 定期对动态汽车衡、工控机机箱、光缆、线缆等进行维护和保养，避免线路出现故障。动态称量中，在保持各测量环节正常的情况下，要解决附加电的干扰和漂移的问题。

d. 非匀速直线行驶时应保持采集信号的稳定，同时要保证传感器灵敏度的一致性。

e. 其他故障维护。

第五章　计重收费

5.1 概述

5.1.1 计重收费定义

计重收费是通过埋设在收费车道下的称重设备对车辆的车货总质量（即轴载总质量）进行计重，按计重所得的吨位及车辆行驶里程（开放式为控制里程）计价标准收取车辆通行费的一种收费方式。

我国大多数高速公路采用的是国际上通行的按照车型（收费车型）按次征收车辆通行费的方式，分车型收费方式的基础车型分类，当前主要有“吨（座）位法”“几何参数法”两种收费车型分类方法，“几何参数法”只有广东省、山西省高速公路采用，其他省（区、市）采用“吨（座）位法”。随着我国车辆“大吨小标”的泛滥，近年来业内人士对这两种收费车型分类方法提出了质疑，相比之下，计重收费方式应运而生。

5.1.2 计重收费产生的背景

2000 年 12 月 13 日中华人民共和国交通部颁布 2000 年第 2 号令《超限运输车辆行驶公路管理规定》之后，业内人士就提出“按照通行车辆的车货总重收取通行费”的计重收费方式，其目的是依靠交通部门自己的能力，在自己的权限范围内探索利用经济杠杆结合行政手段，寻求建立有效的遏制超限超载车辆运输的有效手段、技术措施，以尝试解决超限运输这一社会问题。特别是在 2004 年 5 月，经国务院批准，由交通部牵头八部委联合行动，在全国统一进行治超之后，计重收费的思路就比较明朗了。

计重收费已经过青海、河南、江苏、安徽、山东等部分省份的实施、运营，已积累了许多宝贵的经验，高速公路治理超限运输取得了一定的效果，以后随着超载现象的改善和好转，可以逐渐提高允许范围内的超载车辆的收费标准或降低其允许的超载上限，通过计重收费的价格杠杆作用使超限运输者转变为自觉守法者，达到治超的目标。

5.2 计重收费系统构成

5.2.1 出口计重收费

出口计重收费按照客车、货车分别采用不同的收费方式，对客车继续采用分车型收费，对货车采用计重收费，即在计重设备称出的实际车货总质量与该车的超限超载认定标准之间取最小值作为该车计重的实际总质量吨位，然后根据本省制定的收费政策、对吨位的划分和收费标准来征收货车高速公路通行费。

针对货车的计重收费，尽量维持现有的联网收费体系框架、管理体制、运营机制不变，通过对现有联网收费设施进行必要的扩充、升级，实现在所有高速公路实施联网计重收费。

5.2.2 收费车道设置

出口计重收费的收费车道一般利用收费站出口车道进行设置。充分利用高速公路现有收费站资源，在路段收费站设置出口计重收费设施，只须对收费广场、收费车道等进行相应的土建改造和系统升级，增加称重设备，实现与现有联网收费系统的软、硬件连接，即可实现计重收费，对超载车辆提高收费标准，通过经济杠杆的作用自觉阻止超载车辆驶入高速公路。

除设置专用车道外，出口车道一般都支持计重收费。

如图 9.5.1 所示。

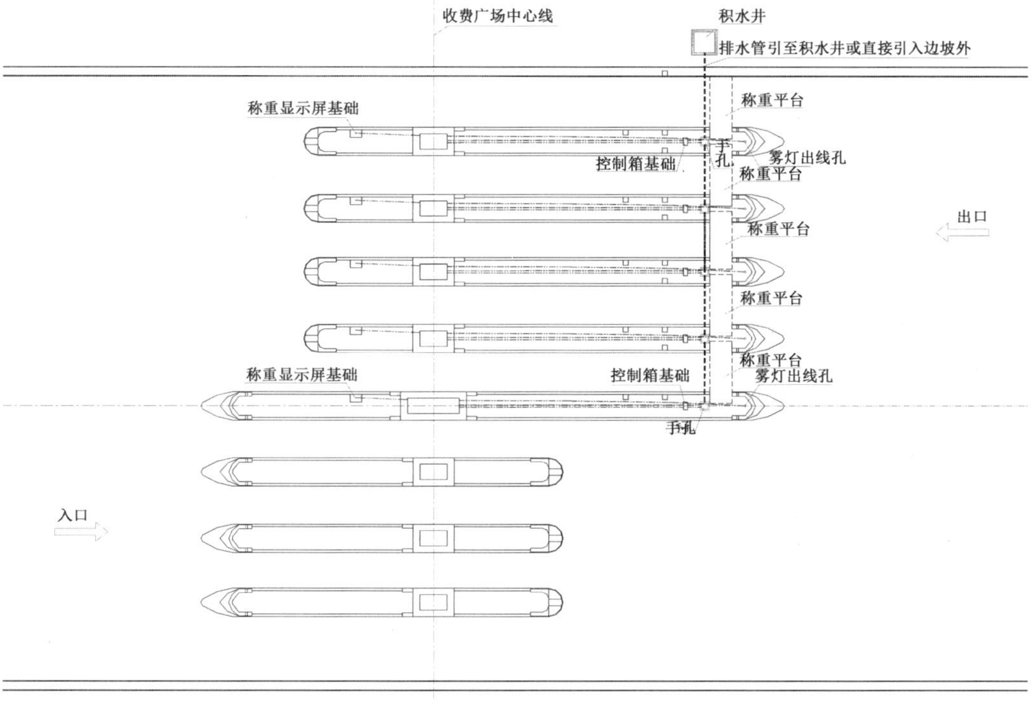

图 9.5.1　出口计重收费车道设置方案

5.2.3 计重收费体系结构

(1) 计重收费的管理结构

计重收费系统可分为省计重收费结算中心、路段分中心、计重收费站（含车道）三级，如图 9.5.2 所示。

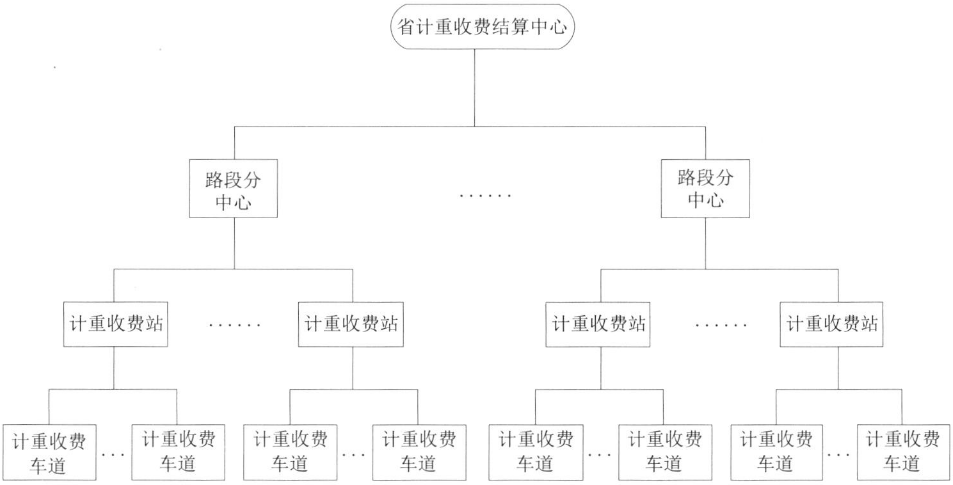

图 9.5.2　计重收费管理结构框图

省计重收费结算中心应与现有的省联网收费结算中心合建或者单独建设，但是二者之间应该有比较密切的连接。

计重收费的路段分中心应与现有的路段分中心设置在一起，以便于统一协调、管理。

计重收费站必须与现有的收费站合并建设。

（2）联网计重收费数据流程

联网计重收费网络系统主要基于现有的联网收费系统结构（现有的联网收费网络系统结构采用树形结构）进行必要的扩充而成，联网计重收费数据在计重收费系统各个级别之间传递，如图 9.5.3 所示。

联网计重收费网络系统传递的数据分为下发数据、上传数据和交换数据，这些数据按树型路径进行传递。

上传数据主要包括入口流水数据、出口流水数据、计重收费数据记录、设备状态数据、特殊事件数据、查询请求数据、收费员交接班数据、必要的图像数据等。

下发数据主要包括时钟数据、计重收费费率数据、超重费率表、黑名单表、查询结果、员工数据等。

交换数据是指联网计重收费系统需要与现行的联网收费系统交换必要的计重收费数据等。

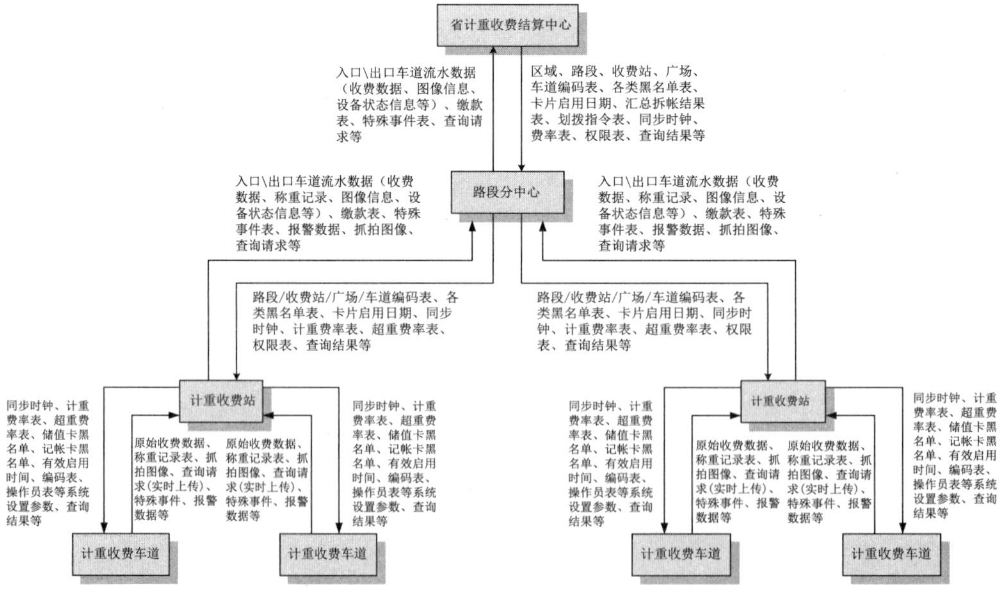

图 9.5.3　计重收费数据流程图

5.2.4 计重收费车道系统构成

计重收费车道系统在原有收费系统基础上增加称重设备（阴影填充的设备部分），原有费额显示器须经过改造，能够同时显示费额和重量。称重设备相对独立，称重控制器通过串行通信接口和车道计算机连接。如图 9.5.4 所示。

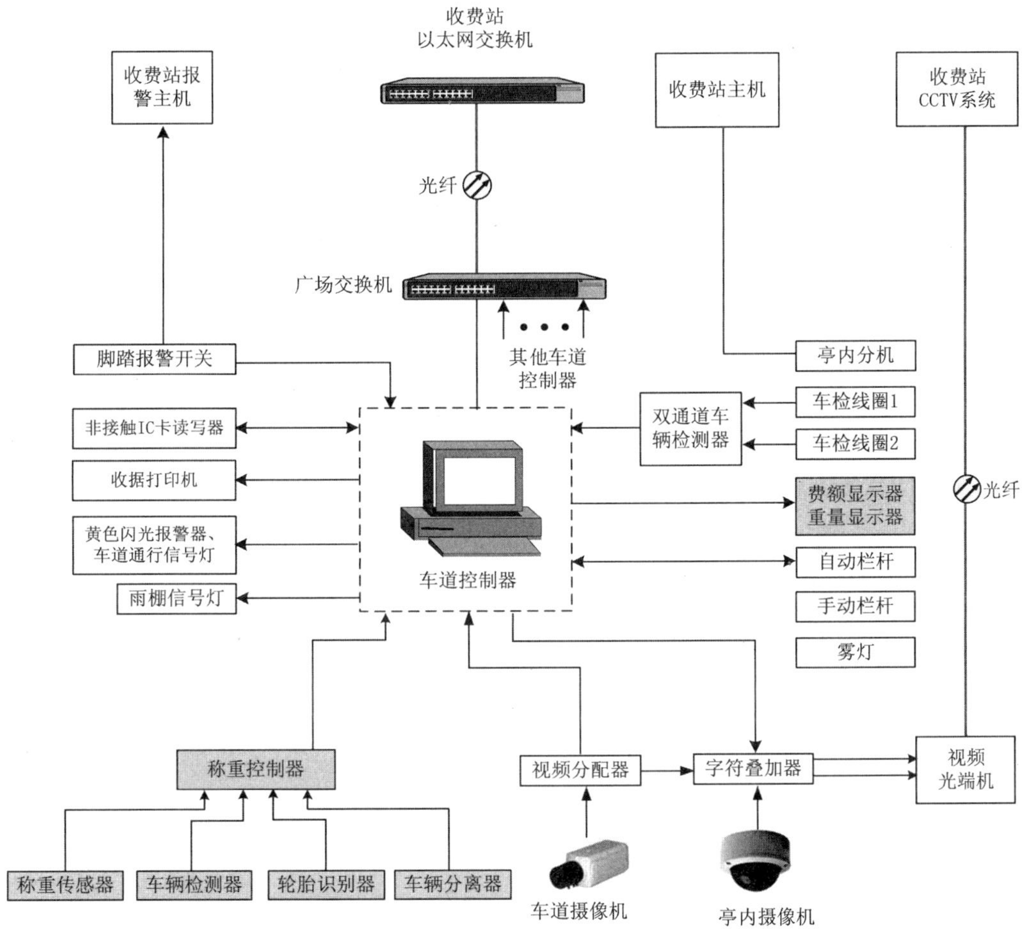

图 9.5.4　计重收费车道系统构成图

5.2.5 计重收费站系统构成

计重收费站系统只须在原有系统的基础上增加计重收费管理计算机（阴影填充的设备部分），其余可利用现有收费系统资源。如图 9.5.5 所示。

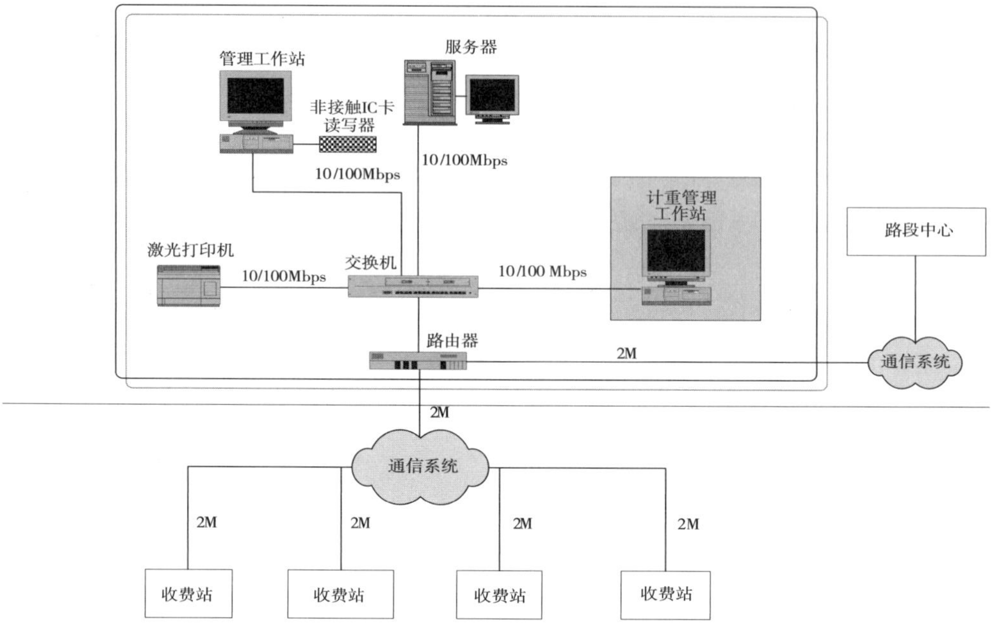

图 9.5.5　计重收费站系统构成图

5.2.6 路段分中心计重收费系统构成

与收费站计算机系统的情况类似，路段分中心计算机系统只须在原有系统的基础上增加一台计重收费管理工作站，其余可利用现有收费系统资源。

5.2.7 省计重收费结算中心系统构成

省计重收费结算中心由一套双机热备份系统、两台工作站、一台激光打印机和网络交换机组成。计重收费网络的其他部分可以利用现有联网收费系统资源或租用现有电信的部分资源。如图 9.5.6 所示。

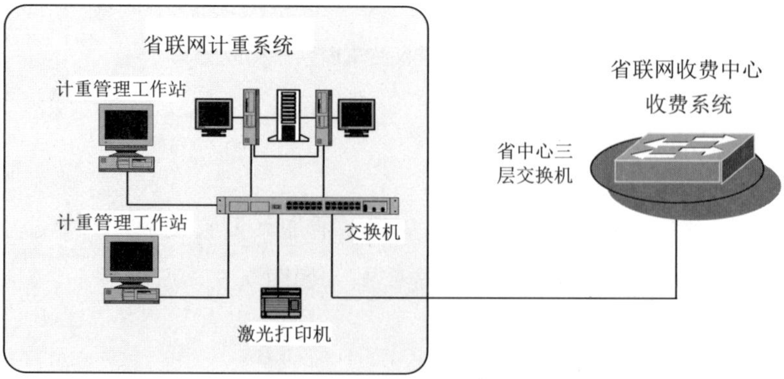

图 9.5.6　省计重收费结算中心系统图

5.2.8 联网计重收费系统应用软件

（1）应用软件的组成

联网计重收费系统应用软件包括省计重收费结算中心、路段分中心、计重收费站、计重收费车道四部分。如图 9.5.7 所示。

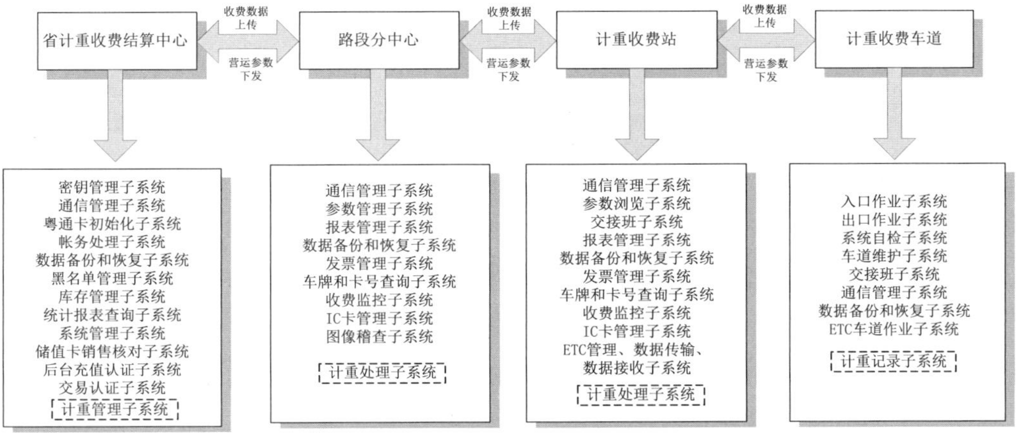

图 9.5.7　联网计重收费系统软件总框图

为了保持与现有联网收费系统数据的连续性、兼容性，以及尽可能减少对现有系统的影响，收费系统现在使用的数据结构不改变，在收费车道另外增加“计重记录子系统”，记录计重系统的数据。该表通过主键与原联网收费系统中出口车道原始数据表对应的部分主键关联，达到数据记录一致。

（2）应用软件的开发

为了保证与现有联网收费系统有很好的一致性和兼容性，尽可能减少对现有联网收费系统的影响，在联网计重系统软件部分的开发中，应采用组件技术实现新的业务，达到对现有联网收费系统的平滑升级。

所谓组件，其实就是一种可部署软件的代码包，其中包括某些可执行模块。组件单独开发并作为软件单元使用，它具有明确的接口，软件就是通过这些接口调用组件所能提供的服务，多种组件可以联合起来构成更大型的组件乃至直接建立整个系统。组件必须是自包含的，组件设计中必须包括需求、源代码和可执行代码、接口规范、分析和设计模型、测试和其他同类术语。组件的实现必须支持一种或者多种其用户所希望获得的接口。组件技术的多样性可以让那些采用组件技术的机构大大降低系统风险，当软件工作人员更新系统中旧有的组件时，采用组件系统的机构仍然可以正常运转。

对于计重收费组件而言，一方面可以完成与串口的通信、称重信息的采集和处理、错误记录、为收费系统提供称重数据；另一方面在开发、安装维护时，不影响现有联网收费系统和功能的正常使用，也就是不产生升级的连锁反应，而且在定义好的接口下，任何第三方的人都可以使用，不需要了解其中细节。

在全省高速公路推广对货车进行计重收费时，计重收费组件需要考虑以下几个方面的问题：如何协调多个设备供应商和多个收费系统软件开发商、如何统一控制计重系统的各项标准、如何能够统一计重系统日后的维护和升级。

建立规则库如交通运输部颁布的准载标准是规则，对称重异常原始数据的统一处理也是规则，这些规则可以由交通主管部门或者路段运营管理单位统一颁布和管理。

（3）联网计重收费数据库的设计

高速公路行业是一个特殊的数据密集行业，在联网收费系统中会有多个针对不同业务建立的数据库，在统计分析的过程中常常需要几个数据库的数据合起来进行分析。实施高速公路计重收费后，需要对现有收费数据仓库进行改造，添加计重收费的数据，既要保持高速公路收费数据的连续性、兼容性，又要尽可能减少对现有联网收费系统的影响。

现有联网收费系统数据库的数据源由多个事务型数据库架构构成，其中包括收费基础数据库、统计分析数据库和图像视频数据库。计重收费数据库只是在原有收费数据库的基础上添加了计重收费数据，即对现有入出口基础数据结构不改变，另外增加货车称重数据表的方法。该方法是把货车称重数据表通过主键与出口车道原始数据表对应的部分主键关联，达到出口基本数据记录和计重数据记录的一致。其中关联主键包括通行卡号、出口车道、出口时间、站号、出口班次。要记录完整的车辆称重信息，需要包括车辆的总重、轴数、轴型、轴重、总超限重等。

（4）收费车道计重应用软件

在收费车道计重应用软件设计方面应考虑：计重设备通信接口与车道计算机间的通信规程；车辆在出口计重收费的处理流程，包括正常车、公务车、军车、坏卡车、欠费车、无卡车及车队等；显示整车重量、超重重量及收费金额等信息；在视频图像上除叠加车道号、收费员工号、车型、车情及入口站号，还须增加“计重记录子系统”以记录车辆总重和超重数据信息、客车和货车信息等；打印票据内容的设计；计重数据的存储及传输设计；费额计算方式设计等。

计重收费车道应用软件要进行容错设计，对故障要能处理。对硬件可能出现的每一种故障和误差，收费软件也必须有相应的对策。

（5）收费站车道计重应用软件

①收费站的计重收费应用软件设计应考虑：

对超重车辆的监视、对上传计重数据的处理、各类计重基础表及报表种类的设计等。

②计重收费站系统的分析报表应包括但不局限于：

收费站超重车辆交通流量日报表：提供按小时、车型分布的超重车辆交通流量报表。

收费站超重车辆交通流量月报表：提供按日期、车型分布的超重车辆交通流量报表。

收费站超重车辆交通流量季报表：提供按月份、车型分布的超重车辆交通流量报表。

收费站超重车辆交通流量年报表：提供按月份、车型分布的超重车辆交通流量报表。

收费站超重车辆流量、重量与超重比例日报表：提供按车型、超限范围分布的超重车辆流量超重按比例统计报表。

收费站超重车辆流量、重量与超重比例月报表：提供按日期、超限范围分布的超重车辆流量超重按比例统计报表。

收费站超重车辆流量、重量与超重比例季报表：提供按月份、超限范围分布的超重车辆流量超重按比例统计报表。

收费站超重车辆流量、重量与超重比例年报表：提供按月份、超限范围分布的超重车辆流量超重按比例统计报表。

收费站超重车辆轴流量、轴重量与超重比例日报表：提供按轴型、超限范围分布的超重车辆轴流量超重按比例统计报表。

收费站超重车辆轴流量、轴重量与超重比例月报表：提供按日期、超限范围分布的超重车辆轴流量超重按比例统计报表。

收费站超重车辆轴流量、轴重量与超重比例季报表：提供按月份、超限范围分布的超重车辆轴流量超重按比例统计报表。

收费站超重车辆轴流量、轴重量与超重比例年报表：提供按月份、超限范围分布的超重车辆轴流量超重按比例统计报表。

(6) 收费路段分中心计重应用软件

①路段分中心的计重应用软件设计应考虑：

对超重车辆的监视、对上传计重数据的处理、各类计重基础表及报表种类的设计等。

②联网计重收费路段分中心系统的分析报表应包括但不局限于：

路段超重车辆交通流量日报表：此表数据来自所管辖的收费站上传的超重车辆交通流量日报表，汇总后统计出当日路段内的超重车辆交通流量日报表。

路段超重车辆交通流量月报表：此表数据来自所管辖的收费站上传的超重车辆交通流量月报表，汇总后统计出当月路段内的超重车辆交通流量月报表。

路段超重车辆交通流量季报表：此表数据来自所管辖的收费站上传的超重车辆交通流量季报表，汇总后统计出当季路段内的超重车辆交通流量季报表。

路段超重车辆交通流量年报表：此表数据来自所管辖的收费站上传的超重车辆交通流量年报表，汇总后统计出当年路段内的超重车辆交通流量年报表。

路段超重车辆流量、重量与超重比例日报表：此表数据来自所管辖的收费站上传的超重车辆流量、重量与超重比例日报表，汇总后统计出当日路段内的超重车辆流量、重量与超重比例日报表。

路段超重车辆流量、重量与超重比例月报表：此表数据来自所管辖的收费站上传的超重车辆流量、重量与超重比例月报表，汇总后统计出当月路段内的超重车辆流量、重量与超重比例月报表。

路段超重车辆流量、重量与超重比例季报表：此表数据来自所管辖的收费站上传的超重车辆流量、重量与超重比例季报表，汇总后统计出当季路段内的超重车辆流量、重量与超重比例季报表。

路段超重车辆流量、重量与超重比例年报表：此表数据来自所管辖的收费站上传的超重车辆流量、重量与超重比例年报表，汇总后统计出当年路段内的超重车辆流量、重量与超重比例年报表。

路段超重车辆轴流量、轴重量与超重比例日报表：此表数据来自所管辖的收费站上传的超重车辆轴流量、轴重量与超重比例日报表，汇总后统计出当日路段内的超重车辆轴流量、轴重量与超重比例日报表。

路段超重车辆轴流量、轴重量与起重比例月报表：此表数据来自所管辖的收费站上传的超重车辆轴流量、轴重量与超重比例月报表，汇总后统计出当月路段内的超重车辆轴流量、轴重量与超重比例月报表。

路段超重车辆轴流量、轴重量与超重比例季报表：此表数据来自所管辖的收费站上传的超重车辆轴流量、轴重量与超重比例季报表，汇总后统计出当季路段内的超重车辆轴流量、轴重量与超重比例季报表。

路段超重车辆轴流量、轴重量与超重比例年报表：此表数据来自所管辖的收费站上传的超重车辆轴流量、轴重量与超重比例年报表，汇总后统计出当年路段内的超重车辆轴流量、轴重量与超重比例年报表。

（7）省计重收费结算中心应用软件

①省计重收费结算中心应用软件设计应考虑：

各类计重报表种类的设计、计重收费费率表、超重费率表的设计、超重车辆黑名单等。

②省计重收费结算中心系统的分析报表应包括但不局限于：

各个路段超重车辆交通流量月报表：此表数据来自所管辖的路段分中心上传的超重车辆交通流量月报表，汇总后统计出当月的超重车辆交通流量月报表。

各个路段超重车辆交通流量年报表：此表数据来自所管辖的路段分中心上传的超重车辆交通流量年报表，汇总后统计出当年的超重车辆交通流量年报表。

各个路段超重车辆流量、重量与超重比例月报表：此表数据来自所管辖的路段分中心上传的超重车辆流量、重量与超重比例月报表，汇总后统计出当月的超重车辆流量、重量与超重比例月报表。

各个路段超重车辆流量、重量与超重比例年报表：此表数据来自所管辖的路段分中心上传的超重车辆流量、重量与超重比例年报表，汇总后统计出当年的超重车辆流量、重量与超重比例年报表。

各个路段超重车辆轴流量、轴重量与超重比例月报表：此表数据来自所管辖的路段分中心上传的超重车辆轴流量、轴重量与超重比例月报表，汇总后统计出当月的超重车辆轴流量、轴重量与超重比例月报表。

各个路段超重车辆轴流量、轴重量与超重比例年报表：此表数据来自所管辖的路段分中心上传的超重车辆轴流量、轴重量与超重比例年报表，汇总后统计出当年的超重车辆轴流量、轴重量与超重比例年报表。

5.3 计重收费系统功能

5.3.1 省中心

①接收下级上传的计重收费数据，完成计重收费数据的收集、存储、处理、管

理等。

②在联网收费系统参数表中须增加计重收费基本费额表（基本费率标准-正常车辆计重收费车辆通行费计算公式）、超限超载费额表（基本费率调节系数-超过公路承载能力的车辆通行费计算公式）、超限超载车辆黑名单并可根据需要及时下发至下级系统中。

③统计/查询/打印各类计重收费日/周/月/季/年等管理报表。

④对计重收费数据进行综合分析处理，提供简单必要的辅助分析决策数据。

5.3.2 路段分中心

①接收下级上传的计重收费数据，完成计重收费数据的收集、存储、处理、管理等。

②接受上级下发的计重收费系统参数表，并及时下发至下级系统中。

③统计/查询/打印本路段（桥）计重收费日/周/月/季/年等管理报表。

④必要时可实现对超限超载车辆的监视。

5.3.3 收费站

①接收下级上传的计重收费数据，完成计重收费数据的收集、存储、处理、管理等。

②接受上级下发的计重收费系统参数表，并及时下发至出口车道计重收费系统。

③统计/查询/打印本收费站计重收费日/周/月/季/年等管理报表。

④实现对超限超载车辆的监视。

5.3.4 收费车道

①根据需要可将 MTC 出口车道改造成为出口计重收费车道，配备必要的计重收费专用的标志标线，依据实地测量的货车总质量判断是否超过公路承载能力认定标准。

②按照正常费率标准、超限超载基本费率加收调节系数分别实施计重收费。

③对计重收费车道发生的特殊事件［主要包括超时车、U 转车、无通行券（无卡）、不可读通行券（坏卡）、车牌不符车、闯关车、无支付或不足支付（欠费车）、结算车、个别外设故障、倒车、拖车、不完全倒车、计重数据传输、计重设备故障等］均要有相应的处理措施。

④出口车道称重系统能够准确、及时、平滑传输完整的称重数据。

⑤能对静态或中低速（0~20km）车辆准确称重。

⑥能对车辆进行准确分离，包括跟车、挂车等。

⑦能形成完整的车辆称重信息。

⑧能通过标准开放的数据接口安全可靠地将称重数据传输给车道计算机，与车辆一一对应。

⑨各种不规则行驶行为不影响正确称重。

⑩适应室外全天候工作，具备故障应急处理措施。

⑪自恢复功能，在系统死机时能自动重新启动。

⑫具有开机自检、零点校正和自动温度补偿、故障自动报警能力。

5.4 计重收费实施要求

5.4.1 布设方式

称重设备部署在出口车道，计重设备的选择包括秤台式、石英式、弯板式、整车式称重设备，图 9.5.8 为整车式称重设备布设示意图。

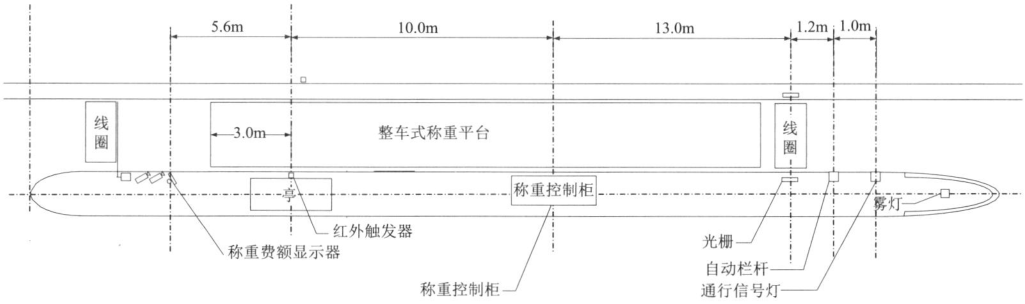

图 9.5.8　称重设备布设示意图

5.4.2 实施原则

①兼容性：在满足计重收费要求的前提下，收费系统改造中的软硬件设计尽量保持与原有收费系统的兼容性，充分保证投资。

②标准性：计重设备与收费车道控制机采用相同的接口和通信协议，保证在更

换不同厂家的称重设备时，不需要更改收费程序。

③可靠性：计重收费系统在设计时充分考虑计重设备发生故障时的处理能力，计重设备故障不影响车道收费，当发生收费异常情况时，也能正确处理。在向计重收费过渡的过程中采用多种手段保证收费数据的准确性和可靠性。

5.4.3 收费车道及广场的改造原则

实施计重收费时，按照计重系统对收费土建的设计要求，各收费站收费车道及广场改造设计遵循以下原则及要求：

①外侧出口超宽车道宽度不小于4m，出口普通车道宽度不小于3.2m，秤台中心线至收费亭中心线之间的距离不宜小于20m，距收费岛头之间的距离不宜小于7m，实际尺寸应视收费广场的具体情况而定，在可能的情况下宁长勿短。

②计重设备采用前置式安装。计重设备安装于距收费亭中心线不小于20m处，满足总长20m左右的车辆进行计重检测。红外光幕车辆分离器安装于安全岛上，要有防护措施，防止被车辆拖挂，没有安全岛的要加强防撞设施建设。计重设备配套控制机箱安放在收费岛上，机箱设计应能满足计重仪表的防护要求，以免因雨天积水影响设备的正常使用。

③由于受地形、地物严格限制，虽然纵坡坡度不满足计重设备安装要求，但不对收费广场进行改造。

④收费站内侧广场水泥混凝路面过短，在不影响称重设备精度的前提下，暂不进行改造。待收费内侧广场的沥青路面损坏之后，再做统一的改造处理。

⑤在计重设备前方15m左右处设置减速板，把车辆速度基本控制在5~20km/h以内。同时确保当有轮胎驶过称重台面时，该车其他轮胎不会碾压减速板。

⑥在收费岛后方通行信号灯上加装超载报警装置，对超载车辆进行报警，以便对超限车辆进行处理。

5.4.4 出口计重收费硬件改造

（1）现有相关联网收费设备接口的扩充

因为要在收费车道增加联网计重收费设备，所以对现有联网收费设备中一些关键设备的接口需要进行必要的扩充（假如现有的设备不能满足计重收费系统的要求），主要包括车道控制器的串行通信接口、收费站网络交换机的局域网接口、收费键盘的扩充键、费额显示器相关计重数据显示接口、视频叠加器叠加相关计重数据的接口，等等。

a. 车道控制器的串行通信接口：用于与计重收费设备、计重显示屏实现实时通信（准实时），一般情况下至少预留两个串口，一个串口实现与称重设备的通信，另一个实现与称重显示屏设备的通信。

b. 收费站网络交换机的局域网接口：用于增设收费站计重收费管理工作站的网络接口，一般情况下最好预留两个局域网口（其中一个备用）。

c. 收费键盘的扩充键：主要启用现有的备用键，收费员在计重收费方式下需要键入必要的信息。

d. 费额显示器相关计重数据显示接口：如果在计重收费车道不新增显示设备，则须对现有的费额显示器进行必要的硬件改造，使其能够显示必要的计重收费信息，显示内容应至少包括计重车型、超载率、金额、预留两行备用等。

e. 视频叠加器叠加相关计重数据的接口，将计重收费数据通过对应的接口（如果通过硬件接口进行叠加）叠加到视频叠加器上，以备录像查证。

（2）计重收费车道布置改造

为了提高计重设备的检测精度，建议在计重收费车道设置必要减速标志及标线（例如在称重前约500m处，设立标识“车辆减速5km/h以内，不要加速、减速和急刹车”）、减速设施（例如在车道18m左右设置必要的减速块）。

在计重收费岛上增设一个计重设备控制箱、称重显示屏基础、手孔等必要的附属计重设施。

称重台面安装在收费站出口收费亭前，称重台面与收费亭收费窗口的距离要在18m~23m，这样便于车辆排队，保证称一辆车，交一辆车的费用。由于距离收费亭近，车速可以控制得比较低，车辆称重精度能得到保证。

在收费站出口车道前设置可变情报板（或固定情报板），引导载货车辆走有动态称重设备的出口车道，并在称重台前设置限速标志牌，让车辆以不大于5km/h的速度通过称重台面。

称重台面应安装在车道中间，称重台前后路面应平整，并不能有斜坡，否则测量误差会增大。称重台尽量不要安装在匝道（弯道）上，称重设备前方不小于18m设置减速块，以控制车速至5km/h。

5.4.5 联网计重收费软件升级

实施联网计重收费后，收费系统中收费方式、收费流程与按车型收费存在较大差异。如何在原有收费技术标准的基础上进行扩展，使新的技术方案满足省联网收费的要求，是实施公路联网计重收费系统的前提。在此基础上进行联网计重收费软件的开发及测试工作，并同时负责省联网计重收费系统的安装、调试、协助协调工作。

（1）联网计重收费数据结构和编码

为了保持收费基本数据的连续性、兼容性，以及尽可能减少对现有系统的影响，联网收费现在使用的数据结构不改变，另外增加必备的货车计重费率表等相应的数据表。该类数据表通过主键与现行联网收费技术规范中出口车道原始数据表对应的部分主键关联，达到数据记录一致。对每一辆车采用多条记录来表示。每个轴（轴组）为一条记录通过字段轴序来表示该轴的位置。

结合省地方标准对车道工班表、入口流水表、出口流水表、设备故障登记表、交易状态码、拆账表、黑名单表等进行必要的修订说明，以期适用联网计重收费的要求。例如设备故障登记表、交易状态码至少需要进行以下修订：

设备状态编码（称重设备）：0–正常，1–故障；

交易状态编码（换卡）：0–无，1–有；

交易状态编码（超限）：0–无，1–有。

对联网计重收费涉及的数据编码定义、路网编码、路段编码、收费管理机构编码、收费车道编码及收费操作员编码等应按照省内地方标准执行。

（2）联网计重收费通信接口及数据传输协议

① 计重设备与车道计算机之间通信方式：计重设备与车道计算机之间通信应该能够提供两种可选方式：数据通信方式和动态连接方式。即计重设备使用 RS–232 串行通信接口和车道计算机连接，计重设备通过 RS–232 串行通信与安装在车道计算机上的动态链接库进行数据交换。

② 路段收费中心与收费站之间联网计重收费数据传输方式：收费车道将计重数据传输到收费站服务器中，由上级收费机构（如路段收费中心、省计重收费中心等）从收费站的数据库中读取相应的数据，直接插入自己相应的数据表中并对已经取过的数据增加读取标记。当下级机构收费数据发生变化时，只需要将上级收费机构所加的读取标记去掉，上级收费机构即可重新取得。

（3）联网计重收费系统容错设计

联网计重收费一般采用低速动态计重收费设备，由于动态计重设备得到的是车辆轮胎压上称重平台开始至全轮胎驶入称重平台，直到驶离平台的一组钟形信号，它不是车辆轴体的静态质量，是从零开始逐步加大，到轴全压上平台至卸荷的全过程，是车轴压在动态秤平台上时的动态支反力，不仅包含静态质量因素，还有振动、制动带来的附加值，因此低速动态秤的称重数据必须经过计算机补偿和修正，才能作为计重收费依据，所以必须要求联网计重收费系统有很好的容错能力，特别是计重收费车道系统软件对可能出现各种故障和误差有很好的处理容错能力，对每种故障和误差均能有相应的对策予以修正。

计重收费后可能出现的故障和误差主要有称重设备出现故障（主要包括车辆检测线圈损坏、红外光栅损坏、车轴传感器损坏、秤台损坏、称量误差、轴限错误、车辆分离错误、总轴数错误、称重数据数与称重车辆数不符，等等）。

对计重设备故障处理可分为三类，不同类别采用不同的处理方法。对不影响联网收费计重数据的故障，如线圈、光栅故障等，只进行记录并提示维修；对无法得到联网收费计重数据的故障，如秤台故障、通信故障、称量错误等，自动按货车最低重量进行计费；对计重收费数据出错，如胎型检测错误、车辆分离错误等故障，要求收费员在收费前要先检查屏幕显示的收费车辆的轴型、轴重、轴数与当前收费车辆是否一致，如不一致，则在经过值机班长确认后，判定为输出数据产生错误或误差，进行修正后再收费。

（4）联网计重收费软件的要求

联网计重收费层次多、周期长，因此必须要求联网计重收费软件能够保证一边收费一边安装计重系统的基本要求，必须保证更新后的联网计重收费应用软件和现有的联网收费软件兼容，即在启用联网计重收费系统之前，即使安装了计重设备和计重收费程序，收费方式也与安装前完全一致。这样更换一个收费站，不会影响本收费站和其他收费站的正常收费及路段收费中心、区域结算中心及省联网收费结算中心的日常工作。在计重收费车道、收费站、路段收费中心和省计重收费中心全部安装计重收费应用软件后，由省计重收费中心下发指令切换到联网计重收费系统。

5.4.6 出口计重收费土建改造要求

联网计重收费系统的土建设施，收费广场的纵坡、横坡、岛长、混凝土路面长度等均需要根据联网计重收费方式这一新情况予以重新考虑。为了满足联网计重收费方式的要求，对现有需要设置计重收费的车道、收费站广场等收费土建设施进行必要的改造，改造的基本要求如下：

① 按照联网计重收费方案，在收费站出口车道安装计重收费系统设备，出口侧

收费岛岛头方向至收费窗口须加长至27m，并在所有出口侧收费岛上增设一个控制箱基础、一个称重显示屏基础和一个手孔，手孔内设横向排水管引至边坡外。

②收费岛改造时，首先破除原收费岛岛头及设计图纸须设置称重平台位置处的混凝土路面板块（若入口收费车道数为2时，可暂时保留收费岛范围之外的混凝土路面，作为应急备用，同时根据收费站的交通量情况及称重设备的采购情况决定是否破除收费车道路面），按加长后长度浇筑收费岛头及岛缘石，在岛内浇筑控制箱基础，从收费亭基础经控制箱基础至岛前部手孔内埋设2∅60钢管。在岛尾前增设称重显示屏基础，与收费亭基础间用1∅60钢管连通。未破除路面部分，岛头或岛缘石直接浇筑在混凝土路面上。

③收费岛改造完后，须在收费岛上设置立面标记。对收费岛（包括出口收费岛）的全部立面标记进行更新，以保持岛头与岛缘石加长部分与原岛面立面标记的一致性，并可使立面标记保持清晰可识。对于加长后的收费岛，须在岛头重新设置收费岛标线。

④由于称重平台对于混凝土板块有特殊要求，设置称重平台的位置附近不能设置施工缝，平台的位置距收费窗口22.5m，此位置前后各1m的收费岛缘石暂不施工，等今后称重平台预埋件预埋后再施工，距收费亭中心线20.5m至24.5m的范围不能有施工缝，以保证称重平台的安全，若由于现场情况不能满足要求，则此长度可加大（收费岛长度相应调整），但不能缩小，手孔、雾灯相对岛头的位置不变，长度加大后尽量保证称重平台位于板块较中间的位置。

⑤根据原收费岛的情况，收费岛加长部分应与原收费岛高、宽保持一致，岛尾部分不变，只增加设备基础及管线。

⑥收费土建改造施工材料符合以下要求：

a. 收费土建改造工程采用的混凝土、钢筋等材料应符合《公路桥涵施工技术规范》（JTJ 041—2000）的有关规定。

b. 管道采用的材料应符合下述要求：

——钢管的材质、规格、型号应符合GB/T 13793及省地方标准的有关规定，不得有严重锈蚀。钢管的壁厚不得小于设计值，管壁应光滑、无裂缝、无节疤。

——建议钢管采用φ76×3.0mm及φ60×3.0mm等热浸镀锌焊接钢管。

——各种钢构件的材质、规格及防锈处理等均应符合质量标准，不得有歪斜、扭曲、飞刺、断裂或破损。钢构件的防锈处理和镀层应均匀完整，表面光洁、无脱落、无气泡等缺陷。

c. 各种管材的管身及管口不得变形，接续配件齐全有效，套管（套箍）内径与插口外径应吻合。

d. 管道工程所用的器材规格、质量，施工单位在使用前必须按有关规定进行检验，无出厂合格证的器材，不得用于本工程。

⑦收费土建改造部分施工要求如下：

a. 收费站砼路面厚度按 25cm 考虑。施工时可根据实际情况进行调整，保持新路面与原路面厚度一致。

b. 收费岛岛面铺装：

收费岛加长部分岛面铺装与原岛面铺装保持一致，若原收费岛采用素混凝土回填，加长部分建议采用石灰土回填，表面 3cm 采用砂浆抹面即可。

c. 收费岛立面标记：

收费岛立面标记应按 GB 5768—1999 采用黄黑（或红白）相间普通油漆，标线间隔 20cm；岛头不涂黄黑（或红白）相间斜线的顶面和内侧部分，应刷白漆。在刷油漆之前，表面先用腻子找平，施工时应保证两种不同颜色之间界限分明、整齐、没有相互污染。收费岛头立面标记采用荧光漆。

d. 设备基础和管道：

设备基础均采用 25 号混凝土现浇，若原收费岛内采用素混凝土回填，则不需要再设置设备基础，将来设备可采用膨胀螺栓固定在岛面上，只须预埋好管道即可，收费岛内管道均采用 φ60×3. 0mm 热浸镀锌焊接钢管，一端为设备基础，另一端至收费亭基础布线槽内，其埋深为岛面至管顶 15cm（采用素混凝上回填的收费岛，此数值可减少至 5cm），管道须拐弯时，其弯曲半径不得小于管径的 10 倍，管道铺设完成后应加穿 φ3mm 镀锌铁丝。

收费岛内回填采用石灰土，石灰土的 CaO+MgO 含量宜在 8% ~10% 之间，密实度不低于 90% 。

e. 钢管铺设要求如下：

——钢管的连接采用套管焊接，套管长度为钢管外径的 1. 5 ~3 倍。钢管接续前，应将管口磨圆或锉成坡边，保证光滑无棱。钢管接续严禁采用对口焊接。

——严禁不等径的钢管接续使用，埋设时钢管焊缝应朝上。

——钢管铺设完毕后要进行试通，并穿 3mm 钢丝，要采取妥当措施防止钢丝缩入管中，钢管管口应堵住，防止异物进入管中，对预埋在构造物内的钢管应先试通，然后再浇筑混凝土，混凝土浇筑完成后，也须试通，以确保通信管道不被堵塞。

——钢管斜插入手孔时应将钢管切成斜面，保证管口与手孔孔壁平行并应缩入孔壁一定的距离（2～3cm），并用水泥砂浆将管口抹成圆棱。钢管进入手孔的端部应做扩口处理。管道基础进入手孔窗口部分，应严格按照 YDJ 39—90 的有关条款进行。

f. 手孔要求如下：

——手孔施工应严格按照设计文件及原邮电部 YDJ 39—90 规范执行，配置混凝土所用的水泥、砂、石和水应符合使用标准，各种标号混凝土的配合比应通过试验确定。

——手孔的内部净空、外型尺寸应符合设计规定，墙体的垂直度允许偏差为±10mm，内部净高允许最大误差为±20mm。

⑧收费广场标志改造要求如下：

根据收费系统的要求，在收费广场增设计重收费标志。该标志设置在广场前约 60m 的位置，可依据现场情况适当调整。标志采用高强级反光膜。

a. 标志结构形式

标志结构形式采用单柱式。

b. 标志上部结构

——标志板采用 LF2 型铝合金板，为了保证板面的平整度及强度，底板采用 2mm 厚的铝合金板，铝合金板均采用铝合金龙骨加固。

——为了增加标志板强度，标志板边缘均采用折边处理，铝合金板和龙骨之间采用铝合金沉头铆钉连接。铝合金龙骨和钢管之间采用方头螺栓及抱箍连接，钢管和立柱之间采用双头螺栓连接。

——标志板面应无裂缝、撕破或其他表面缺陷，标志板边缘应整齐、光滑，标志板的尺寸最大误差应为±0.5%，平面翘曲的最大误差应为±3mm/m。

——立柱采用 φ273×8.0mm 的无缝钢管，钢管下部与立柱法兰焊接，通过地脚螺栓及法兰与基础固定，所有钢构件采用热浸镀锌防腐处理，紧固件镀锌量为 $350g/m^2$，其余钢构件镀锌量为 $550g/m^2$。

c. 标志基础

标志基础采用 20 号钢筋混凝土基础，基础预埋件均应做热浸镀锌处理，镀锌量为 $350g/m^2$，浇注混凝土可一次性进行，但必须保证基础法兰盘安装的水平度及垂直度，混凝土浇注完成后，法兰盘表面应擦拭干净，不得有混凝土或其他异物，基础法兰以上的螺栓部分涂上黄油后包扎好，防止碰坏丝扣。

d. 施工注意事项

——标志板与铝合金龙骨的连接、龙骨与支架连接应牢固，铝合金板面应做折边处理。

——标志钢构件均应做热浸锌防锈处理。

——基础预埋件做好防锈处理，外露的地脚螺栓应涂上黄油后包扎好，防止碰坏丝扣。

——为保证路基的稳定性，标志基础的回填应确保压实度。

5.4.7 升级改造实施方案

联网计重收费升级改造应该本着“先硬件、后软件”“先外围、后腹地”“先干线、后支线”的实施原则进行，建议分为前期准备与宣传、建立试点工程、全面改造三个阶段进行。

联网计重收费软件升级应该保证升级后的应用系统软件与现有的联网收费系统软件完全兼容。

联网计重收费系统设计先期进行，计重收费应用软件开发、计重设备选型及测试、必要的土建改造（与设备无关的土建设施）可以同时进行。

（1）前期准备、宣传工作阶段

在工程小组的统一领导下，充分考虑各种可能出现的情况和问题，为了方便以后的运营管理，必须制定切实有效的宣传计划，做好宣传工作。要加强与国家有关部门、兄弟省市交通、公安等部门和省内新闻单位的联系与沟通，取得新闻媒体的配合。

至少在试点工程开始 2 个月前，利用全省各高速公路各收费站向过往司机开展发放通告和宣传册等系列宣传活动，使过往司机能够事先了解联网计重收费实施意图、办法、时间及各种与道路使用者有关的问题和处理办法等。

开通联网计重收费的免费咨询电话（24 小时开通），由省政府、公安厅交通厅、交通集团等部门联合发布，从准备阶段至运营管理后期，接受社会、车主的咨询和监督，随时发现问题随时处理。

制定和完善应急预案，以保证突发事件和特殊事件的妥善处理。

（2）建立样板工程阶段

首先选择 2 ~ 3 个收费站，由专人负责，严格按照计重收费图纸进行联网计重收费升级改造，建立联网计重收费改造的“样板工程”。对联网计重收费改造中的关键分项工程或工序，要选取一个计重收费车道、一个收费站作为样板工程进行示范操作，通过总结，提出规范的施工工艺标准，经集体讨论、专家同意后全线推广，如表9.5.1所示。

表9.5.1 单个收费站改造方案实施时间计划表

序号	项　目	时间（周）	备　注
1	出口车道的土建改造	2～3	
2	计重设备安装与调试	1	

（3）全面改造阶段

按照“先外围、后腹地”“先干线、后支线”的实施原则，依次分区域开始对现有收费站按照联网计重收费方式进行改造，改造完一个区域的所有收费站，就按照联网计重收费方式开通一个区域的联网计重收费系统。在改造的过程中，将遇到的带有普遍性、共性的问题，通过协调管理机构尽早通知其他区域。

参考文献

蔡啸，2015. 重庆高速公路整车式计重设备应用研究［D］. 重庆：重庆交通大学.

曹立平，2005. 中国衡器实用技术手册［M］. 北京：中国计量出版社.

冯化中，李建英，伍新鹏，2002. 动态轨道衡机械部分概述［J］. 铁道技术监督，8：36-38.

顾瑞良，2000. 电子衡器的分类及其发展动向［J］. 自动化仪表，3：5-7.

韩煜，2012. 双台面与单台面计重收费系统使用效果分析［J］. 中国交通信息化，2：84-87.

韩芝星，李丽宏，蔡晓龙，等，2015. 基于弯板传感器的动态称重公路预检系统研究［J］. 传感器与微系统，34（8）：64-66.

贺曙新，2004. 车辆动态称重技术的历史、现状与展望［J］. 中外公路，24（12）：104-108.

黄现云，董晨光，蒋曦初，等，2020. 大吨位电子吊秤自动检测辅助装置的研制［J］. 衡器，10：27-30.

江苏省交通厅，2004. 江苏省公路计重收费实践［C］//中国公路学会. 第六届中国高速公路机电项目研讨会论文集.

颉锋锐，咨晓龙，蔡文强，等，2017. 柱式传感器与桥式传感器在汽车衡中的应用性能分析［J］. 中国交通信息化，7：139-141.

李宝敏，2017. 高速公路常用动态称重传感器比较［J］. 中国交通信息化，2：131-132.

李更新，2019. 称重传感器的选型及影响因素［J］. 衡器，12：45-48.

李海龙，2016. 基于 BP 算法的整车式动态称重仪表的研究与设计［D］. 太原：太原理工大学.

李晓峰，2005. 公路超限超载治理的宏微观经济学分析［J］. 公路交通科技，22（4）：4.

刘九卿，2006. 轮辐式称重传感器的新发展［C］//中国衡器协会. 称重科技暨第六届称重技术研讨会论文集，54–61.

刘九卿，2009. 平行梁型称重传感器的力学特性［J］. 衡器，6：5–7.

闵江，2005. 超载治理与计重收费［J］. 中国交通信息产业，2：2.

牛美环，2003. 计重收费：治超的一个有争议话题［N］. 中国交通报，2003–09–22.

施娟，徐桂杰，吴蕴珺，等，2017. 几种常见电子衡器称重传感器的技术分析［J］. 计量与测试技术，44：22–24.

孙传夏，2005. 全国治超形势下计重收费实践模式的探讨［J］. 交通标准化，2：115–116.

王国清，胡国盛，2001. 计重收费的理论与实践探索［J］. 公路交通科技，1：93–95.

王家杰，2004. 在计重设备选择过程中需要注意的若干问题［J］. 中国交通信息产业，12：46–48.

王军，聂宏海，2012. 整车式称重系统在陕西高速公路计重收费中的应用与实践［J］. 交通标准化，12：22–24.

王磊，尹燕，周伟，等，2016. 高精度阵列式压电石英动态称重系统研究［J］. 中国公路学报，29（5）：138–143.

王莉，2019. 河北高速公路计重系统使用现状及常用计重系统对比［J］. 交通世界，14：158–160.

王雪梅，高龙，2015. 石英式动态汽车衡的设计与实现［J］. 黑龙江交通科技，261（11）：161–162.

王勇，2004. 计重收费数据仓库的设计和统计分析［C］//中国公路学会. 第六届中国高速公路机电项目研讨会论文集.

王玉，李雪，2019. 基于高速高精度计重的弯板动态称重技术研究［J］. 公路交通技术，35（2）：137–140.

王振清，1995. 公路超限运输概论［M］. 北京：人民交通出版社.

巫小军，2004. 组件技术在计重收费系统中的应用［J］. 中国交通信息产业，12：49–50.

巫业山，2008. 弯板式称重传感器在计重收费系统中的应用［J］. 衡器，1：36–38.

谢俊成，2015. 整车式计重收费系统改造工程实践［J］. 价值工程，26：79–81.

许涛，曾令剑，吴卫馨，等，2015. 关于石英动态衡应用现状的调查及未来发展的预测［J］. 衡器，8：20–24.

薛自广，胡毅宏，许广生，等，2020. 电子料斗秤常见故障实例及处理［J］. 衡器，9：47–49.

杨青锋，2015. 几种常见称重传感器技术特性及应用的介绍与分析统［J］. 产品介绍，5：41–45.

姚杰，2016. 广东省高速公路整车式计重改造研究［D］. 广州：华南理工大学.

俞河会，2012. 公路计重收费系统的防作弊对策［J］. 衡器，41（6）：26–27；39.

袁绍松，2005. 全国部分省市高速公路联网收费建设情况［J］. 中国交通信息产业，3：13.

张灵志，2010. 小型弯板计重收费系统在山区公路上的应用［J］. 公路交通技术，2：144–146.

张祎，2006. 让作弊者无处可逃：计重收费逃费手段分析与管理思考［J］. 中国交通信息产业，6：52–54.

郑佩洪，2019. 整车式计重收费系统改造工程研究［J］. 交通世界，21：152–153.

中华人民共和国交通部，2000. 高速公路联网收费暂行技术要求［M］. 北京：人民交通出版社.